KB054099

참모로 산다는 것

개정판

왕권과 신권의 팽팽한 긴장 속
조선을 이끌어간 신하들의 이야기

신병주 지음

참모로 산다는 것

개정판

매일경제신문사

일러두기

1. 도서는 《 》, 작품명·신문·영화는 〈 〉로 묶어 표기했습니다.
2. 이 책에 사용된 도판은 소장처 및 소유자의 동의를 얻어 수록했으며, 그렇지 못한 일부 작품의 경우 저작권자가 확인되는 대로 정식 절차를 밟고자 합니다.

들어가며

518년을 존속한 조선의 역사에서 왕이 최고의 권력자로서 국정 운영에 가장 중요한 역할을 하였음은 분명하다. 그러나 왕 못지않게 중요한 역할을 담당했던 또 다른 축은 왕을 보좌한 참모들이었다. 이 책에서는 필자의 기준으로 조선을 대표하는 참모들의 등장 배경과 활동, 그리고 그들의 삶이 현재에 주는 의미를 담았다. 건국과 창업의 시기에 개혁을 진두지휘한 정도전, 세종 시대와 성종 시대를 거치면서 문물과 제도의 정비에 기여한 한명회 · 신숙주 · 서거정, 임진왜란과 병자호란 같은 전란의 시기 전쟁 극복에 힘을 다한 유성룡 · 최명길 · 장만, 당쟁이 치열하게 전개되던 시기 당파의 수장이자 왕의 참모로 활약한 허목 · 송시열 · 김석주 · 최석정 등이 이 책에서 소개되는 주요 인물이다.

이 책은 2019년에 출간된 《참모로 산다는 것》의 개정판이다. 조선의 왕은 고대나 고려의 왕들에 비해 절대적인 권력을 누리지는 못한 대신, 참모들을 최대한 활용하여 국정을 운영하였던 만큼

'참모'라는 키워드로 조선의 역사를 살펴볼 필요가 있다. 조선이라는 나라가 기본적으로 왕권과 신권의 조화와 균형을 이루면서 정치가 이루어졌고, 참모의 적절한 발탁과 활용은 그 시대의 성공을 좌우하는 결정적인 요인이 되었다.

조선은 500년 이상 장수한 왕조였고, 27명의 왕이 재위하였다. 각기 다른 개성을 가진 왕들은 체제의 정비가 요구되던 시기를 살기도 했고, 강력한 개혁이 요구되던 시기를 살기도 했다. 선조와 인조처럼 전란을 겪고 이를 수습해야 했던 왕, 숙종 · 영조 · 정조처럼 전란 후 또 다른 안정을 추구해 나가야 했던 왕도 있었다. 서로 다른 배경 속에서 즉위한 조선의 왕에게는 각각의 국정 목표와 방향이 있었고, 그 왕에게 발탁된 참모들은 시대적 과제 해결을 위해 역량을 펼쳤다. 이 책에 소개된 참모들은 자신에게 주어진 역사적 상황에서 정치적, 학문적 능력을 발휘하거나 국난을 극복한 인물이 대부분이다. 그러면서도 왕의 판단을 흐리게 하여 결과적으로는 국정 농단의 주역이 된 참모들도 일부 소개하고 있다. 부정적인 평가를 받은 참모들의 모습에서도 반면교사로 삼아야 할 부분이 존재하기 때문이다.

첫 장에서 소개하는 정도전은 고려 말에는 혁명가로, 혁명을 성공시킨 후에는 조선왕조의 설계자로 생애를 마쳤다. 그가 태조를 도와 구상한 조선이라는 나라의 시스템은 500년 이상 왕조가 존속하는 기반이 되었다. 조선 전기에는 킹메이커형 참모들이 다수 탄생하였다. 태종의 하륜, 세조의 한명회와 신숙주 등이 대표적이다. 세종은 개인적으로도 뛰어난 능력의 소유자였지만 자신을 돕는 참모형 인재들을 적극 발탁하였다. 천민 출신의 과학자 장영실, 명재상 황희, 집현전의 중심 성삼문이 그들이다. 훈구파와 사림파의 조화와 균형이라는 시대적 흐름 속에서 성종은 서거정, 성현, 김종직, 김일손 등에게 고르게 역할을 맡겨 15세기 제도와 문물 정비를 완성하였다. 연산군이나 광해군처럼 반정에 의해 쫓겨난 왕에게도 참모는 있었지만, 왕의 판단을 더욱 흐리게 하는 간신이었다. 임사홍, 장녹수, 김개시 등이 대표적인 인물로, 불통의 리더십을 보인 왕들을 더욱 혼군의 길로 가게 하였다. 16세기 성리학의 이념이 본격적으로 정착하는 시기에 등장한 김인후, 조식, 이황, 이이 등은 조선의 학문적 수준을 한 단계 끌어올렸다.

임진왜란이나 정묘호란, 병자호란과 같은 국가적 위기의 시기에도 왕을 보좌하면서 이를 극복하는 리더십을 보인 참모들이 있었다. 유성룡처럼 영의정으로서 전시 정부를 이끌어간 인물, 조헌처럼 의병장으로 직접 행동한 인물, 이덕형과 같이 외교적 능력으로 위기를 해결한 인물이 있었다. 장만과 같이 선조에서 인조에 이르는 시기 국방의 최전선에서 활약한 참모도 있었으며, 최명길처럼 명분론보다 실리론을 관철시켜 병자호란의 희생이 더 이상 커지지 않도록 공헌한 참모도 있었다. 피폐해진 민생 경제 회복을 우선적으로 추진한 참모로는 이산해와 이원익, 김신국, 조경, 김육 등을 소개하였다.

조선 후기 당쟁이 치열하게 전개되면서 왕의 참모이면서 당파의 핵심 인물로 활동한 참모들이 다수 배출되었다. 인조에서 숙종에 이르는 시기에 최고의 영향력을 미쳤던 송시열, 송시열의 맞수였던 허목, 숙종 시대 정치 공작의 달인 김석주, 현실 가능한 정책을 제시한 소론 정치가 최석정을 이들 유형에 맞는 인물로 보았다. 물을 퍼올리는 '수차'를 보급하고, 화폐를 유통하는 성과를 거뒀던 경제 학자 관료 김육의 이야기도 새로이 조명하였다. 흔히 실학자로 잘 알고 있지만 정조의 대표적인 참모이기도 했던 정약용과, 《당의통략》을 저술하여 조선 후기 당쟁사를 체계적으로 정리한 이건창까지 소개하여 조선시대에 활약한 참모들을 시기적, 그리고 유형별로 이 한 권의 책으로 묶어 보았다.

역사는 과거와 현재의 대화다. 왕조 시대가 끝나고 국민이 주인이 되는 민주사회가 도래했지만, 반복이라는 역사의 속성 앞에 조선시대 명참모들이 갖추었던 덕목들은 의미를 지닌다. 목표 설정의 적합성, 적절한 정책 추진, 여론과 언론 존중, 도덕성과 청렴성, 소통과 포용의 리더십 등이다. 이 책을 통해 여전히 왕과 참모가 어떤 방식으로 이러한 덕목들을 실천해 갔는지를 살펴보기 바란다. 그리고 이를 현재의 거울로 삼는 방안들에 대해 생각해 보는 것도 좋을 것이다.

끝으로 이 책의 기획 단계부터 참여하여 꼼꼼하고 헌신적인 편집 작업으로 책의 완성도를 많이 높여 준 정혜재 팀장과 이예슬 편집자님께 고마움의 뜻을 전하고 싶다. 건국대학교 식구들과도 출간의 기쁨을 함께 나누고 싶다.

목차

3장 폭군의 실정에 흔들리다

4장 임진왜란, 조선이 위기를 겪다

5장 광해군의 그늘 속 참모들

6장 명분과 실리 사이, 인조반정

7장 당쟁의 시대와 실학

1장 새 왕조를 설계하다

정도전,
혁명가에서 왕조의 설계자로

태조 이성계를 도와 조선의 건국에 주도적인 역할을 했던 정도전鄭道傳(1342~1398). 건국 후 그의 삶은 극히 짧았다. 하지만 고려 말 혁명을 완성하여 새 왕조 건설의 설계자가 된 정도전은 왕을 만든 참모의 전형을 보여주었다. 특히 정도전이 살았던 시대에는 이성계를 비롯하여 이인임, 최영, 정몽주, 이방원 등 선 굵은 다양한 인물들이 경합하던 시대이기도 했다. 새 왕조 건설을 지향했던 그의 사상과 삶을 통해 이성계를 만든 정도전의 진면목을 살펴보고자 한다.

고려 말의 신흥사대부

정도전은 이성계와 함께 조선 건국의 최대 공로자다. 취중을 빙자해서는 '한고조가 장량(장자방)을 이용한 것이 아니라 장량이 한고조를 이용한 것'이라고 할 정도로 조선이라는 새 왕조 건설의 최고 주역임을 스스로 자부한 인물이기도 했다. 정도전은 1342년 정운경과 우씨 부인 사이에서 3남 1녀 중 장남으로 태어났다. 정도전은 부친의 근거지였던 영주에서 유년기를 보냈다. 부친 정운경은 청백리의 표상으로서 《고려사》의 〈양리전〉에 수록이 될 정도로 고려 후기를 대표하는 관리였다. 정도전은 1362년에 과거 시험에 급제하여 부친의 뒤를 이어 본격적으로 관리의 길에 들어서게 되었고, 당대의 지성을 대표했던 이색의 문하에 들어갈 수 있었다. 부친 정운경이 이색의 부친 이곡과 친밀했기 때문이었다.

정도전은 이색의 문하에서 정몽주, 이숭인, 이존오 등과 함께 성리학을 배웠다. 성리학은 고려 말 안향이 처음 원나라에서 들여왔다. 성리학에서 추구하는 도덕정치, 왕도정치, 민본사상 등은 당시 젊은 학자들의 가슴을 뜨겁게 했다. 성리학은 고려 말 권문세족에게 집중된 권력 체제의 모순과 불교계의 폐단을 극복할 수 있는 사상적 무기가 되었기 때문이다. 특히 1366년 연이어 부친상과 모친상을 당해 고향인 영주에서 여묘살이를 할 때, 정몽주가 보내준 책 《맹자》는 청년 정도전의 마음에 크게 자리했을 것이다. 《맹자》는 불가피한 경우 제왕이 부덕하여 민심을 잃으면 덕이 있는 다른 사람이 천명을 받아 새로운 왕조를 세워도 좋다는 '역성혁명'의 필연성을 피력한 책이기도 하다.

정도전이 개경에서 성리학을 공부하고 관리의 길을 걷던 시기, 고려의 왕은 공민왕(1330~1374, 재위 1351~1374)이었다. 공민왕은 왕이 된 직후 오랑캐의 옷차림과 변발을 거부하고 반원反元 자주화

이색 초상

1328년(충숙왕 15)에 걸쳐 1396년(태조 5)까지의 삶을 산 고려 후기의 문신이자 학자, 문인이었던 이색 초상. 정도전은 당대의 지성을 대표했던 이색의 문하에서 정몽주, 이숭인, 이존오 등과 함께 성리학을 배웠다.

정책을 전개하면서, 내부의 개혁정책을 실천해 나갔다. 내부의 개혁정책의 핵심은 권문세족을 척결하고, 신진 세력인 사대부를 적극 양성하는 것이었다. 정도전은 공민왕의 후원에 힘입어 탄탄한 관직 생활과 학문 활동을 하면서 신진 사대부의 길을 순조롭게 걸어갔다. 그러나 1374년 공민왕이 시해되고 우왕이 즉위하면서 이인임, 경복흥 등 친원파들이 권력을 장악했고 그의 정치적 행로도 순탄하지 않게 되었다. 정도전은 북원[1] 사신이 오는 것을 강력히 반대하다가 당시의 권력 실세, 이인임의 노여움을 사 1375년

1 중국 명나라 초에, 몽골 지방으로 물러났던 원나라 잔존 세력이 세운 나라.

30대 초반의 나이에 나주 거평 부곡으로 유배되었다. 그러나 결과적으로 유배 생활은 세상의 모순에 분노를 느끼고 있던 정도전을 완전히 혁명가로 만드는 계기가 되었다. 3년간 부곡민들과 생활하면서 농민생활의 참상을 경험하며 고려 사회를 근본적으로 바꾸어야 한다는 인식을 갖게 된 것이다. 유배에서 풀려난 후에는 영주와 단양, 북한산 등지에서 야인 생활을 하면서 세상을 함께 바꿀 혁명의 파트너를 만날 구상을 하게 된다.

신흥 무장과 신진 사대부의 만남

고려 말의 사회는 정치적, 경제적 특권을 차지하고 있던 권문세족의 횡포와 불교 세력의 득세로 말미암아 지방의 중소지주와 백성들의 삶이 날로 피폐해졌다. 여기에 더하여 남방의 왜구와 북방 여진족의 침입이 잦아지면서 국가의 위기도 한층 커졌다. 외부의 침략은 무인의 세력이 커지는 계기가 되었고 최영, 이성계, 최무선 등이 구국의 영웅으로 부상하였다.

1383년(우왕 9) 가을 정도전은 함주막사로 들어가 동북면 도지휘사로 있던 장군 이성계를 찾았다. 이성계는 거듭되는 외침 속에 홍건적과 왜구의 침입을 물리치는 혁혁한 무공을 세우면서 신흥 무인 세력으로 명성을 떨치고 있었다. 특히 1380년 소년장수 아지발도가 이끄는 왜구를 전라도 지리산 일대 운봉 지역에서 섬멸한 황산대첩은 그의 명성을 보다 높인 사건이었다. 정도전은 이성계의 휘하 군대를 보고, "이 군대로 무슨 일인들 성공하지 못하겠습니까?"라는 말을 던졌다고 한다. 이성계가 재차 무슨 일이냐고 묻자, 정도전은 "왜구를 동남방에서 치는 것"이라고 얼버무렸지만, 이 순간 정도전은 이성계의 군사력에서 혁명의 성공을 보았을 것 같다. 결국 정도전과 이성계의 만남은 정도전의 '문文'과 이성계의 '무武'가 조화되면서 새로운 혁명의 길로 가는 역사를 만들고 있었다.

1388년에는 이성계가 완전히 군사력을 장악하는 사건이 일어났다. 바로 위화도 회군이다. 이성계는 이제 최영의 벽을 넘어 최고의 실권자가 되었다. 이성계는 정도전, 정몽주 등 신흥사대부와 협력하여 신속히 전제개혁에 착수했다. 과전법을 통해 구세력의 경제적 기반을 박탈하는 한편, 새 왕조의 관리와 백성들이 안정적인 경제생활을 할 수 있게 했다. 이 무렵 '쌀밥'이라는 말을 이씨가 내려준 밥이라는 뜻으로 '이밥'이라고 한 것은 이성계가 완전히 민심을 잡았음을 보여준다. 결국 허수아비 왕 공양왕의 자리를 물려받는 형식으로 1392년 7월 이성계가 개성의 수창궁에서 즉위식을 올렸다. 조선왕조의 시작이었다.

조선왕조의 시스템을 확립하다

조선왕조는 건국 후 국호를 '조선'으로 정하고 1394년 도읍을 한양으로 옮겼다. 경복궁을 비롯한 궁궐과 관청의 정비, 한양 도성의 건설 작업에도 착수하였는데, 왕조 건설의 중심에는 늘 정도전이 있었다. 새 왕조의 국호 '조선'에는 단군조선에서 이어지는 유구한 역사적 전통과 천손의 후예라는 자부심이 담겨있다. 또 중국의 선진 문화를 우리나라에 전래한 기자조선에서 그 도덕문화의 뿌리를 찾는다는 의미가 있는데, 이는 정도전의 저술에도 피력되어 있다. 고려라는 국호에는 고구려 계승의식이 포함되어 신라와 백제 지역의 유민을 모두 포괄하지 못한 한계가 있었다. 정도전이 지은 국호 '조선'은 모두가 다 같은 고조선의 후예라는 민족통합의식이 반영되었다는 점에서 역사의식의 발전을 볼 수가 있다.

다음 과제는 새로운 도읍지의 선정이었다. 새 도읍지 후보로는 먼저 계룡산 일대가 떠올랐다. 태조는 1393년 2월 정당문학(벼슬의 일종) 권중화의 계룡산 길지설에 따라 계룡산을 답사하고 신도시의 건설 계획을 진행시켰다. 그러나 그곳이 지리적으로 남쪽에 치우치고 풍수학적으로도 불길하다는 정도전과 하륜의 주장을 받아들여 이듬해에는 북악 남쪽 지금의 서울 성곽 안을 중심으로 하는 새 도읍지를 정하게 되었다. 마지막에는 하륜이 주장한 무악과 정도전이 주장한 한양이 경합을 벌였다. 결국 한양이 계룡산을 물리치고 도읍으로 선정되었다. 네 곳 산으로 둘러싸인 점과 수로와 해로 교통이 편리하여 국가의 조세를 쉽게 거둘 수 있다는 점이 작용하였다. 한양으로 도읍지가 정해진 후에는 궁궐을 어느 방향으로 할 것인가를 두고 무학대사와 정도전의 의견이 팽팽히 대립하였다.

무학은 인왕산을 주산으로 삼을 것을 주장했다. 반면 정도전은 '국왕은 남쪽으로 향해야 한다'는 이유로 북악산을 주산으로 할 것을 주장했다. 결국 정도전의 주장이 관철되었다. 1395년(태조 4) 9

월 29일, 북악 남쪽의 평평하고 넓은 터에 755여 칸 규모의 새 궁궐이 처음 세워졌다. 태조는 같은 날 완공된 종묘에 4조의 신위를 개성으로부터 옮겨 모시고 친히 새 궁궐을 살핀 다음 신하들에게 잔치를 베풀었다. 술이 거나해진 태조는 정도전에게 새 궁궐의 이름과 각 전당의 이름을 짓도록 명했다. 정도전은《시경》의 〈주아〉편의 "이미 술을 마셔서 취하고 큰 은덕으로 배가 부르니 군자께서는 만년토록 큰 복을 누리리라"라는 구절을 인용하여 궁궐의 이름을 경복궁으로 정했음을 아뢰었다. 정전인 근정전, 정무를 보는 사정전, 침전인 강녕전 등의 이름도 정도전의 구상에서 나왔다. 태조는 자신의 손과 발이 된 정도전을 깊이 신뢰하였고, 정도전은 태조의 기대에 충분히 부응했다. 태조는 경복궁으로 이름을 지은 지 약 3개월 후, 점을 쳐서 길일로 잡은 12월 28일 마침내 이곳에 들어왔다. 그러나 "군자 만년 큰 복을 누리리라"는 칭송이 가득했던 경복궁은 '왕자의 난'이 일어나는 비극의 공간이 되고 만다. 태조가 들어가 산 지 3년이 채 안 되어 골육상쟁의 피비린내가 진동하게 된 것이다.

'신권'의 신봉자

정도전은《조선경국전》이라는 저술을 통해 조선 건국의 이념적 지표들을 설정해 나갔다. 그중에서도 핵심적인 내용은 신하의 권력을 강조한 부분이다. "국왕의 자질에는 어리석음도 있고 현명함도 있으며, 강력한 자질도 있고 유약한 자질도 있어서 한결같지

출처: 국립민속박물관

경복궁 근정전의 옛모습

조선의 수도였던 한양은 정도전의 설계로 만들어진 철저한 계획도시다.
'경복'은 '큰 복을 누리라'는 뜻으로 정도전이 지은 이름이다.

않으니, 재상은 국왕의 좋은 점은 순종하고 나쁜 점은 바로 잡으며, 옳은 일은 받들고 옳지 않은 일은 막아서, 임금으로 하여금 대중의 경지에 들게 해야 한다"고 한 것이나, "국왕의 직책은 한 재상을 선택하는 데 있다"고 한 것, "국왕의 직책은 재상과 의논하는 데 있다"고 한 것 등 재상, 즉 신하의 역할을 특히 강조했다. 조선은 이성계가 왕이 된 이씨 왕조의 국가였다. 따라서 왕권이라는 것은 무엇에도 비견할 수 없는 절대 권력이었다. 그러나 건국의 이념을 제시한 정도전의 머릿속에는 자신과 같은 재상의 권력이 언제든 왕권을 제압할 수 있어야 한다는 생각이 들어 있었다. 정도전의 이러한 구상에 가장 강력히 반발한 인물이 바로 이방원이었다. 이들의 갈등은 이미 태조의 후계자인 세자 책봉에서부터 시작되었다.

태조의 첫째 부인이자 정비인 신의왕후 한씨는 조선 건국 전인 1391년에 55세의 나이로 이미 사망했다. 하지만 그녀와 태조 사이에는 장성한 아들 6명(방우, 방과, 방의, 방간, 방원, 방연)이 있었다. 그리고 계비(임금이 다시 장가를 가서 맞은 아내) 강씨 사이에서도 두 아들이 태어났는데, 방번과 방석이 그들이었다. 강씨의 영향력은 무엇보다 조선 건국 한 달 후인 8월 20일 전격적으로 그녀의 소생인 11세의 방석을 세자로 책봉시킨 데서 알 수 있다. 그러나 방석의 세자 책봉은 조선 왕실의 또 다른 비극을 잉태하는 싹이 되고 말았다. 당연히 본처의 아들 중에서 왕위를 계승하리라고 믿었던 한씨 소생의 아들들은 방원을 중심으로 똘똘 뭉쳤다. 그리고 아버지와 계모, 정도전에게 맞서는 방책들을 구상해 나갔다.

자질이 일정하지 않은 국왕이 세습되어 전권을 행사하는 왕권 중심주의보다는 천하의 인재 가운데 선발된 재상이 중심이 되어 정치를 펴는 신권 중심주의를 주장한 정도전은 방석의 세자 책봉을 오히려 기회로 여겼다. 강력한 왕권을 주장하는 방원과 같은 버거운 상대보다는 어린 세자 방석이 즉위하면 자신의 입지가 보다 커질 것으로 생각했기 때문이었다. 정도전은 왕자들이 보유하고 있던 사병의 혁파를 단행하는 조치를 취하여 경쟁 관계에 있었던 방원 등의 무력 기반을 해체하고자 했다. 자신에게 서서히 가해지는 정치적 압박에 위기의식을 느끼고 있던 방원은 기회를 노렸다.

1398년 8월 이방원은 정도전이 자신의 자택(현재의 종로구청 자리)에서 가까운 남은의 첩 집에서 남은, 심효생 등과 술자리를 벌이고 있다는 정보를 입수하고 이곳을 습격했다. 조선왕조 건설의 최고 공로자 정도전의 최후는 술자리에서 너무나 기습적으로 마감되었다. 정도전의 수진방 자택을 몰수하여 말을 먹이는 관청인 사복시로 사용한 것에서도 정도전에 대한 이방원의 증오가 나타난다. 1398년의 왕자의 난 성공으로 정도전이 제거되고 이방원은 결국 태종이 되었다. 이것은 단순한 개인의 승리가 아니라 정도전이 주장한 재상이 주도하는 신권 중심주의가 패배했음을 의미한다. 이방원이 태종으로 즉위한 후 강력한 왕권중심주의를 펼쳤던 배경에는 이러한 정치적 갈등이 자리를 잡고 있었다.

이방원에게 제거된 후 역적의 대명사로 인식되던 정도전은 정조 대에 그의 문집인 《삼봉집》이 간행되면서 어느 정도 명예를 벗었고, 1865년 대원군은 경복궁을 중건하면서 왕궁의 설계자였던 그의 공로를 인정하여 문헌공이란 시호를 내렸다. 정도전은 그나마 조선왕조 멸망 전 명예를 회복할 수 있었다. 실질적인 정도전의 명예 회복은 최근에 와서 이루어졌다. 〈정도전〉과 같은 드라마 이외에도 현재에는 역사, 철학, 문학 등 다방면에서 그에 대한 재평가가 이루어지고 있다.

혁신적인 사상과 행동하는 지성으로서 태조 이성계와 함께 조선 건국의 주역이었던 정도전. 건국 이후 그의 삶은 극히 짧았지만 그가 제시한 조선 국가의 모델은 5백 년 조선왕조의 기본 골격이 되었다. 조선왕조가 세계사적으로도 유래 없는 장수 국가가 될 수 있었던 데에 그의 힘이 매우 컸다는 것은 부인할 수 없는 사실이다. 특히 "백성은 나라의 근본이며 임금의 하늘이다"라고 선언한 그의 민본 사상은 현재에도 절실히 와 닿는다.

하륜,
태종의 킹메이커

태종은 왕위에 오르는 과정에서 많은 사람들이 피를 흘리게 했다. 고려 말 정몽주를 제거했고, 1398년의 왕자의 난 때는 정도전과 방석이 태종에게 희생되었다. 태종이 왕이 되는 과정에는 많은 참모들이 있었지만 그중에서도 돋보이는 인물이 바로 하륜河崙(1347~1416)이다. 태조에게 정도전이 있었다면 태종에게는 하륜이 있었던 것이다. 태종을 왕위에 올리는 데 기여하고, 왕이 된 태종을 보필하면서 마지막까지 '태종의 남자'로 살아갔던 하륜의 생애를 따라가 본다.

하륜과 태종의 만남

아래 기록은 1416년(태종 16) 11월 하륜이 사망했을 때의 기록으로 하륜에 대한 태종의 신임이 매우 컸음을 잘 보여주고 있다.

진산부원군 하륜이 정평에서 졸하였다. 부음이 이르니, 왕이 심히 슬퍼하여 눈물을 흘리고 3일 동안 철조(조회를 멈춤)하고 7일 동안 소선(육류를 금함)하고 쌀·콩 각각 50석과 종이 2백 권을 치부(임금이 특명으로 신하에게 부의를 내림)하고 예조좌랑 정인지를 보내어 사제(임금이 죽은 신하에게 제사를 지내줌)하게 했다.

하륜의 자는 대림大臨, 호는 호정浩亭, 본관은 진주이다. 순흥부사를 지낸 하윤린의 아들로 어머니는 강승유의 딸이었다. 공민왕이 본격적으로 개혁정치를 펼치던 1360년(공민왕 9)에 국자감시, 1365년에 문과에 급제하여 관직에 진출하였으며, 이인복과 이색의 문하에 들어가 신흥사대부의 길을 걸었다. 1367년 신돈 측근의 비행을 탄핵하다가 파직되기도 했지만, 고려 말 공민왕과 우왕 대에 주요 관직을 두루 지냈다. 하륜에게 정치적 위기가 온 것은 1388년 최영이 주도한 요동 정벌에 반대하다가 양주로 유배된 것이었다. 《고려사절요》 등에는 당시 하륜이 이인임의 인척이었다는 점도 유배의 원인이 되었다고 기록되어 있다. 1391년(공양왕 3)에 전라도 도순찰사가 되었다가 조선이 건국된 후에는 경기좌도 관찰출척사가 되어 부역제도를 개편, 전국적으로 실시하게 하였다.

조선 건국 후 하륜의 활약이 가장 돋보였던 때는 새로운 도읍지 선정 과정 중이었다. 처음 태조는 새 도읍을 계룡산 일대로 정하고자 했으나, "태조가 계룡산에 도읍을 옮기고자 하여 이미 역사를 일으키니, 감히 간하는 자가 없는데, 하륜이 힘써 청하여 파하였다"는 기록에서 보듯이 하륜이 강력히 반대하여 이를 중지시켰다. 하륜은 안산을 주산으로 하여, 지금의 신촌 일대인 무악을 새 도읍지로 해야 한다고 주장했으나, 태조는 결국 한양 천도를 주장한 정도전과 무학대사 등의 의견을 수용하여 1394년 10월 북악을 주산으로 하는 한양으로 새 도읍지를 정했다.

1394년에는 표전문(중국에 대한 사대문서로 국왕이 중국의 황제에게 올리는 글)을 보내는 문제로 조선과 명나라 사이에 긴장이 감돌았다. 당시 명나라에서는 조선에서 보낸 표전문의 내용이 불손하다 하여, 그 중심에 있었던 정도전을 명나라로 보낼 것을 요구하였다. 대부분이 반대했지만 하륜은 외교 문제 해결을 위해서는 누군가 가야 한다고 주장했고, 결국 자신이 정도전을 대신해 직접 명으로 가서 이 문제를 해결하고 돌아왔다.

태조의 신임을 받던 하륜이 본격적으로 태종의 남자가 되어 가는 과정에는 '관상'에 관한 일화가 있다. 《태종실록》 총서의 기록에는 하륜이 본래 관상 보는 것을 좋아했는데 친구이자 태종의 장인인 민제를 보고, "내가 관상을 많이 보지만 공의 둘째 사위 같은 사람은 없었소. 내가 뵙고자 하니 공은 그 뜻을 말하여 주시오"라고 부탁했고, 결국 민제의 주선으로 태종을 만난 하륜은 마음을 기울여 섬기게 되었다. 하륜이 이방원의 풍모를 보고 먼저 접근했다는 것은 킹메이커 자질을 잘 보여준다.

공동 정적 정도전의 존재가 두 사람을 확실히 결속시켜 주었다는 점도 흥미롭다. 당시 왕자였던 이방원은 태조의 절대적인 신임 속에 세자 방석의 후견인 역할을 했던 정도전에 대한 반감이 매우 컸다. 하륜 또한 정도전의 미움을 받아 충청도관찰사로 내려갔던 만큼 정도전과는 악연이 있었다. 15세기 학자 성현이 쓴《용재총화》에는 하륜이 충청도관찰사로 내려가면서 베푼 환송연에서, 일부러 이방원의 옷에 술을 쏟고 사과를 핑계 삼아 이방원과 정도전 제거를 위한 구체적인 대책을 제시한 장면이 소개되어 있다. 하륜이 정도전 제거의 계책을 알려주며 태종의 확실한 참모로 자리를 잡아 가는 과정은《태종실록》에도 구체적으로 기록되어 있다.

> 그때에 정도전이 남은南誾과 꾀를 합하여 유얼(방석)을 끼고 여러 적자嫡子를 해하려 하여 화가 예측 못하게 되었으므로, 하륜이 일찍이 왕(태종)의 잠저(임금이 되기 전의 시기에 살던 집)에 나아가니, 왕이 사람을 물리치고 계책을 물었다. 하륜이 말하기를, "이것은 다른 계책이 없고 다만 마땅히 선수를 써서 이 무리를 쳐 없애는 것뿐입니다" 하니, 왕이 말이 없었다. 하륜이 다시, "이것은 다만 아들이 아버지의 군사를 희롱하여 죽음을 구하는 것이니, 비록 상위上位께서 놀라더라도 필경 어찌하겠습니까?" 하였다.

위의 기록은 1398년 왕자의 난 때 하륜이 태종에게 정도전과 방석에게 선제공격을 제안한 것으로, 하륜이 왕자의 난 거사에 결정적인 역할을 했음을 보여주고 있다. 왕자의 난이 성공한 후 태종은 거사의 정당성을 위해 둘째지만, 방우의 죽음으로 맏형이 된 방과(후의 정종)를 왕위에 올렸다. 정종이 왕위에 오르자 하륜은 정당문학(조선 전기 문하부에 속한 정이품 벼슬)을 제수 받고 정사공신[2] 일등에 녹훈되었다. 이어 1400년 11월 이방원이 태종으로 즉위하자 다시 좌명공신[3] 일등에 올랐다. 연이어 일등공신에 오른 것은 왕자의 난 때의 하륜의 비중을 잘 보여주고 있다. 태종이 왕위에 오른 이후 하륜은 이제 킹메이커에서 왕을 확실히 보좌하는 참모로서 그 역할을 본격적으로 수행하게 된다.

태종의 남자, 하륜

1402년(태종 2) 하륜은 명나라 황제 영락제의 등극을 축하하는 사절로 명나라로 들어가서 태종의 지위를 확실히 인정받는 성과를 얻었다. 이듬해 4월에 명나라 사신 고득 등과 함께 왕위를 인정하는 황제의 고명誥命과 인장印章을 받들고 온 것이다. 태종은 하륜에게 특별히 토지와 노비를 하사해 주었다.

태종의 남자로서 하륜이 보여준 대표적인 능력은《연려실기술》의 기록에 전해 온다. 태종이 왕이 된 후, 아들에게 불만을 가진 태조는 고향인 함흥으로 돌아갔고, 태종은 아버지의 마음을 돌리기 위해 여러 번 사신을 보냈다. 그러나 태조는 오히려 이들을 죽이는 것으로 반감을 표시했다. '함흥차사' 고사의 유래다. 태조가

---

2 태조 7년 제1차 왕자의 난을 평정하는 데 공을 세운 사람에게 내린 칭호.

3 정종 2년 제2차 왕자의 난을 평정하는 데 공을 세운 사람에게 내린 칭호.

마음을 바꾸어 서울로 돌아오는 날 태종은 아버지를 위해 큰 잔치를 베풀었다. 그런데 하륜은 태조의 분노가 아직도 풀리지 않는 것을 의식하여 장막의 기둥을 크게 만들자고 했고, 놀랍게도 태조가 태종을 향해 쏜 화살은 하륜이 미리 대비한 나무 기둥에 박혔다. 태종을 구한 하륜의 기지가 돋보이는 장면이었다. 그날의 현장으로 들어가 보자.

> 태조가 함흥으로부터 돌아오니, 태종이 교외에 나가서 친히 맞이하면서 성대히 장막을 설치하였다. 하륜 등이 아뢰기를, "상왕의 노여움이 아직 다 풀어지지 않았으니, 모든 일을 염려하지 않을 수 없습니다. 차일遮日에 받치는 높은 기둥은 의당 큰 나무를 써야 할 것입니다" 하니, 태종이 허락하여 열 아름이나 되는 큰 나무로 기둥을 만들었다. 양전兩殿(태조와 태종)이 서로 만나자, 태종이 면복冕服을 입고 나아가 뵈었는데, 태조가 바라보고 노한 얼굴빛으로 가졌던 동궁彤弓과 백우전白羽箭을 힘껏 당겨서 쏘았다. 태종이 급해서 차일 기둥에 의지하여 몸을 가렸으므로 화살이 그 기둥에 맞았다. 태조가 웃으면서 노기를 풀고 이르기를, "하늘이 시키는 것이다" 하고, 이에 나라의 옥새를 주면서 이르기를, "네가 갖고 싶어 하는 것이 바로 이것이니, 이제 가지고 가라" 하였다. 태종이 눈물을 흘리면서 세 번 사양하다가 받았다.
>
> 마침내 잔치를 열고 태종이 잔을 받들어 헌수(장수를 비는 뜻으로 술잔을 올림)하려 할 때에 하륜 등이 몰래 아뢰기를, "술통 있는 곳에

가서 잔을 들어 헌수할 때에 친히 하지 말고 마땅히 내시에게 주어 드리시오" 하므로, 태종이 또 그 말대로 하여 내시가 잔을 올렸다. 태조가 다 마시고 웃으면서 소매 속에서 쇠방망이를 찾아내어 자리 옆에 놓으면서 이르기를, "모두가 하늘이 시키는 것이다" 하였다.

위의 기록에서는 하륜의 기지로 인하여 태종이 두 번에 걸친 절대적인 위기를 모면하는 과정이 고스란히 소개되어 있다. 이 일화는 태종의 측근으로 하륜을 첫손에 꼽을 수밖에 없는 근거다.

신문고를 설치하고 종이 돈인 저화를 유통하는 주요 정책 결정에도 늘 하륜이 있었다. 1401년 태종은 백성들의 민원을 듣는 신문고 설치에 대한 의견을 물었다. 조정 신료들 다수가 우려를 표방했으나, 하륜은 "신문고를 치는 법이 사실이면 들어주고, 허위이면 죄를 주고, 월소(왕에게 직접 호소하는 일)로 치는 자도 또한 이같이 하는 것입니다. 관리가 백성의 송사를 결단함에 있어 왕에게 아뢸까 두려워하여 마음을 다해 들여다보게 해서, 결국 백성이 그 복을 받으니, 실로 자손 만세의 좋은 법입니다"라고 하면서 신문고의 적극적인 시행을 주장하였다. 비록 제대로 유통이 되지는 못했지만 하륜은 지폐인 저화의 유통을 의욕적으로 추진하기도 했다.

하륜이 추진한 정책 대부분은 태종의 왕권 강화를 위한 것으로 그의 구상에는 왕권이 튼튼한 조선 만들기가 있었다. 하륜은 태종의 뜻을 받들어 《고려사》와 《동국사략》 등의 역사서 편찬 작업에도 착수했으며, 1408년에는 태조가 승하하자 《태조실록》 편찬 작업에 착수하여 1413년에 완성하였다.

태종의 절대적인 신임 속에 하륜은 1412년 8월에 다시 좌정승이 되고 1414년 4월에 영의정부사가 되었는데 이 무렵 하륜은 원로대신이 되었고, 결국 나이 70이 되던 1416년 선왕의 능침을 순시하러 함길도에 들렀다가 병을 얻어 객지에서 생을 마감했다. 생의 마지막 순간까지 태종의 참모로서 그 역할을 다했던 것이다.

하륜의 성품과 역할

실록에는 하륜에 대해, "천성적인 자질이 중후하고 온화하고 말수가 적어 평생에 빠른 말과 급한 빛이 없었으나, 관복 차림으로 묘당에 이르러 의심을 결단하고 계책을 정함에는 조금도 헐뜯거나 칭송한다고 하여 그 마음을 움직이지 않았다. 정승이 되어서는 되도록 대체(일이나 내용의 기본적인 큰 줄거리)를 살리고 아름다운 모책과 비밀의 의논을 계옥(충성스러운 말을 임금에게 아룀)한 것이 대단히 많았으나, 물러 나와서는 일찍이 남에게 누설하지 않았다"라고 하여 책략가이면서도 언어는 신중했던 인물로 묘사하고 있다. "음양 · 의술 · 지리까지도 모두 지극히 정통하였다"는 기록에서는 신흥사대부 출신의 성리학자이면서도, 성리학 이외의 다양한 학문에도 정통했음을 알 수 있다. 하륜이 천도 문제에도 적극 나섰던 배경에도 음양이나 풍수지리에 관한 지식이 바탕이 있었기 때문일 것이다.

참모로서 하륜이 보인 능력은 특히 외교 부문에서 발휘되었

출처: 문화재청

종묘 공신당

역대 왕의 공신들의 위패를 모신 사당이다. 임금들의 신주가 모셔진 정전보다 그 신분이 낮아 월대 아래에 위치한다. 창건할 때는 5칸에 불과했으나 왕의 신주가 늘어남에 따라 배향 공신들의 위패도 늘어나 지금과 같이 16칸의 긴 건물이 되었다.

다. 명나라와의 외교 관계가 제대로 정립되지 않았던 시기에 하륜은 외교 문서 작성에 뛰어난 자질을 보였고, 직접 명나라에 들어가 외교 현안을 여러 차례 해결하였다. 조선 초기 태조 때는 요동 정벌과 표전문 사건 등을 둘러싸고 명나라와의 외교 관계가 긴장에 달한 상황이 많았다. 태종 때 사대외교가 안정적으로 자리를 잡게 된 것에는 하륜의 역할이 컸다. "국정을 맡은 이래로 오로지 문한(문필에 관한 일)을 맡아 사대하는 글과 문사의 저술이 반드시 윤색潤色과 인가印可를 거친 뒤에야 정하여졌다"는 평가는 하륜의 이러한 면모를 잘 보여주고 있다.

하륜은 고려 말 관직 생활을 시작하여, 조선의 건국이라는 커다란 변화의 시기를 겪었지만 태조와 태종의 연이은 신임을 받아 조선 건국의 주역 중 한 명으로 활약하였다. 특히 태종의 자질을 알아보고 그를 먼저 만나기를 청하여 왕과 참모의 관계를 맺은 이래 태종의 왕위 즉위, 외교 관계 정립, 태종의 위기 해결 등에서 큰 역할을 하였다. 정몽주, 정도전, 최영, 이성계, 이방원 등 여말선초를 이끌어 간 쟁쟁한 인물에 비해 그 인지도는 낮지만, 조선 건국 시기 참모로서의 위상은 결코 낮다고 할 수 없다. 조선시대 인물이 당대의 왕의 사람임을 가름하는 기준은 종묘 공신당 배향 여부다. 조선시대에는 왕의 신주를 모시는 종묘에 공신당을 두고, 각 왕의 공신을 선별하여 배향하도록 했다. 하륜은 조영무, 정탁, 이천우, 이래 등과 함께 태종의 묘정에 배향되어 있다.

황희와 태종,
그리고 세종

우리 현대사에도 대통령 탄핵 사태로, 국무총리가 대통령 권한 대행을 한 적이 있다. 지금의 국무총리에 해당하는 조선시대의 직책은 영의정으로, 영의정 역시 왕을 제외하면 최고의 직책에 있었다. 조선시대에도 수많은 인물이 영의정을 거쳐 갔지만 많은 사람들은 영의정의 대명사로 황희 정승을 기억한다. 실제 황희黃喜(1363~1452)는 세종 시대에 19년간 자리를 지켰던 '최고의 영의정'이었다. 황희가 세종의 참모로서 최장 기간 영의정을 지내고, 최고령 영의정이라는 진기록까지 가질 수 있었던 비결은 무엇일까?

세종의 즉위를 반대했던 황희

세종 시대의 명재상으로 인식되고 있는 황희는 고려 후기에 태어나 태조 · 태종 · 세종 시대까지 관료로 활약한 인물이다. 90세까지 살면서 24년간 정승으로 활동하였고, 이 중 19년간은 영의정의 자리에 있었다. 87세에도 영의정을 지낸 것 역시 최고의 기록이다.

황희는 1363년(공민왕 12) 강릉부사 황군서의 아들로 개성에서 태어났다. 자는 구부懼夫, 호는 방촌厖村, 본관은 장수長水다. 고려 후기인 1389년(공양왕 1)에 문과에 급제한 뒤, 1390년 성균관 학록에 제수되었으나, 1392년 고려가 망하자 개성의 두문동에 은거하였다는 이야기도 전해진다. 조선이 건국된 후 조정의 요청으로 관직에 진출하여 태조 대에 성균관 학관·감찰 등 하위직을 역임한 황희는 태종의 신임 속에 관료로서 순탄한 길을 걸었다. 황희는 1409년 형조판서와 대사헌, 1411년 병조판서, 1413년 예조판서 등을 지내면서 태종을 보좌했다. 《문종실록》의 졸기(죽은 사람에 대한 기록)에서 황희가 태종의 깊은 신임을 받은 참모형 인물이었음을 알 수 있다.

> 기밀사무를 오로지 다하고 있으니, 비록 하루 이틀 동안이라도 왕을 뵙지 않는다면 반드시 불러서 뵙도록 하였다. 태종이 일찍이 말하기를, "이 일은 나와 경만이 홀로 알고 있으니, 만약 누설된다면 경이 아니면 곧 내가 한 짓이다" 하였다.

태종 시대에 형조판서, 대사헌, 이조판서 등을 지내면서 승승장구하던 황희에게 정치적 위기가 온 것은 1418년 태종이 세자인 양녕대군의 폐출을 결정하면서였다. 태종은 장자 양녕대군을 11세가 되던 1404년에 세자로 책봉했지만 계속 갈등을 빚었다. 학문을 게을리하고 기생과의 스캔들로 곤욕을 치르는 등 군주로서의 자질이 떨어진다고 판단했기 때문이다. 결국 태종은 1418년 14년간 세자의 자리에 있었던 양녕대군을 폐위시키고 택현(현명한 사람을 선택함)의 논리를 들어 셋째 아들인 충녕대군(후의 세종)을 세자로 지명하였다. 이 과정에서 태종의 의중을 알아차린 신하 대부분이 이를 찬성했다. 하지만 황희는 "세자가 나이가 어려서 그렇게 된 것이니, 큰 과실은 아닙니다"라고 변호하면서 세자 폐출은 가벼이 할 수 없는 일이라고 반대하였다. 장자를 세자로 삼은 원칙이 무너지면 후대에도 유사한 일이 일어날 수 있음을 지적한 것이었다.

양녕대군 폐위 후 황희는 태종의 분노를 사서 서인(서민)으로 폐해졌다가, 경기도 교하로 유배되었다. 후에 다시 서울 근처에 두지 말라는 건의를 받아 본관과 가까운 곳인 전라도 남원으로 옮겨졌다. 유배의 길을 걷던 황희가 다시 관직에 등용된 것은 세종 때인 1422년 2월이었다. 황희를 깊이 신임했던 상왕 태종이 황희를 다시 불러들여 관직에 임용할 것을 부탁했고, 세종은 이를 흔쾌히 수용하였다. 세종의 입장에서 보면 황희는 자신이 왕이 되는 것을 반대했던 대표적인 인물이었다. 따라서 조정의 신하들 또한 황희의 등용을 반대했다. 그러나 세종은 황희의 행동이 "충성스럽지 않다고 볼 수 없다"며 반대파들의 견해를 일축하였다. 반대파까지 포용한 세종의 리더십이 돋보이는 장면이다. 세종의 신임을 받은 황희는 1426년 우의정에 이어 1427년 좌의정이 되었다.

그러나 정승 황희는 몇 차례 불미스러운 사건에 연루되기도 했다. 1427년 사위 서달이 아전을 구타하여 죽은 사건이 일어나자 황희는 동료 정승 맹사성에게 사건의 무마를 부탁했다. 그러나 이 사건의 전모가 밝혀져 황희는 파직을 당하는 수모를 겪었다. 1430년에는 사헌부에 구금된 태석균의 일에 개입했다가 사헌부의 탄핵을 받고 파직되는 등 황희에게는 몇 차례 정치적 위기가 있었다. 황희는 청백리 정승으로 이름이 높지만 한때는 매관매직과 뇌물수수 사건으로 곤욕을 치르는 등 행적에 오점이 남았다. 요즈음과 같은 총리 인사청문회라면 황희도 쉽게 통과하지 못했을 것이라는 생각이 든다.

세종이 신임한 명재상 황희

1431년 69세의 나이에 복직되어 영의정에 오른 뒤 황희는 거듭 사직을 청했으나 세종은 늘 그를 곁에 두었다. 1432년 70세가 된 황희가 사직을 청했지만 세종은 윤허하지 않고 궤장을 하사하였다. 궤장은 임금이 나라에 공이 많은 70세 이상의 늙은 대신에게 하사하던 궤와 지팡이이다. 황희의 거듭된 사직에 세종은 "경의 자신을 위한 계획은 좋으나, 나의 의중(두텁게 신임하여 믿고 의지함)은 어찌하려는 것인가"라는 논리로 황희를 무마시켰다. 자신의 곁을 꼭 지켜야하는 인물임을 강조한 것이다. 황희가 더 연로하자, 세종은 초하루와 보름에만 조회를 하도록 특전을 베풀었고, 큰 일 이외에 황희를 번거롭게 하지 말도록 명했다. 집에 누워서 업무를 처리해도 좋다는 지침까지 내렸다. 세종의 파격적인 대우 속에 황희는 87세로 벼슬을 사양하고 물러날 때까지 18년간 재상의 자리를 지켰다. "큰일과 큰 의논을 결정할 적엔 의심나는 것을 고찰함이 실로 시귀(점을 치는 데 쓰는 상서로운 풀과 거북)와 같았으며, 좋은 꾀와 좋은 계획이 있을 적엔 임금에게 고함이 항상 약석(약과 침)보다 먼저 하였다. 임금이 과실이 없는 처지에 있도록 확실히 하고, 백성을 다스리는 데는 요란하게 하지 않는 것으로 목적을 삼았다"는 실록의 평가에서 세종이 고령의 황희를 끝까지 신임한 이유가 무엇이었던가를 알 수 있다.

1449년 관직에서 물러난 뒤에도 황희는 세종과 문종의 자문에 응하는 등 국가 원로로서 정치에 많은 도움을 주었다. 황희는 세종 시대 4군과 6진의 개척, 외교와 문물제도의 정비, 집현전을 중심으로 한 문물의 진흥 등을 지휘하고 감독하였다. 특히 세종이 중년 이후 새로운 제도를 많이 제정하자 황희는 "조종의 예전 제도를 경솔히 변경할 수 없다" 하고 홀로 반박하는 의논을 올렸다. 왕의 일방적인 독주에 제동을 거는 악역도 마다하지 않았던 것이다. 세종과 황희는 여러 차례 의견 충돌을 빚었지만 세종은 황희를 늘 중용하면서 자신의 부족한 부분을 채워 나갔다. 명재상 황희의 탄생에는 소통하고 포용하는 세종의 리더십이 있었던 것이다.

황희가 관직에서 물러나던 날 《세종실록》의 기록에는 "황희는 재상의 자리에 있던 20여 년간에 의견이 너그럽고 후한 데다가 분경紛競(인사 청탁)을 좋아하지 않고, 나라 사람의 여론을 잘 진정鎭定하니, 당시 사람들이 진정한 재상이라 불렀다"고 기록하고 있다. 황희의 졸기에도, "황희는 너그럽고 침착하고 사람됨이 무거웠다.

재상의 식견과 도량이 있었으며, 풍부하고 넉넉한 자질이 크고 훌륭하며 총명이 남보다 뛰어났다. 집을 다스림에는 검소하고, 기쁨과 노여움을 안색에 나타내지 않으며, 일을 의논할 적엔 올바르고 당당하여 큰 기본을 보존하기에 힘쓰고 번거롭게 변경하는 것을 좋아하지 아니하였다"라고 하여 황희의 온화하고 중후한 인품과 더불어 일의 기본을 파악하는 능력을 높이 평가하고 있다. 크고 작은 죄를 처리하는 문제에서도 황희는 관용을 중시했다. "차라리 형벌을 약하게 하여 실수할지언정 억울한 형벌을 할 수는 없다"는 발언에서는 억울한 피해자가 없게 하려는 황희의 의지를 읽어볼 수가 있다.

황희는 고령의 나이에도 건강을 유지하였기 때문에 말년에 그 능력을 발휘한 대표적인 인물이었다. 시력을 보호하기 위해 한쪽 눈을 번갈아 감는 등 자신만의 건강 비결을 지켜 나간 점은 흥미롭게 다가온다. "비록 늙었으나 손에서 책을 놓지 아니하였으며, 항시 한쪽 눈을 번갈아 감아 시력을 기르고, 비록 작은 글자라도 또한 읽는 것을 꺼리지 아니하였다. 재상이 된 지 24년 동안에 중앙과 지방에서 우러러 바라보면서 모두 말하기를 어진 재상이라 하였다. 늙었는데도 기력이 강건하여 홍안백발紅顔白髮을 바라다보면 신선과 같았다"는 평가에서는 90세 가까운 나이에도 건강을 유지한 황희의 신선 같은 모습을 접할 수가 있다.

그러나 황희에 대한 부정적인 평가도 있었다. 성품이 지나치게 관대하여 제가(집안을 잘 다스려 바로잡음)에 단점이 있다는 지적을

황희 초상

받기도 했고, "청렴결백한 지조가 모자라서 권력을 오랫동안 잡고 있었으므로, 자못 청렴하지 못하다는 비난이 있었다"는 비판도 있었다. 세종 역시 황희가 수신제가에는 일부 문제점이 있다는 점을 인식했지만 치국과 평천하에는 황희가 최적의 인물임을 인식하고 그에 대해 변함없는 신뢰를 보냈다. 실록에 황희의 의견을 수용했다는 기록이 여러 차례 나오는 것도 이러한 점을 분명히 보여주고 있다.

황희에 관한 일화 중에는 어느 농부가 소의 약점을 말하면서 황희의 귀에 속삭이듯 말하는 것에 깊은 감동을 받았다는 이야기가 있다. 동물도 자신의 허물을 말하는 것을 싫어한다는 것을 깨달은 황희는 여러 사람의 의견을 다 들어주었다는 것이다. 이러한 일화 때문에 황희에 대해서는 모든 의견을 수용하는 부드러운 모습으로 기억하지만 실제 황희는 분명하게 자신의 의견을 주장하는 인물이었다. 강력한 왕권을 행사한 태종이나 최고의 성군 세종 앞에서도 자신이 옳다고 생각하면 주저하지 않았다. 황희에게는 단점을 보완할 수 있는 장점이 훨씬 더 많았고, 세종은 참모로서 황희의 이런 능력을 잘 활용하였다. 황희는 창업에서 수성으로 나아가는 태종과 세종 시기에 명참모로 활약했고 부드러우면서도 할 말은 다했기 때문에 명재상으로 남아 있다. 특히 오랜 국정 경험을 바탕으로 정치적 균형 감각을 보유했던 것은 그의 최대 장점이었다. 황희는 사후 세종의 묘정에 배향됨으로써 '세종의 남자'임을 확실히 했다.

반구정에서 보낸 말년

경기도 파주의 임진강변에는 황희가 지었다는 반구정伴鷗亭이라는 정자가 있다. 반구정은 황희가 87세의 나이로 19년간 재임하던 영의정을 사임하고 관직에서 물러난 후 여생을 보낸 곳이다. 17세기의 학자 허목許穆이 쓴 〈반구정기〉에는 "물러나 강호에서 여생을 보낼 적에는 자연스럽게 갈매기와 같이 세상을 잊고 높은 벼슬을 뜬 구름처럼 여겼으니, 대장부의 일로 그 탁월함이 마땅히 이와 같아야 하겠다"라는 구절이 있다. 황희가 갈매기를 벗 삼으며 여생을 유유자적하며 살려고 만든 정자임을 알 수 있다. 특히 반구정은 서울과 개성의 중간 지점에 위치하여 맑은 날에는 개성의 송악산을 볼 수 있다고 한다. 개성을 고향에 두고 서울에서 관직생활을 한 황희의 마음을 무엇보다 편하게 해준 공간이었을 것이다.

황희는 권력의 정점에 있었지만, 갈매기를 벗하며 사는 소박한 삶을 희구했을지도 모른다. 그러나 시대가 그를 필요로 했고, 황희는 90세에 이르도록 정승으로 활약하면서 조선 초기 정치와 문물의 기틀을 잡는 데 기여했다. 오랫동안 건강을 유지하는 것은 영원한 현역 정승의 필요조건이었다. 때로는 조용하게 왕을 보좌하면서도 필요한 경우 거침없이 자신의 의견을 개진했던 황희. 늘 정치의 핵심을 확실히 파악하고, 균형 감각을 모범 답안으로 내세우며 이를 실천한 재상이었다.

세종의 믿음에 보답한 과학자, 장영실

'세종' 하면 웬만한 사람도 관련 인물 몇 명 정도는 말할 수가 있다. 그만큼 세종은 주변 인물을 빛나게 했다. 과학자 장영실, 음악가 박연, 국방을 개척한 김종서와 최윤덕, 명재상 황희 · 허조 · 맹사성, 집현전 학자들인 성삼문 · 신숙주 · 박팽년 · 정인지 등 수많은 인물들이 세종과 함께 했다. 세종은 개인으로서도 탁월한 능력을 발휘했지만, 주변의 인물들의 능력을 한껏 끌어 올려 함께하는 정치의 모범을 보인 왕이라는 점에서 타의 추종을 불허한다.

세종과 함께 했던 참모 중에서 과학 분야를 대표하는 인물이 장영실蔣英實(생몰년 미상)이다. 장영실은 2016년 모 방송사의 대하사극 주인공으로 그 이름을 올려, 최근에는 더욱 많은 사람들이 그를 친근하게 알게 되었다. 특히 장영실의 아버지가 중국의 항주 사람이고 어머니가 신분이 천한 동래현의 관기였다는 사실을 고려하면, 인간 장영실을 발탁해서 힘을 실어준 세종의 애정이 얼마나 컸는지 느낄 수 있다.

신분보다는 능력이다

사실 장영실은 세종에 앞서 태종이 처음 발탁하였다. 당시에 장영실의 신분이 미천하여 관직 제수를 두고 논란이 있었다.

> 안숭선에게 명하여 영의정 황희와 좌의정 맹사성에게 의논하기를, 행사직行司直 장영실은 그 아비가 본래 원나라의 소주蘇州·항주杭州 사람이고, 어미는 기생이었는데, 공교工巧한 솜씨가 보통 사람에 뛰어나므로 태종께서 보호하시었고, 나도 역시 이를 아낀다. 임인·계묘년 무렵에 상의원 별좌別坐를 시키고자 하여 이조판서 허조와 병조판서 조말생에게 의논하였더니, 허조는, "기생의 소생을 상의원에 임용할 수 없다"고 하고, 말생은 "이런 무리는 상의원에 더욱 적합하다"고 하여, 두 의논이 일치되지 아니하므로, 내가 굳이 하지 못하였다가 그 뒤에 다시 대신들에게 의논한즉, 유정현 등이 "상의원에 임명할 수 있다"고 하기에, 내가 그대로 따라서 별좌에 임명하였다.

《세종실록》의 기록에서 태종이 장영실을 처음 발탁했고, 장영실의 능력을 높이 산 세종이 상의원 별좌에 임명하고자 하였으나 조정 대신들의 의견이 엇갈리는 상황이 나타난다. 결국 세종은 장영실에게 관직을 제수한다. 세종은 장영실에 대해, "영실의 사람됨이 비단 공교한 솜씨만 있는 것이 아니라 성질이 똑똑하기가 보통에 뛰어나서, 매양 강무[4]할 때에는 나의 곁에 가까이 모시어서 내시를 대신하여 명령을 전하기도 하였다"고 하여 장영실이 실질적으로 세종의 참모 역할을 했음을 알 수 있다.

세종이 처음에 장영실을 옷을 만드는 관청인 상의원에 배치한 것은 그의 정교한 기술과 솜씨를 알아본 후 일단은 이곳이 적합한 곳이었다고 판단했기 때문이었다. 이후 장영실의 과학적 재능을 알아본 세종은 장영실을 가까이 두면서 과학에 필요한 역량을 발휘하도록 했다. 1425년 4월 18일에는 평안도 감사에게, 장영실이 말하는 대로 대, 중, 소의 석등잔 30개를 만들 것을 지시하였다. 아마도 이 석등잔은 국경 지역인 평안도에서 군사용으로 활용되었을 가능성이 크다. 1432년 1월에는 "벽동군 사람 강경순이 푸른 옥을 진상하자, 장영실을 보내어 이를 채굴하고, 사람들이 채취하는 것을 금지하게 하였다"는 기록이 나오는데, 이것은 장영실이 광물의 채취와 제련 기술에도 일가견이 있었음을 보여준다. 1434년에는 세종 시대에 주조된 활자인 갑인자甲寅字의 제작에도 장영실이 주요한 역할을 했음이 나타난다. 장영실은 과학과 국방 분야에서 착실한 참모 역할을 했고, 세종은 장영실의 관직을 올려주며 그의 능력을 인정했다. 1433년에는 정사품 호군이 되었고, 1437년에는 종삼품인 대호군에 올랐다. 장영실은 천민의 아들이라는 신분의 한계

---

4 조선시대에 임금이 신하와 백성들을 모아 일정한 곳에서 함께 사냥하며 무예를 닦던 행사.

출처: 국립중앙박물관

세종 시기 가장 널리 보급된 해시계, 앙부일구

속에서 그 능력만으로 종삼품의 직위에 올랐고, 그의 파격적인 승진에는 절대적인 후원자 세종이 있었다.

자신을 후원하고 배려한 세종에게 장영실이 최고의 보답을 한 성과물이 바로 자격루自擊漏다. 세종은 어떤 왕보다도 시간을 중요하게 인식하고 시계 제작에 총력을 기울였다. 앙부일구仰俯日晷라고 불리는 해시계에서 일단의 성과가 나타났다. 그러나 해시계는 해가 없는 밤이나 비가 오거나 흐린 날에는 작동하지 못하는 한계를 지니고 있었다. 세종과 장영실은 이러한 한계 극복을 위해 힘을 합했고, 이것은 마침내 자격루의 발명으로 이어졌다. 자격루는 물을 넣은 항아리의 한쪽에 구멍을 뚫어 물이 흘러나오게 만든 기계였다. 자격루는 물을 보내는 그릇 넷과 물받이 두 개로 구성되어 있다. 떨어지는 물방울의 양을 이용해 시각에 따라 저절로 종이나 북, 징을 울리게 한 것으로 일종의 자동 시간 알림 장치였다. '스스로 쳐서 울리는 시계'라는 뜻으로 이름을 '자격루'라 했다. 자격루는 2시간마다 한 번씩, 하루에 12번씩 종을 쳐서 시각을 알렸는데, 2시간마다 12지의 동물 모양이 나왔다. 1434년(세종 16) 7월 완성된 자격루에 대해서는 핵심 내용이 실록에 비교적 자세히 남아 있다.

> 호군護軍 장영실에게 명하여 사신司辰(간지를 맡음) 목인木人을 만들어 시간에 따라 스스로 알리게 하고, 사람의 힘을 빌리지 아니하도록 하였으니, 그 제도는 아래와 같다. 먼저 각閣 3칸을 세우고, 동쪽 간자리를 두 층으로 마련하여, 위층에는 세 신神을 세우되, 하나는 시를 맡아 종을 울리고, 하나는 경更을 맡아 북을 울리며, 하나는 점點을 맡아 징을 울린다. 중간층의 밑에는 평륜(평평한 바퀴)과 순륜(돌아가는 바퀴)을 설치하고 12신을 벌여 세워서, 각각 굵은 철사로써 줄기를 만들어 능히 오르내리게 하며, 각각 시패時牌를 들고서 번갈아 시간을 알린다.

자격루가 완성되자 세종은 경복궁 경회루 남쪽에 있는 보루각에 설치했다. 그해 7월 초하루부터는 조선의 표준시계로 삼았다. 설치 경위 등에 관해서는 김빈의 〈보루각명〉과 김돈의 〈보루각기〉에 남아 있다.

세종과 장영실의 호흡, 과학 조선을 이끌다

장영실은 자격루를 제작한 공을 인정받아 정사품 호군으로 승진했다. 당시의 기록을 보자. "이제 자격궁루를 만들었는데 비록 나의 가르침을 받아서 하였지마는, 만약 이 사람이 아니었더라면 암만해도 만들어 내지 못했을 것이다. 내가 들으니 원나라 순제 때에 저절로 치는 물시계가 있었다 하나, 그러나 만듦새의 정교함이 아마도 영실의 정밀함에는 미치지 못하였을 것이다. 만대에 이어 전할 기물을 능히 만들었으니 그 공이 작지 아니하므로 호군의 관직을 더해 주고자 한다"고 하여 장영실은 자격루를 제작한 공을 인정받아 승진하였음을 알 수 있다.

자격루의 제작이 성공적으로 끝나자 장영실은 또 하나의 특징적인 자동 물시계 제작에 착수했다. 시간을 알려주는 자격루와 천체의 운행을 관측하는 '혼천의'를 결합한 천문기구를 만들고자 한 것이다. 자격루와 혼천의, 이 두 가지를 결합하면 절기에 따른 태양의 위치를 정확히 알 수 있고 그 절기에 농촌에서 해야 할 일을 백성에게 전달할 수 있었다. 중국과는 다른 우리의 독자적인 문화를 융성하는 '자주', 모든 것은 백성을 위해야 한다는 '민본', 그리고 생활에 편리하도록 해야 한다는 '실용' 등 세종은 자신이 표방한 시대정신을 모든 분야에서 적용했다. 혼천의나 자격루와 같은 성과물 역시 이러한 시대정신에 기반해서 나온 것이었다.

자격루가 완성된 지 4년 후 1438년(세종 20)에 장영실은 또 하나의 자동 물시계인 옥루玉漏를 완성하였고, 옥루를 비롯한 주요 과

출처: 문화재청

흠경각 경복궁 강녕전 옆에 세워진 건물로 자동종합물시계인 옥루를 그 안에 설치하였다.

학 기구들을 설치하기 위해 흠경각을 짓는 역할을 맡는다. 흠경각은 경복궁의 침전 서쪽에 설치한 건물이다. 흠경각이라는 이름은 《서경》의 〈요전〉에 나오는 전설에서 요임금이 희씨와 화씨에게 명하여 "하늘을 공경하여 백성에게 때를 일러준다欽若昊天 敬授人時"는 문구에서 유래했다. 흠경각에는 간의, 혼의, 혼상, 앙부일구, 일성정시, 규표, 금루 같은 세종 시대를 대표하는 과학 기구들이 보관되었다. 흠경각 건설의 일등공신 역시 장영실이었다. "흠경각이 완성되었다. 이는 대호군 장영실이 건설한 것이나 그 규모와 제도의 묘함은 모두 왕의 결단에서 나온 것이며, 각은 경복궁 침전 곁에 있었다"는 기록에서 보듯이 흠경각은 세종과 장영실의 호흡이 또 한 번 힘을 발휘한 결과물이었다. 흠경각은 세종 이후에도 각종 과학 기구들을 보관하는 곳이었다. 세종의 총애 속에 승승장구하던 장영실이 실록에 마지막으로 기록된 것은 세종의 가마에 문제가 생겨서 처벌을 받은 것이다. 장영실의 당시 임무는 가마의 제작 감독이었다. 가마는 세종이 타기도 전에 부서졌는데, 이 일로 장영실을 비롯한 참여자들은 불경죄로 관직에서 파면되었고, 장영실은 곤장까지 맞아야 했다. 1442년 대호군 직책에서 파면된 이후 만년의 생애에 대해서는 알려진 바가 없다. 한때는 세종에게 그토록 총애를 받았던 장영실의 갑작스러운 해임과 처벌은 아직도 풀리지 않은 의문투성이다. 일설에는 장영실의 과학적 재능을 견제한 명나라로부터 장영실을 보호하기 위한 세종의 배려라는 해석도 나오지만 구체적인 정황은 확인되지 않는다. 천문 과학 기구 프로젝트가 끝나고 세종이 다른 사업에 역점을 두면서 장영실이 더 이상 필요 없게 되어 사라졌다는 주장도 있지만 정확한 근거는 없다.

천민 신분에서 세종에게 발탁되어 자격루와 옥루를 비롯한 탁월한 성과물로, 세종 시대 과학 발전에 크게 기여했던 인물 장영실. 장영실은 신분보다는 그 사람의 능력만을 보고, 확실히 지원해 준 세종을 만났기에 그 능력을 꽃피웠고, 오늘날까지 우리 역사를 대표하는 과학자로 이름이 남아 있다. 세종과 장영실의 만남은 능력 있는 참모의 발탁과 그 재능의 활용이 리더의 주요한 덕목임을 다시금 환기하고 있다.

성삼문,
죽음으로 단종을 지키다

1456년 2월 세조를 제거하고 상왕 단종을 복위시키려는 거사가 사전에 누설되었고 주모자들은 줄줄이 압송되었다. 이 거사의 중심에 있었던 인물은 성삼문成三問(1418~1456)이다. 그와 뜻을 같이 했던 핵심 인물 6명은 '사육신死六臣'으로 지칭되면서 현재까지도 충신의 대명사로 거론되고 있다. 단종을 목숨을 내놓으면서까지 지키고자 했던 사육신. 그 중심에 있었던 성삼문과 단종의 만남, 그리고 최후의 역사를 알아보자.

성삼문은 누구인가?

성삼문은 충청도 홍주(지금의 홍성) 적동리 외가에서 태어났다. 태어날 때에 공중에서 "났느냐"는 질문을 세 번 받았기 때문에 성삼문으로 이름을 지었다는 이야기가 전한다. 본관은 창녕, 자는 근보謹甫, 호는 매죽헌梅竹軒이다. 단종복위운동에 함께 참여했던 도총관 성승의 아들이며, 어머니는 현감 박첨의 딸이다.

성삼문은 1435년(세종 17) 생원시에 합격하고, 1438년에는 식년문과에 병과로 급제했으며, 1447년에 문과중시에 장원으로 다시 급제하였다. 세종이 집현전을 설치한 후 인재를 집중적으로 이곳에 불러 모을 때 집현전 학사로 뽑혔으며, 세종의 총애 속에 홍문관 수찬 · 직집현전 등의 직책을 지냈다. 1442년에는 북한산의 진관사에서 오늘날 유급휴가 제도의 기원이 된 사가독서賜暇讀書(관리들에게 휴가를 주어 독서에 전념하게 하던 제도)를 했고, 세종의 곁에서 주요한 정책 과제들을 연구했다. 세종이 훈민정음 28자를 만들 때 성삼문이 주도적으로 참여했음은 정인지가 서문에 "신이 집현전 응교 최항, 부교리 박팽년과 신숙주, 수찬 성삼문 등과 더불어 삼가 모든 해석과 범례를 지어 간단한 요약을 읽을 수 있게 함으로써, 이를 본 사람으로 하여금 스승이 없어도 스스로 깨닫게 되는 것이다"라고 한《세종실록》의 기록에서도 확인할 수 있다. 또한 1443년 훈민정음이 창제되고 1446년 반포되는 과정에서 명나라 요동을 13번이나 왕래하면서, 그곳에 유배 중인 명나라의 한림학사 황찬을 만나 훈민정음을 정교히 완성하는 데 기여하였다. 병으로 고생을 하던 세종에게 성삼문은 늘 곁에 두고 싶은 신하였다.《연려실기술》의 "세종이 말년에 병이 있어 여러 번 온천에 거둥(임금의 나들이)하였는데, 편복便服 차림으로 늘 성삼문과 이개에게 대가(임금이 타던 수레) 앞에서 고문(의견을 물음)에 응하게 하니, 당시에 영광으로 여겼다"는 기록은 이러한 면모를 잘 보여주고 있다.

세종 사후에도 성삼문은 문종과 단종을 보필하며 《세종실록》, 《역대병요》의 편찬 등 주요 사업을 수행하는 큰 역할을 해 나갔다. 특히 죽음을 앞둔 문종이 어린 단종을 부탁하며 했던 당부는 성삼문의 가슴 깊이 파고들었다. 그러나 성삼문의 인생은 1453년 10월 10일에 일어난 계유정난으로 말미암아 큰 전환을 맞게 된다. 1453년(단종 1) 좌사간으로 있을 때, 수양대군(후의 세조)이 황보인 · 김종서 등을 죽이고 정권과 병권을 잡았다. 정변의 성공으로 수양대군은 영의정 이하 모든 권력을 차지했지만 여전히 왕은 단종이었다. 수양대군은 김종서나 황보인의 빈자리를 채울 수 있는 젊고 명망 있는 관리로 성삼문을 주목했다. 성삼문은 세종 때부터 함께 중요한 국책 사업을 해온 동료이기도 했다. 성삼문이 직접 계유정난에 가담하지는 않았지만 수양대군은 그에게 정난공신[5] 3등의 칭호를 내리면서 포섭하려 했다. 성삼문은 이를 사양하는 상소를 올렸지만 결국 공신에 책봉되었다. 단종이 여전히 왕인 정국이었기에 성삼문의 관직 생활도 계속되었다. 1454년에 집현전부제학이 되고, 예조참의를 거쳐 1455년에는 예방승지가 되었다.

수양대군에게 옥새를 전한 예방승지

예방승지는 성삼문에게 가혹한 운명을 예고하는 직책이었다.

---

5 세조가 반대 세력인 황보인, 김종서 등 원로대신과 종친인 안평대군을 제거하는 데 공을 세운 사람에게 내린 칭호.

1455년 윤6월 수양대군의 압박 속에서 단종이 상왕으로 물러나던 날 성삼문은 바로 수양대군에게 왕위를 상징하는 옥새를 전해주는 비서의 자리인 예방승지의 직책에 있었던 것이다. 훗날 죽음으로 대항한 상대에게 옥새를 주는 임무를 수행했던 것은 성삼문의 기구한 운명으로밖에 풀이할 수 없을 것 같다.

《연려실기술》은 "세조가 선위를 받을 때에, 자기는 덕이 없다고 사양하니, 좌우에 따르는 신하들은 모두 실색하여 감히 한 마디도 내지 못하였다. 성삼문이 그때에 예방승지로서 옥새를 안고 목 놓아 통곡하니, 세조가 바야흐로 부복하여 겸양하는 태도를 취하다가 머리를 들어 빤히 쳐다보았다"고 하여 두 사람의 갈등을 예고하고 있다. 이어서 "박팽년이 경회루 못에 임하여 빠져 죽으려 하매 성삼문이 기어이 말리며 말하기를, '지금 왕위는 비록 옮겨졌으나 임금께서 아직 상왕으로 계시고, 우리들이 살아 있으니 아직은 일을 도모할 수 있다. 다시 도모하다가 이루지 못하면 그때 죽어도 늦지 않다' 하매, 박팽년이 그 말을 따랐다"고 성삼문과 박팽년이 경회루에서 처음 거사를 도모한 상황을 기록하고 있다. 직책상 수양대군에게 어쩔 수 없이 옥새를 전달했던 성삼문, 그러나 그의 마음은 더 이상 세조의 신하가 아니었다. 성삼문은 집현전에서 동문수학했던 박팽년, 하위지, 이개, 유성원 등 뜻이 맞는 동지들을 규합하기 시작하였고 무인인 유응부도 거사에 합류했다.

1456년의 거사를 주동하다

성삼문 등 단종복위운동을 주도한 이들에게 마침내 절호의 기회가 찾아 왔다. 1456년 6월 창덕궁에서 명나라 사신을 접대하는 자리에 세조는 단상에서 왕을 호위하는 별운검을 세우기로 하고 성삼문의 아버지인 성승과 유응부를 적임자로 지목하였다. 시해를 모의한 주동자들이 직접 세조를 죽일 수 있는 기회를 잡게 된 것이다. 성삼문 등은 이날을 거사일로 잡고 세조와 세자(세조의 아들), 세조의 측근들을 제거하기 위한 보다 치밀한 계획을 추진해 갔다. 그런데 갑자기 일이 꼬이기 시작했다. 한명회 등이 연회 장소인 창덕궁 광연전이 좁고, 더위가 심하다는 이유로 별운검을 세우지 말고 세자도 오게 하지 말 것을 청하자, 세조가 이를 수용하기로 했다는 소식이 전해졌다. 거사 주모자들 간에는 의견이 엇갈렸다. 유응부 등은 일이 누설될 가능성을 염려하면서 계획대로 일을 추진하자고 했고, 성삼문과 박팽년은 "별운검을 세우지 않고 세자가 오지 않는 것은 하늘의 뜻이니 거사 날짜를 다시 계획하자"고 하였다.

결국 거사는 연기되었고 유응부 등의 우려대로 내부의 밀고자가 나타났다. 김질이 바로 그 주인공이었다. 거사가 연기되면서 불안해진 김질은 장인인 정창손을 찾아가 사전에 준비되고 있던 상왕 단종복위운동의 전말을 알렸고, 정창손은 그 길로 사위와 함께 궁궐에 달려가 이 사실을 고했다. 즉시 성삼문 등에 대한 체포령이 떨어졌고 단종복위운동을 도모한 인사들이 줄줄이 압송되었다.

세조는 친히 죄인을 신문하는 데 참여하면서 이들을 협박하고 회유하려 했으나, 이들은 세조의 왕위 찬탈의 부당성을 공격하면서 뜻을 굽히지 않았다. 성삼문은 "상왕이 계신데 나으리가 어떻게 나를 신하로 삼을 수 있는가"라며 세조를 자극하여 달구어진 쇠에 온몸을 고문당한 후 처참한 최후를 맞았다. 또한 성삼문이 형을 당한 뒤 그의 집을 살펴보니 세조가 준 녹이 고스란히 쌓여 있었을 뿐 가재도구라고는 아무것도 없었으며, 방바닥에 거적자리만 깔려 있을 뿐이었다고 한다.

성삼문의 대표적 동지인 박팽년은 세조를 일컬을 때마다 '나으리'라고 하였고, 세조 재위 시절 충청도관찰사로 있으면서 올린 문서에는 '신臣'이라는 용어를 쓴 적이 한 번도 없음이 조사에서 밝혀지기도 했다. 그만큼 세조를 왕으로 인정하지 못한다는 의지를 실천한 것이다. 사육신을 비롯한 거사 참여자들 대부분은 달군 쇠를 몸에 집어넣는 등의 엄청난 고문을 당하였다. 성삼문은 모진 고문 속에서도 조금도 굴하지 않고 세조의 불의를 나무라고 또한 신숙주에게는 세종과 문종의 당부를 배신한 불충을 크게 꾸짖었다. 격노한 세조가 무사를 시켜 불에 달군 쇠로 그의 다리를 태우고 팔을 잘라내게 했으나 그의 안색은 변하지 않았다고 한다. 잔인한 고문 끝에 성삼문은 형장으로 끌려왔다. 1456년 6월 7일이었다. 이때 남긴 그의 시 한 수가 전해진다.

북을 울려 사람의 목숨을 재촉하는데
머리를 돌려 보니 해는 기울어 가는 구나

출처: 문화재청

사육신묘의 의절사
사육신묘는 단종복위운동을 하다가 순절한 여섯 신하의 묘로 현재 서울특별시 동작구 노량진동에 있다.

황천에는 주막이 없다는데
오늘 밤에는 누구의 집에서 잠을 자리오

형장에서 성삼문은 사지를 찢기고 목이 잘리어 전신이 토막나는 참혹한 죽음을 맞이하였다. 성승도 아들과 함께 참형을 당했다. 성삼문의 동생 삼빙 · 삼고 · 삼성과 아들 맹첨 · 맹년 · 맹종 및 갓난 아들, 손자 헌택까지 모두 죽임을 당하면서 성삼문 가문은 '멸문의 화'를 겪었으며, 성삼문의 처와 딸마저 노비로 팔려가는 비운을 당했다.

사후에 주군과 함께 복권되다

1456년 6월의 단종복위운동 사건에 연루되어 죽임을 당하거나 화를 입은 인물은 사육신을 비롯하여 권자신, 김문기 등 70여 명에 이르렀다. 당시에는 역적이었으나, 16세기 이후 이들이 보인 충절과 의리는 후세의 귀감이 되었다. 사육신의 충절을 따르려는 사람들은 중앙의 관직을 버리고 대부분 지방으로 들어가 성리학에 대한 연구와 후진 양성에 힘을 기울이면서 조선 전기 사림파의 뿌리를 형성하게 된다. 우리가 흔히 '사육신'으로 알고 있는 성삼문, 박팽년, 하위지, 이개, 유성원, 유응부 등 6명이 사육신으로 지칭되기 시작한 것은 생육신을 자처한 남효온이 〈육신전〉을 저술한 것에서 비롯된다. 남효온의 문집인 《추강집》에 〈육신전〉이 기록되면서, 수양대군의 불법에 맞서 저항한 이들의 명성은 재야의 사림들을 중심으로 널리 전파되었다. 남효온은 김시습, 원호 등과 함께 몸은 비록 살아 있어도 정신은 사육신을 계승한다는 뜻에서 '생육신'으로 불린 인물이다. 체제에 저항하다가 처형된 사람들의 전기를 기록한 것은 당시로서는 매우 용기 있는 행동이었다.

민간에서 사육신으로 지칭된 성삼문 등이 공식적으로 복권된 것은 단종복위운동이 일어난 1456년 이후 230여 년이 지난 조선 후기 숙종 때였다. 숙종은 1691년(숙종 17) 사육신의 관직과 작위를 회복하고 국가에서 제사를 지내도록 하는 특단의 조치를 단행했다. 조선시대 판 역사 바로 세우기가 단행된 것이었다. 숙종은 "나라에서 먼저 힘쓸 것은 본디 절개와 의리를 중시하고 이를 지키는 것보다 큰 것이 없고, 신하가 가장 하기 어려운 것도 절개와 의리에 죽는 것보다 큰 것이 없다. 저 육신이 어찌 천명과 인심이 거스를 수 없는 것인 줄 몰랐겠는가마는, 그 마음이 섬기는 바에는 죽어도 뉘우침이 없었으니, 이것은 참으로 사람이 하기 어려운 것이다. 당세에는 난신(나라를 어지럽히는 신하)이나 후세에는 충신이라는 분부에 성의聖意가 있었으니, 오늘의 이 일은 실로 세조의 유의遺意를 잇고 세조의 큰 덕을 빛내는 것이다"라면서 숙종은 사육신에 대해 '당세에는 난신이나 후세에는 충신'이라는 논리를 내세웠다. 즉 사육신을 처형한 세조의 입장도 적절히 고려하면서 성삼문 등 사육신에 대한 복권의 뜻을 전한 것이었다. 사육신의 복권과 함께 1698년(숙종 24) 11월 6일 노산군에게는 단종이라는 묘호가 올려졌다. 단종이 공식적으로 왕의 위상을 회복하는 순간 성삼문은 238년간 응축했던 울분을 사후에나마 풀 수 있었을 것이다.

신숙주,
변절한 지식인 vs 정치·문화 정비의 주역

1452년 9월 수양대군은 단종의 즉위를 알리는 사은사[6]가 되어 명나라로 향했다. 스스로 사은사를 자청하면서, 자신에게 권력욕이 없다는 것을 보이려는 정치적 의도도 컸다. 이때 수양대군을 따라 간 인물은 나이도 동갑이었던 신숙주申叔舟(1417~1475)였다. 신숙주는 이후에 영원한 세조의 참모로 남게 되었다. 조선 후기에 이르러 신숙주는 변절자의 대명사가 되기도 했지만, 세조에서 성종에 이르는 시기 국정의 중심을 잡는 데 핵심적인 역할을 한 그의 공에 대해서는 재평가의 움직임이 많다.

세조와 함께한 중국 사행

1452년 문종이 승하하고 단종이 12세의 나이로 왕위에 올랐

6 임금이 중국의 황제에게 사은의 뜻을 전하기 위해 보내던 사절.

다. 문종은 승하 직전 김종서, 황보인 등의 고명대신(왕의 유지를 받드는 대신)을 불러 단종의 보필을 부탁했고, 단종 즉위 후 대신들의 위상이 커졌다. 세종에서 문종을 거치면서 틀이 잡힌 왕권과 신권의 조화가 무너졌다. 관리의 인사에 신하들이 권력을 행사하는 황표정사黃票政事(노란색으로 미리 표시함)는 이러한 면모를 상징적으로 보여주었다. 김종서, 황보인 등은 권력 기반을 강화하기 위해 세종의 3남인 안평대군과 손을 맞잡았다. 권력욕이 강하고 야심만만한 수양대군보다는 조정의 대신들과도 비교적 친밀한 교분을 가진 학자풍의 안평대군이 편했기 때문이었다.

수양대군은 이를 묵과하지 않았다. 왕권의 회복을 위해 절치부심하던 그를 대신들이 견제하기 시작하자, 수양대군은 자신에게 정치적 야심이 없다는 점을 강조하면서 단종의 즉위를 알리는 사은사를 자청했던 것이다. 신숙주는 이 길을 수양대군과 동행했고, 두 사람은 혈맹이 되었다. 이전부터 두 사람의 마음이 통했음은 실록의 기록에서 확인된다. 1452년 8월 10일 수양대군은 집 앞을 지나가는 신숙주를 불러 함께 술잔을 기울였다. 수양대군은 "옛 친구를 어째서 찾지 않는가. 이야기를 나누고 싶은 지 오래였다. 사람이 다른 일에는 목숨을 아끼더라도 사직을 위해서는 죽을 수 있어야 한다"고 했고 신숙주는 "장부가 아녀자의 손 안에서 죽는다면 '집에서 세상일을 모르는 것'이라고 할 만합니다"고 화답했다. 이어 수양대군은 즉시 "그렇다면 나와 함께 중국으로 가자"고 했고, 1452년 10월 사은사와 서장관(외국에 보내는 사신 가운데 기록을 맡아보던 임시 벼슬)으로 두 사람은 중국 사행을 함께 하면서 운명의 끈을 이어간다.

1453년 2월 사은사의 임무를 마치고 돌아온 수양대군의 휘하에는 한명회, 신숙주, 권람과 같은 재사와 양정, 홍달손, 홍윤성 등 무사들이 심복으로 자리를 잡았고, 수양은 서서히 거사를 준비해 나갔다. 한명회는 김종서와 황보인의 집에 염탐꾼을 들여 이들의 동선에 대한 정보를 입수하여 1453년 10월 10일을 거사일로 잡았다. 수양은 거사 당일 직접 김종서의 집을 방문하였다. 자신의 심복 군사 일부만을 대동하였기 때문에, 김종서는 크게 경계하지 않고 있다가 수양의 지시를 받은 심복들에 의해 아들과 함께 철퇴를 맞았다. 김종서는 철퇴를 맞고도 의식을 회복했으나 결국 수양의 심복 양정의 칼을 맞고 쓰러졌다.

김종서의 죽음은 쿠데타의 성공을 알리는 계유정난의 서막을 열었다. 김종서 살해 후 수양은 왕명을 빙자하여 황보인을 비롯한 조정의 대신들을 불러들이게 했다. 그리고 이미 한명회 등에 의해 작성되어 있는 살생부에 따라, "김종서가 황보인, 정분 등과 모의하여 안평대군을 추대하려 한다"는 것을 명분으로 내세우면서 정부의 핵심 인물들을 제거하였다. 대군 중 가장 큰 경쟁자인 안평대군은 강화로 유배한 후에 사사하였다. 계유정난 이후 단종은 수양에게 모든 나라의 중대사를 결정하게 했다. 수양대군은 영의정 겸 병마도통사와 병조판서, 이조판서로서 권력을 독점하며 정권과 병권을 완전히 장악하였다.

세조의 참모로 활약하다

신숙주의 자는 범옹泛翁, 호는 보한재保閑齋 또는 희현당希賢堂, 본관은 고령高靈, 시호는 문충文忠이다. 아버지는 종이품 공조참판을 지낸 신장(1382~1433)이고, 어머니는 정유의 딸이다. 1438년(세종 20) 생원 · 진사시를 동시에 합격했고, 이듬해 문과에서 3등의 뛰어난 성적으로 급제한 후 세종의 총애 속에 집현전 부수찬(종육품), 응교(정사품), 직제학(정삼품)과 사헌부 장령(정사품), 집의(종삼품) 등의 청요직을 두루 거쳤다. 1443년에는 서장관으로 일본 사행에 동참한 경험을 살려 《해동제국기》를 저술했다.

1453년 10월 10일의 계유정난은 신숙주의 운명을 또 한 번 바꾸어 놓았다. 계유정난 이후 단종은 허울뿐인 지위를 지키고 있을 뿐 실권은 완전히 수양에게 넘어간 상태였다. 그리고 1455년 윤6월 수양은 조카 단종을 압박하여 상왕으로 밀어내고 왕위에 오르게 된다. 세조는 왕위에 오른 후 집권의 명분과 도덕성의 취약점을 극복하기 위하여 민본정치, 부국강병책, 왕권의 재확립과 《경국대전》이나 《동국통감》과 같은 학술, 문화 정비 사업에 진력한다. 세조 시대에 확립된 이러한 기반은 성종 시대 조선 전기 정치, 문화를 완성할 수 있는 원동력이 되었다. 이러한 세조 시대의 정치 질서의 정비와 학술 문화 사업 추진의 중심에 있었던 인물이 신숙주였다. 신숙주는 계유정난에 직접 참여하지는 않았지만 수양대군이 세조로 즉위한 후에 연이어 일등공신이 되면서 승승장구하였다. 1455년 10월에는 특명을 받아 세조의 즉위를 알리는 주문사로서

청령포

영월군 남면 광천리 남한강 상류에 위치한 이곳은 왕위를 빼앗긴 단종의 유배지로, 삼면이 깊은 강물에 둘러싸여 마치 섬과도 같은 곳이다.

명나라에 갔다. 신숙주는 3년 전 대군 시절의 세조와 함께 한 명나라 사행길을 떠올렸을 것이다.

세조 집권 후 신숙주는 병조판서, 우의정 등을 거쳐 1466년 영의정에 올랐다. 이 시기 《국조보감》의 편찬에도 참여하고, 북방 여진족 정벌의 경험을 《북정록》으로 남기기도 했다. 실록에서 사관은 "세조를 조우遭遇하여 계책이 행해지고 말은 받아들여져, 세조가 일찍이 말하기를, '경은 나의 위징(중국 당나라 초기의 공신)이다'라고 하였고, 매양 큰일을 만나면 반드시 물어보았다. 왕으로 즉위함에 미쳐서는 보양輔養하고 찬도贊導하는 공이 많았다"고 하여, 세조와 신숙주의 관계를 당나라 태종과 위징의 관계에 빗댔다.

신숙주는 흔히 성삼문과 자주 비교되곤 한다. 집현전 학자로서 세종의 총애를 받았던 성삼문과 신숙주는 특히 문장과 어학에 뛰어나 훈민정음 반포에도 깊이 관여하였다. 두 사람은 중국의 음운학자 황찬을 만나기 위해 열세 번이나 머나먼 요동 길을 함께 오가면서 절친한 우정을 쌓은 사이였다. 그러나 수양대군의 왕위 찬탈 후 두 사람은 전혀 다른 극단의 길을 가게 되었다. 성삼문은 단종복위운동을 주도한 사육신의 대표적 인물로 수양대군의 불법적인 왕위 찬탈에 맞서 저항하다가 처형으로 삶을 마감한 반면, 신숙주는 수양대군의 왕위 찬탈을 도와 세조 이후 승승장구하면서 성종 대까지 국가의 원로가 되어 학문과 문화 창조의 위업을 쌓는 완전히 다른 운명의 길을 걷게 되었다. 특히 거사 당일 성삼문은 "신숙주는 나의 평생의 친구이지만 죽이지 않을 수 없다"고 결연한 의지를 폈지만, 거사가 연기된 후 이 사실을 모르고 있던 윤영손이 신숙주를 죽이려고 할 때 이를 막아주는 마지막 우정을 보여주기도 하였다.

성삼문과 신숙주는 사후에도 엇갈린 행보를 보였다. 죽음으로 의리를 지킨 성삼문이 충신의 대명사로 현재까지 추앙을 받은 반면, 신숙주는 뛰어난 학문적 자질에도 불구하고 수양대군에게 협조했다는 이유로 변절한 지식인이라는 꼬리표가 늘상 따라다니고 있다. 원래 녹두의 싹을 내어 먹는 나물로서, 두아채豆芽菜란 이름으

출처: 문화재청

경복궁 수정전

세종 때 집현전으로 쓰이던 건물이다. 성삼문과 신숙주는 조선 최고의 인재집단 집현전에서 함께 지낸 동지였다.

로 불렸던 나물이 조선 후기 이후 '숙주나물'로 바뀐 것에도 신숙주의 행적을 응징하고자 하는 백성들의 증오가 담겨 있다는 이야기가 전해진다. 만두 속을 만들 때 이 나물을 짓이기기 때문에 신숙주에 대한 분노를 풀어보고자 한다는 것이다. 세조에서 성종까지 조선 전기 정치, 문화 정비의 최고 주역이었지만 신숙주에게는 이처럼 가혹한 불명예가 붙여진 까닭은 16세기 이후 충절과 의리를 지고의 가치로 여겼던 사림파의 정치의식이 후대에도 계승되었기 때문으로 볼 수 있다.

신숙주의 일본 기행문 《해동제국기》

1443년(세종 25) 신숙주는 세종의 명을 받들어 일본으로 가는 배에 몸을 실었다. 병마에 시달리다가 회복된 지 얼마 되지 않았고 가족들도 긴 여행을 우려했으나 흔쾌히 이를 받아들였다. 그의 나이 27세 때였다. 직책은 서장관으로서 통신정사, 부사에 이어 서열 3위에 해당하였다. 서장관은 외교뿐만 아니라 문장에 특히 뛰어난 사람이 임명되는 직책으로 세종은 집현전 학자로 있던 신숙주에게 큰 믿음을 보였다. 신숙주 일행은 7개월간이라는 당시로서는 짧은 기간 동안에 외교적 목적을 무사히 마치고 돌아왔다. 특히 대마도주와 체결한 계해약조는 당시 외교 현안이었던 세견선(일본이 해마다 보내는 배)과 세사미두(해마다 바치는 쌀)의 문제를 각각 50척, 200석으로 해결한 것이었다. 한편 그가 일본에 도착했을 때 그의 명성을 듣고 온 일본인들에게 즉석에서 시를 써 주어 감탄을 자아냈다는 일화가 전한다.

《해동제국기》는 신숙주가 일본에 사행을 다녀온 지 28년이 지난 1471년(성종 2) 겨울에 완성되었다. 이처럼 긴 시일을 두고 완성된 것은 이 책이 단순한 개인 기행문이 아님을 의미한다. 이 책은 저자의 일본 사행의 경험을 바탕으로 당시의 외교 관례 등을 체계적으로 정리해서 완성된 것으로, 조선 전기 대일외교의 축적된 경험들이 모두 담겼다. 《해동제국기》는 신숙주의 서문과 7장의 지도, 〈일본국기〉, 〈유구국기〉, 〈조빙응접기〉로 구성되어 있다. 〈일본국기〉는 천황의 세계, 나라의 풍속, 8도 66주의 군현, 대마도 등의 항목으로 구성되었고, 〈유구국기〉는 국왕의 세계, 국도國都, 나라의 풍속, 도로리수道路里數의 세부항목이 포함되었다. 7장의 지도는 해동제국총도, 일본본국지도, 일본국서해구주지도, 일본국일기도지도, 일본국대마도지도, 유구국지도로 이 책의 제목 '해동제국'은 일본 본국을 포함한 부속 도서와 유구국을 뜻한다. 신숙주는 서문에서 "동해에 있는 나라가 하나만은 아니나 일본은 가장 오래되고 가장 큰 나라다. 그 땅은 흑룡강 북쪽에서 시작하여 제주의 남쪽에 이른다. 유구국과 서로 접해 있으며 그 세력이 심히 크다"라고 표현하고 있다. 《해동제국기》의 일본 지도는 우리나라에서 만든 목판본 지도로서 현재 전해지는 것 중에서 가장 오랜 지도로 평가받고 있으며, 조선식의 독특한 파도무늬가 바다에 그려져 있는 점이 특징이다.

신숙주는 《해동제국기》에서 "신은 듣건대 '이적夷狄을 대하는 방법은 외정外征에 있지 않고 내치에 있으며, 변어邊禦에 있지 않고 조정朝廷에 있으며, 전쟁에 있지 않고 기강을 진작하는 데에 있다' 하였는데 그 말이 이제 징험이 됩니다"라고 하여 무엇보다 일본에 대한 경계심을 나타내고 교린 외교의 중요성을 강조하는 한편, 언제라도 발생할지 모를 전란을 막기 위해서는 조정의 기강을 바로잡아야 한다는 점을 강조하고 있다. 임종하기 직전에도 성종에게 "일본과의 화호(화평하고 사이가 좋음)를 잃지 마십시오"라는 말을 남겼다. 신숙주는 임진왜란이 일어나기 100년 전에 이미 일본인의 호전성을 간파했던 것이다. 《해동제국기》는 완성 이후 대일 외교에 있어 중요한 준거가 되어 외교협상에서도 자주 활용되었으며, 일본 사행을 떠나는 통신사들의 필수 서책이 되었다. 조선 통신사들의 일본 기행문에는 일본의 학자들이 조선 통신사에게 《해동제국기》의 존재를 묻곤 하던 기록이 여러 차례 발견되고 있어서 후대에 끼친 영향력을 짐작할 수 있다.

그동안 신숙주에 대해서는 쿠데타를 일으켜 집권한 세조의 대표적인 참모라는 점 때문에 부정적인 평가가 많았던 것이 사실이다. 그러나 언어에 대한 감각, 외국어에 두루 능통한 학자 관료라는 점은 당대에도 높은 평가를 받았다. "오랫동안 예조禮曹를 관장하여 사대교린을 자신의 소임으로 삼아 사명(사신이 명을 받아 외교적인 일을 할 때 하는 말)이 그의 손에서 많이 나왔다. 정음正音을 알고 한어漢語에 능통하여 《홍무정운》을 번역하였으며, 한음漢音을 배우는 자들이 많이 이에 힘입었다"는 기록은 그의 외교와 언어에 대한 능력을 잘 보여주고 있다. 또한 《해동제국기》의 저술이나 《동국통감》의 편찬 등에서 보인 학문적 능력은 조선 전기 문화 정비 사업에 중요한 힘을 발휘하였다. 한 인물의 역사적인 평가에는 부정적인 측면과 함께 긍정적인 측면이 균형 있게 제기되어야 함을 보여주는 대표적인 사례라 할 수 있다.

2장 국가의 기틀을 다지다

세종에서 성종 대까지 '문병'을 장악했던 학자, 서거정

전국시대부터 송宋나라 시기까지 중국 역대의 명문을 뽑아놓은 책 《고문진보》에서 가장 많은 문장이 실린 인물이 당나라 유학자인 한유(768~824)다. 특히 《고문진보》에 실린 한유의 문장은 서문이 큰 비중을 차지하여 가히 서문 전문가라 할 만하다. 조선시대 한유에 비견할 수 있는 대표적인 인물로 서거정徐居正(1420~1488)을 들 수가 있다. 서거정은 세조의 총애를 받아 승승장구하면서 성종 대까지 국가의 편찬사업에 주도적으로 참여하였다. 오랜 기간 대제학을 지냈으며 《경국대전》, 《삼국사절요》, 《동문선》 등 주요 책의 서문을 작성한 '서문 전문가'였다. 그의 명문들은 《사가집》을 통해 전해지고 있다. 조선 전기 최고의 문장가 서거정을 만나본다.

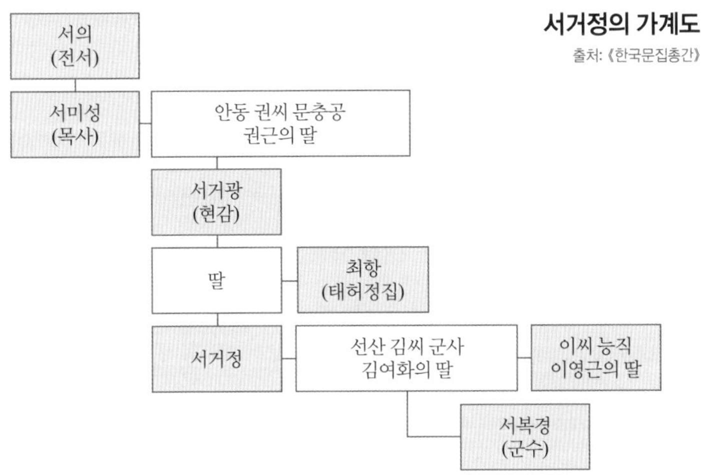

서거정의 가계도

출처: 《한국문집총간》

당대 최고의 학맥과 문장을 흡수하다

> 선비 중에 입덕立德·입공立功·입언立言 즉 삼불후三不朽의 아름다움을 겸비한 자가 드물지만 영원히 전해질 훌륭한 일이 되는데, 하물며 말言은 학문의 모범이 되고 공功은 관직의 일정한 직무를 지킨 데에 있으며 덕德은 인망에 부응하는 달성達成 서공(서거정) 같은 분이야 더 말할 것이 있겠는가? 그러니 그 영원히 전할 것에다 무엇을 더 할 것이 있겠는가?[1]

덕德 · 공功 · 언言을 겸비했다고 평가되는 서거정. 조선시대에 서거정만큼 영화로운 삶을 산 지식인은 드물 것이다. 그는 네 번

1 이긍익, 《국조인물고》 권 12, 경재 서거정

현과賢科에 올라 여섯 왕을 섬겨 45년간 조정에 있었으며, 오랜 기간 대제학으로 있으면서 당대 문단을 주도했다. 실록에는 "대제학과 지성균관사를 겸임하였는데, 대개 문형文衡(글을 평가하는 자리)을 맡은 것으로서 전책典冊과 사명詞命이 모두 그 손에서 나왔다"[2]고 하여, 서거정이 조선 전기를 대표하는 문신임을 기술하였다. 문병文柄은 과거 시험의 시관試官이 됨을 이르는 말로, 서거정은 과거 시험을 23차례 주관하며 많은 인재를 뽑았다. 또 육조 판서 · 사헌부 대사헌 · 한성부 판윤 · 경기관찰사 등 고위 관직을 두루 역임하였다.

서거정의 본관은 달성達成이고, 자字는 강중剛中이며, 호는 사가정四佳亭 · 정정정亭亭亭이다. '거정'은 《춘추》의 〈공양전〉에 '군자대거정君子大居正'이라는 구절에서 따온 것으로 보이는데, 항시 정도를 지키며 살라는 뜻을 담고 있다. 자 '강중'은 《주역》에서 따온 용어다. 서거정의 할아버지는 호조전서를 지낸 서의였다. 아버지는 목사 서미성이고, 어머니는 양촌 권근(1352~1409)의 딸이다. 여기서 서거정이 권근의 외손이라는 점을 짚고 넘어가야 한다.

권근은 이색을 스승으로 모시면서, 고려 말 이색의 문하에 있었던 정몽주 · 이숭인 · 정도전 등 당대 석학들과 교유交遊하였다. 조선 건국 후에는 태조와 태종을 도와서 새 왕조의 문물을 정비하는 데 크게 공헌하였다. 권근은 초대 대제학을 역임하였는데, 대제학이라는 직책은 과거시험을 주관하는 자리로서 선비들은 그가 선

---

2 《성종실록》 1488년(성종 19) 12월 24일

호하는 문예사조에 민감하지 않을 수 없었다.

서거정은 또한 당대의 뛰어난 문장가였던 이계전(1404~1459)에게서도 수학했다. 이계전은 이색의 손자이자 권근의 외손자이기도 했으며, 대제학까지 역임했던 인물이다. 그리고 서거정은 자형(매형)인 최항에게도 많은 가르침을 받았다. 서거정은 최항에 대해 "처음에 공(최항)이 우리 집안사람이 되었을 때에 나는 나이가 아직 어렸었다. 내가 어린 나이에 부친을 잃은 것을 가엾이 여겨 자상하게 일러 주고 타일러 나의 어리석음을 깨우쳐 주었는데, 내가 처음 과거에 급제하여 벼슬길에 오르자 집현전에서 10년을 외람되이 동료로 지냈고, 또 관각(예문관)에서 수십여 년을 상관으로 모셨다"라고 했다. 서거정이 1444년(세종 26) 문과에 합격했을 때 최항은 대제학을 맡고 있었고, 1467년(세조 13) 서거정이 대제학에 올랐을 때 최항이 영의정으로 있었다는 사실로 미루어 보아 서거정의 든든한 후견인의 역할을 했을 가능성이 크다. 이처럼 서거정은 자신의 능력과 더불어 최고의 학문과 문벌을 자랑하던 권근 · 이계전 · 최항 등과 혈연 · 학연으로 연결되면서 최고의 문장가로 성장할 수 있었다. 서거정이 이들에게 도움을 받은 정황을 다음과 같이 언급하고 있다.

> 나의 외조 권근은 도덕과 문장이 백세의 모범이 될 만하여 일찍이 예문응교藝文應教를 역임하고 마침내 문형을 맡았으며, 그의 아들 권제權踶는 선업을 잘 이었고, 권제는 이계전에게 전하였으니, 이계전

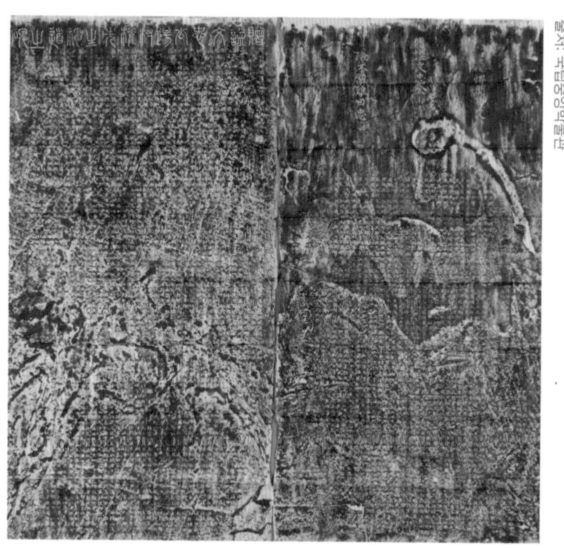

권근의 행적을 기리는 비석 탑본

권근은 서거정의 외조부로 조선 초기 문인들은 초대 대제학을 지냈던 권근의 영향 아래에 있었다고 해도 과언이 아니다.

은 바로 권근의 외손이요, 그가 다시 최항에게 전하였으니, 그는 또한 권근의 외손서인 것이다. 내가 무능한 사람으로 잠시 빈자리를 채워서 영성을 이었는데, 비록 불초하지만 역시 권근의 외손이다. 한집안에서 팔구십 년 동안에 아버지를 비롯하여 아들 그리고 외손 세 사람이 서로 이어 예문응교가 되었다가 끝내 문병文柄을 손에 쥐고 일품의 관직에 오른 경우는 천고에 드문 일이니, 이는 실로 우리 외조의 적선積善으로 인한 경복慶福과 시례詩禮를 가르치신 은택으로 말미암은 것이다.[3]

3 서거정, 《사가집》 권 31, 시류 〈증채응교수〉

위의 기록은 서거정의 집안이 문文으로 크게 번성하여 왔음을 알려준다.

세조와의 인연과 '득의'의 시절

서거정은 세조가 수양대군으로 있던 시절부터 특별한 인연을 맺었다. 1452년(문종 2) 겨울, 그는 사은사 수양대군의 종사관(통신사를 수행하던 임시 벼슬)으로서 중국으로 향했다. 경사(명나라 서울)에 관복과 고명(중국의 황제가 제후나 오품 이상의 벼슬아치에게 주던 임명장)을 하사한 것에 대해 사은하러 가는 길이었다. 비록 서거정은 가던 도중 모친상을 당하여 되돌아왔지만, 수양대군의 큰 신뢰를 얻는 좋은 기회가 되었다. 수양대군은 서거정의 노모가 위독하다는 편지를 받고 비밀에 부쳐 알지 못하게 했는데, 서거정이 노모에 대한 불길한 꿈을 꾸고 몹시 슬퍼하였다고 한다. 이에 세조는 감탄하며 "서거정의 효성은 하늘을 감동시킬 만하다"라고 이야기했고, 세조가 즉위한 이후에도 당시의 꿈을 일컬으며 "내가 그대를 등용한 것은 비단 재주 때문만은 아니다"하며 그를 가상하게 여겼다.

이러한 인연에서였는지 1455년(세조 1) 6월 세조가 양위를 받은 이후, 당시 사명辭命의 대부분을 서거정에게 찬술하게 하였다. 그리고 세조는 서거정에게 공조참의 · 예조참의 · 이조참의 · 형조참판 · 예조참판 · 형조판서 · 성균관지사 · 예문관대제학 등 주요 관직을 연이어 제수하였다. 서거정은 이처럼 세조의 신임 아래에서 관직생활을 했다. 서거정의 스승 이계전이 세조의 왕위 찬탈 때

협력한 공으로 공신록에 이름을 올린 사실과 서거정이 함께 교유하며 여가를 보냈던 인물들이 권람 · 한명회 · 신숙주와 같은 권세를 잡은 신하들이었다는 점도 이러한 상황을 잘 말해준다. 특히 한명회와는 어릴 때부터 함께 유학했고 그 교분이 매우 가까웠다고 전해진다.[4]

서거정이 조선 초기에 수행한 역할은 대단했다. 세종에서 성종 대까지 6명의 왕 아래에서 문병을 장악했던 학자로서, 그의 학풍과 사상은 15세기 관학의 분위기를 대변하는 동시에 정치적으로는 훈신(나라나 군주를 위하여 드러나게 공로를 세운 신하)의 입장을 반영하고 있었다. 그는 문장에 일가를 이루고, 특히 시에 능했다. 서거정은 국가적 요구에 따라 법전 · 역사 · 지리 · 문학 등의 분야에 걸친 총 9종의 서책을 편찬하였으며 분량은 수백 권에 달한다. 《경국대전》 · 《삼국사절요》 · 《동국여지승람》 · 《동문선》 · 《동국통감》 · 《오행총괄》 등이 대표적이다. 개인 저술로는 《동인시화》 · 《태평한화골계전》 · 《필원잡기》 · 《사가집》 등 많은 저술이 있다. 특히 서거정은 각종 서책의 서문을 작성했다. 《사가집》 권 4~6까지 실려 있는 서문만도 70편 이상이다. 국가에서 편찬한 책들의 서문을 도맡아 썼다는 것은 그만큼 그에게 그 편찬물에 대한 책임감이 부여되었음을 유추해 볼 수 있다. 국가 기록물의 서문을 쓰는 자는 국가에서 그 책을 만든 의도를 명확하게 간파하고 있어야 했을 것이고,

---

4 《연산군일기》 1501년(연산군 7) 9월 17일

서거정은 그 임무를 충실히 수행했던 것으로 보인다.

서거정은 《경국대전》의 서문에서 "지금부터 자자손손 이어서 훌륭한 군주가 나와 모두들 이 《경국대전》을 준수하며 어기지도 않고 잊지도 않는다면, 우리 국가의 문명의 정치가 어찌 오직 주나라보다 융성할 뿐이겠는가. 억년 만년 무궁한 왕업이 응당 더욱 장구하게 이어질 것이다"[5] 하며 조선 최초의 법전을 잘 따를 것을 피력하였다. 그리고 그는 역사서의 중요성에 대해서도 언급했다. 《삼국사절요》의 서문에서는 예로부터 천하와 국가를 다스린 자는 모두 사관의 기록을 남겼다고 하며, 군주의 어리석음과 명철함 · 국세의 강성함과 쇠약함 · 국운의 길고 짧음을 기록으로 남겨야 한다고 주장했다. 《동국여지승람》의 서문에서는 우리나라가 단군이 처음 나라를 세우고, 기자(고조선 때에 있었다고 하는 중국 은나라 출신으로 기자 조선의 시조)가 봉토를 받은 이래로 삼국 · 고려시대에 넓은 영토를 차지했음을 자랑하고 있다. 이러한 기록에서 서거정의 역사 전통과 영토에 대한 자부심을 느낄 수 있다.

《동문선》의 서문에서 서거정은 우리나라의 문장은 삼국시대에 시작하여 고려 때에 융성하였고, 조선에서 최고의 경지에 이르렀다고 이야기했다. 그리고 문장이라는 것은 '도를 꿰는 도구貫道之器'라고 표현하였다.[6] 그가 문장을 중시하였음을 엿볼 수 있는 대목

5 서거정, 《사가집》 권 4, 서 〈경국대전서〉

6 서거정, 《사가집》 권 4, 서 〈동문선서〉

이다. 그는 특히 당나라시대의 한유 문장을 본받고자 한 것으로 보인다. 그의 저술 곳곳에서 한유의 문장을 인용한 부분을 쉽게 찾아볼 수 있다. 본인 스스로도 "훌륭한 문장으로는 당나라의 한유 · 유종원과 송나라의 구양수 · 소식 만한 이가 없습니다"[7]라고 하면서 한유를 칭송하였다. 또, 권별이 "서거정의 시는 한유 · 육방옹의 문체를 전적으로 모방하였으며, 손만 쓰면 시가 되어 아름답고 화려하여 적수가 없었다"[8]라고 평가한 부분에서도 그것을 확인할 수 있다.

긍정과 부정이 교차하는 평가

서거정은 1488년(성종 19) 향년 69세에 병으로 세상을 떠났다. 이때 '문충文忠'의 시호를 받았다. 널리 듣고 많이 보아 '문文'이라 하고, 임금을 섬기는 데에 절의를 다한 것을 '충忠'이라 하여 얻은 시호다. 서거정은 이듬해 3월에 광주 서쪽 방이동에 묻혔고, 후에 대구 향현사에 제향되었다.

서거정이 조선 건국 초기에 담당했던 역할은 실로 중요했다. 그는 꾸준히 고위 관직을 역임하였으며, 국가의 책무와 권한 등이 모두 문형을 맡았던 그에게 있었다. 그가 남긴 저술은 법전 · 역사 · 지리 · 문학 등 방대한 양이었다. 실록의 졸기에서도 이렇게

7 《성종실록》 1475년(성종 6) 5월 7일
8 권별, 《해동잡록》 권 4, 본조 서거정

승승장구하며 영화로운 삶을 살았던 서거정에 대해 많은 부분을 할애하면서 긍정적으로 평가하고 있다. 특히 서거정이 다양한 학설에 능통하고 문장이 스스로 일가를 이루었음을 높이 샀다.

서거정은 온량간정(온화하고 무던하며 간소하고 바름)하고 모든 글을 널리 보았고 겸하여 풍수와 성명星命의 학설에도 통하였으며, 석씨(석가모니)의 글을 좋아하지 아니하였다. 문장을 함에 있어서는 고인古人의 과구科臼(규범)에 빠지지 아니하고 스스로 일가를 이루어서, 《사가집》 30권이 세상에 행한다. 《동국통감》·《여지승람》·《역대연표》·《동인시화》·《태평한화》·《필원잡기》는 모두 그가 찬집撰集한 것이다. 정자를 중원中園에 짓고는 못을 파고 연蓮을 심어서 '정정정'이라고 이름하고, 좌우에 도서를 쌓아 놓고 담박한 생활을 하였다. 서거정은 한때 사문斯文의 종장이 되었고, 문장을 함에 있어 시를 더욱 잘하여 저술에 뜻을 독실히 하여 늙을 때까지 게으르지 아니하였다.[9]

그러나 실록의 졸기 뒷부분에는 그에 대한 부정적인 평가도 기술되어 있다.

조정에서는 가장 선진先進인데, 명망이 자기보다 뒤에 있는 자가 종

9 《성종실록》 1488년(성종 19) 12월 24일

종 정승의 자리에 뛰어 오르면, 서거정이 치우친 마음이 없지 아니하였다. 서거정에게 명하여 후생들과 더불어 같이 시문을 지어 올리게 한 것이 한두 번이 아닌데, 서거정이 불평해 말하기를 "내가 비록 자격이 없을지라도 사문의 맹주로 있은 지 30여 년인데, 입에 젖내 나는 소생과 더불어 재주 겨루기를 마음으로 달게 여기겠는가? 조정이 여기에 체통을 잃었다"라고 하였다. 서거정은 그릇이 좁아서 사람을 용납하는 양量이 없고, 또 일찍이 후생을 장려해 기른 것이 없으니, 세상에서 이로써 작게 여겼다.[10]

《성종실록》을 편찬한 사관들은 서거정의 긍정적인 측면과 함께 부정적인 측면에 대해서도 언급을 하고 있다. 그가 생전에 혁혁한 공을 이루었지만, 속이 좁고 후진 양성에 적극적이지 못했다고 비판을 덧붙이고 있다. 이를 그대로 받아들일 수도 있지만, 한편으로는 16세기에 시대가 바뀌어 훈구파가 역사의 무대에서 점차 사라지고 사림파의 시대가 열리면서 이러한 평가를 받았을 것으로 생각해 볼 수도 있다. 그는 훈신으로 성종이나 사림들과 전적으로 투합하는 인물이 아니었기 때문이다. 서거정이 중심이 되어 편찬한 역사서 · 지리지 · 문학서 등이 후에 사림파 인사의 참여하에 개찬되었다는 사실도, 그에 대한 평가가 재검토되어야 할 여지가 있음을 알려준다.

---

10 《성종실록》 1488년(성종 19) 12월 24일

서거정과 쌍벽을 이룬 조선 전기 문장가, 강희맹

중국의 명문장가 사마천 · 한유 · 유종원 · 구양수에 비유되었던 강희맹. 그는 당시에 문병을 장악했던 서거정과 절친한 사이였으며, 역사와 고전에 통달한 조선 초기의 뛰어난 문장가였다.

> 세종 때에 문과에 장원급제하였는데 시와 문장에 깊이가 있고 자세하며, 온후하고 흥미가 진진하면서 매인 데가 없이 호탕하였다. 웅장 심오하고 우아優雅 건실함은 사마자장(사마천)과 같고, 넓고 크고 뛰어나기는 한퇴지(한유)와 같으며, 간결하고 예스러우면서 정밀하기는 유유주(유종원)와 같았고, 빼어나고 자유분방하기로는 여릉廬陵의 문충공(구양수)과 같아서 당시 선비들의 추앙을 받았다.[11]

11 권별, 《해동잡록》 권 2, 본조 강희맹

동시에 강희맹은 노련한 정치가로서의 면모도 보였다. 세 차례 공신에 책봉되었고, 왕의 총애와 신임 속에서 원자를 보양(잘 보호하여 기름)하였으며, 여러 관직을 거쳐 궁극에는 종1품인 좌찬성에 이르렀다. 형 강희안과 함께 조선 전기 형제 문장가로도 명망이 높았다.

세조, 예종, 성종 3대의 굳건한 신임을 받다

강희맹姜希孟(1424~1483)의 본관은 진주晉州이고, 자는 경순景醇이며, 호는 사숙재私淑齋다. 할아버지는 강회백, 아버지는 지돈녕부사 강석덕이고, 어머니는 영의정 심온의 딸이다. 어머니가 세종의 비인 소헌왕후의 동생이었으므로, 세종은 강희맹의 이모부가 되며, 세조와는 이종사촌이 된다. "왕비 친가의 인척이 되어 경복慶福을 양성하여 문벌이 빛나게 번성했다"[12]는 평가는 이러한 왕실과의 인연에서 비롯된 것이다.

강희맹은 특히 이종사촌이었던 세조에게 각별한 총애를 받으며 활발한 정치 활동을 하였다. 경연검토관 · 세자보덕 · 공조참판 · 이조참판 · 예조판서 · 형조판서 등을 역임했던 것이다. 강희맹에 대한 세조의 신임은 대단했던 것으로 보인다. 이것은 그의 졸기에 세조가 그를 강명剛明함이 제일인 신하로 평가한 것에서 단적으로 나타난다.[13] 1466년(세조 12)에 있었던 발영시(단오절에 현직 중

---

12 이긍익, 《국조인물고》 권 12, 경재

13 《성종실록》 1483년(성종 14) 2월 18일

신과 문무 관료에게 실시한 임시 과거)에서도 세조의 각별한 총애가 보인다. 5월 8일에 이미 시험을 마치고 김수온을 장원으로 하여 34인에게 상을 내렸음에도 불구하고, 참가하지 못한 강희맹을 위해 다음 날 다시 시험을 실시했던 것이다. 세조는 강희맹이 그 시험에 복제(상례에서 정한 오복의 제도) 때문에 참여하지 못해 매우 서운하고 유감스럽게 여긴다는 이야기를 듣고, 문신 1백여 인을 불러 다시 시험을 출제하였다.[14] 추가 시험으로 강희맹 등 6인을 더 선발했다.

세조에 대한 강희맹의 충성도 컸다. 강희맹은 세조가 말년에 병환으로 눕게 되자, 날마다 궁에 출입하여 시중을 들었다.[15] 이에 세조는 크게 감동하여 병의 차도가 있은 후에 더욱 총애하여 여러 번 물품을 내렸고, 형조판서를 특별히 제수하였다.[16] 강희맹의 극진한 정성은 가족이 병이 났을 때도 마찬가지였다. 강희맹은 학문하는 여가에 의술을 익혀서 부모와 형이 아플 때 손수 약을 지어 받들었다고 전한다.[17]

세조에 이어 조카인 예종이 즉위한 이후에도 강희맹에 대한 신뢰는 변치 않았다. 강희맹은 1468년 남이의 옥사를 다스리는 데 공을 세운 사람에게 내린 '익대공신'의 호를 처음에는 받지 못하였다. 그러자 예종에게 글을 올려 스스로 그 공을 열거하였고, 예종

---

14 《세조실록》 1466년(세조 12) 5월 9일
15 《세조실록》 1466년(세조 12) 10월 5일
16 《성종실록》 1483년(성종 14) 2월 18일
17 권별, 《해동잡록》 권 2, 본조 강희맹

출처: 국립중앙박물관

강희안이 그린 〈고사관수도〉
다른 명칭으로는 '물을 바라보는 선비'가 있다. 강희안은 시·글씨·그림에 모두 뛰어나 '삼절三絶'이라 불린 강희맹의 형이다. 강씨 형제는 조선 전기 문장과 정치·예술에서 각별한 능력을 보였다.

은 강희맹을 익대공신 3등에 오르게 하여 진산군에 봉하였다. 성종이 즉위한 후에는 성종을 잘 보필하고 정치를 잘해주었다는 이유로 강희맹에게 좌리공신의 칭호를 내렸으며, 얼마 안 되어 병조판서 · 이조판서 등에 임명되었다. 세조, 예종, 성종 3대를 연이어서 왕들의 신임을 받자, 강희맹을 꺼리는 자들이 익명으로 글을 지어 비판하기 시작했다. 이에 성종은 친히 어서(임금이 손수 글씨를 씀)로

"나는 경(강희맹)을 의심하지 않고 경은 나의 말을 의심하지 않는다" 고 하며 각별한 신뢰를 다시금 내비쳤다. 나아가 판돈녕, 좌찬성에 이르기까지 높은 관직을 제수했다.

강희맹의 집에서 자란 어린 연산군

성종은 강희맹에게 원자(후의 연산군)를 보호하는 중책을 맡기기도 했다. 1477년(성종 8) 3살이었던 원자가 병이 나자, 성종은 강희맹의 집에 원자를 보내 치료하게 하였다. 이때, 강희맹의 부인 순흥 안씨가 큰 역할을 했다. 그녀는 원자에게 젖을 알맞게 먹이고 춥고 따뜻함을 잘 조절해주어 10일이 채 되기도 전에 건강을 되찾게 해주었다. 그녀가 원자를 보살필 때, 위기 속에서 지혜를 발휘하여 원자를 구했다는 일화가 적혀 있다.

> 어느 날 갑자기 원자가 잘못하여 실을 삼키는 바람에 목구멍이 막혀 매우 위급하였다. 여러 종자從者들은 너무 급하여 어찌할 바를 모르고 울부짖기만 할 뿐이었다. 부인이 달려와서 보고, "어찌 물건 삼킨 어린이를 반듯이 눕혀 물건이 더욱 깊이 들어가게 하느냐"하며 즉시 안아 일으키고 유모를 시켜 양편 귀 밑을 껴잡게 하였다. 이어 부인이 손가락으로 실을 뽑아내니 기운이 통하여 소리를 내었다. 여러 종자들은 부인을 향하여 머리를 조아려 감사하기를, "부인께서 우리들의 목숨을 살렸습니다. 어찌 다만 우리들을 살렸을 뿐입니까. 나라의 근본이 부인 때문에 편안하게 되었습니다" 하였다.[18]

위의 기록에 나오는 강희맹의 부인 안씨는 안숭효의 딸로, 1442년(세종 24) 강희맹과 결혼했다. 그녀가 원자를 잘 길러주고 위기에서 구해준 까닭에 강희맹은 더욱 굳게 성종의 신임을 받을 수 있었다. 1478년(성종 9) 성종은 원자가 강희맹의 집에 있으므로 호위하는 군사들을 보내주었고, 원자가 준마를 보기 좋아하여 강희맹의 집으로 말 1필을 내려주기도 했다.[19] 1482년(성종 13)에도 원자가 강희맹의 집에 있었다는 기록[20]으로 보아 원자가 강희맹의 집에 장기간 머물렀던 것으로 파악된다. 강희맹과 연산군의 각별한 인연은 그의 문집인 《사숙재집》에서도 확인할 수 있다.

연산군 역시 왕이 된 후 강희맹이 도움을 준 것을 기억했다. 《연려실기술》에는 "그때 매양 정원의 소나무 밑에서 놀았는데 왕위에 오르고 나자 진시황이 소나무 다섯 그루에 대부의 벼슬을 준 것처럼 그 소나무에 벼슬을 주고 금띠를 둘러 주고, 또 그 문 앞을 지나가는 사람들에게는 말에서 내리게 하였는데 지금의 순청동巡廳洞이 바로 그 피마병문避馬屛門이라 한다"라는 기록이 있다.

관중과 포숙, 강희맹과 서거정

중국의 고사에서 자신을 가장 잘 알아준 벗을 언급할 때 거론하는 대표적인 인물이 관중과 포숙의 관계다. 사마천이 쓴 《사기》

18 이긍익, 《연려실기술》 권 6, 성종조 고사본말
19 《성종실록》 1478년(성종 9) 1월 30일, 7월 4일
20 《성종실록》 1482년(성종 13) 8월 12일

권 62의 〈관안열전〉을 보면 관중이 "나를 낳아준 것은 부모요, 나를 알아주는 자는 포숙이다"라면서 포숙에 대한 무한 신뢰를 표현한 기록이 보인다. 그런데 서거정이 강희맹의 비문에서 강희맹과 자신을 관중과 포숙에 비교한 것이 흥미롭다. 서거정은 비문의 말미에서 두 사람의 오랜 인연을 언급하였다.

> 아! 내가 차마 비명을 지을 수 있겠는가? 나와 공은 책을 끼고 교유하여 백수白首에까지 이르렀는데, 항상 말하기를, "나를 낳아 준 사람은 부모요, 나를 알아 준 사람은 공이다" 하였다. 벼슬길에 나아간 이래로 두 번 과거를 함께 보았고, 또 훈맹勳盟을 같이 한 데다가 혹은 관각館閣에서 동료로 지냈고, 혹은 경연의 자리에 함께 있었으며, 혹은 사국史局을 함께 맡았고, 혹은 책 편찬을 함께 하기도 하며 40년 동안 일찍이 하루도 서로 떨어진 적이 없었는데, 공명의 진취에 있어 혹 앞서기도 하고 혹 뒤서기도 하였지만, 역시 대략적으로 서로 동등했다.

서거정은 경연관, 사관, 편찬 사업 등 모든 분야에서 함께 호흡을 맞추었던 강희맹의 죽음을 누구보다 아쉬워했고, 강희맹과 자신의 우정을 관중과 포숙의 사이로 비유한 것이다. 서거정이 강희맹을 처음 알게 된 것은 서거정과 강희안의 친분 때문이었다. 《연려실기술》에는 "서거정이 공(강희맹)을 강희안의 집에서 처음 보았는데, 이때 나이 겨우 15세였으나 재주가 노련·성숙하였었다.

거정이 일찍이 희안에게 말하기를, '이 사람은 그대의 자유(소동파의 아우인 소철)다' 하니 희안은 '형이 자첨(소동파의 자)이 아닌데 아우가 어찌 자유가 되겠는가' 하고 서로 한바탕 웃었다"는 기록이 있다. 《국조인물고》에도 "무오년(1438년)에 나 서거정이 공의 형 인재(강희안)와 함께 진사 시험에 합격하여 날마다 서로 찾아다니며 어울리다가 인재의 집에서 처음 공을 보게 되었다. 공은 나보다 4, 5세 어리어 그때 나이가 15세였는데, 재주는 이미 노련했다. (중략) 공은 진사시에 합격하여 나와 함께 다니며 공부하고 사귀었으니, 그 돈독하기가 얼굴로써가 아니라 마음으로였다"라고 하여, 서거정과 강희맹과의 각별한 관계를 언급한 내용이 보인다.

세조와 성종의 각별한 신임 속에서 강희맹은 서거정과 함께 편찬사업에 주도적으로 참여했다. 세조가 《경국대전》을 편찬하면서 6, 7명의 대신들에게 업무를 나누어서 결정할 것을 명하였는데, 강희맹은 서거정과 함께 선발되었다. 서거정은 "강희맹의 의론은 정밀하고 심오하며 환하고 원대하였으므로, 왕이 자주 불러 물어보면 아뢰는 대답이 뜻에 맞으니, 같은 반열에 있는 사람들이 감복하였다"고 회고하고 있다. 1478년(성종 9) 《동문선》 편찬, 1481년 《동국여지승람》의 편찬에 있어서도 강희맹은 서거정과 더불어 핵심적인 역할을 했다.

재기 발랄한 문장력을 발휘하다

조선 전기를 대표하는 문장가라 하면 흔히 신숙주, 서거정 등을 꼽지만 강희맹 역시 문장에서 뛰어난 자질을 보였다. 《연려실기술》에는 "공의 문장은 세상에서 추앙받았으며, 고대의 전적典籍을 연구하여 고금의 사실을 널리 통달하였다. 의논함에 있어서는 재기가 발랄하니 듣는 이가 싫증을 내지 아니하였다"라고 하여 강희맹의 문장이 특히 재기가 있음을 언급하였다. 성현成俔(1439~1504)은 수필집 《용재총화》에서 "진산 강희맹의 시와 글은 법도에 맞고 우아하며 타고난 기틀이 저절로 여러 사람들보다 숙성되어, 정제와 끊음에서 최고로 삼는다"고 하여 강희맹의 문장에 대해 높은 점수를 주었다.

문장가로서 강희맹의 능력은 세조에서 성종 시대의 편찬사업에서 특히 발휘되었다. 세조 때 《신찬국조보감》과 《경국대전》 편찬을 비롯하여 사서삼경의 언해 사업에 참여하였고, 성종 때는 《동문선》·《동국여지승람》·《국조오례의》·《국조오례의서례》 등의 편찬에 참여하면서 박학한 지식과 문장력을 최대한 발휘하였다.

강희맹은 국가에서 주도한 관찬서의 편찬사업뿐만 아니라, 개인적인 저작물을 통하여 자신의 취향을 문장으로 표현했다. 강희맹은 관료로서의 감각을 지닌 문인이면서도 농촌 사회에 전승되고 있는 민요와 설화에 깊은 관심을 가져 관인문학官人文學의 고답적인 자세를 스스로 없앴다. 시골에서 한가롭게 살면서 그곳 사람들의 이야기를 기록한 《촌담해이》에서는 이러한 면모가 잘 나타난다. 짤막한 줄거리로 구성된 작품인데, 과부·중·호색한·머슴들의 애정행각을 담은 내용이 대부분이다. 《촌담해이》는 《용재총화》와 더불어 조선 전기 골계문학의 흐름을 볼 수 있는 저술이다.

강희맹은 실용서에도 관심을 가졌다. 1486년에 편찬된 《금양잡록》은 강희맹이 말년에 경기도의 금양현(현재의 시흥)으로 벼슬을 그만두고 물러나면서 그곳의 농사 전반을 기록한 책이다. 후대의 학자 권별(1589~1671)이 쓴 《해동잡록》에는 "《금양잡록》 한 편을 보면 모든 곡식의 품질과 모양의 구별, 씨 뿌리기에 적당한 시기, 작업의 순서 등이 모두 사리에 들어맞는다. 〈제풍변〉, 〈농담농구〉 등은 분별하여 기술함이 매우 자세하여 농가의 수고하는 모습을 빠짐없이 기록하였다"[21]라고 하여, 《금양잡록》에 대해 후한 평가를 내리고 있다.

이외에 강희맹이 쓴 여러 이야기들에서는 조선 전기를 대표하는 훈구파 관료이자 문장가이면서도, 일상의 삶에 소소한 관심을 가졌던 저자의 캐릭터를 찾아볼 수 있다. 《해동잡록》에 기록된 몇 가지 이야기를 소개해 보기로 한다.

> 강진산(강희맹)이 〈노기편老妓篇〉을 지었는데, 그 소서小序에 이르기를, "같이 간 한 재상이 한 기생을 사랑하였는데 신축년에 다시 사신으로 가서 보니, 그 몇 명의 기생들이 더러는 기적妓籍에서 빠져나갔고, 혹은 행수기생이 되었는데, 옛날의 아리따운 모습은 찾아 볼 수 없었다. 지금으로부터 무자년은 14년이나 지난 것이다. 늙어 추

21 권별, 《해동잡록》 권 2, 본조 강희맹

해짐이 이러하니, 그 아리따운 얼굴이란 잠깐 동안이요 오래 가지는 못하는 것이 아니냐" 하고, 이에 시를 지어 탄식하였다.

오설五說을 지어 아들을 훈계했는데, ① 도자盜子(도둑의 아들), ② 담사啗蛇(뱀을 잡아 먹음), ③ 등산登山, ④ 삼치三雉, ⑤ 요통溺桶이다. 그리고 말하기를, "나는 옛사람의 찌꺼기(학문)를 늘어놓았으나 너는 그 정수를 빨아 먹고, 나는 옛사람의 가죽과 털(거죽)을 말했으나 너는 그 진수를 캐도록 하라" 하였다. (중략) 세 번째는 등산이다. 노나라 백성에 세 아들이 있었는데, 갑은 침착하고 성실하나 절름발이었고, 을은 기이한 것을 좋아하고 온전했으며, 병은 경솔하나 날쌨다. 하루는 서로 약속하고 태산 일관봉에 오르기로 하였는데, 을은 산 밑에 있었고 병은 산 중턱에 있었는데 해는 벌써 어두컴컴하였다. 갑은 쉬지 않고 천천히 걸어 바로 산꼭대기에 이르렀다.

위의 첫 번째 이야기는 외모에 대한 경계를 보여주고 있다. 두 번째 이야기는 토끼와 거북이의 우화를 연상하는 것으로, 성실하게 꾸준히 정진해야 목표에 이룰 수 있음을 자식들에게 훈계하고 있다.

훈구파로 살아간 삶, 사림파의 비판을 받다

이처럼 세조에서 성종 시대에 걸쳐 문장력과 관료적 자질로 한 시대를 풍미했음에도 불구하고, 강희맹에 대한 사관의 평가는 그리 긍정적이지 못하였다. "사람됨이 공손 근엄하고 신중 치밀하여 벼슬을 맡고 직책에 임함에 행동이 사의事宜에 합치하였다. (중략) 예제禮制를 참정參定할 때에 문장이 정밀하고 깊이가 있으며 속되지 않았는데, 종이를 잡기가 무섭게 곧 (문장이) 이루어졌다"고 하여 일견 긍정적인 평가를 하는 듯이 보였지만, 후반부에서는 부정적인 평가가 주류를 이룬다.

> 사신이 논평하기를, 강희맹은 책을 많이 보고 기억을 잘하며 문장이 우아하고 정밀하여 한때의 동년배들이 그보다 앞서는 자가 없었다. 다만 평생 임금의 뜻에 영합하여 은총을 희구하였다. 세조가 금강산에 거둥하였을 때, 이상한 새가 있어 하늘가를 빙빙 돌며 춤추었다. 세조가 부처의 힘이 신묘하게 응한 것이라 하였는데, 강희맹이 서울에서 그 말을 듣고 드디어 《청학송》을 지어 바치었다. 세조가 일찍이 술이 거나하여 좌우에게 희롱하여 말하기를, "나는 중토中土를 횡행橫行하고 싶다고 하였는데, 강희맹은 이를 사실로 여기고 한 권의 책을 지어 바쳤다. 이름하여 《국세편》이라 하였는데, 아첨하는 말이 많았다. (중략) 또 그 공을 스스로 열거하여 공신에 참여하게 되었으며, 이조 판서가 되어서는 비방을 받음이 또한 많았다. 비록 사조詞藻의 아름다움이 있기는 하나, 무엇을 취하랴?" 하였다.[22]

---

22 《성종실록》 1483년(성종 14) 2월 18일

평생 왕의 뜻에 영합한 점이나, 공신 책봉에서도 스스로 공을 논한 것에 대해 사관은 지극히 부정적인 평가를 내렸다. 그러나 왕의 뜻에 맞추는 측면은 관료가 지니는 기본적인 속성임을 고려하면, 이러한 평가는 《성종실록》을 편찬한 사관이 사림파의 입장에 있었던 것과도 관련이 크다고 여겨진다. 이것은 그와 비슷한 정치적, 학문적 행보를 보인 서거정이 긍정과 부정이 교차하는 평가를 받는 것과 비슷한 맥락에서 이해할 수가 있다. 실제 강희맹은 송나라 붕당의 폐해를 언급하면서 신진 세력인 사림파의 견제에도 앞장을 섰다. "송나라 붕당의 화는 구래공(거란의 침입 때 공을 세운 북송 초의 유학자 '구준'을 말함)이 인물을 지나치게 공격하는 데서 기인한 것인데, 그 흐름이 가져온 폐단은 비록 정주程朱라도 붕당을 면치 못했던 것이다. 요즈음에 보니 젊고 패기 있는 신진들이 날마다 인신공격을 일삼으니 그 폐단이 장차 어떠하겠는가"라는 《필원잡기》의 기록은 이러한 입장을 잘 보여준다.

어쩌면 강희맹은 당대의 업적에도 불구하고 훈구파라는 이유로 사림파가 성장하면서 역사적 흐름에 묻혀 그 평가를 제대로 받지 못한 인물로도 볼 수 있다.

한명회, 세조에서 성종까지 권력의 핵심으로 자리 잡다

지금은 국민 애창송이 된 〈한국을 빛낸 100명의 위인들〉이란 노래에는 신숙주와 한명회를 묘사한 부분이 있다. "신숙주와 한명회 역사는 안다"가 이것으로, 세간에서는 여전히 신숙주와 한명회를 보는 시선이 그리 곱지 않다. 특히 한명회는 계유정난 이후 성종 시대까지 5차례 있었던 공신 책봉에서 4번에 걸쳐 1등공신이 되었고, 그의 위세를 보여주는 '압구정'의 이미지까지 더해지면서 호의호식을 누린 대표적인 인물로 기억되고 있다. 그러나 한명회에게는 이러한 간신, 칠삭둥이, 훈신 등 부정적인 측면 이외에도 조선 전기 정국을 안정시키고, 두 딸을 왕비로 보내는 데 성공한 노련한 정치가의 면모가 있다.

권람을 통해 수양대군의 참모가 되다

한명회韓明澮(1415~1487)의 본관은 청주淸州, 자는 자준子濬, 호는 압구정, 사우당四友堂이다. 한기의 아들로, 일찍이 부모를 여의고 가난하게 살았다. 한명회에 대해서는 '칠삭둥이'란 이미지도 강한데, 이것은 《성종실록》의 한명회 졸기에 "임신한 지 일곱 달 만에 한명회를 낳았는데, 배 위에 검은 점이 있어, 그 모양이 태성台星과 두성斗星 같았다"는 기록과 《연려실기술》의 "공이 잉태된 지 일곱 달 만에 났으므로 사체四體가 아직도 덜 자랐다"는 기록 등에 근거한다. 그런데 "온 집안사람들이 기르지 않으려 하니 유모가 솜으로 싸서 밀실에 두었는데 뒤에 형체가 완전히 이루어지고 자라감에 따라 골격이 기걸奇傑하였다"는 기록에서도 보듯 장성해서는 기골이 장대했음을 알 수 있다. 과거 시험에는 몇 차례 응시했으나 거듭 실패하는 등 젊은 날 그의 정치 인생은 그리 순탄하지 않았다. 1452년(문종 2) 음직(과거를 거치지 아니하고 조상의 공덕에 의하여 맡은 벼슬)으로 경덕궁(이성계가 왕위에 오르기 전에 살던 사저)의 관직을 얻었다.

단종 즉위 후에 젊은 시절 함께 산천을 유람하던 벗 권람을 통해 수양대군에게 접근함으로써 한명회의 정치 인생은 완전히 바뀌게 된다. 한명회를 수양대군에게 소개해 준 인물은 권근의 손자이자 권제의 아들인 권람이었다. 《단종실록》에는 당시의 정황이 비교적 자세하게 기록되어 있다. 권람은 수양대군을 알현한 자리에서, "모름지기 장사로서 사생死生을 부탁할 만한 자 두어 사람을 얻어서 창졸(미처 어찌할 사이 없이 매우 갑작스러움)의 변에 대비하소서"라고 건의했고, 수양대군이 추천을 의뢰하자, 권람은 "한명회가 할 수 있다"고 자신 있게 대답했다. 권람이 돌아와 한명회에게 말하자 한명회는 "자네가 비록 말하지 않았더라도 내가 본래 이를 생각하였다"면서, 불의不義한 방법으로 사람을 모으는 안평대군에게 맞설 수양대군을 자신이 적극 도울 것이라고 화답하였다. 권람이 한명회의 말을 다시 수양에게 전하면서, "한명회는 어려서부터 기개가 범상하지 않고, 포부도 작지 않으나, 명命(운명)이 맞지 않아 지위가 낮아서 사람들이 아는 자가 없습니다. 그러니 공이 만일 난을 일으킬 뜻이 있으시면 이 사람이 아니면 할 수 없을 것입니다"라고 하면서, 한명회를 적극 천거했다. 수양대군 또한, "지위가 낮은들 무엇이 해롭겠느냐? 내가 비록 그 얼굴을 보지 못하였으나, 이제 논하는 바를 들으니 참으로 뛰어난 사람이로다. 내가 마땅히 대면하여 상의하겠다"고 하였다.

두 사람은 보지 않은 상황에서도 서로에 대한 신뢰를 가지고 있었으며, 이들의 만남에 권람이 중요한 역할을 했음을 알 수 있다. 이후 한명회는 수양대군의 책사로 본격 활약하면서 안평대군, 김종서, 황보인 등의 동선을 파악하고 홍달손, 양정, 유수 등 내금위 등에 소속된 무사들을 포섭해 갔다.

세조의 신임 속에 승승장구하다

1453년(단종 1) 10월 10일 수양대군이 주도한 계유정난이 일어났다. 한명회는 무사 30인을 수양대군에게 추천하고, 반대파 정치인들을 파악하여 정보를 제공하는 등 정난의 성공에 주도적인 역할을 했다. 정난 후 수양대군, 정인지, 한확, 홍달손, 권람 등과 함께 정난공신 1등으로 사복시 소윤에 올랐으며, 이듬해에 동부승지가 되었다. 1455년 세조 즉위 후에는 더욱 승승장구하여 좌부승지에 오르고, 좌익공신 1등에 책봉되었다. 1456년 성삼문 등이 단종복위운동을 벌였을 때, 한명회는 특유의 정치적 감각으로 이를 좌절시키는 데 공을 세웠다.

성삼문 등은 창덕궁에서 중국 사신을 맞아 연회하는 날을 거사일로 잡고 별운검(특별 경호원)으로 임명된 성승과 유응부로 하여금 세조와 세자를 제거하려 했다. 그러나 미리 행사장을 답사한 한명회는, "창덕궁은 좁고 무더우니, 세자가 궁궐에 들어가 임금을 뵙는 것은 불편하고, 따로 운검을 세우는 것이 마땅치 않습니다"하고 세조에게 건의하였고, 이것은 결국 단종복위운동이 실패로 끝이 나는 '신의 한 수'가 되었다. 1456년 가을 한명회는 좌승지를 거쳐, 1457년 이조판서, 병조판서에 연이어 임명되었다.

한명회에 대한 세조의 각별한 신임은 혼사로도 이어졌다. 1460년 한명회의 딸(후의 장순왕후)은 당시 세조의 세자였던 해양대군과 혼인하였다. 차기 왕비가 보장되었으나 1461년 17세의 어린 나이로 사망하면서 왕비의 자리에는 오르지 못했지만, 한명회는 세조와 사돈 관계를 맺으며 더욱 권력을 공고히 하였다. 1462년 우의정, 1463년 좌의정을 거쳐, 1466년 마침내 최고의 관직인 영의정에 올랐다. 경덕궁 직으로 관리 생활을 시작했으니, 요즈음으로 치면 9급 공무원에서 국무총리까지 오른 격이었다.

세조는 한명회를 '나의 장자방(한나라 고조의 참모로 장량이라고도 함)'이라 칭했고 최고의 예우를 하며 아꼈다. 1467년 이시애의 난에 연루되었다는 이유로 체포되면서 잠깐 정치적 위기가 왔으나 곧 석방되었다. 1468년 세조 사망 후 예종이 즉위하자 원상(왕이 죽은 뒤 어린 임금을 보좌하여 정무를 맡아 보던 임시 벼슬)이 되어 실질적으로 국정을 주도하였다. 1468년 청년 장군 남이의 역모 사건을 평정한 공으로 익대공신 1등에 책봉되었다. 1469년에는 자신의 딸(후의 공혜왕후)과 가례를 올린 잘산군, 즉 성종이 즉위하는 데에 막후 세력으로 활약하였다. 곧이어 1471년 좌리공신 1등에 올랐다. 세조에서 성종에 이르는 20년도 안 되는 시기에 총 5번의 공신 책봉이 있었는데, 한명회는 4번이나 일등공신에 오르면서 이 시기를 대표하는 권력자로 그 이름을 남기게 되었다.

예종·성종 시대까지 이어진 전성기

1468년 세조가 승하하고 예종이 즉위한 후 정국에 변화가 찾아왔다. 1467년에 일어난 이시애의 난을 평정하는 과정에서 구성군(세종의 4남인 임영대군의 아들), 강순, 남이 등이 신주류로 부상한 것이다. 예종 즉위 후 신숙주, 한명회 등 훈구대신들은 새로운 주류 세력으로 떠오른 이들의 견제에 나섰는데, 이것은 '남이의 옥사'로 이어졌다. 옥사 이후 정치 일선에서 물러났던 한명회가 영의정으로 복귀한 일이나, "한명회가 한두 대신과 더불어 승정원에서 번갈아가며 숙직하면서 여러 방면의 정사에 참여하여 결정하였다"는 실록의 기록은 이 시기 한명회의 위상을 잘 보여주고 있다.

1469년 예종이 14개월의 짧은 왕위를 마치고 승하하고 성종이 즉위하는 과정에서 한명회는 또다시 자신이 권력의 최고실세임을 증명한다. 바로 사위인 잘산군(후의 성종)을 왕으로 올리는 데 성공한 것이다. 예종 사후 왕위 계승 1순위는 예종과는 안순왕후 사이에서 태어난 제안대군이었다. 그러나 4세의 제안대군은 나이가 너무 어려 후계자가 되기 어려운 상황이었다. 이제 남은 인물은 세조의 맏아들로 요절한 의경세자(후에 덕종으로 추존)의 맏아들 월산대군과 차남 잘산군이었다. 이변이 없는 한 왕위는 월산대군에게 이어져야 했지만, 후계자는 13세의 잘산군으로 결정되었다. 예종이 죽은 바로 그 날 잘산군이 성종으로 즉위하는 파격적인 조처가 이어졌다.

당시 왕실의 최고어른이었던 세조의 비 정희왕후 윤씨는 대비의 하교로, "원자는 바야흐로 포대기 속에 있고, 월산군은 본디부터 질병이 있다. 잘산군은 비록 나이는 어리지마는 세조께서 매양 그의 기상과 도량을 일컬으면서 태조에게 견주기까지 하였으니, 그로 하여금 주상主喪하게 하는 것이 어떻겠는가?" 하고 신하들의 의견을 구하는 방식을 썼다. 잘산군이 이처럼 파격적으로 왕위에 오를 수 있었던 데에는 세조 때부터 구축해온 장인 한명회의 정치적 파워가 결정적이었다. 대비 정희왕후는 정국의 안정을 위해서는 한명회와 같은 훈구대신의 도움이 절실하다고 판단했고, 이 과정에서 성종은 한명회의 사위라는 후광을 업고 왕이 될 수 있었던 것이다. 예종의 세자 시절 딸을 시집보냈지만, 딸이 요절하는 바람

파주 삼릉의 순릉 능침 원경

성종의 왕비 공혜왕후의 능이다. 공혜왕후는 왕비로 봉해진 후 5년 뒤에 세상을 떠났다. 무덤 밑둘레에는 12칸의 난간석이 둘러져 있고 양석, 호석, 망주석 등의 석물이 서 있다.

에 왕의 장인이라는 프리미엄을 누리지 못했던 한명회. 그러나 다시 한 번 딸을 왕비로 만드는 탁월한 정치력을 발휘함으로써 세조 때부터 승승장구한 이력에 왕의 장인이라는 영예가 더해졌다. 현재 경기도 파주에는 '파주 삼릉'이 있는데, 이곳에는 예종의 왕비 장순왕후의 능인 공릉과 성종의 왕비 공혜왕후의 능인 순릉이 나란히 조성되어 있다.

한명회와 압구정

한명회 하면 많은 사람들이 기억하는 장소가 바로 압구정이다. 현재는 한강변에 위치한 고급아파트촌의 대명사로 불리는 '압구정동'은 바로 한명회가 세운 정자 '압구정'에서 유래한 것이다. 성종이 즉위한 후 국가의 원로가 된 한명회는 조용히 여생을 보낼 장소로 한강변에서도 가장 풍광이 뛰어난 곳에 정자를 지었다. 중국 송나라의 재상이었던 한기가 만년에 정계에서 물러나 한가롭게 갈매기와 친하게 지내며 머물던 그의 서재 이름을 '압구정'이라 한 고사에서 따온 것이다. 1476년(성종 7) 11월 6일 성종은 직접 지은 '압구정시狎鷗亭詩'를 한명회에게 내려 주었고, 조정 문사들이 다투어 가면서 화답한 것이 몇 백 편에 이를 정도였다. 왕이 시를 직접 지어 내려주고 모든 문사들이 한명회를 축하할 만큼 그 위상이 높았던 것이다.

압구정은 워낙 경치가 좋고 규모도 큰 곳이어서 중국 사신들에게도 그 명성이 알려졌고 찾아가보고 싶은 곳이 되었다. 그런데 1481년 압구정은 성종과 한명회의 힘겨루기의 공간이 되었다. 명나라 사신이 방문하여 압구정 관람을 원하자, 한명회는 성종에게 정자가 좁아서 관람하기에 불편하다는 이유로 이를 말릴 것을 청하였다. 그래도 방문을 추진하자, 한명회는 불편한 기색을 보이며, 왕이 사용하는 용봉차일(용과 봉황의 형상을 수놓아 만든 차일)을 보내줄 것을 요구하였다. 이에 성종은 좁다는 것을 핑계로 압구정 관람을 허락하지 않다가 왕의 차일을 요구하는 한명회가 무례하다고 여겼고, 제천정에서 행사를 할 것이라고 하였다. 한명회는 왕이 참여하는 제천정 연회에서도 아내의 병을 핑계로 나갈 수 없다고 버텼다.

사헌부의 탄핵이 이어졌고, 마침내 성종은 한명회의 추국推鞫(임금의 특명에 따라 중한 죄인을 신문하던 일)을 지시하였다. 압구정을 두고 사위인 왕과 파워게임을 했지만, 한명회는 쓸쓸히 정치 일선에서 물러났다. 이제 성종은 자신의 힘으로 왕이 된 '사위'가 아니라, 왕권을 확립하기 위해 훈구대신까지 견제해 나가는 조선의 '왕'이었던 것이다. 한명회의 정치 인생과 말년의 모습에 대해서는 실록의 다음 기록이 잘 증언하고 있다.

> 10년 사이에 벼슬이 정승에 이르렀고, 마음속에 항상 국무를 잊지 아니하고, 품은 바가 있으면 반드시 아뢰어, 건설한 것 또한 많았다. 그러므로 권세가 매우 성하여, 추부趨附하는 자가 많았고, 빈객賓客이 문門에 가득하였으나, 응접하기를 게을리하지 아니하여, 일시의 재상들이 그 문에서 많이 나왔으며, 조관으로서 채찍을 잡는 자까지 있기에 이르렀다. 성격이 번잡한 것을 좋아하고 과대夸大하기를 기뻐하며, 재물을 탐하고 색色을 즐겨서, 전민田民과 보화寶貨 등의 뇌물이 잇달았고, 집을 널리 점유하고 희첩姬妾을 많이 두어, 그 호부豪富함이 일시에 떨쳤다. (중략) 만년에 권세가 이미 떠나자, 빈객이 이르지 않으니, 초연히 적막한 탄식을 하곤 하였다. 비록 여러 번 간관(사간원과 사헌부에 속하여 임금의 잘못을 간하고 백관의 비행을 규탄하던 벼슬아치)이 논박하는 바가 있었으나, 소박하고 솔직하여 다른 뜻이 없었기 때문에 그 훈명勳名을 보전할 수 있었다.

세조에서 성종 시대까지 끝나지 않는 권세를 연출한 한명회. 그러나 갈매기로 벗을 삼아 조용히 여생을 보내려고 했던 그의 말년은 쓸쓸했고, 그보다 더 큰 불운은 사후에 이어졌다. 1504년 갑자사화가 일어난 후 폐비정청에 참여했다는 이유로 부관참시(무덤을 파고 관을 꺼내어 시체를 베거나 목을 잘라 거리에 내거는 극형)를 당한 것이었다. 한명회의 정치 인생에서 권력과 부귀영화 그 모든 것은 뜬구름 같은 것이었다.

영남사림파의 영수이자 문장가·관료, 김종직

1498년 무오사화의 단서를 제공하고 부관참시를 당한 인물, 김종직金宗直(1431~1492). 이처럼 그에게는 조선 전기 훈구파에 대항한 참신한 정치 세력 '사림파'의 영수라는 명예가 늘 따라 다녔다. 그래서인지 김종직을 꼿꼿한 선비 학자로만 이해하는 경향이 크다. 물론 김종직은 그 문하에서 후배 사림파들을 두루 배출하여 조선 전기 영남사림파가 정치와 사상의 중심에 진입하는 데 큰 역할을 하였다. 그러나 김종직은 조선 전기를 대표하는 문장가이자, 세조에서 성종 시대에 중앙과 지방의 주요 관직을 지낸 관료이기도 했다.

세조·성종 시대 관료로서 활약하다

김종직의 자는 계온季溫, 호는 점필재佔畢齋, 본관은 선산善山이다. 김숙자의 아들로 어머니는 밀양 박씨이다. 1431년 6월 밀양부 서쪽 대동리에서 3남 2녀의 막내로 태어났다. 김숙자는 선산에 은

출처: 문화재청

추원재

경상남도 밀양시에 있는 김종직과 아버지 김숙자의 집터로 1986년 경상남도 문화재 자료 제159호로 지정되었다. 여러 차례 전쟁을 겪으면서 파손된 것을 1810년(순조 10) 사림들과 그의 후손들이 다시 고쳐 세운 것이다.

거한 길재에게 성리학을 배우면서, 정몽주에서 길재로 이어져 내려온 사림파 성리학의 계통을 잇는 기틀을 닦았다. 김종직 또한 어릴 때부터 아버지에게 학문을 배웠다. 그러나 김종직은 은거의 길을 고집하지 않고 출사의 길로 나섰다. 1446년 과거에 낙제하는 아픔을 겪었으나, 1453년 봄에 진사시에 합격하였고, 겨울에는 창녕 조씨와 혼례를 올렸다. 1456년 부친상을 당하여 낙향을 하며 여묘살이를 하였다. 이 무렵 그의 인품과 학문에 감화를 받은 제자들이 모여들었다. 1459년의 연보에 "선생은 유학의 도의를 진작시키고 후인後人을 가르쳐 인도하는 것을 자신의 책임으로 삼으니, 예를 행하고 유교의 학문을 닦는 제자들이 앞에 가득하였다"는 기록은 이러한 상황을 잘 보여주고 있다. 1459년 형의 권유로 문과에 합격한 후 중앙 관직에 진출한 김종직은 승문원의 저작, 박사 등을 역임하였다. 세조가 집현전을 없애고 글 잘하는 선비 10명을 선발하여 예문藝文을 겸하게 할 적에는 형 김종석과 함께 선발되기도 했다.

성종이 즉위한 후 집현전의 예에 의거하여 예문관의 인원을 늘렸다. 문학하는 선비를 선발하여 충당시켜 모두 경연관을 겸하게 하였는데, 김종직은 수찬에 선발되었다. 이후 김종직은 어머니의 봉양을 이유로 지방관직을 자처하였고, 함양군수로 나가게 되었다. 1471년 함양군수로 있던 김종직은, 관내의 정자에 유자광이 쓴 시를 걸어둔 것을 발견했다. 김종직은 "그 따위 자광이 감히 현판을 걸었단 말이냐" 하고는, 즉시 명하여 거두어서 불태워버리게 하였다. 이 사건은 1498년 무오사화를 주모한 유자광이 김종직에게 복수하는 중요한 배경이 된다.

1475년 김종직은 다시 중앙으로 들어와 승문원 참교에 올려졌지만, 어머니가 연로함을 이유로 사직하고 선산부사에 올라갔다. 함양군수, 선산부사 등 영남 지역에서 관직 생활을 하는 동안 그의 문하에는 김굉필, 정여창 등 훗날 사림파를 대표하는 학자들이 몰려들었다. 1479년에 모친상을 당하였고, 삼년상을 마치고는 금산에 있다가, 1482년에 왕명을 받고 다시 중앙으로 올라왔다. 이후 성종의 깊은 신임 속에 승진을 거듭하여 홍문관 응교, 직제학, 부제학, 동부승지, 도승지, 이조참판 등 중앙의 요직을 두루 거쳤다. 당시 경연당상(벼슬의 일종)은 다만 아침 강연에 참여하여 모셨을 뿐이었는데, 성종은 특별히 김종직을 오후 강연에도 참여하도록 하였다. 부인과 사별하고 혼자된 지 3년이 지났던 1485년 55세에 이조참판으로 있던 중 남평 문씨 문극정의 딸에게 장가들었는데, 그때 부인의 나이 18세였으니 그보다 무려 37살이나 어렸다. 새로 결혼한 이듬해에는 늦둥이 아들 숭년을 얻는 기쁨을 누렸다. 1487년 전라도관찰사, 1488년 공조참판을 지냈고, 1489년 형조판서를 제수받았으나, 몸에 생긴 병이 심해져 사직을 하고 밀양의 옛집으로 돌아갔다가 이곳에서 1492년 62세를 일기로 사망하였다.

《성종실록》의 김종직 기록에는 "문학이 넓고 본 것이 많은 것이 문文이고 경敬에 거居하여 간소하게 행동함이 간簡이다. 김종직은 자호自號를 '점필재'라고 하였으며, 저술한 글이 몇 권이 있다. 수집하여 기록한 《청구풍아》, 《동문수》가 세상에 행해지고 있다"고 기록하고 있다.

〈조의제문〉, 김종직을 다시 기억하게 하다

흔히 조선 성리학의 학통은 정몽주에서 길재, 김숙자, 김종직, 김굉필과 정여창, 조광조로 이어지는 학맥으로 공식화되었다. 이들은 사림파 혹은 도학파로 불리는데, 길재와 정몽주의 학문을 이은 인물들이다. 김종직은 평생 재야에서 은거의 삶을 선택했을 것 같은 선입견이 있지만, 실제 위에서 본 바와 같이 세조 · 성종 시대에 관료로서의 삶을 살아간 관료학자였다. 그럼에도 불구하고 그가 영남사림파의 중심 역할을 하는 것은 부친인 김숙자가 길재의 학문을 이어받았고, 김굉필, 정여창, 김일손 등 영남사림파의 대표적인 인물들이 김종직의 문하에서 활약했기 때문이다. 김종직의 사림파적인 입지에서 빼놓을 수 없는 것이 《소학》의 이념이었다.

조선 전기 사림파 학자를 특징짓는 요소가 성리학의 실천이며 그 중심에 《소학》이 있었다. 김종직은 제자들에게 늘 《소학》의 중요성을 강조하였다. '소학동자'로 평가를 받는 김굉필의 문집인 《경현록》에는 "일찍이 점필재 김 선생에게서 가르침을 받았는데, 《소학》을 가르치며 말하기를, '진실로 학문에 뜻을 두려면 마땅히 여기서부터 시작해야 한다. 좋은 인품도 여기에서 벗어나지 않는다' 하니 김굉필이 마음에 간직하여 잊지 않고 게을리하지 않아 손에서 책을 놓지 않았다"라는 기록이 있다.

그러나 무엇보다 김종직을 사림파의 영수로 확실하게 각인한 것은 그의 사후에 일어난 1498년 무오사화였다. 그의 문인 김일손이 스승 김종직의 〈조의제문〉을 사초에 수록하였고, 이것이 연산군 시대에 필화사건(발표한 글이 법률적으로나 사회적으로 문제를 일으켜 제재를 받던 일)으로 이어졌다. 무오사화는 김종직의 이름 석 자에 '영남사림파의 영수'라는 칭호가 늘 따라 붙게 하는 대표적인 근거가 되었다. 〈조의제문〉은 김종직이 27세가 되던 1457년에 쓴 글이다. 《연산군일기》 연산군 4년(1498년) 7월 17일에 기록된 내용을 보자.

> 지금 그 제자 김일손이 찬수한 사초 내에 부도不道한 말로 선왕조의 일을 터무니없이 기록하고 또 그 스승 종직의 〈조의제문〉을 실었

다. 그 말에 이르기를, "1457년 10월 어느 날에 나는 밀성으로부터 경산으로 향하여 답계역에서 자는데, 꿈에 신이 칠장의 의복을 입고 헌칠한 모양으로 와서 스스로 말하기를 나는 초나라 회왕 손심인데, 서초 패왕에게 살해되어 빈강郴江에 잠겼다 하고 문득 보이지 아니하였다. 나는 꿈을 깨어 놀라며 생각하기를 회왕은 남초 사람이요, 나는 동이 사람으로 지역의 거리가 만여 리가 될 뿐이 아니며, 세대의 선후도 역시 천 년이 훨씬 넘는데, 꿈속에 와서 감응하니, 이것이 무슨 상서일까? 또 역사를 상고해 보아도 강에 잠겼다는 말은 없으니, 정녕 항우가 사람을 시켜서 비밀리에 쳐 죽이고 그 시체를 물에 던진 것일까? 이는 알 수 없는 일이다 하고, 드디어 문장을 지어 조문한다. 하늘이 법칙을 마련하여 사람에게 주었으니, 어느 누가 사대四大 오상五常 높일 줄 모르리오. 중화라서 풍부하고 이적이라서 인색한 바 아니거늘, 어찌 옛적에만 있고 지금은 없을손가. 그러기에 나는 이인夷人이요. 또 천 년을 뒤졌건만, 삼가 초 회왕을 조문하노라."

김종직이 조의제문을 쓴 것은 초나라 회왕, 즉 의제의 죽음을 조문하기 위함이었다. 숙부인 서초 패왕 항우에게 희생당한 어린 조카의 죽음을 안타까워하는 내용이었다. 표면적으로는 의제를 조문하는 내용이지만, 실질적으로는 단종의 왕위를 찬탈한 세조를 비판하는 내용이었다. 제자인 김일손은 스승의 이 글이 사림파 의식을 가장 잘 반영했다고 판단하여 사초(실록의 원고)에 실었다. 그러나 이 사초 문제는 1498년 무오사화의 발단이 되었고, 결국 김종직은 부관참시를 당하는 화를 입었다. 그러나 이 희생은 역설적으로 사림파 영수 김종직의 이름을 후대까지 널리 기억하게 하였다.

김종직은 관료로 활약하면서도 사림파로서의 입장을 수시로 피력하였다. 세조 때에는 잡학을 비판하다가 파직을 당하기도 했다. 다음은 1464년 8월 6일 《세조실록》에 실린 당시의 정황이다.

> 김종직이 아뢰기를, "지금 문신으로 천문·지리·음양·율려·의약·복서·시사의 7학學을 나누어 닦게 하는데, 그러나 시사詩史는 본래 유자儒者의 일이지만, 그 나머지 잡학이야 어찌 유자들이 마땅히 힘써 배울 학이겠습니까? (중략) 그 능통하는 데에 반드시 문신이라야만 좋은 것이 아닙니다" 하니, 임금이 말하기를, "제학諸學을 하는 자들이 모두 용렬한 무리인지라 마음을 오로지하여 뜻을 이루는 자가 드물기 때문에 너희들로 하여금 이것을 배우게 하고자 하는 것이다. (중략) 김종직은 경박한 사람이다. 잡학은 나도 뜻을 두는 바인데, 김종직이 이렇게 말하는 것이 옳은가?… 파직을 시키라."

김종직을 비롯한 사림파들은 《소학》을 중심으로 하는 도의 개인적 실천과 교육활동에 힘썼다. 이는 향촌 교화의 노력으로도 이어진다. 김종직은 《주례》의 향사례 · 향음주례(온 고을의 유생이 모여 향약을 읽고 술을 마시며 잔치하던 일)의 시행, 보급을 목적으로 유향소 제도를 부활시킬 것을 주장하고 학규를 만드는 등 평생을 도학 이

출처: 문화재청

함양 학사루 느티나무 전경

약 500년 정도 된 것으로 알려져 있으며, 점필재 김종직이 함양현감으로 있을 때 학사루 앞에 심었다고 전한다. 1999년 4월 6일 천연기념물로 지정되었다.

념의 전파와 일용에서의 실천을 보급하는 데 힘썼다. 김종직이 사림파 학자로서 지방민을 위해 애쓴 모습은《점필재집》연보 45세(1475년)의 다음 기록에서도 볼 수가 있다.

> 함양성의 나각이 모두 243칸이었는데, 한 칸마다 세 가호가 함께 출력하여 볏짚으로 지붕을 이어왔다. 그런데 해마다 비바람에 지붕이 걷힐 때면 비록 한창 농사철이라 할지라도 백성들이 반드시 우마차에 볏짚과 재목을 싣고 와서 수리를 하곤 하였다. 역대에 걸쳐 계속 이렇게 해오다 보니, 백성들이 매우 괴롭게 여기었다. 그래서 2월 어느 날에 선생이 부로(한 동네에서 나이가 많은 남자 어른을 높여 이

르는 말)들과 상의하여 다시 전지 10결을 비율로 삼아 한 칸마다 거의 열 가호씩을 배정해서 그 썩은 재목을 바꾸고 또 기와를 이게 하였더니, 한 가호에 겨우 기와 10여 장씩만 내놓아도 충분하였고, 일도 5일이 채 못 가서 마치게 되었다. 백성들이 처음에는 졸속하게 고치려는 것을 의아하게 여겼으나, 일이 완성된 뒤에는 모두 기뻐하며 좋다고 일컬었다.

함양군수 시절 김종직이 백성을 위하는 정책을 개발하고 이를 실천하는 데 힘을 쏟은 점은, '김모金某는 군을 잘 다스려서 명성이 있으니, 좋은 직위로 옮기라'고 할 만큼 성종에게도 높은 평가를 받았다.

성종 시대를 대표하는 문장가 김종직

흔히 사림파 학자라고 하면 경서나 성리학 이론에 해박하고 문장을 경시하는 경향이 있다고 생각하는 경우가 많다. 실제 사림파와 훈구파를 구분할 때도 사림파는 경학(사서오경을 연구하는 학문)을 중시한다고 해서 경학파經學派, 훈구파는 문장을 중시해서 사장파詞章派로 분류하기도 한다. 그러나 김종직에게 있어서는 이러한 구분이 잘 적용되지 않는다. 김종직은 어린 시절부터 문장에 뛰어난 자질을 보였으며, 세조·성종 시대의 대표적인 문장가이기도 했다.

《점필재집》 연보에 의거하면, 김종직은 기억력이 좋고 글씨를 잘 썼는데, 일찍부터 시에 능하다는 명성이 있어 날마다 수만 마디의 말을 기억하여 약관이 되기도 전에 신동이라 알려졌다. 15세에 이미 시문에 능하여, 많은 문장을 지었으며, 20세가 못 되어 문장으로 이름을 크게 떨쳤다. 그의 나이 16세 때 과거 시험에서 지은 〈백룡부〉는 낙방이 되었으나, 이를 본 태학사 김수온이 "이는 후일에 문형을 맡을 솜씨다" 하고 크게 감탄했다는 기록이 있다. 또한 30세에 식년문과에 정과로 급제하여 승문원 권지부정자가 되었을 때 승문원의 선배였던 어세겸은 그의 시를 보고 탄식하며 "나보고 말채찍을 잡고 하인이 되라 해도 달게 받아들이겠다"라고 한 기록도 있다.

김종직은 왕명을 받들어 세조의 왕세자빈 한씨의 애책문을 비롯하여, 인수대비의 옥책문과 예종의 시책문 등 주요 문장을 짓는데 두루 참여하였다. 성종은 특히 김종직을 총애하여 왕명으로 수많은 글을 짓게 하고, 《동국여지승람》의 수정을 맡기기도 했다. 당시 사관의 평가에서도 "김종직이 문장을 잘 짓기 때문에 특별히 지우(남이 자신의 인격이나 재능을 알고 잘 대우함)를 입어, 승정원에 들어가 좌부승지로 옮겼다가 차서를 뛰어넘어 도승지에 제수되니, 사림이 다 눈을 씻고 그가 하는 일을 바라보았다"[23]고 하여 김종직이 문장력으로 승진을 거듭했음을 언급하고 있다.

김종직의 행적과 관련하여 특히 주목할 것은 훈구파의 대표적

---

23 《성종실록》 1484년(성종 15) 8월 6일

인 인물로 손꼽히고 있는 신숙주(1417~1475)의 문집 서문을 쓴 점이다. 사림파와 훈구파의 영수로서 두 사람은 정치적으로나 사상적으로 대립했을 것만 같지만, 실제 세조 · 성종 대의 편찬 사업에 함께 참여했고 문집의 서문을 써준 것에서 두 사람의 친분 관계를 엿볼 수 있다.

《점필재집》에 기록된 신숙주 문집의 서문인 〈신문충공문집서〉에서 김종직은 무엇보다 신숙주가 자신을 이끌어준 데 대해 깊은 고마움을 표현하였다. "종직은 궁벽한 시골의 만진으로서 처음 괴원(승문원)에서부터 공의 알아줌을 입었었다. 그리하여 공이 《병장설》을 주석할 적에 내가 외람되이 속관屬官으로 있었는데, 하루는 내가 문병門屛에서 공의 명령을 받들고 있을 때, 공은 막 손들과 술을 마시면서 한 마디 말로 온 좌중에 나의 장점을 칭찬해 주었으니, 나를 개발시키고 성취시켜 준 그 은혜를 어찌 감히 잊을 수 있겠는가"라고 한 것이 대표적이다. 신숙주에 대한 찬사는 이어진다.

> 공(신숙주)은 국량이 넓고 크며 재식才識이 매우 해박하여 벼슬을 시작한 이후로 재상이 되기에 이르기까지 평소 가슴 속에 온축된 것들이 발산되어 경세제민의 용도가 되었다. 공은 모든 사물이 앞에 이르면 기미를 맞아 응접應接하여 좌우로 수작酬酢하니, 사람들이 모두 그 속에 깊이 쌓아둔 것이 나오면 나올수록 더욱 끝이 없어 그 한계를 도무지 헤아릴 수 없음을 탄복하였다. (중략) 사업에 시용施用한 것만 이러할 뿐이 아니다. 문장을 하는 데에 있어서는 모두 인

의와 충신에 근본하여, 여유 있고 화창하며 탁월하고 광대하여 번거롭게 법칙을 가하지 않아도 절로 법도가 있다.

사림파의 영수가 훈구파의 영수에게 찬사를 보내는 내용으로 일반적인 상식을 벗어난 문장이다. 사림파와 훈구파의 대립 구도가 당대에는 그리 심하지 않았음을 보여주기도 한다.

대개 김종직은 영남사림파의 영수로 평가를 받지만, 15세기 세조에서 성종 대에 이르기까지 관료 학자이자 문장가로서의 면모도 다분히 보여주는 인물이었다. 문장가, 관료, 사림파 등 그에 대한 키워드 중에서 '사림파'가 그를 대표하는 용어로 자리를 잡은 것은 연산군 대에 사화가 본격화되고, 그가 화를 당하는 중심에 섰던 점이 큰 몫을 했다고 생각한다. 김종직은 조선 전기 영남 출신의 사림파 학자였고, 김굉필과 정여창 등 많은 제자를 길러낸 교육자였다. 특히 김굉필, 정여창, 김일손, 유호인, 남효온과 같은 쟁쟁한 사림파 제자들을 배출한 점은 '사림파의 영수'로서 김종직을 기억하게 하는 주요한 원인이 되었다. 사림파의 영수로만 알려진 김종직에게 여러 측면이 존재하는 것을 통해 조선 전기 지식인의 다양한 모습들을 살펴볼 수 있다.

'직필의 사관' 김일손, 사화로 희생되다

1498년 최초의 사화인 무오사화가 일어났다. 스승인 김종직의 〈조의제문弔義帝文〉을 사초에 실었던 것이 발단이었다. 장본인은 영남사림파의 중심이자 사관으로 있었던 김일손金馹孫(1464~1498). 무오사화를 사림파를 제거할 수 있는 절호의 기회로 활용한 훈구파의 정치 공작으로, 김일손은 극형에 처해졌다. 그의 스승인 김종직마저도 부관참시를 당했다. 그러나 꺾이지 않았던 그의 직필直筆 정신은 짧은 생애에도 불구하고 후대까지 그를 널리 기억하게 하였다.

영남사림파의 기수, 중앙으로 진입하다

15세기 후반 조선의 정치사는 기성의 정치 세력인 훈구파에 대항하는 사림파의 성장이 두드러진 시기였다. 사림파는 성종 대 후반부터 서서히 중앙정계에 등장하기 시작하며 기존에 정치·사회적 특권을 향유하고 있던 훈구파를 견제하였다. 특히 이들은 언관이나 사관과 같이 비판적인 기능을 할 수 있는 직책에 포진되어 훈구파의 기득권 비리에 서서히 제동을 걸기 시작했다. 김종직을 중심으로 하는 영남사림파의 맹장 중에 바로 김일손이 있었다. 김종직의 학문과 사상을 계승하며 소장 영남사림파의 리더로 활약했던 김일손은 언관과 사관으로 있으면서 기존의 잘못된 정치 행태를 고발하려 했다. 이것은 그가 사관으로 있으면서, 사초에 훈구파의 거두인 이극돈의 비행을 적나라하게 기록하고 스승인 김종직의 〈조의제문〉을 싣는 것으로 나타났다. 그러나 실록의 편집이 끝나면 세초(실록을 편찬한 뒤 그 초고를 없애 버리던 일)를 하여 비밀리에 부쳐져야 하는 것이 원칙인 그의 사초를 훈구파들이 입수하여 정치적 참극이 일어났다. 1498년의 무오사화, 사림파와 훈구파의 힘겨루기의 서막을 연 사건이기도 하였다.

김일손은 1464년(세조 10) 경상도 청도군 상북면 운계리 소미동에서 태어났다. 자는 계운季雲, 호는 탁영濯纓, 본관은 김해. 조부인 김극일은 길재에게 학문을 배웠으며, 부친 김맹 역시 가학을 계승하고 김종직의 부친 김숙자에게 학문을 배웠다. 김일손 또한 김종직의 문하에서 수학하였으니 김일손 가문은 정통 영남사림파의 학맥을 계승한 셈이 된다. 어린 시절 김일손은 부친을 따라 용인에서 살았으며, 이때 《소학》을 배우기 시작했다. 《소학》은 사림파의 학문적 정체성을 보여주는 대표적인 책이다. 영남사림파의 대표학자 김굉필은 '소학동자'로까지 지칭되었다. 15세에는 단양 우씨를 부인으로 맞았으며, 그해 고향 청도를 거쳐 선산에 사는 정중호, 이

맹전에게도 학문을 배웠다. 16세에 진사초시에 합격했으나, 이듬해 예조의 복시(초시에 합격한 사람이 2차로 보는 시험)에는 실패했다.

17세 때 고향에 돌아온 김일손은 그의 인생에 중대한 전환점을 맞는다. 영남사림파의 영수 김종직이 있는 밀양으로 가서 그의 문하에 들어간 것이다. 김종직은 김일손의 부친 김맹의 〈효문명〉에서 청도에서 올라온 김맹의 두 아들 김기손과 김일손을 가르친 사실을 기록하고 있다. 1472년 김종직은 지리산을 다녀온 후 〈유두류록〉이라는 기행문을 남겼는데, 김일손 역시 1489년 지리산을 유람하고 〈속두류록〉을 남겼다. 지리산을 사랑하고 기행문을 남긴 것 또한 스승과 제자가 하나였던 셈이다. 밀양에 살던 김종직으로부터 학문을 배운 인연은 김종직의 사후 때까지 끈끈하게 이어진다.

김일손은 23세가 되던 1486년 생원시와 진사시에 합격했다. 생원시는 장원, 진사시는 차석이었다. 그해 가을의 문과에서 2등으로 급제하여 승문원의 권지부정자로 관료로서 첫 발을 들여놓게 되었다. 김종직의 문하에서 함께 수학하던 최부, 신종호, 표연수도 함께 급제하였다. 1487년 김일손은 진주향교의 교수로 부임하여, 진주목사와 진양 지역의 계를 조직하였으며, 정여창, 남효온, 홍유손, 김굉필, 강혼 등과 교유하면서 사림파의 입지를 굳건히 해나갔다. 이후 김일손은 홍문관, 예문관, 승정원, 사간원 등에서 정자, 검열, 주서, 정언, 감찰, 지평 등 언관과 사관의 핵심 요직을 맡으면서 적극적이고 강직한 사림파 학자의 면모를 보여주었다. 1490년 무렵부터는 본격적인 활동에 나섰다. 스승인 김종직의 〈조의제문〉을 사초에 싣고, 남효온이 지은 〈육신전〉을 교정하고 증보했다. 소릉(단종의 모후인 현덕왕후)의 위호를 회복하기 위해 노력한 것도 이 무렵이었다. 이러한 활동은 수양대군의 불법적인 왕위찬탈을 비판하고 세조에 의해 왕위를 빼앗긴 단종의 정통성을 강조한 조처로써, 나아가서는 세조의 집권을 돕고, 그 그늘에서 크게 권력을 차지한 훈구파들의 입지를 약화시키는 것이었다.

김일손에 대해서는 무오사화의 대표적인 희생자라는 이미지 때문에 사관으로서의 그의 강직한 면모만이 부각되어 있다. 그러나 그는 "문장을 쓰려고 붓을 들면 수많은 말들이 풍우같이 쏟아지고 분망하고 웅혼함이 압도적인 기상을 보여준다"는 평가를 받을 만큼, 학문과 문장에 뛰어났을 뿐만 아니라 현실에 대한 개혁책 제시에도 적극적이었다. 실록이나 그의 문집인 《탁영집》, 그의 조카인 김대유의 《삼족당집》 등의 기록에는 이러한 면모가 잘 나타나 있다. 김대유는 숙부인 김일손의 연보를 쓰면서 김일손의 호매하고 강직한 성품과 함께 경제지책經濟之策을 품고 있었음을 기록하였는데, 이러한 점은 실록에서 그가 제시한 여러 정책에서도 나타난다.

먼저 인사정책에 대해서는 효행과 염치가 뛰어난 자와 재질이 훌륭한 종실의 등용, 천거제(인재를 추천하는 제도)의 충실한 활용 등을 주장했는데 이는 훗날 조광조 일파가 주장한 천거제의 논리와도 유사하다. 또한 언관의 활동 보장과 지방관의 사관 발탁 등을 건의하여 언론권의 강화를 주장하였고, 법전을 지방 관아에서 충분히 활용할 것, 사당과 서원에 속한 논밭과 토지를 줄이고 서원

노비를 없앨 것을 건의하였다.

국방대책으로는 무예가 뛰어난 문관을 뽑아 변방의 장수에 제수함으로써 왜구의 침입을 방비할 것을 제시했다. 또 당시 충주나 웅천에서 있었던 왜인들의 소란 사건에 대해서는 강력히 응징할 것을 주장하였다. 그의 사후에도 왜구들의 소요가 계속 일어났고 1592년 임진왜란까지 일어났음을 고려하면 선견지명을 보인 셈이다.

위험한 사초, 무오사화의 발단이 되다

연산군이 즉위한 후 사림파의 기수로 우뚝 선 김일손은 가장 적극적이고 활발하게 시무책을 제시하고 역사 바로 세우기 활동의 선두에 섰다. 그가 제기한 단종의 어머니인 현덕왕후의 능인소릉 복위 문제는 정국을 긴장시키기에 충분했다. 소릉은 문종비 권씨의 위호로서 권씨는 단종을 낳은 후 곧 죽었는데 세조 집권 후 추폐追廢되어 종묘에는 문종의 신위만이 배향되어 있었다. 김일손은 소릉과 현덕왕후의 신주를 복위하여 문종에 배향할 것을 주장하였는데, 세조의 그늘이 여전했던 시대상을 고려하면 매우 개혁적인 주장이었다. 언관으로서 그의 위상이 올라가는 것에 비례하여, 훈구파를 기피하는 현상은 더 두드러진다. 절대 타협하지 않는 김일손의 강한 기질과 직선적 성향은 훈구파 대신들에게 그를 정치적 공적으로 인식시키는 계기가 되었고, 훈구파의 반격이 시작되었다.

무오사화는 거시적인 관점에서 보면 새로운 사회, 정치 세력으로 성장한 사림파와 기존의 기득권 세력인 훈구파와의 갈등에서 비롯된 정쟁이다. 그리고 이후 세 번에 걸친 사화의 신호탄이 된 사건이 되기도 했다. 그 발단에 섰던 인물이 바로 김일손이었다. 무오사화의 시작은 성종 사망 후 실록청의 구성에서 비롯된다. 조선시대에는 왕이 사망하면 바로 실록청을 구성하고 전왕이 생존해 있을 때 기록한 사초를 토대로 하여 실록을 편찬하는 것이 원칙이었다. 김일손은 성종 때 사관으로 있으면서 그가 보고 들은 내용을 사초로 기록해 두었다. 그런데 이 사초를 토대로 실록을 편찬하는 과정에서 문제가 생겼다. 당시 실록청 당상관으로서 《성종실록》 편찬의 책임자였던 이극돈이 미리 사초를 열람할 기회가 있었던 것이다.

이극돈은 광주 이씨로 그의 집안은 대대로 권력을 누려온 전형적인 훈구파였다. 김일손이 작성한 사초 중에는 이극돈과 관련된 것도 있었다. 성희왕후의 상을 당했을 때 장흥의 관기를 가까이 한 일과 뇌물을 받은 일, 세조 때 불교중흥 정책을 편 세조의 눈에 들어 불경을 잘 외워 출세했다는 것 등 대부분 부정적인 내용들이었다. 김일손의 위험한(?) 사초를 입수한 이극돈은 전전긍긍했다. 그렇다고 사관이 쓴 사초를 함부로 폐기할 수도 없는 일이었다. 김일손을 찾아가 삭제해 줄 것을 요청했지만 김일손은 전혀 흔들림이 없었다. 결국 이극돈은 검증된 정치 공작의 귀재 유자광을 찾았다. 유자광은 자신과 연계하고 있던 노사신, 윤필상 등 훈구파 대신들을 움직여 김일손 등이 사초에 궁금비사宮禁秘史(왕궁의 금령을 다룬 감추어진 역사적 사실)를 써서 조정을 비난했다는 내용을 올리고 연산군의 귀에 들어가게 했다. 그렇지 않아도 사림파들의 왕권 견제에 불만을 느끼고 있던 연산군은 마침내 사초를 왕에게 올리게 하라는 전대미문의 명을 내렸다. 독재군주의 전형을 그대로 보여준 셈이다.

김일손의 사초에는 세조가 신임한 승려 학조가 술법으로 궁궐을 움직이고, 세조의 충신이자 훈구파인 권람이 노산군의 후궁인 숙의 권씨의 노비와 전답을 취한 일 등 세조 대의 불교 중흥책과 훈구파의 전횡을 비판한 글이 있었다. 황보인과 김종서의 죽음을 기록하고 이개, 박팽년 등 절의파의 행적을 긍정적 입장에서 기술하는 내용들도 다수 포함되어 있었다. 기본적으로 세조의 왕위 찬탈을 부정적으로 보고 그 정책에 비판적 태도를 취하는 사림파의 입장이 담겨져 있었던 것이다. 그중에서도 스승인 김종직의 〈조의제문弔義帝文〉을 사초에 실은 것이 가장 큰 문제였다. 진나라 말 숙부 항우에게 살해당한 초나라 의제를 조문한 이 글은 바로 선왕인 세조의 단종 시해를 중국의 사례를 들어 비판한 글이었다. 당시 김일손은 모친상으로 청도에 내려가 있었지만 바로 서울로 압송되었다. 훈구파들은 김일손의 불손한 언행이 스승 김종직의 영향 때문이라 주장하면서 사림파의 일망타진에 나섰다. 결국 김종직은 무덤을 파헤쳐 관을 꺼내고 다시 처형하는 최악의 형벌인 부관참시를 당했다. 연산군은 사초 사건에 연루된 김일손을 비롯하여 권오복, 권경유 등을 능지처참하고 표연말, 정여창, 최부, 김굉필 등 김종직의 제자들을 대거 유배시켰다. 이것이 1498년에 일어난 무오사화로 김종직, 김일손으로 대표되는 영남사림파의 몰락을 가져왔다.

사림파의 성장에 자양분이 되다

무오사화의 칼끝은 35세의 젊은 나이로 김일손의 생을 마감하게 했다. 김일손이 처형을 당할 때 냇물이 별안간 붉은 빛으로 변해 3일간을 흘렀다고 해서 '자계紫溪(붉은 시냇물)'라는 이름이 붙었으며, 그를 배향한 사당도 자계사가 되었다. 자계사는 사림정치가 본격적으로 구현된 선조 대에 자계서원으로 승격되었고, 1661년(현종 2) '자계'라는 편액을 하사받았다.

김일손의 추존 작업에 가장 힘을 기울였던 인물은 조카 김대유(1479~1551)이다. 김대유는 40세 때 청도의 사림들과 함께 자계사를 건립하였으며, 유일(유능한 사람이 잊혀 등용되지 않은 것)로 천거를 받아 관직을 받았으나 거듭 사직하고 숙부의 뜻을 받들며 초야에 묻혀 선비로 살아갔다. 김대유는 41세 때 김일손의 유고를 모아 자계사에 글을 새겼으며, 70세 되던 해에는 숙부인 김일손의 연보를 편집하였다. 그만큼 숙부를 존경하고 그의 정신이 이어지기를 바랐던 것이었다. 김대유는 경상우도 사림의 우두머리가 되는 남명 조식이 존경했던 인물이다. 김일손의 사림파 정신은 김대유를 거쳐 조식으로 이어지면서 영남사림파의 학맥에 큰 분수령을 이루었다. 조식은 김일손에 대해 "살아서는 서리를 업신여길 절개가 있었고, 죽어서는 하늘에 통하는 원통함이 있었다"고 하면서 그의 죽음을 안타까워했다.

사림파의 젊은 기수로서 훈구파의 전횡에 맞섰던 김일손은 짧은 생을 마감했지만 그의 삶은 사림파의 성장이라는 도도한 역사

경상북도 청도에 있는 자계서원
김일손을 배향하고 김극일과 김대유를 추가 배향하였다.

적 흐름을 상징적으로 반영하였다. 훈구파를 대신하여 새로운 사상과 정치 이념으로 부상한 사림파의 선봉에 서서 김일손은 현실을 냉철히 인식하였고 적극적인 언관과 사관 활동으로 부조리한 현실에 적극 맞섰다. 김일손처럼 행동하는 사림파의 모습은 훗날 조광조에게도 이어졌고, 결국에는 네 번의 사화라는 대탄압에도 불구하고, 사림파가 궁극적으로 역사의 승리자가 될 수 있는 기반을 마련해주었다. 사림파의 도도한 성장에 훌륭한 자양분을 마련해준 학자 김일손. 그가 배향되어 있는 청도의 자계서원을 찾아가면, 붉은 시냇물처럼 타올랐던 김일손의 붉은 마음을 짐작해볼 수 있을 것이다.

성종의 학술·예술 참모, 성현

1469년 예종의 뒤를 이어 성종(1457~1494, 재위 1469~1494)이 왕위에 올랐다. 13세의 어린 나이였다. 성종은 왕위 계승 순위에서는 '넘버 3'의 위치에 있었지만 장인 한명회의 영향력 속에 대비인 정희왕후의 지원으로 왕위에 올랐다. 어린 나이에 왕위에 올라 초반에는 대비의 수렴청정을 받기도 했지만, 학문을 좋아하는 군주 성종은 학문적 능력과 정치력을 바탕으로 왕으로서의 능력을 발휘해 나갔다.

성종은 세조 대에 추진했던 《경국대전》, 《동국통감》의 편찬 사업을 완성함으로써 조선 전기 문물제도를 정비하는 데 큰 기여를 하였다. 성종의 묘호가 이룰 '성成'자를 쓰는 '성종成宗'인 것도 이러한 까닭이다. 성종은 선왕인 세종처럼 인재 등용에서도 탁월한 능력을 보였다. 세종에서 세조 시대를 거치면서 국정 경험을 쌓은 학자들을 최대한 중용했고, 성종 시대에는 정인지, 신숙주, 서거정 등 쟁쟁한 학자들이 배출되었다. 《악학궤범》의 편찬을 주도한 성현成俔(1439~1504)은 성종을 음악과 학술 분야에서 보좌한 대표적인 참모였다.

명문가 출신의 학자

성현은 1439년 세종 때 태어나 세조부터 연산군 시대를 살아간 학자이자 예술인이었다. 성혁의 자는 경숙磬叔, 호는 용재慵齋, 허백당虛白堂 등 다양하게 사용했고, 시호는 문재文載다. 본관은 창녕昌寧으로, 고조부 성여완은 고려 말 문하시중을 지냈고, 성여완은 석린, 석용, 석인, 세 아들을 두었다. 성석린은 조선 건국에 참여한 후 태종 때 영의정까지 올랐으며, 함흥차사의 임무를 완수했다는 이야기도 전한다. 성석용이 대사헌에, 성석인은 조선 초기 판서직을 지내는 등 조선 초기 명문가의 위상을 지켰다. 조부는 성엄이며, 부친 성염조는 도승지, 형조참판 등을 거쳐 지중추원사에 이르렀다. 작은 아버지 성봉조는 정희왕후의 동생과 혼인하여 세조와 동서 사이가 되기도 했다. 그러나 성석용의 손자인 성승은 아들 성삼문과 함께 단종복위운동에 가담했다가 삼문, 삼빙, 삼고, 삼성과 손자 셋이 모두 죽음을 당하여 후사가 끊어지는 비운을 당했다.

성현은 1439년(세종 21) 성염조와 순흥 안씨의 3남 중 막내로 태어났다. 외가인 순흥 안씨 또한 명문가로 어머니는 성리학을 처음 고려에 수용해 온 안향의 손녀다. 부인은 한산 이씨로 고려 말의 대학자 이색의 현손녀였다. 12세에 부친상을 당한 후에는, 18세의 나이 차가 나는 큰형 성임(1421~1484)에게서 수학했다. 어린 시절 형의 친구들인 김수온, 강희맹, 서거정 등을 만나면서 이들의 학문적 영향을 많이 받았다. 김수온에게서는 음악을, 강희맹에게서는 그림, 서거정에게서는 문장의 영향을 많이 받았다고 한다. 김수온, 강희맹, 서거정 등은 성종 때 훈구파로 분류되는 학자들로서 성종을 보필하여 학술 편찬 사업의 완성에 공을 세웠다. 성현은 성종 때에 본격적으로 등용되기 시작한 사림파 학자 중 당대에 명망이 높았던 김종직, 유호인과도 우호적인 관계를 유지했다.

1459년(세조 5) 진사시에 합격하고, 1462년 23세의 나이로 식년문과에 급제하면서 관직에 진출하였다. 세조 때에는 소장 관리로서 홍문관, 예문관 등에서 주로 근무했으며, 1468년 예종이 즉위하자 경연관에 발탁되었다. 성현이 관료로서 꽃을 피운 시기는 성종 때였다. 1472년(성종 3)에는 진하사로 임명된 형 성임을 따라 명나라 북경으로 가는 기회를 얻었고, 이 시기의 경험을 담은 기행시 《관광록》을 남겼다. 1475년(성종 6)에는 한명회의 종사관이 되어 재차 북경에 다녀왔는데, 중국으로의 사행 경험은 그의 학문에도 영향을 주었을 것이다. 1475년 11월 음악을 관장하는 부서인 장악원 첨정 벼슬에 임명된 것은 운명적이었다. 이때의 경험을 발판 삼아 장악원 제조에 이르렀고 결국은 《악학궤범》의 편찬으로 이어졌기 때문이다.

1476년 문과중시에 병과로 급제하였으며, 이후에 홍문관, 사간원, 승정원의 주요 직책을 두루 거치면서 성종의 총애를 쌓아

1480년에는 우승지에 올랐다. 1481년 인사권을 잘못 행사한 죄로 잠시 파직을 당했다가, 1482년 다시 과직에 올라 형조참판, 강원도 관찰사 등을 지냈다. 1485년 천추사가 되어 다시 중국을 다녀왔으며, 1488년(성종 19) 2월 평안도관찰사로 있으면서, 명나라 사신 동월과 왕창을 접대하면서 시를 서로 주고받았다.

당시 성현은 명나라 사신들을 탄복하게 할 정도로 시와 학문에 탁월한 자질이 있었다. 그해 7월 동지중추부사로 사은사가 되어 다시 명나라에 다녀온 후에는 대사헌, 경상도 관찰사에 이어 8월에 예조판서가 되었다. 당시 유자광은 "경상도관찰사는 다른 사람이 할 수 있지만 장악원의 제조는 성현이 아니면 불가능합니다"라며 성현의 음악적인 자질을 높이 평가하였다. 결국 성현은 예조판서와 장악원 제조를 겸직했는데, 《악학궤범》은 이때에 편찬한 것이었다. 성종과 성현의 인연은 성종 사후 빈전도감 제조로 상례를 주관하는 것으로 이어졌다. 연산군 즉위 후에는 한성판윤, 공조판서, 대제학을 지냈으며, 1504년 1월 사망 후 7개월 만에 갑자사화가 일어나 부관참시를 당했으나 뒤에 회복되었다.

성종의 명으로 《악학궤범》을 편찬하다

음악과 예술 분야에 관한 한 성현은 성종의 최고 참모였다. 성종은 성현을 믿고 조선 전기 음악을 정리한 《악학궤범》을 편찬하게 했다. 성종과 성현의 관계는 세종의 명을 받아 궁중음악을 정리한 박연의 관계와 유사하다. 예악일치를 표방한 유교 국가에서 음악

출처: 국립국악원

《악학궤범》

음악의 원리 · 악기 배열 · 무용 절차 · 악기에 관하여 서술되어 있는 서책이다. 궁중 의식에서 연주하던 음악이 그림으로 풀이되어 있고, 백제 가요 〈정읍사〉와 고려 가요 〈동동〉 등이 실려 있다.

이 차지하는 위상은 지금보다 훨씬 중요하였다. 성현이 쓴 《악학궤범》 서문에 나타난 이 책의 저술동기를 보자.

> 음악은 하늘에서 나와서 인간에 붙어 있는 것이며, 공허한 데서 출발하여 자연으로 이루어진 것이니, 사람으로 하여금 마음으로 느껴서 출렁거리며, 혈맥이 유통하고 정신을 기쁘게 만드는 것이다. 느낀 바가 같지 아니하기 때문에 소리도 같지 아니하다. 기쁜 마음으로 느낀 것은 펴져서 흩어지며, 성난 마음으로 느낀 것은 거칠고 사나우며, 슬픈 마음으로 느낀 것은 오그라지며 낮고, 즐거운 마음으로 느낀 것은 너그러우며 느리다. 그 모든 고르지 못한 소리를 융합

> 하여 하나로 만들 수 있는 것은 임금이 그를 어떻게 지도하느냐에 따라서 달라질 것이다. 지도하는 데는 그르고 바른 것이 다르며, 풍속이 좋아지고 나빠지는 관계가 여기에 매여 있다. 이러므로 음악의 도가 정치와 교화에 크게 관계가 되는 것이다.

위의 기록에서 보듯 무엇보다 음악이 정치와 교화에 관계된다는 점을 강조하고 있다. 이어서 성현은 장악원에 간수된 자료의 악보가 세월이 오래 지나는 동안에 모두 해어지고 떨어져 나가고, 다행히 남아 있는 것도 모두 꼼꼼하지 못하고 잘못되고 절차가 빠진 것이 많았는데, 자신과 유자광, 신말평, 박곤과 김복근 등이 성종의 명을 받들어 음률을 만든 원리, 악기와 부속품의 형체와 그것을 제조하는 방법, 춤추는 것과 그 대열과 전진하며 후퇴하는 절차를 구비하여 《악학궤범》을 편찬했음을 밝히고 있다. 《악학궤범》은 총 9권으로 구성되었다. 권 1에는 60조의 중심 음에 대한 설명인 60조도, 여덟 가지 재료로 만들어진 악기를 설명한 팔음도설 등이, 권 2에서는 아악진설도설과 속악진설도설과 제향에 쓰이는 아악의 악보와 악장을 게재하였다. 권 3에서는 《고려사》 악지의 당악정재와 속악정재를 설명하였으며, 권 4에서는 성종조의 당악정재도의를 상세하게 설명하고 있다. 권 5에서는 성종 대의 향악정재도의를 기술하고 그림으로 나타내고 있는데, 한글로 적힌 〈동동〉, 〈정읍〉, 〈처용가〉 등은 국문학적으로도 매우 귀중한 자료다. 권 6의 '아부악기도설'과 권 7의 '당부악기도설', 권 8의 '향악정재악기도설'은 악기

그림과 함께 악기의 치수를 적어 실제 악기 제작에 참고하게 하였다. 권 9는 '관복도설'로서 악사와 악공들의 관복과 그 치수를 기록하였다.

성현이 음악에 대해 조예가 깊었음은 그의 또 다른 저술《용재총화》에서 자신을 술회한 부분에서도 잘 나타나 있다. "나는 예조판서로서 장악원 제조를 겸했다. 여러 나라의 사신을 위한 잔치를 베풀려면 악기에 익숙한 사람을 뽑아야 하는데, 그럴 때면 음악을 듣지 않는 날이 없었다. (중략) 나는 일찍이 과거에 급제하여 관직이 판서에 이르러 밤낮으로 노랫소리에 묻혀 있으니, 어찌 이렇듯 태평한 음악을 혼자서 누린단 말인가"라고 한 부분에서 잘 표현되어 있다. 또한 "향비파는 전악 송태평이 제일 잘 탔고 그 아들 송전수가 전수받았는데 더욱 절묘하다. 현금은 악기 가운데 가장 좋아서 음악을 배우는 출입문이 된다. (중략) 가야금은 황귀존이라는 이가 잘 탔고, 대금은 세종 때 허오가 있었고, 아쟁은 옛날 김소재가 잘 탔는데 일본에서 죽었다"는 기록에서는 악기와 음악가에 대한 성현의 지식이 매우 풍부했음을 확인할 수가 있다.

《용재총화》의 저술로 시대를 증언하다

성현은《악학궤범》의 저자로서 성종 시대 음악 분야 최고의 전문가이기도 했지만, 신변잡기에 관한 기록인《용재총화慵齋叢話》를 남겨 기록이 부족한 조선 전기 문화사를 풍부하게 해준 인물이기도 하다. 성현은《용재총화》의 서문에서 "심심풀이로 보기에 족하다"고 표현하여 여러 가지 흥미로운 이야기들을 책에 담았음을 표현하였다. 《용재총화》는 말 그대로 '총화'로 저자 성현이 보고 들은 것을 기록한 것이다. 시간적으로는 우리나라의 역대로부터 조선 성종 시대 성현이 살았던 시기까지이며, 공간적으로는 한양을 중심으로 하여 중국에 관한 사항까지 기록하고 있다.

특히 가치가 있는 점은 당대의 모습과 그때까지 전해오던 이야기들을 소개하고 있는 것이다. 성현은 평소 여러 책을 섭렵하고 여행하기를 좋아했으며, 네 차례나 중국에 사행하면서 견문을 넓힐 수가 있었다. 또한 형님들의 영향 속에서 고려시대부터 내려온 패관잡기(민간에서 떠도는 이야기)에도 관심을 기울였던 것으로 보인다. 큰 형 성임은 중국의 《태평광기》를 정리하여 《태평광재》를 간행했으며, 둘째 형 성간 또한 성임과 함께 집현전 시절 많은 골계류와 패설류 책을 읽었음이 확인되고 있다.

《용재총화》에는 총 324편의 글이 10권에 나누어 수록되어 있다. 각 권은 편차 없이 서술되어 있으며, 일정한 주제가 없이 구분되어 있다. 저자가 평소에 쓴 글을 자유롭게 모아둔 형식이다. 내용은 고려로부터, 성현이 주로 활약했던 성종 시대를 중심으로 형성되고 변화된 민간의 풍속 및 문물과 제도, 문화, 역사, 지리, 학문, 종교, 문학, 음악, 서화 등 생활과 문화 전반을 다루고 있다. 특히 인물에 관한 일화는 《용재총화》의 절반을 차지할 정도로 많은 분량이며, 조선 전기 인물이 새롭게 복원되는 단서를 제공해주고 있다. 승정원, 집현전, 홍문관 등 주요 관청의 역사와 관청에 담긴

출처: 국립중앙박물관

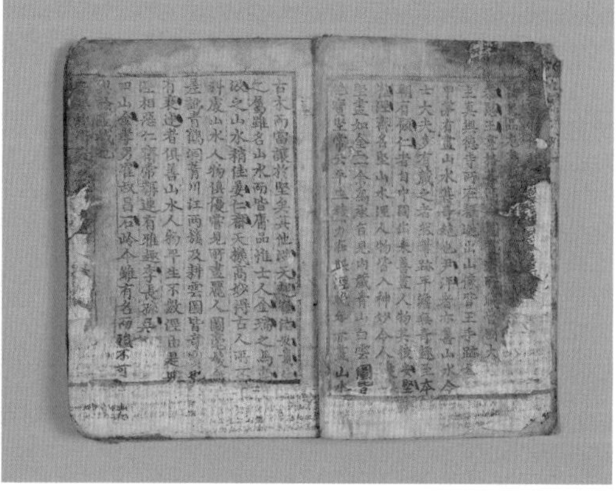

《용재총화》
성현의 호 '용재'로 이름 지은 서책이다. 고려에서 조선 성종 대까지 형성·변화된 민간 풍속이나 문화 전반에 대해 다루고 있다.

일화를 비롯하여 과거제도의 구체적인 모습, 조선시대판 신고식인 신참례와 같은 풍속까지 세밀히 기록한 점도 돋보인다. 또한 궁중에서 행해지던 처용희, 나례(귀신을 쫓는 의식)를 비롯하여 민간에서 행해지던 세시 풍속과 빙고, 온천, 여의, 독서당, 경회루의 연못, 양녕대군의 매사냥, 성현과 채수의 관동 유람 등 흥미로운 내용들이 줄줄이 나온다. 당대까지 전해오는 이야기를 걸러냄 없이 그대로 서술하는 '술이부작'의 관점을 견지하여 생활상을 정확하고 역동적으로 보여준 점은 《용재총화》의 매력을 더해 주고 있다.

성현은 《악학궤범》의 편찬을 주관하면서 성종의 대표적인 예술 분야 참모로 자리매김하였다. 그리고 《용재총화》를 통해 다양하게 당대의 모습을 전해 준 점에서는 시대의 증언자로서도 주요한 역할을 했다. 국가적인 편찬 사업을 책임질 만큼 큰 비중을 지닌 유학자였지만, 성현은 꾸며지지 않은 '있는 그대로'의 풍속과 생활, 제도, 일화, 다양한 계층의 사람들의 모습을 우리에게 남겨 준 열린 관리이자 학자였다. 그 시대의 모습을 가장 정확히 우리에게 전해 주었다는 관점에서 보면 성현은 성종 대를 대표하는 최고 참모 중 한 명이라고 할 수 있다.

3장 폭군의 실정에 흔들리다

연산군의 마음을 뒤흔든
실세 참모, 장녹수

가난해서 시집도 여러 번 가고 자식까지 둔 여인이 왕에게 발탁되어 궁궐에 들어갔다. 바로 장녹수 이야기다. 연산군 하면 꼬리표처럼 따라다니는 인물 장녹수는 흥청이라는 기생 출신에서 일약 후궁의 지위에까지 올랐다. 연산군 시대의 신데렐라였다고나 할까?

30세의 나이에도 16살 여인으로 보였다는 동안의 장녹수는 자식을 둔 후에도 춤과 노래를 배워 기생의 길로 나섰고, 궁중으로 뽑혀 들어와 연산군의 총애를 한몸에 받았다. 후궁이 된 장녹수는 연산군의 음탕한 삶과 비뚤어진 욕망을 부추기며 자신의 욕망을 채워 나갔다. 그녀는 무수한 금은보화와 전택 등을 하사받았고, 연산군의 총애를 발판 삼아 정치를 좌지우지하였다. 모든 상과 벌이 그녀의 입에서 나온다는 말이 나올 정도였다. 그러나 1506년 중종반정 후 장녹수는 반정 세력에 의해 제거 대상 1호로 떠올랐고, 참형으로 삶을 마감하였다. 장녹수의 파란만장한 삶 속으로 들어가 본다.

'흥청'으로 궁궐에 들어오다

먼저 장녹수의 용모와 성격 등이 비교적 자세하게 정리되어 있는《연산군일기》의 기록을 보자.

> 성품이 영리하여 사람의 뜻을 잘 맞추었는데, 처음에는 집이 매우 가난하여 몸을 팔아서 생활을 했으므로 시집을 여러 번 갔었다. 그러다가 대군大君 가노家奴의 아내가 되어서 아들 하나를 낳은 뒤 노래와 춤을 배워서 창기娼妓가 되었는데, 노래를 잘해서 입술을 움직이지 않아도 소리가 맑아서 들을 만하였으며, 나이는 30여 세였는데도 얼굴은 16세의 아이와 같았다. 왕이 듣고 기뻐하여 드디어 궁중으로 맞아들였는데, 이로부터 총애함이 날로 융성하여 말하는 것은 모두 좇았고, 숙원으로 봉했다.[1]

장녹수張綠水(?~1506)는 충청도 문의 현령을 지낸 장한필과 그의 첩 사이에서 태어났다. 그녀는 첩의 자녀였기 때문에 천민의 삶을 살아야 했다. 장녹수는 가난해서 시집을 여러 번 갔으며, 마지막에는 제안대군(예종의 둘째 아들)의 노비로 들어가 그곳에서 대군의

---

1 《연산군일기》 1502년(연산군 8) 11월 25일

노비와 혼인하여 아들을 하나 두었다. 이후에 그녀는 가무를 익혀 이름을 떨쳤다. "얼굴은 중간 정도를 넘지 못했다"는 표현으로 보아 뛰어난 미색은 아니었던 것으로 보이나, 춤과 노래에 탁월한 능력을 겸비하여 소문이 자자했던 듯하다. 연산군은 그 소문을 듣고 그녀를 흥청興淸으로 뽑아 궁궐에 들였다.

홍청은 연산군 대에 뽑았던 일등급 기녀였다. 연산군은 기녀 제도를 확대 개편하여, 창기로서 얼굴이 예쁜 자들을 대궐 안으로 뽑아 들였다. 전국의 개인 몸종과 지방의 관비, 그리고 심지어 양가집 여성들까지 강제로 뽑아 올려졌다. 이때, 기생의 칭호를 '운평運平'이라 했는데, 그중에서도 왕을 가까이에서 모시는 특별한 기생을 승격시켜 맑은 기운을 일으킨다 하여 '흥청'이라 불렀다. 흥청 중에 왕을 가까이 모신 자는 '지과흥청地科興淸'이라 하고, 왕과 동침한 자는 '천과흥청天科興淸'이라 구분하기도 했다.[2]

연산군은 흥청과 관련하여 새로운 명칭과 칭호를 많이 만들었다. 흥청의 보증인은 '꽃을 보호하고 봄을 보탠다'는 뜻의 '호화첨춘護花添春'이라 하였고, 흥청이 입는 옷은 '상서로움을 맞이하는 옷'이라 하여 '아상복迓祥服'이라 하였으며, 흥청의 식료품을 저장하는 곳은 '화려함을 보호하는 창고'라 하여 '호화고護華庫'라 하였다. 아름다운 여자를 각도에 가서 찾아내는 자를 '붉은 것을 캐는 사신'이라 하여 '채홍사採紅使'라 하고, 나이 어린 여자를 찾아내는 자를 '푸

2 이긍익, 《연려실기술》 권 6, 연산조 고사본말

출처: 문화재청

경복궁 경회루 전경과 수양벚나무

왕이 신하들에게 큰 연회를 베풀거나 외국 사신을 접대하던 곳이다. 연산군이 이곳에서 흥청들과 유흥을 즐겨 흥청망청이란 말이 나왔다.

름을 캐는 사신'이라 하여 '채청사採靑使'라 하였다.

특히, 연산군은 경복궁의 경회루를 흥청들과 즐기는 음탕한 놀이 장소로 삼았다. "경회루 못가에 만세산萬歲山을 만들고, 산 위에 궁을 짓고 채색 천을 오려 꽃을 만들었는데, 백화가 산중에 난만하여, 그 사이가 기괴 만상이었다. 그리고 배를 만들어 못 위에 띄워 놓고, 채색 비단으로 연꽃을 만들었다. 그리고 산호수도 만들어 못 가운데에 푹 솟게 심었다. 누각 아래에는 붉은 비단 장막을 치고서 흥청 · 운평 3천여 명을 모아 노니, 생황과 노랫소리가 비등

하였다"[3]는 기록은 연산군의 사치와 향락 생활이 극에 달했음을 보여주고 있다. 이렇게 경회루에서 국가 재정을 물 쓰듯이 쓰면서 흥청들과 어울려 방탕한 생활을 하는 연산군을 두고 백성들은 '흥청망청興淸亡淸'이라는 말로 저주했다. 이처럼 사회적인 물의를 일으키며 연산군의 향락을 위해 뽑힌 흥청들. 그런 흥청 중에서도 잠깐이지만 가장 반짝 출세의 길을 걸은 인물이 바로 장녹수였다.

연산군의 총애를 업고 권력의 날개를 달다

궁궐에 들어온 장녹수는 본격적으로 연산군의 마음을 흔들었다. 장녹수는 연산군을 때로는 어린아이 같이 때로는 노예처럼 대할 수 있는 유일한 사람이었다. 연산군은 장녹수에게 깊이 빠졌는데, 화내는 일이 있더라도 그녀를 보면 즉시 기뻐하는 얼굴빛을 띨 정도였다. 장녹수는 요사스러운 행동으로 연산군의 실정失政에 기름칠을 했다.

> 남모르는 교사巧詐와 요사스러운 아양은 견줄 사람이 없으므로, 왕이 혹하여 상사賞賜가 거만鉅萬이었다. 부고府庫의 재물을 기울여 모두 그 집으로 보냈고, 금은주옥金銀珠玉을 다 주어 그 마음을 기쁘게 해서, 노비·전답·가옥도 또한 이루 다 셀 수가 없었다. 왕을 조롱하기를 마치 어린아이 같이 하였고, 왕에게 욕하기를 마치 노예처

3 《연산군일기》 1506년(연산군 12) 3월 17일

럼 하였다. 왕이 비록 몹시 노했더라도 장녹수만 보면 반드시 기뻐하여 웃었으므로, 상주고 벌주는 일이 모두 그의 입에 달렸다.[4]

왕의 총애를 업고 장녹수는 권력을 함부로 휘둘렀다. 그녀는 남의 재산을 함부로 빼앗았으며, 각종 뇌물과 인사 청탁을 받았다. 그녀 덕분에 장녹수의 주인이었던 제안대군의 장인 김수말은 계속해서 벼슬이 올라갔는데,[5] 이는 "왕이 이때 한창 장녹수를 사랑하여 그 말이라면 모두 따랐기 때문에 특별히 벼슬이 올라간 것이다"[6]라는 실록의 기록에서 확인된다. 장녹수의 형부 김효손도 함경도 전향별감에 제수되는 혜택을 받았다.[7] 1503년(연산군 9) 무렵에 이르러서는 연산군이 장녹수에게 빠져 날로 방탕이 심해지고 포악한 짓을 많이 하자, 왕실의 최고 어른인 할머니 인수대비(소혜왕후)는 크게 근심하였다.

임술·계해년 무렵에 이르러서는 장녹수에게 빠져 날로 방탕이 심해지고 또한 광포한 짓이 많으므로 소혜왕후가 걱정이 되어 누차 타일렀지만 도리어 왕의 원망만 사게 되었다. 외부에까지 왕왕 듣고 서로 보여 귓속말을 하며 그윽이 근심하게 되므로, 소혜왕후가 또

---

4 《연산군일기》 1502년(연산군 8) 11월 25일
5 《연산군일기》 1503년(연산군 9) 3월 7일, 4월 3일
6 《연산군일기》 1503년(연산군 9) 4월 3일
7 《연산군일기》 1503년(연산군 9) 11월 13일

다시 몰래 대신들에게 유시를 내려 간절히 간하게 하니, 왕이 더욱 분해 했다. 그리하여 항상 조정에 구애되어 하고 싶은 대로 못하는 것을 불만스럽게 여겼으나 발로할 수 없었다.[8]

할머니의 근심어린 충고를 듣지 않고, 연산군은 장녹수를 더욱 가까이 하였다. 장녹수는 입궁한 직후인 1502년(연산군 8)에 종사품의 숙원으로 있었는데, 이듬해에는 종삼품의 숙용에까지 올랐다.[9] 궁녀로 들어와 초고속으로 승진한 셈이었다. 품계가 올라간 장녹수는 더욱 권력을 남용하였다. 장녹수는 궁 밖에 사가私家를 재건하기 위해 민가를 헐어 버리게 하였으며,[10] 모습이 고운 두 여인을 시기하여 두 사람의 가족을 하루아침에 죽이게도 했다.[11] 옥지화라는 기녀는 장녹수의 치마를 한 번 잘못 밟았다가 참형을 당하기까지 했으니,[12] 장녹수의 위세가 하늘을 찔렀음을 엿볼 수 있다.

장녹수의 위세를 믿고 장녹수의 하인들마저 행패를 부렸다. 동지중추부사 이병정의 경우 장녹수의 집 하인에게 크게 모욕을 당했는데, 오히려 사재를 털어 뇌물을 바치고서야 화를 피할 수 있었다.[13] 사정이 이쯤 되니 모두가 출세하기 위해 장녹수 앞에 줄을

8 《연산군일기》 1506년(연산군 12) 9월 2일
9 《연산군일기》 1503년(연산군 9) 12월 24일
10 《연산군일기》 1504년(연산군 10) 3월 8일
11 《연산군일기》 1054년(연산군 10) 6월 9일
12 《연산군일기》 1505년(연산군 11) 11월 7일
13 《연산군일기》 1504년(연산군 10) 8월 2일

서게 되었다. "무뢰한 무리들이 장녹수에게 다투어 붙어 족친이라고 하는 자가 이루 헤아릴 수 없었다"[14]는 표현에서도 짐작할 수 있다. 이처럼 장녹수와 그 측근들의 횡포로 인해 백성들의 원망은 높아졌고, 결국 연산군의 몰락으로 이어졌다.

길거리에서 맞이한 비참한 최후

1506년(연산군 12) 8월 23일, 연산군은 후원에서 나인들과 잔치를 하다 시 한 수를 읊었다. "인생은 풀에 맺힌 이슬 같아서 만날 때가 많지 않은 것"이라며 읊기를 마치자 연산군은 갑자기 눈물을 두어 줄 흘렸다. 다른 여인들은 몰래 서로 비웃었으나, 장녹수와 전비는 슬피 흐느끼며 눈물을 머금었다. 연산군은 장녹수의 등을 어루만지며 "지금 태평한 지 오래이니 어찌 불의에 변이 있겠느냐마는, 만약 변고가 있게 되면 너는 반드시 면하지 못하리라"[15] 하였다. 두 사람은 앞날을 예견하였던 것일까? 이날은 바로 1506년 9월 2일 중종반정이 일어나기 열흘 전이었다.

그녀가 연산군 폭정의 핵심이었던 만큼 중종반정을 성공시킨 세력은 장녹수 체포에 나섰다. 반정군들에게 붙잡혀 끌려온 장녹수는 참형에 처해졌다. 길 가는 수많은 사람들이 기왓장과 돌멩이를 죽은 그녀의 국부('음부'를 완곡하게 이르는 말)에 던지며 욕설을 퍼

14 《연산군일기》 1506년(연산군 12) 8월 7일
15 《연산군일기》 1506년(연산군 12) 8월 23일

부었다. 그들은 "일국의 고혈이 여기에서 탕진됐다"고 하였는데, 잠깐 사이에 돌무더기를 이루었을 정도로 비참한 최후를 맞았다.[16]

장녹수가 빼앗아 쌓아두었던 재산은 모두 몰수되었으며, 장녹수의 하인들은 전일에 기세를 믿고 남의 집 재산을 빼앗기도 하고 사람을 때려 다치게 하기도 하는 등 의롭지 못한 일을 자행했다 하여 형벌을 받게 되었다.[17] 그리고 대간들은 기생인 장녹수와 전비의 사례를 들어 이를 경계하고 나라에 예법을 세울 것을 간하였다.

> 연산 때에 큰 예법이 이미 무너져 내외가 구별이 없으므로 청탁이 공공연히 행하여져 궐문이 저자와 같았습니다. 전비와 장녹수의 무리가 안에서 고혹蠱惑하고 내수사의 붙이들이 밖에서 횡포를 부리며, 안팎으로 결탁하여 간계를 부리고 교묘한 짓 하기를 못할 것이 없이 하며, 심지어 사소한 송사에 이르기까지 연줄을 타 해당 관사를 거치지 않고 궁중에서 결단하면서 반드시 '어결御決(왕의 결정)'이라 하므로, 감히 누가 무어라고 하지 못하여 하늘이 노하고 사람이 분히 여겨 마침내 패란敗亂에 이르고 말았던 것이니, 이는 신 등이 목도한 바로써 전하께서 경계 삼으셔야 할 바입니다.[18]

기생에서 후궁의 반열에 올라 연산군의 마음을 들었다 놨다

16 권별, 《해동잡록》 권 2, 본조 강희맹
17 《중종실록》 1506년(중종 1) 9월 3일
18 《중종실록》 1507년(중종 2) 7월 2일

했던 장녹수. 독재정치로 종말을 치닫던 연산군의 말년 치세. 그녀는 연산군의 광기를 거의 유일하게 제어할 수 있는 존재였지만 그녀의 선택은 연산군의 음탕한 생활과 악행을 더욱 부추기는 것이었다. 정국은 독재와 공포로 이어졌고, 반정의 순간 장녹수는 연산군 정권의 실질적인 2인자였다. 인과응보였을까? 결국 장녹수는 길거리에서 돌과 기왓장을 맞으면서 온갖 비난과 함께 비참한 최후를 맞이하였다. 드라마 장녹수의 주제가처럼 '부귀와 영화도 한 편의 꿈이 되었던' 장녹수의 삶은 후대에도 많은 시사점을 던져 준다.

연산군의 최측근 임사홍, 반정으로 날아가다

1506년 9월 독재군주 연산군(1476~1506, 재위 1494~1506)이 쫓겨났다. 왕을 폐위한 최초의 거사인 중종반정이 성공했다. 연산군의 폭정에는 왕 스스로의 자질도 문제였지만, 이를 보좌하는 참모의 역할도 결코 작지 않았다. 연산군의 사치와 향락, 폭정에 기름을 부은 대표적인 인물은 임사홍任士洪(1445~1506)으로, 역사는 그를 간신으로 기록하고 있다. 임사홍은 처음부터 간신이었을까? 임사홍이 관직에 올라 연산군의 최측근이 되어, 국정을 농단한 과정 속으로 들어가 본다.

바른 말도 서슴지 않았었던 관리

중종반정이 일어난 후 연산군 정권에 주도적인 역할을 한 인물 상당수가 처형되었다. 임사홍도 그중의 한 명이었다. 특히 《중종실록》에는 "작은 소인은 숭재요, 큰 소인은 사홍이라 / 천고에 으뜸가는 간흉이구나 / 천도天道는 돌고 돌아 마땅히 보복이 있으리니 / 네 뼈 또한 바람에 날려질 것을 알게 하겠노라"라는 시가 기록되어 있다. 시에서는 임사홍을 연산군 시대 최고의 간흉으로 지목하고 있다. 부관참시를 당한 임사홍의 최후를 연산군이 반대파를 숙청하면서 행한 쇄골표풍(뼈를 갈라 바람에 날림)의 형벌과 비교하며 스스로 휘둘렀던 악행을 자신도 당한 것으로 본 것이다.

임사홍의 본관은 풍천豐川이고, 자는 이의而毅다. 성종의 즉위에 공을 세운 좌리공신 임원준의 아들이자, 효령대군의 아들인 보성군의 딸과 혼인하여 왕실의 사위가 되었다. 임사홍은 자신뿐만 아니라, 세 아들 중 두 명을 왕실의 사위가 되게 했다. 첫째 임광재는 예종의 딸 현숙공주에게 장가들어 '풍천위'가 되었고, 셋째 임숭재는 성종의 딸 휘숙옹주와 혼인하여 '풍원위'가 되었다. 임사홍은 왕실과 중첩적인 혼인을 맺은 부마 집안의 후광으로 성종 대부터 권력의 핵심부에 들어갈 수 있었다. 그런데 당시에도 왕실과의 거듭된 혼인에 대해 우려하는 목소리가 높았다. 임숭재가 휘숙옹주와 혼인한 날 밤 임사홍의 집에서 불이 나자, 사관은 "임사홍은 소인小人이다. 불의로써 부귀를 누렸는데, 그 아들 임광재가 이미 공주에게 장가를 가고, 지금 임숭재가 또 옹주에게 장가를 갔으니, 복이 지나쳐 도리어 재앙이 발생하여 불이 그 집을 태워버렸던 것이다"라고 하여 "착한 사람에게는 복을 주고 악한 사람에게는 재앙을 주니, 천도는 속이지 않는 것이다"라며 임사홍을 비판했다.

임사홍 하면 간신의 이미지만 떠올리지만 세조 대에 과거에 정식으로 급제하여 관직에 진출했다. 1465년(세조 11) 알성문과에, 1466년(세조 12)에는 사재감의 사정으로 춘시문과에 3등으로 급제하였다. 성종 대 젊은 관리 시절에는 조정에 바른 소리를 잘하는 인물로 손꼽혔다. 당대의 권력가 한명회를 비판하기도 했고, 성종이 부친인 의경세자 추존 작업에 몰두하자 이에 이의를 제기하기도 하였다. 시문과 서예 솜씨로 이름을 날렸으며, 중국어에도 능통하여 승문원에서 중국어를 가르치기도 했다. 그의 능력을 총애했던 성종은 임사홍이 종친임에도 불구하고 문관으로 등용하여, 도승지, 이조판서, 대사간 등의 요직을 맡겼다.

성종의 총애로 탄탄대로를 걷던 임사홍은 1478년(성종 9년) '흙비'로 빚어진 사건 때문에 하루아침에 나락으로 떨어지고 말았다. 흙비는 지금의 황사비를 말하는데, 흙비가 심하게 내리자 사람들은 하늘의 변괴로 생각하여 모두 두려워하였다. 이에 사간원 · 사헌부 · 홍문관에서는 성종에게 이것을 하늘의 경고로 받아들여 근신해야 하며, 당분간 전국에 금주령을 내려야 한다고 간언하였다. 그러나 도승지 임사홍의 의견은 달랐다. 임사홍은 흙비를 재앙으로 여기지 않고 단지 운수가 그런 것이라 하였다. 따라서 국가의 제사가 연이어 있는 시점에서 술을 일절 금지하는 것은 적절치 않다고 주장했다. 성종은 임사홍의 입장에 동조했으나, 대간들 대부분이 들고 일어나, 이것은 중국의 왕안석과도 같은 경우이며, 소인 가운데서도 심한 자라고 비판했다. 나아가 임사홍의 아버지 임원준까지 탐오한 사람이었음을 언급하며, 가정의 교훈이 바르지 못했고 임사홍의 간사함은 내력이 있는 것이라고 몰아갔다.

임사홍이 성종의 지나친 총애를 받았다고 파악한 대간들의 강력한 탄핵이 이어지자, 성종 역시 물러서지 않을 수 없었다. 결국 임사홍은 의주로 유배를 가게 되었고, 임사홍의 사람이었던 유자광도 동래로 유배를 갔다. 이후 유자광과 임사홍은 정치의 전면에 나서지 못하고 복수의 칼날만을 갈았다. 희대의 간신 두 사람이 비슷한 시기에 유배를 간 것도 역사의 운명이었을까? 이들은 연산군 시대에 무오사화와 갑자사화의 주역으로 각각 등장하면서 화려한 복귀를 하게 된다.

연산군 시대를 복수의 장으로 활용하다

연산군이 즉위한 후 임사홍은 정계로 돌아왔다. 그와 연산군을 이어준 인물은 아들 임숭재와 며느리 휘숙옹주였다. 연산군은 이복 여동생 가운데 휘숙옹주를 유난히 아꼈고, 임숭재와도 각별한 관계를 유지했다. 연산군은 임숭재가 지방 출장을 갔다 돌아올 때 승지를 한강까지 보내 마중하게 하고, 잔치를 벌이거나 사냥을 할 때 꼭 그를 불렀다.

정계로 돌아온 임사홍은 자신을 쫓아냈던 이들을 향해 복수의 칼을 겨눴다. 성종이 "연산군의 생모인 폐비 윤씨 문제를 100년이 지난 뒤까지 아무도 논하지 말라"는 유명을 남겼지만, 임사홍은 연산군에게 폐비 윤씨 문제를 거론했다. 《중종실록》에는 임사홍이 '폐비 윤씨의 죽음'이라는 판도라의 상자를 연 중심임을 기록하고 있다.

처음에 폐주(연산군)가 임숭재의 집에 가서 술자리를 베풀었는데, 술자리가 한창 어울렸을 때 숭재가 말하기를, "신의 아비 또한 신의 집에 왔습니다" 하였다. 폐주가 빨리 불러 들어오게 하니, 사홍이 입시하여 처량하고 슬프게 근심하는 듯하였다. 폐주가 괴이하게 여기어 그 까닭을 물으니, 사홍이 말하기를, "폐비한 일이 애통하고 애통합니다. 이는 실로 대내에 엄嚴·정鄭 두 궁인이 있어 화를 얽었으나, 실제로는 이세좌·윤필상 등이 성사시킨 것입니다" 하였다. 폐주는 즉시 일어나 궁궐에 들어가서 엄씨와 정씨를 쳐 죽이고, 두 왕자를 거제에 안치하였다가 얼마 뒤에 죽여 버리니, 두 왕자는 정씨의 아들이다.[19]

자신의 생모가 성종의 후궁들의 참소에 의해 죽었다는 사실을 알게 된 연산군은 광분했고, 폐비정청에 참여한 자들에 대한 잔혹한 형벌을 자행했다. 《연려실기술》에 의하면 "윤필상, 이극균, 이세좌, 권주, 성준은 죽임을 당하고 그 나머지는 관을 쪼개어 송장의 목을 베고 골을 부수어 바람에 날려 보냈으며, 심하게는 시체를 강물에 던지고 그 자제들을 모두 죽이고 부인은 종으로 삼았으며 사위는 먼 곳으로 귀양을 보냈다. 연좌되어 사형에 처할 대상자 중에 미리 죽은 자는 모두 송장의 목을 베도록 하고 동성의 삼종까지 장형을 집행하고 여러 곳으로 나누어 귀양을 보내고 또 그들의 집을

19 《중종실록》 1506년(중종 1) 10월 22일

헐어 못을 만들고 비를 세워 그 죄명을 기록하였다"고 하여 그날의 참상을 전하고 있다. 《중종실록》에는 "임사홍 같은 자는 본래 간신으로 일찍이 대간의 논박을 입어 조정에 용납되지 못한 지 오래였는데, 갑자 이후로 부자가 모두 뜻을 얻어 폐주의 뜻에 영합하고 아첨하였다"고 하여 임사홍과 임숭재 부자가 갑자사화의 주모자임을 기록하고 있다.

특히 '본래 간신'이라는 표현에서는 그에 대한 당대의 평가가 냉혹했음을 짐작할 수가 있다. 《연려실기술》에서도 "이러한 잔인한 일들이 모두 임사홍이 사적인 감정을 품고 왕을 유도했기 때문에 일어났다"고 평하여, 갑자사화가 임사홍의 개인 원한에서 비롯된 사건임을 언급하였다. 그러나 다른 관점에서 보면 훈구파와 사림파를 막론하고 왕의 권위에 도전하는 비판 세력을 일시에 제거하려는 연산군의 정치적 의도가 컸고, 임사홍은 그 하수인으로 충실했던 측면도 간과할 수 없다. "연산군은 하고 싶은 일이 있으면 곧 그에게 쪽지로 통지하고, 임사홍은 곧 들어가 지도하여 명령이 내려지니, 그가 부도不道한 것을 유도한 일은 이루 말할 수 없었다"는 기록은 이러한 측면을 잘 보여주고 있다. 갑자사화 이후 연산군의 독재는 극에 달했고, 신하들은 모욕에 가까운 처사를 당했다. 왕이 거둥하고 환궁할 때는 의정부, 육조, 삼사의 모든 신하들이 와서 문안하게 했는데, 비가 와도 자리를 깔 수 없게 했다. 대간과 승지는 연산군의 사냥 진행 상황을 점검하는 데에도 동원되었다.

연산군과 임사홍의 조합은 독재 군주와 이에 영합한 참모의 존재가 얼마나 위험한 지경에까지 갈 수 있는지를 보여주며 반면교사로 삼을 만한 사례가 되고 있다. 갑자사화 이후 임사홍은 병조판서 자리에 오르는 등 출세가도를 달렸지만, 이것은 결국 한때의 영화였고, 영원한 간신으로 가는 지름길이 되고 말았다.

권력의 말로와 부관참시

연산군과 임사홍의 밀월 관계는 왕이 신하의 집을 찾는 것으로 이어졌다. 그런데 하루는 연산군이 임사홍의 집에 갔다가 병풍에 적혀 있는 시를 보게 되었다.

요순을 본받으면 저절로 태평할 것인데
진시황은 무슨 일로 백성들을 괴롭혔는가
화가 집안에서 일어날 줄은 모르고
공연히 오랑캐를 막으려고 만리장성을 쌓았구나

임사홍의 아들 임희재가 쓴 이 시는 연산군을 진시황에 빗대어 비난하는 내용이었다. 임사홍의 아킬레스건은 연산군에게 비판적인 아들 임희재였다. 자신과 함께 연산군의 측근이 된 셋째 임숭재와는 너무나 달랐다. 임희재는 사림파 김종직의 제자로 무오사화 때는 유배길에 오른 전력이 있었는데, 이 병풍 사건 때문에 함경도 종성으로 유배되었다가 결국 갑자사화로 처형되었다. 《해동야언》에는 "임희재가 항시 그 아버지의 잘못을 간하였으므로, 임사홍이 좋아하지 아니하여 참소한 것"이라고 기록하여 부자간의 깊은 갈등을 언급했다. 그만큼 임사홍에게 권력은 아들 목숨보다 귀중했다.

임사홍과 연산군의 밀월 관계는 채홍사의 임명으로 이어졌다. 팔도의 아름다운 여자를 뽑아 연산군에게 바치는 일을 담당하게 된 것이다. 임사홍은 임숭재와 함께 전국을 돌아다니면서 기생을 뽑아 올렸고 이들을 운평, 흥청이라 칭했다. 흥청들과 어울려 '흥청망청'하던 연산군의 독재정치는 1506년 9월 중종반정이 일어나면서 종말을 맞았고, 임사홍은 반정군들의 손에 의해 처형되었다. "유자광이 지모가 많고 경력이 많다고 하여, 역시 불러 함께 하는 한편 용사들을 임사홍과 신수근, 신수영의 집에 보내어 퇴살椎殺했다"는 기록에서 보듯 이제 반정군으로 말을 갈아탄 유자광에 의해 임사홍은 최후를 맞이했다.

그러나 그의 최후는 여기에서 그치지 않았다. 최악의 형벌인 부관참시가 그를 기다리고 있었다. 임사홍이 죽은 뒤 20여 일 후, 의금부에서는 "임사홍은 선왕조에서 붕당과 결탁하여 조정을 문란케 하였으되 오히려 관대한 은혜를 입어 처단을 모면하더니 폐왕조에 이르러서는 그 아들 임숭재를 연줄로 하여 나인 장녹수에게 빌붙어 온갖 꾀를 다 부리며 악한 일을 하도록 부추겼고, 충직한 사람들을 해치고 백성을 도탄에 빠뜨리며 임금을 불의에 빠뜨려 종사를 위태롭게 하였으니 그 죄는 부관참시하고 가산을 몰수해야 합니다"라고 주장하였고 중종은 이를 받아들였다. 임사홍은 연산군 시대 부관참시의 악행을 고스란히 돌려받게 된 것이다.

성종 시대 능력 있는 관리로 평가받기도 했던 임사홍. 그러나 유배 시절을 겪으면서 그는 권력에서의 소외를 견딜 수가 없었다. 결국 연산군의 폭정을 부추기는 참모가 되어 왕의 총애를 받고 최고의 권력을 얻었지만, 연산군의 몰락과 함께 그에게 돌아온 것은 '간신'이라는 불명예였다. 그에 대한 실록의 평가는 대부분 대간大奸(매우 간사), 대탐大貪(매우 탐학), 대폭大暴(매우 포악), 대사大詐(큰 사기꾼) 등이었고, 세조나 성종이 하늘에서도 그를 견책(잘못을 꾸짖고 나무라다)했을 것이라고 준엄하게 비판하고 있다. 왕의 참모 중 부정적 사례를 대표하는 인물 임사홍. 그의 사례에서 권력은 잠깐이지만, 간신이라는 낙인은 영원히 남게 됨을 다시금 상기해야 할 것이다.

중종의 대리인 남곤,
영원한 간신으로 기억되다

중종의 참모 하면 대부분 조광조의 이름을 먼저 떠올린다. 조광조는 한때 중종의 총애를 받았지만, 결국에는 중종에 의해 사약을 받고 생을 마감했다는 점에서 중종의 핵심 참모는 아니었다. 중종의 입장에서 보면 조광조를 제거하는 데 큰 활약을 하며 영의정까지 지낸 남곤을 핵심 참모라고 할 수 있다.

중종 시대를 대표하는 문장가

남곤南袞(1471~1527)의 자는 사화士華이며, 호는 지정止亭이요, 본관은 의령宜寧이다. 성종 대인 1489년(성종 20) 생원과 진사시에 합격하고, 1494년 별시 문과에 을과로 급제했다. 남곤이 본격적으로 관직 생활을 한 것은 연산군 시대였다. 1496년(연산군 2) 홍문관 수찬에 임명되었고, 이어 사간원 정언을 지냈다. 같은 해 7월에 질정관으로 명나라를 다녀온 후에는 후추胡椒 사무역과 인마人馬 사고의 방지를 건의하였다. 후추는 우리나라 산물이 아니니, 통절히 금하여야 한다는 것과 인마가 겨울을 만나면 사고가 많은데, 병들어 죽는 것은 할 수 없지만 동사하는 것은 구호하여 치료할 수 있다고 강조하였다. 실무에도 상당히 능한 관료였는데, 특히 문장으로써 그 능력을 인정받았다. 1496년 12월에는 남호에서 사가독서를 하였으며, 홍문관의 수찬을 거쳐, 좌랑으로 문신을 시험할 때 1등으로 뽑혔다. 이후에는 주로 홍문관에 근무하면서 문장력으로 그 명성을 높였다.

남곤이 한양에서 주로 거처했던 곳은 대은암으로 겸재 정선의 그림에 남아 있다. 남곤은 백악 기슭에 집을 지었는데, 그 북쪽 동산 산수의 경치가 좋았다. 박은이 자주 이행과 함께 술을 가지고 가서 놀았으나, 남곤은 그때 승지로서 새벽에 대궐에 들어갔다가 밤에 돌아오기 때문에 한 번도 함께 놀지 못했다. 박은이 희롱하여 그 바위에 '대은大隱(크게 숨음)'이라 쓴 것에서 '대은암'이라는 명칭이 유래한다.

1504년 갑자사화 때 남곤은 서변으로 유배되었으나, 1506년 중종반정이 일어나 연산군 시대의 유배는 오히려 훈장이 되었다. 1507년(중종 2) 김공저, 박경, 조광보 등이 주도한 최초의 역모 사건이 일어났는데, 남곤은 고변(반역 행위를 고발함)에 핵심으로 활약하면서 중종의 측근으로 자리를 잡을 수가 있었다. "승지 남곤이 친상을 당해서 집에 있는데, 문사 문서구한테 김공저와 박경이, '유자광이 무오년의 옥사를 만들어서 선비들을 모조리 죽이고 마침내 폐주로 하여금 살육을 맘대로 즐기게 하였으니, 이 사람을 없애 지하에 있는 사람들의 원통함을 조금이라도 풀어주는 것이 낫겠다'고 했다는 말을 듣고, 남곤이 문서구의 말을 가지고 변복한 채 대궐에 들어가 위에 고변하여 옥사를 만들어 가선대부에 오르자 대간이 남곤을 탄핵했다"는《연려실기술》의 기록은 남곤이 고변의 중심에서 있었음을 보여준다.

1509년에는 황해도관찰사에 올랐으며, 1511년 4월에는 대사헌이 되었다. 중종 대에 그는 "학문이 심오하고 문장도 연원이 있어 사장에 매우 합당하다"거나, "문한이 제일"이라는 표현에서 보이듯 문장에 관한 한 최고의 인물이었다. 중종 대 정국공신이 아니면서도 남곤은 뛰어난 문장력과 정치적 감각으로 중종의 신임을 받으며 대제학, 이조판서 등을 지냈고 미래의 정승감으로 떠올랐다. 이러한 남곤의 순탄한 행보에 조광조라는 강력한 정치적 라이벌이 등장했고, 중종은 조광조와 남곤의 선택에서 결국에는 남곤의 손을 들어주게 된다.

1515년(중종 10) 담양부사 박상과 순창군수 김정이 올린 구언 상소문은 정국의 이슈가 되었다. 박상과 김정은 중종의 첫 왕비(단경왕후)였다가 반정 후 7일 만에 폐위된 신씨의 복위를 청하는 상소문을 올렸다가 각각 남평과 보은으로 유배되었다. 그런데 조광조가 정언이 되면서 구언 상소를 문제 삼은 것의 부당성을 제기하면서, 박상과 김정의 유배를 묵과한 대간의 교체를 요구하며 그렇지 않을 경우 자신이 사직을 하겠다고 청하였다. 이 발언은 정치 신인 조광조의 이름 석 자를 알리는 데도 큰 계기가 되었다. 우참찬으로 있던 남곤은 조광조의 의견에 동의하여 박상과 김정의 처벌에 반대하였다. 이처럼 남곤은 조광조가 정계에 처음 등장했을 때는 우호적인 입장을 보였다.

남곤은 조광조가 중종의 절대적인 총애를 받으면서 신진 세력의 리더로 급부상하자 적대적이 되었다. 특히 경학經學(주로 사서오경 등의 경전을 탐구하는 학문)을 중시하는 사림파의 중심 조광조와 사장詞章(주로 시와 산문을 위주로 하는 문장)을 중시하는 남곤은 이념적으로도 대립할 수밖에 없었다. 1517년 남곤이 동지사로 있으면서, "우리나라는 사대뿐만 아니라 교린하는 데 있어서도 사장이 중요하니, 권면을 장려하지 않을 수 없습니다"고 발언한 것이 대표적이다.

기묘사화의 주모자

1515년 조광조가 정국에 등장하면서, 성리학 이념에 입각한 도덕정치의 실현을 위한 다양한 개혁 정책들이 수행되었다. 중종의 신임을 바탕으로 한 현량과 실시와 정국공신에 대한 위훈삭제 사건은 기득권 세력에게 커다란 위협으로 다가왔다. 남곤은 이러한 국면을 바라만 보고 있지는 않았다. 동갑 친구인 심정을 규합하고, 중종의 즉위에 공을 세운 정국공신의 상징이자 중종의 후궁 희빈 홍씨의 아버지인 홍경주까지 포섭하였다.

이들은 중종과의 잦은 면담을 통하여 조광조의 전횡을 연속적으로 아뢰었고, '주초위왕走肖爲王'과 같은 글을 유포시켰다. 《선조실록》에는 중종실록에 누락된 내용이라고 전제한 다음, 남곤이 조광조에 대해 반감을 가지고, '주초위왕'의 정치 공작을 주도한 장본인임을 기록하고 있다. "처음에 남곤이 조광조 등에게 교류를 청하였으나 조광조 등이 허락하지 않자 남곤은 유감을 품고서 조광조 등을 죽이려고 하였다"고 기록한 다음 "이리하여 나뭇잎의 감즙을 갉아 먹는 벌레를 잡아 모으고 꿀로 나뭇잎에다 '주초위왕' 네 글자를 많이 쓰고서 벌레를 놓아 갉아먹게 하기를 마치 자연적으로 생긴 것같이 하였다. 남곤의 집이 백악산 아래 경복궁 뒤에 있었는데 자기 집에서 벌레가 갉아먹은 나뭇잎을 물에 띄워 대궐 안의 어구(대궐 안에서 흘러나오는 개천)에 흘려보내어 중종이 보고 매우 놀라게 하고서 고변告變하여 화를 조성하였다"라고 기록하고 있다.

실록이나 《연려실기술》 등 거의 모든 기록에는 남곤이 기묘사화의 주모자임을 적시하고 있는데, "중종이 조광조와 같은 선비들을 싫어하는 기색이 있는 것을 짐작하고 드디어 꾀를 내어 일을 꾸미기 시작했다"라고 한 것이나, "기묘년의 변은 남곤이 실상 그 일을 주장한 것인데, 그 뒤에 나이 젊은 축들이 난잡한 무리를 모아서 왕의 좌우를 숙청한다는 명목으로 서로 계속하여 일어나 잇달아 죽임을 당하여도 그칠 줄을 몰랐다"라고 한 기록에서는 조광조 제거라는 중종의 의중을 파악한 남곤이 결국 해결사로 나선 정황을 보여주고 있다. 사화의 주모자 남곤은 1년여 동안 밤이면 남루한 차림으로 은밀히 남의 집으로 옮겨 다니면서 자다가 새벽이면 집에 돌아왔다고 한다. 그만큼 신변의 위협을 느꼈던 것이다.

남곤은 자신이 중종을 위해 조광조를 제거한 것이라고 항변할지 모르지만 당대 및 후대의 평가는 그를 한결같이 '간신'으로 보고 있다. 더욱 아이러니한 것은 남곤이 《유자광전》을 저술하면서, 간신의 전형 유자광의 죄악을 극진하게 드러냈는데, 정작 자신이 유자광처럼 되어 버린 것이다. 당시 조광조를 후원하였던 영의정 정광필은 남곤에 대해 "어찌 유자광과 같은 일을 하려 하는가"라고 독설을 퍼부었으며, "기묘년에 이르러 유자광의 일을 본받아 밤에 북문을 열고 당대의 청류淸流(명분과 절의를 지키는 깨끗한 사람들을 비유적으로 이르는 말)들을 한 그물로 다 잡았다. 남곤의 소행을 본다면 유자광의 무오년 때보다도 심한 점이 있으니, 이는 남곤이 이 전기를 지을 적에 스스로 자기의 악함을 서술하여 소인의 본 모습을 후일에 폭로한 것이다. 누구나 한번 읽으면 자신도 모르게 팔뚝을 걷을 것이다"라고 한 기록도 보인다.

남곤이 기묘사화의 사실상의 주동자였음에도 일선에서 물러나는 모습에 대한 기록도 있다. "이날 남곤을 불러 정사를 하라고 명하였으나, 병을 핑계 대고 들어오지 않아 명을 보류했다. 당시에 화를 꾸민 것은 남곤이니 스스로 물러나 두 번이나 불러도 조용히 움직이지 않은 것은 그 꾀가 교묘하나 일을 주동한 간계를 어찌 숨길 수 있겠는가"라는 《당적보》의 기록에서는 사건의 주모자이면서 이를 은폐하려는 모습이 나타난다.

나의 원고를 불태워 다오

남곤은 기묘사화를 주동한 공을 인정받아, 1522년(중종 17) 좌의정을 거쳐 1523년 영의정이 되었다. 문장에 능해 정승감이 되리라는 예상은 맞았지만, 문장력으로 얻은 정승이 아닌 정치 공작으로 얻은 지위였다. 남곤과 함께 요직에 올랐던 인물은 심정, 이행, 이항 등으로 조광조로 대표되는 개혁정치가 후퇴했음을 보여주고 있다. 1527년(중종 22) 남곤이 사망하자 중종은 깊은 애도를 표시하며, 궐의 업무를 정지하고, 고기나 생선이 없는 반찬을 올리도록 지시하였다.

중종을 도와 역모를 차단하고 그 공으로 최고의 지위에 올랐지만 역사는 남곤과 같은 참모를 '간신'으로 규정하면서, 그와 같은 인물이 다시는 나타나지 않아야 됨을 경계하고 있다. 이이는《석담일기》에서 남곤이 젊어서는 글로 세상에 이름이 났지만 출세에 급하여 역모를 조장했다고 신랄하게 비판하고 있다. "출세에 급하여 거상居喪(상중에 있음)했을 때 박경이 반역을 도모한다고 모함하여 죽게 하였다. 이로 말미암아 맑은 의논에 용납되지 못하다가 마침내 심정과 더불어 조광조 등 여러 사람을 죄를 얽어 죽였다"라고 한 다음, "참소하는 입이 칼날보다 날카로워 착하고 어진 사람을 베어 없애고 국가를 병들게 하였으니, 죄를 따라 형벌을 정한다면 다섯 가지 형벌을 한꺼번에 시행해도 오히려 가볍지만 목숨을 보전하여 늙어서 집 안에서 죽었다. 죽은 후에 삭탈관직(죄를 지은 자의 벼슬과 품계를 빼앗고 벼슬아치의 명부에서 그 이름을 지우던 일)한 벌쯤은 그 죄의

출처: 국립중앙박물관

《석담일기》

이이가 쓴 일기로 일명 '경연일기'라고도 하며 당시 주요 사건과 인물들에 대해 소상히 기록하고 있다.

1만 분의 1에도 해당되지 않으니 한탄할 일이로다"라며, 남곤의 죄상을 강력히 고발하였다.

남곤이 자신의 죄악을 이미 파악하고 있던 정황도 나타난다. 남곤은 옥사를 주도한 후에 친척과 후배들에게 남들이 자신을 어떻게 보느냐고 여러 차례 질문을 던졌다. 남곤은 "응당 소인이 됨을 면치 못할 것입니다"라는 답을 듣고는 하인을 시켜서 평생에 쓴 초고를 모두 불태워 버렸다고 한다. 중종 시대 제일의 문장가였지만 그의 작품이 대부분 사라져 버린 이유이기도 하다. 그러나 이에 대해 이수광은 《지봉유설》에서, "남곤이 이미 사림을 얽어서 해치고서 스스로 만세 뒤에 죄를 받을 줄을 알고, 자기 문장이 세상에 나오면 거듭 사람들의 치욕을 받으리라 여겨, 죽을 때 자기의 원고를 모두 불살라 없앴으니, 그 죽은 뒤의 계획도 또한 간교하다 하겠다"라고 하여, 남곤이 원고를 스스로 불태운 모습을 더 강하게 비판하였다.

최소한의 명예라도 지키기 위해서일까? 죽기 직전 남곤은 자제들에게 "내가 허명虛名으로 세상을 속였으니 너희들은 부디 이 글을 전파시켜 나의 허물을 무겁게 하지 말라" 했고, 자신이 죽은 뒤에 비단을 두르지 말 것과 평생 마음과 행실이 어긋났으니 부디 시호諡號(제왕이나 재상들이 죽은 뒤에 그들의 공덕을 칭송하여 붙인 이름)를 청하여 비석을 세우지 말 것을 당부했다고 한다. 남곤은 죽은 뒤 사림파가 다시 권력을 잡고 조광조가 신원 복권되는 과정에서 관작을 모두 추탈당했다. "문장이 대단하고 필법筆法 또한 아름다웠다. 평생 화려한 옷을 입지 않았고 산업産業을 경영하지 않았으며, 재주가 뛰어나서 지론持論(늘 가지고 있거나 전부터 주장하여 온 생각이나 이론)이 올바른 것 같았다"라는 실록의 평가처럼 남곤은 당대 제일의 문장가였지만, 그런 장점은 모두 사라진 채 역사는 그를 간신의 전형으로 기억하고 있다.

남곤은 마음이 행실과 어긋났다고 스스로 후회했다고 한다. 그러나 사림파 학자들을 어육으로 만들어 놓은 엄청난 결과에 대해 후회한들 무슨 소용이 있겠는가? 남곤의 모습이 낯설지 않은 것은 현대 정치권이나 고위공직자 중에도 재주는 넘치지만 그 재주를 부정적인 곳에 쏟는 인물이 곳곳에 등장하고 있기 때문이다. 왕의 총애와 권력 때문에 자신의 명성과 그 원고까지 모든 것을 잃어버린 남곤의 사례를 경계로 삼았으면 한다.

조광조,
개혁가의 꿈과 좌절

조선시대 개혁의 아이콘으로 인식되는 인물 조광조趙光祖. 그의 이름을 《조선왕조실록》에서 검색을 하면 총 910건이 나온다. 38세에 짧은 생을 마감한 점을 고려하면 그야말로 불꽃처럼 살아간 그의 삶을 대변해 주고 있다. 한때는 국왕 중종의 절대적인 총애를 받았던 참모였지만 한순간 역모 혐의를 받고 나락으로 떨어진 인물. 그러나 그의 죽음 후에 사림파가 정치, 학문의 실권을 차지하게 되면서 조광조는 사림파의 상징으로 거듭나게 되었다.

조광조의 시대와 삶

조광조(1482~1519)는 서울 출생으로 전형적인 조선 관리의 아들이다. 개국공신 조온(1347~1417)의 5대손으로 훈구 가문 출신이지만 그의 인생은 사림파와의 인연으로 시작된다. 조광조는 17세 되던 해에 평안도 어천 찰방察訪(현재의 역장)에 부임하는 아버지 조원

강을 따라가 희천에 유배와 있던 김굉필에게 수학할 기회를 얻었다. 김굉필은 김종직의 제자로 영남사림파의 핵심인물로 1498년 무오사화의 여파로 유배 길에 있었다. 김굉필과의 만남은 조광조가 성리학의 이념과 실천에 빠져드는 확실한 계기가 되었고, 훗날 사림파 학맥의 중심에 서게 되는 데 중요한 배경이 되었다. "이때 생원 김식, 조광조 등이 김굉필의 학문을 전수하여, 함부로 말하지 않고 관대를 벗지 않으며, 종일토록 단정하게 앉아서 빈객을 대하는 것처럼 하였는데, 그것을 본받는 자가 있어서 말이 자못 궤이詭異하였다"라는 《중종실록》 사관의 평가는 조광조가 김굉필의 학문을 깊이 수용했음을 잘 보여준다.

1499년 한산 이씨와 혼인한 조광조는 1500년 부친이 사망하자, 부친의 묘소 아래에 초당을 짓고 삼년상을 치렀다. 1510년 과거 초시에 응시하여 장원으로 합격하였으나, 이듬해 모친상을 당해 관직 진출은 미루어졌다. 조광조가 성균관 유생으로 있던 시절 당시의 왕인 중종과의 만남이 이루어졌다. 1506년 반정으로 왕위에 올랐지만 중종은 한동안 박원종, 성희안, 유순정 등 반정공신 3인방의 위세에 눌려 제 목소리를 내지 못하였다. 조강지처인 왕비(단경왕후)가 연산군의 처남인 신수근의 딸이라는 이유로 7일 만에 폐위된 것도 공신들의 압박 때문이었다. 그러다가 중종 5년에서 8년에 걸친 시기 세 공신이 사망하자, 중종은 자신이 주체가 되는 새로운 정치 실현의 포부를 보였다.

이때 조광조가 그의 눈에 들어왔다. 1515년 성균관 유생을 대상으로 한 알성시에서 중종은 "오늘날과 같이 어려운 시대를 당하여 옛 성인의 이상적인 정치를 다시 이룩하기 위해서는 무엇을 어떻게 해야 할 것인가"라는 책문을 던졌고, 조광조는 '공자의 도는 천지의 도이며, 공자의 마음은 천지의 마음이기 때문에 이를 실천해야 한다'는 점과 '왕이 성실하게 도를 밝히고 항상 삼가는 태도로 나라를 다스리는 마음의 요체로 삼을 것'을 결론으로 하는 답안을 제출했다. 이 답안은 중종의 마음에 깊이 각인되었다. 이후 조광조는 성균관 전적을 거쳐, 11월에는 정언에 올랐다. 정언으로 있을 때는 폐비 신씨(단경왕후)의 복위를 주장하다 유배를 간 박상·김정을 탄핵한 대간에게 죄줄 것을 청하여 세간의 주목을 받았다. 경연을 통해 조광조의 실력을 확인한 중종은 홍문관 부제학, 동부승지 등에 조광조를 임명하여 늘 가까이에 두었다. 1518년 10월에는 오늘날 검찰총장에 해당하는 대사헌으로 발탁했다. "전에 연산군의 정치가 어지러울 때는 이것을 바르게 할 사람이 없었으므로, 성종 때의 업적이 이때에 이르러 모두 사라지게 되었습니다. 이는 살육이 지나치게 참혹했기 때문입니다"[20]와 같은 조광조의 경연에서의 발언은 새 시대의 왕으로 인정받고자 하는 중종에게 깊이 각인되었다.

중종은 성리학의 도덕정치에 입각하여 다양한 개혁 정책을 추진하고자 하는 조광조를 최고의 참모로 인정했다. 왕의 신임을 바탕으로 조광조는 개혁 세력의 선두에 서서 다양한 정책들을 급진

20 《중종실록》 1518년(중종 13) 11월 4일

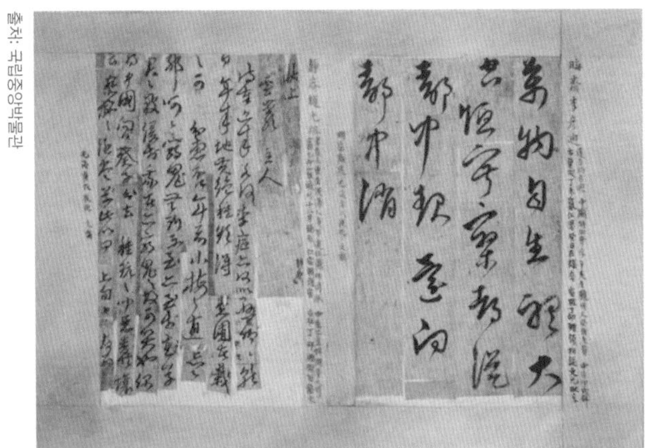

출처: 국립중앙박물관

〈조광조 편지〉

《조선명현필첩》에 실린 운암주인이라는 사람에게 보낸 조광조의 편지로, 곤궁함을 해학으로 넘기는 도학자의 면모를 엿볼 수 있다.

적으로 추진해 나가기 시작했다. 젊은 피를 수혈하여 연산군과 차별화되는 왕이 되고자 하는 중종의 입장과 조광조의 개혁 의지가 맞물리면서 두 사람의 밀월 관계는 이어졌다.

중종의 신임을 한몸에 받다

조광조의 개혁정치를 한마디로 말하면 유교적 이상정치, 도덕정치의 실현이다. 왕이 왕도정치를 수행하고 성리학 이념에 입각한 교화가 백성들에게 두루 미치는 사회의 실현, 이것이 그가 추진한 개혁정치의 요체였다. 먼저 경연의 활성화를 통해 왕이 끊임없이 성리학 이념을 교육받게 했다. 《근사록》이나 《성리대전》이 교재로 주로 활용되었다. 도교의 제천행사를 주관하던 관청인 소격서를 폐지함으로써 성리학이 아닌 다른 사상이 보급될 수 있는 길을 차단하였으며, 《소학》의 보급과 향약의 실시를 통해 성리학 이념을 지방 구석구석까지 전파하는 데 노력을 기울였다. 민생을 위한 개혁에도 착수하여, 농민을 가장 괴롭힌 공물(지방 특산물을 바치는 세금)의 폐단을 시정하고, 균전제 실시로 토지 집중을 완화하고 토지 소유 상한선을 정하여 부유층의 재산 확대를 막았다.

조광조는 자신과 뜻을 같이하는 정치 세력을 규합하기 위해, 기존의 과거 시험 대신에 현량과의 실시를 추진하였다. 추천제 시험인 현량과를 통해 신진인사를 대거 영입하여 개혁의 지원군으로 삼았다. 조광조 일파의 개혁정책은 백성들의 지지를 받았지만, 기득권 세력인 훈구파에게는 정치적 부담으로 다가왔다. 갈등의 폭발은 위훈삭제僞勳削除였다. 위훈삭제란 중종반정 때에 공을 세운 공신 세력에게 준 훈작勳爵 중에 가짜로 받은 것을 색출하여 이를 박탈하자는 것이다. 공신의 친인척이나 연줄을 이용하여 훈작을 받은 사람들의 토지나 관직을 몰수함으로써 구세력을 제거하고 신진 세력 중심으로 정치판을 재편하려 한 조치였다.

중종반정 때 박원종 등의 추천으로 확정된 공신은 거의 120명에 달하는 숫자로 조선의 개국공신(45명)이나 이후 세조에서 성종 때에 이르는 다섯 차례의 공신, 인조반정 때의 공신(53명) 숫자를 훨씬 뛰어넘었다. 중종이 조광조의 손을 들어주면서 공신에 대한 재조사가 이루어졌을 때 거짓 공훈을 받은 자가 70명이 넘을 정도였다. 조광조 일파는 가짜로 훈작을 받은 자들을 조사하여 이들에게 준 관직, 토지, 노비와 저택 등을 몰수하면서 정치권의 대변혁을 준비해 나갔다. 그가 이상으로 여기는 성리학 이념에 입각한 도덕정치의 실현을 위해서 기성의 훈구파는 청산해야 할 구체적인 대상이 되었기 때문이다.

훈구파의 반격, 중종을 움직이다

위훈삭제를 시도하며 노골적으로 훈구파의 기득권을 박탈하려는 조광조 세력의 움직임에 훈구 세력들도 더 이상 방관하지 않았다. 이들은 왕실이나 정치권에 심어둔 정치 세력을 적극 활용해 총반격의 기회를 엿보고 있었다. 훈구파는 최고의 권력자 왕과의 만남을 자주 가지며 조광조의 위험성을 기회가 되는 대로 알렸다. 경연을 통해 왕을 압박하는 조광조가 왕권까지 넘보는 인물임을 거듭 강조했다. 남곤, 심정, 홍경주 등 훈구파들은 후궁인 경빈 박씨와 희빈 홍씨를 통해 중종에게 조광조를 모함하는 한편, 궁중 나인을 시켜 나뭇잎에 '주초위왕走肖爲王(走와 肖를 합하면 趙가 되므로 조씨가 왕이 된다는 뜻)'이라는 글씨를 유포시켰다. 나뭇잎에 새긴 글씨에 꿀을 발라 벌레가 갉아먹게 한 것이다. 한때는 최고의 참모였지만 여러 경로를 통해 들어오는 조광조의 전횡(권세를 혼자 쥐고 제 마음대로 함)과 왕인 자신을 압박하는 개혁 드라이브에 지친 중종은 이제 더 이상 조광조의 후원자가 될 수 없었다.

모든 상황은 조광조 일파에게 불리하게 돌아가고 있었다. 그리고 마침내 1519년(중종 14) 11월 훈구 세력들은 밤에 신무문을 통

신무문

서울시 종로에 있는 경복궁의 북문으로, 기묘사화가 시작된 곳이다. '북쪽을 관장하는 현무'에서 따온 그 이름처럼 음기가 강하다 하여 평소에는 굳게 닫아두었다고 한다.

하여 왕궁에 들어와, 중종에게 조광조 일파가 당파를 만들어 조정을 문란하게 한다고 비방하였다. 조정에서는 조광조를 전격적으로 체포하고, 그의 죄상을 알렸다. 《중종실록》의 기록에는 조광조의 권력을 경계하는 신하들의 목소리가 고스란히 담겨 있다.

> 의금부의 당상들을 경복궁의 비현합으로 불렀다. (중략) 영의정 정광필, 남양군 홍경주, 예조판서 남곤, 화천군 심정 등이 아뢰기를, "조광조 등을 보건대, 서로 붕당을 맺고서 저희에게 붙는 자는 천거하고 저희와 뜻이 다른 자는 배척하여, 성세聲勢로 서로 의지하여 권력의 요직을 차지하고, 위를 속이고 사정私情을 행사하되 꺼리지

않고, 후진을 유인하여 궤격詭激이 버릇이 되게 하여, 젊은 사람이 어른을 능멸하고 천한 사람이 귀한 사람을 방해하여 국세國勢가 전도되고 조정이 날로 글러가게 하므로, 조정에 있는 신하들이 속으로 분개하고 한탄하는 마음을 품었으나 그 세력이 치열한 것을 두려워하여 아무도 입을 열지 못하였습니다. (중략) 사세가 이렇게까지 되었으니 한심하다 하겠습니다. 유사有司에 붙여 그 죄를 분명히 바루소서" 하니 왕이 이르기를, "죄인에게 벌이 없을 수 없고 조정에서도 청하였으니, 빨리 죄를 주도록 하라"

조광조의 죄목 중 가장 큰 것은 붕당을 맺어 자신의 세력을 확산시켜 나간다는 것이었다. 중종이 왕위에 오른 후 정책의 방향을 잡지 못하고 있을 때 혜성처럼 등장한 조광조는 중종에게는 한 줄기 빛과 같은 참모였다. 정치적 동지로서 두 사람은 결합했지만, 왕과 신하라는 다른 입지에 서 있었던 두 사람의 동거는 언제든지 파국으로 치달을 위험성을 내포하고 있었다. 조광조가 급진적이고 이상적인 개혁가라는 점 또한 이 파국에 결정적인 역할을 했다. 비록 반정에 의해 추대된 왕이었지만 점차 자신의 왕권을 확대해가려는 중종과 성리학의 이상론에 입각하여 왕권을 견제하려는 조광조의 입장이 결국 충돌한 것으로 해석할 수 있다.

반정공신들과 훈구대신들의 견제에서 벗어나기 위한 방편으로 조광조를 파격적으로 기용했던 중종은 어느 정도 정치적 기반을 잡자, 더 이상 조광조에게 휘둘리기를 원치 않았다. 결국 조광조

경기도 용인에 있는 조광조 신도비

선조 18년에 건립되었다. 높이는 311cm 정도로 앞면에 '문정공정암조선생신도비명'이라고 새겨져 있다.

를 비롯하여 김정, 김식, 김구, 윤자임 등 대부분의 개혁 세력은 투옥되어 사약을 받거나 유배되었다. 성균관 및 전국의 유생들이 조광조의 구명에 나섰으나 허사였다. 조광조는 사사賜死(죽일 죄인을 대우하여 임금이 독약을 내려 스스로 죽게 하던 일)의 명을 받았으나 영의정으로 있던 정광필의 적극적인 변호로 목숨을 건지고 전라도 능주에 유배되었다. 그러나 훈구파의 핵심들이 정국의 실세가 된 후, 12월 20일 중종이 내린 사약을 받고 38세의 짧은 생을 마감하였다. 《연려실기술》에는 조광조가 최후까지 중종에게 충성을 다한 모습이 기록되어 있어서 더욱 안타까움을 준다.

조광조는 능성에 귀양가 있었는데, 북쪽 담 모퉁이를 헐고 앉을 때에는 반드시 북쪽을 향하여 왕을 생각하는 회포를 폈다. 얼마 안 되어 사사하라는 명이 내리자 조광조가 말하기를, "왕이 신에게 죽음을 내리니 마땅히 죄명이 있을 것이다. 공손히 듣고서 죽겠다" 하고, 뜰 아래 내려가 북쪽을 향해 두 번 절하고 꿇어앉아 전지를 들었다. (중략) 조광조가 조용히 죽음에 나가면서, 시자에게 부탁하기를, "내가 죽거든 관은 모두 마땅히 얇게 하고 두텁고 무겁게 하지 말라. 먼 길을 돌아가기 어려울까 염려된다" 하였다. 유엄이 죽음을 재촉하는 기색이 있자 조광조가 탄식하기를, "옛날 사람이 임금의 조서를 안고 전사傳舍에 엎드려서 운 이도 있는데, 도사는 어찌 그리 사람과 다른가" 하고, 시를 읊었다.

조광조가 마지막 남긴 시는 "임금 사랑하기를 아비 사랑하듯 하고 / 나라 근심하기를 집 근심하듯 했도다 / 밝은 태양이 땅에 임하였으니 / 밝고 밝게 충성을 비추어주리"라는 내용으로 마지막까지 중종에게 충성을 다한 모습이 나타나 있다. 시를 지은 후 조광조는 드디어 사약을 마셨는데, 그래도 숨이 끊어지지 않았다고 한다. 금부의 나졸들이 나가 목을 조르려 하자 조광조는, "성상께서 하찮은 신하의 머리를 보전하려 하시는데, 너희들이 어찌 감히 이러느냐" 하고, 더욱 독한 약을 마시고 드러누워 일곱 구멍으로 피를 쏟으며 죽었다고 한다. 1519년 12월 20일로, "듣는 자가 눈물을 흘리지 않는 이가 없었다"는 기록이 있을 정도로 많은 사람들에게 신망을 받던 개혁가의 마지막이었다.

16세기 호남 사림의 자존심, 김인후

조선에서 가장 짧은 기간인 고작 8개월을 왕으로 보낸 비운의 왕. 바로 조선의 12대 왕 인종(1515~1545, 재위 1544년 11월~1545년 7월 1일)이다. 왕으로서의 기간은 짧았지만 인종은 사실 준비된 왕이었다. 1515년 2월 중종과 장경왕후의 사이에서 태어나 6세의 나이로 왕세자로 책봉되어, 25년간 왕세자로 있다가 1544년 중종에 이어 왕위에 올랐다. 인종은 세자로 있던 시절 사림파들을 중용했고, 그 중에서도 김인후金麟厚(1510~1560)는 대표적인 인물로 인종의 스승으로도 활약했다.

하서 김인후는 누구인가?

16세기는 조선 사회에 있어 새로운 활기를 불어넣었던 신진 세력인 사림파가 정계에 본격적으로 등장한 시기였다. 비록 훈구파와의 정치적 대결에서 패배하면서 사화를 당했지만, 사림파의 성장은 역사적인 대세였다. 사림파는 영남 지역을 중심으로 형성되었지만 호남 지역에서도 주목받는 사림파 학자들이 나타났다. 김인후는 장성에서 성장하여 호남 지역에 성리학을 전파한 학자였다. 김인후의 자는 후지厚之, 호는 하서河西 · 담재湛齋, 본관은 울산이다. 1510년 참봉 김령과 옥천 조씨와의 사이에서 태어났다. 《명종실록》의 졸기에 의하면 "5, 6세 때에 문자를 이해하여 말을 하면 사람을 놀라게 했고, 장성하여서는 시문을 지음에 청화하고 고묘하여 당시에 비길 만한 사람이 드물었다. 사람들은 그의 용모만 바라보고도 이미 속세의 사람이 아닌 것을 알았다. 술과 시를 좋아했고, 마음이 관대하여 남들과 다투지 아니했으며 그가 뜻을 둔 바는 예의와 법도를 실천하려는 것이었다"라고 평하고 있다. 이 시기 김인후의 스승은 중종 후반기를 대표하는 사림파 학자 김안국, 최산두 등이었다. 김인후의 연보에는 1519년(중종 14) 김안국에게서 《소학》을 배웠다는 것과, 1527년 최산두를 찾아가 학문을 강론했음이 기록되어 있다.

《시경》을 탐독하고 성리학에 전념하던 김인후는 22세이던 1531년 사마시에 합격하여 성균관에 들어갔다. 이때 이황과 함께 공부했는데, "더불어 교유한 자는 오직 김인후 한 사람뿐이다"라고 회상할 정도로 이황은 김인후에게 돈독한 우의를 표시하였다. 1540년 31세로 별시문과에 급제하여 관직에 진출하였다. 1541년에는 독서당에 들어가 사가독서를 하였으며 이어 홍문관 저작 및 박사, 시강원 설서, 홍문관 부수찬 등을 지냈다. 관직 생활을 하면서 1519년 기묘사화 때 죽임을 당한 조광조 등의 명예 회복을 위해 노력했으며, 1543년 4월 시강원 설서가 되어 당시 왕세자로 있던 인종을 보필하면서 그에게 학문적으로 큰 영향을 끼쳤다. 인종 대 이후에는 주로 장성에 은거하면서 후학 양성에 힘을 기울였다. 조광조 등 기묘사림의 학맥을 이으면서 그 한계를 극복하는 노력을 게을리하지 않았고, 당시 "영남에 이황이 있다면 호남에 김인후가 있다"고 할 정도로 명성을 쌓을 수 있었다. 기대승과 정철 등 호남 출신 학자가 그의 제자임을 자처한 것에서도 김인후가 16세기 호남을 대표하는 학자였음을 알 수 있다.

왕세자 인종과의 인연

김인후가 관직에 진출하여 인연을 맺은 대표적인 인물이 인종이었다. 김인후를 '참모'의 반열에 넣은 것은 인종에게 깊은 영향을 주었기 때문이다. 인종이 세자로 있던 1543년 4월 세자를 보필하는 시강원의 설서(벼슬의 일종)가 된 김인후는 한 달에 10일을 궁궐에 머물면서 인종의 학습을 도와주었다. 시강원의 여러 스승 가운데서도 인종이 김인후를 특히 믿고 따랐던 것은 정조가 김인후에게 내린 제문에서도 확인할 수가 있다. 정조는 사제문에서, "효릉(인종)에게 신하가 있는데 그는 바로 김인후라. 빛나고 빛나는 마음으로 찍은 도장은 주자대전 한 질이라"라고 하여 인종이 김인후에게 주자의 성리학이 집대성된 《주자대전》 한 질을 하사했음을 기록하고 있다. 김인후에 대한 인종의 신뢰는 여기에서 그치지 않았다.

출처: 국립광주박물관

〈묵죽도〉

인종이 동궁시절 하서 김인후에게 그려준 것이다. 1543년(중종 38) 한밤중 동궁전에 불이 나자, 아련한 심사를 묵죽도에 담아 하사하였다.

자신이 직접 먹으로 대나무를 그린 〈묵죽도〉를 하사한 것이다. 묵죽을 하사받은 김인후는 답례의 시를 지어 올렸다. 김인후는 대나무를 인종에 비유하고 대나무 주변의 돌은 자신과 같이 충성스러운 신하로 비유하고 있다.

뿌리 가지 마디 잎새 모두 정미롭고
굳은 돌은 벗인 양 주위에 둘러 있네
성스러운 님 조화를 짝하시니
천지랑 함께 뭉쳐 어김이 없으시다

인종과 김인후의 인연은 그리 오래 가지 못했다. 1543년 12월 김인후가 부모의 봉양을 위해 옥과현감을 자청하여 지방으로 내려갔고, 인종은 다음해 11월에 즉위하였다가 1545년 7월 승하했기 때문이다. 정작 왕이 된 인종을 가까운 거리에서 보필할 기회는 없었던 것이다. 김인후의 관련 기록에는 인종이 위독하다는 소식을 듣고 직접 탕약을 만들기 위해 약방에 참여하려고 할 정도였으며, 인종이 승하한 후의 슬픔을 증언하고 있는 내용들이 많다. "인종께서 승하하신 그날을 당해 밤새 슬퍼하여 마치 의지할 데라곤 없는 듯이 하였다"라거나, 인종의 기일에 "집의 남쪽 산중에 들어가 술 한 잔 마시고 한 번씩 통곡하여, 온밤을 새우고 돌아왔다"라는 기록이 대표적이다.[21]

인종은 왕으로 있던 시절에 성리학의 숭상과 기묘사화로 희생된 사림파들의 명예 회복에 힘을 기울였다. 조광조, 김정, 기준 등의 복직이 이루어진 것은 그 결실이었다. 특히 1543년 6월에 김인후가 기묘년에 희생된 사림파들의 신원을 요청하는 차자箚子(일정한

21 백승종, 《대 숲에 앉아 천명도를 그리네》, 돌베개, 2003.

격식을 갖추지 않고 사실만을 간략히 적어올리던 상소문)를 올린 것을 고려하면 김인후와 인종의 생각이 일치했음을 볼 수가 있다. 8개월 만의 짧은 재위 기간을 마지막으로 인종이 승하한 후, 대윤과 소윤의 대립이 격화되면서 을사사화가 일어나는 것을 예견이라도 한 것일까? 김인후는 병을 핑계로 사직하고 다시 고향인 장성으로 돌아갔다. 인종이 승하하고 왕위는 이복동생인 명종이 계승하였다. 12세의 어린 명종을 대신해서 대비인 문정왕후가 수렴청정을 하면서 외척 정치의 폐단은 심해졌다. 인종이 그렇게 희구했던 성리학 중심의 세상은 오지 않았다. 김인후는 명종 때에도 그 능력을 인정받아 성균관 전적, 공조정랑, 홍문관 교리, 성균관 직강 등에 제수되었으나 대부분 사직하고 학문에 전념하면서 호남 지역에 성리학이 자리를 잡는 데 큰 역할을 하였다. 간혹 관직에 나아갔을 때는 기묘 사림들이 주장한 소학과 향약을 다시 일으킬 것을 주장하였다.

1548년에는 처의 고향인 순창의 점암촌으로 옮겨 초당을 세웠다. 초당의 이름을 훈몽재라 짓고, 이곳에서 제자들을 양성하였다. 1549년에는 《대학강의》의 발문을 쓰고, 정지운의 〈천명도〉를 보고 스스로 〈천명도〉를 작성하기도 했다. 1549년 10월 부친상에 연이어 모친상을 당하자 고향인 장성에서 여묘살이를 하며 예를 실천하는 모습을 보였다. 이렇게 김인후는 짧은 관직 생활 동안 인종에게 큰 영향을 주었고, 대부분의 생애는 은거하며 후학들의 양성에 힘을 기울였다. 성리학에 조예가 깊었을 뿐만 아니라, 호남을 대표하는 시인으로 활약하여 정철에게도 큰 영향을 주었다.

정조, 김인후를 문묘에 배향하다

사림파 학자로서 김인후의 위상을 다시 한 번 끌어 올린 인물은 정조다. 정조는 김인후를 공자를 모신 성균관 문묘에 배향하도록 했다. 문묘에 배향되는 것은 조선시대 학자들에게는 최고의 영예였다. 1796년(정조 20) 김인후의 문묘 배향은 그만큼 김인후의 학자적 위상이 높았음을 반증하는 것이다. 정조는 재위 기간 동안 소외된 지역에 대한 배려도 아끼지 않았다. 영남과 마찬가지로 조선 중기 이후 정치적으로 크게 부상하지 못했던 호남 지역을 끌어안으려는 시도를 했다. 정조가 호남 끌어안기의 상징으로 지목한 인물은 바로 김인후였다.

정조가 국가에서 호남 지역을 배려할 때 그 상징을 김인후로 정했다는 것은 정조 때에 김인후를 문묘에 배향한 것에서 단적으로 드러난다. 사실 조선 중기 이후 영남지역의 학통이 강조되면서 김굉필, 정여창, 이언적, 이황이 문묘에 종사되었고, 서인들이 권력을 잡았을 때 기호학파의 중심인 이이와 성혼이 문묘에 종사되었던 경우가 있었다. 그러나 호남 사림의 문묘 종사는 이전까지 없었다. 정조가 김인후를 문묘에 종사하면서 내린 교서가 실록에 기록되어 있다.

> 문성왕묘에 술잔을 올린 후에 문정공 김인후를 문묘에 종사하는 의식을 행하고, 교서를 선포하였다. 그 교서에, "참된 유자儒者가 천 년 후에 나왔으니 진정코 높이 보답하는 은전이 있어야 할 것인데,

> 공론이 백 년을 기다려 정해졌기에 이에 배향하는 의식을 거행하는 바이니, 표창하여 드러내는 것은 도를 지녔기 때문이다. (중략) 경은 해동의 염계濂溪이자 호남의 공자다. 성명과 음양에 관한 깊은 식견은 아득히 태극도와 같은 수준에 이르렀고, 격물치지格物致知와 성의정심誠意正心의 요지는 먼저 《소학》에 힘을 쏟는 것이었다. 시를 지어 뜻을 말하는 데에 있어서는 천지 사이에서 두 사람만을 추대하였고, 이치를 연구하고 근원을 탐색하여 일찍이 《역상편》을 저술하였는데 여러 학설들이 탁월하였다. (중략) 여러 사람들의 논의 또한 모두 일치되어 소를 올린 것이 한두 번이 아니었다. 이에 경을 문묘의 곁채에 종사하는 바이니, 이단을 물리치고 편파를 배척하는 것은 바로 백성들의 뜻을 안정시키는 때에 속하며, 문묘에 종사하여 봄가을로 제사를 올리는 것은 실로 선비들의 기풍을 격려하는 기회다.

이어서 정조는 다음날 인정전에서 교서를 반포하였다. 교서에는 "이달 8일에 증 영의정 문정공 김인후를 문묘에 종사하는 바이니, 나라 사람들이 본보기로 삼고 선비들이 모두 귀의할 곳이 생겼다. 공자 · 정자 · 주자의 도통을 접하여 그 연원이 멀기에 정암(조광조) · 퇴계(이황) · 우계(성혼) · 율곡(이이)의 반열에 올려서 봄가을로 제사를 지내도록 하는 바다. 아, 문文이 여기에서 충분히 징험되고, 도가 이로 말미암아 추락하지 않게 되었다. 선비들을 양성하는 데에 있어서는 진작시키는 아름다움을 보게 될 것이며, 벼슬아치를 고무시키는 데에 있어서는 감동하지 않을 자가 없게 될 것이다. 그

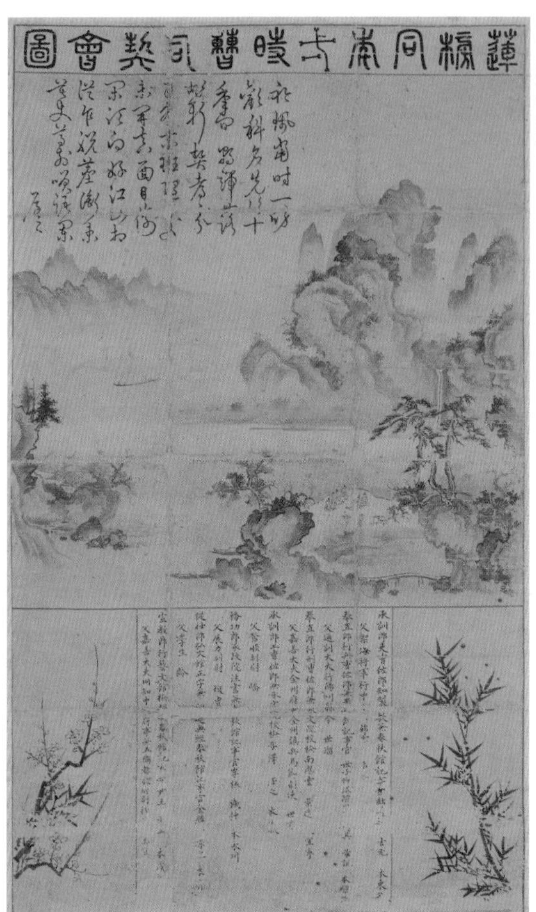

출처: 국립광주박물관

〈연방 동년일시 조사계회도〉

1531년(중종 26) 사마시에 함께 급제한 동기생들이 대과에 급제한 후 1542년 모임을 갖고 이를 기념하기 위하여 그린 그림이다. 김인후가 쓴 칠언율시가 담겼으며, 산수를 배경으로 강변의 너른 터에서 모임을 갖고 있는 7명의 참석자와 2명의 수행원이 그려져 있다. 근경의 언덕과 나무의 묘사, 멀리 떠있는 듯한 원산의 표현 등에서 조선 초기의 전형적인 산수화 양식을 볼 수 있다.

러므로 이렇게 교시하는 바이니, 이런 뜻을 잘 알리라고 믿는다"고 하였다. 또한 정조는 인종과 김인후의 관계에 대하여 "왕과 신하로서 뜻이 이미 합치되어 동궁에 있을 때부터 신임을 받았고, 은연중에 기약이 이루어져 뜻을 담은 묵화를 직접 하사하였다. 다행히도 왕의 교화를 보필하는 적임자가 있어 크게 빛나는 아름다운 정사를 당시에 보게 되리라고 기대했었는데, 하늘이 도와주지 않아 마침내 지방에서 영영 세상을 떠나고 말 줄이야 어찌 알았겠는가. 7월 깊은 산중에서 창오蒼梧의 원통한 눈물(창오는 중국 호남성에 있는 산으로, 세상을 떠난 임금 '신종'을 위해 애끓게 울었던 '소식'의 눈물을 말함)을 부렸고"[22] 라며 두 사람이 빛을 제대로 발휘하지 못한 것을 안타깝게 여겼다.

김인후는 인종의 세자 시절 스승으로서 조광조 등 선배 학자들의 성리학 이념이 본격적으로 구현되는 조선사회를 희구했다. 학문적 능력은 탁월했으나 인종의 급서로 인해 현실 정치에서 이를 적극 구현할 수는 없었다. 김인후는 관직에서 물러난 후에는 제자양성에 힘을 기울여 호남 지역에 성리학이 자리를 잡아 나가도록 했던, 16세기 호남 사림의 자존심이었다.

현재 장성에는 김인후를 배향한 필암筆巖서원이 있는데, 이곳은 호남을 대표하는 서원이다. 그의 사위로서 학맥을 이은 양자징도 함께 배향되어 있다. 흥선대원군 때 대대적인 서원 철폐가 있었으나 필암서원은 그 무게와 중요성 때문인지 훼철되지 않고 지금에 이르고 있다. 특히 인종이 직접 내린 〈묵죽도〉가 필암서원의 경장각에 소장되어 있어서, 인종과 김인후의 각별한 관계를 접할 수가 있다. 인종이 좀 더 오래 재위하여, 왕과 참모의 명조합으로 탄생한 업적이 더 남았다면 하는 안타까움이 남는다.

---

22 《정조실록》 1795년(정조 20) 11월 8일

나아감과 물러남을 실천한 퇴계 이황

조선시대에 그치지 않고 우리 역사를 통틀어서도 최고의 지성으로 평가받는 학자 중의 한 명이 퇴계 이황李滉(1501~1570)이다. 이황은 성리학을 수용하여 조선사회의 현실에 맞는 학문으로 정착시킨 사상가이자 영남학파의 영수로서, 붕당의 시기 영남학파와 동인의 구심점이 되었다. 그의 학문과 사상으로 조선중기 성리학이 활짝 꽃필 수 있었다. 또 네 번의 사화라는 정치적 시련기 속에서도 묵묵히 학문에 전념하면서 왕의 스승 역할을 해냈던 이황. 그의 발자취를 좇아가 보기로 한다.

영남학파의 영수 이황과 그의 시대

이황의 자는 경호景浩, 호는 퇴계退溪 · 퇴도退陶 · 청량산인, 본관은 진성眞城이다. 이황은 경상도 예안현 온계리에서 진사 이식의 8남매 중 막내로 태어났다. 이황이 태어난 방은 현재에도 '퇴계선생 태실'이라는 현판이 걸려 있다. 퇴계 태실은 1454년(단종 2)에 조부 이계양이 지은 집으로, 이곳에서 퇴계가 태어나 퇴계 태실이라 부른다. 태실의 동쪽에 노송정이 있어서, 노송정 종택이라고도 한다.

이황의 성격에 대해서는 온량, 공근(공손하고 근면함), 단상(단정하고 자세함), 한태(조용하고 무거움) 등의 평가가 주류를 이루고 있다. 이황은 조용하고 온화하면서도 타고난 근면성을 갖추었다고 전해진다. '봄바람처럼 부드럽고 상서로운 구름 같은 것이 선생의 덕이요 꾸미지 않고 소박한 것은 선생의 글이다.'라는 제자 김성일의 표현처럼, 이황의 온화하고 순수한 모습은 많은 제자들이 그를 따르는 요인이 되었다.

이황의 학문에서 가장 중시된 개념은 '경敬'이었다. 이황은 태어난 지 7개월 만에 부친을 여의면서, 홀어머니인 밀양 박씨의 엄격한 가르침을 받고 자랐다. 그의 아버지이자 스승의 역할이 되어준 이는 숙부 이우李堣(1469~1517)다. 이황은 12세 되던 해에 이우로부터 《논어》를 배우고 그 후부터 혼자 문리를 깨우쳤다. 당시 사림파 학자들은 《소학》, 《심경》, 《근사록》 등의 성리학 서적들을 두루 탐독하였다. 《소학》과 《근사록》은 조광조가 사림 정치의 이상을 실천하기 위하여 널리 보급한 관계로 기묘사화 이후 조정에서 금기시되었지만, 이황은 이 책들을 깊이 탐독하면서 '경'의 이념을 체득하였다.

이황은 참된 선비가 되기 위하여 항상 삼가는 정신인 '경'을 최고 가치로 삼았다. 이황에 의하면 경은 선한 본성을 실현시키는 조건이었다. 의식을 집중시켜 마음의 흐트러짐이 없이 매사에 조심하는 것, 즉 주일무적主一無適이 곧 경임을 말하면서 경이 없고서는 올바른 행위뿐 아니라 학문도 이루어지지 않는다고 단언하였다. 이황은 학문을 하는 방법으로 수양을 중시하는 '거경'과 함께 '궁리'를 핵심으로 생각하였다. 궁리는 사물의 이치에 대한 근본적인 부분을 탐구해 나가는 것으로, 이황이 중국에서 수입한 성리학을 조선의 현실에 맞게 이론화하고 체계화시키는 바탕이 될 수 있었다. 궁리의 '리'는 모든 법칙, 도덕, 원리 등을 나타내는 용어이다. 이황은 성리학의 본질에 대해 깊이 있는 연구를 통하여 당시 학계의 쟁점이던 이기론理氣論의 문제에 대해, '리'와 '기'의 분리를 강조한 이기이원론理氣二元論을 제시하였다.

이황이 살아간 시대는 크게 사림파의 성장기로 볼 수 있다. 사림파의 성장은 필연적으로 기득권 세력인 훈구파의 위기를 몰고 왔다. 훈구파와 사림파 사이에 양보할 수 없는 정쟁이 벌어졌으니 네 번의 사화가 그것이다. 이 중 이황의 삶에 큰 영향을 미친 사화는 1519년의 기묘사화와 1545년의 을사사화이다.

이황이 존경하였던 조광조 등 기묘사림들이 사화로 희생을 당한 것이 이황의 처세에도 큰 영향을 미쳤다. 1545년에 일어난 을사사화는 이황의 출사出仕 의지를 꺾게 했다. 문정왕후의 수렴청정과 외척 윤원형의 득세로 정치가 어지러워지자, 이황은 사직을 하고 고향으로 돌아와 학문에 전념하면서 후진들을 양성하였다. 1567년 선조 즉위 후 사림파를 등용하는 흐름 속에서, 이황은 왕의 사부로

출처: 문화재청

석전제 중인 서울 문묘 대성전 내부

대성전은 유학의 대성인 공자, 그의 제자 안자, 증자, 자사, 맹자와 공문 십철, 송조 육현, 그리고 우리나라 십팔현의 위패를 모신 곳이다. 십팔현은 열 여덟 유현을 지칭하는 표현으로, 조광조·이황·이이·김인후·조헌·송시열 등이 있다.

대우를 받고 그의 제자들도 대거 조정에 등용된다. 이황은 영남학파를 뿌리로 하는 '퇴계학파'가 정치권에서 활동하는 데 큰 기반을 마련했다.

출사와 사직을 반복하다

이황의 일생은 크게 태어나서 33세까지의 성장기, 34세부터 49세까지의 관직 진출기, 50세부터 70세까지 은퇴하여 후진들을 양성하던 시기로 나누어 볼 수 있다. 이황은 21세 때 부인 허씨와 결혼하고 23세에 성균관에 입학하였으나 문과에는 오래도록 급제를 하지 못했다. 그는 28세에 진사시에 합격하였고, 1534년 34세에 대과(문과)에 급제하여 관직의 길에 들어서게 된다. 승문원 부정자(문서의 교정을 맡아보던 종구품 벼슬)로 시작하여 박사 · 전적 · 지평 등을 거쳐 1543년 종삼품 관직인 성균관 사성에 올랐다.

1545년 을사사화가 일어나 동료 학자들이 크게 희생을 당하자 고향인 예안의 토계로 낙향하였다. 퇴계라는 호는 낙향하여 살던 낙동강 상류의 '토계'를 '퇴계退溪'로 고친 것이다. 관직에서 물러나 학문에 전념할 것을 다짐한 삶의 궤적을 대변하고 있다. 하지만 조정은 그를 지방에 그대로 남겨두지 않았다. 나라는 거듭 관직을 제수했고, 이황은 연속해서 사직했다. 이황은 을사사화를 주도한 윤원형 일파가 외척의 힘으로 참된 선비들을 탄압하고 부정부패를 일삼는 현실에서는 결코 벼슬을 할 수 없다고 판단했다.

그러나 당시 '좌퇴계 우남명'으로 불리며, 영남학파의 양대산맥을 형성했던 남명 조식처럼 생애 전체를 처사(벼슬을 하지 아니하고 초야에 묻혀 살던 선비)로 살지는 않았다. 이황은 명종 때 을사사화가 일어난 후 거듭 사직했지만 일시적으로 조정의 청에 의해 관직을 맡기도 했다. 1549년 풍기군수로 재임하면서 주세붕이 건립한 우

출처: 국립광주박물관

1545년에 가진 모임을 그린 〈동호계회도〉
이황, 남응룡, 이원록 등 13명이 동호에서 모임을 가지고 이를 기념하여 그린 것이다. 동호는 지금의 한강을 끼고 있는 응봉 일대로 사가독서를 하던 곳이다.

리나라 최초의 서원인 백운동 서원의 사액(임금이 이름을 지어서 새긴 편액을 내림)을 요청하여 허락을 받고 이름을 소수서원으로 고쳤다. 사액서원에는 국가로부터 토지, 노비, 서적이 내려졌다. 사림파의 학문적 기반인 서원이 자리를 잡는 데도 이황의 역할이 컸음을 알 수 있다. 풍기군수를 그만둔 후에도 거듭 관직이 내려졌지만, 이를 사양하고 고향으로 돌아가 학문 및 저술과 후진 양성에 주력하였다. 이황의 명성은 명종 시대부터 드러났으나, 선조가 사림의 후원을 입고 즉위하면서 중앙 정계에도 알려지게 되었다.

선조의 스승이 되다

1567년 선조의 즉위는 사림정치의 시작을 알리는 신호탄이 되었다. 이황은 왕의 사부로 대접을 받았다. 그의 제자들이 조정에 대거 등용됨으로써 사림정치의 기반은 확고해졌다. 이황의 제자들인 유성룡, 김성일, 정구 등 영남학파 학자들이 정계에 등장했다. 그들의 이념 · 정치적 기초로써 기능하던 성리학의 입지가 보다 커지고 사림파의 활동이 활발해졌음을 의미한다.

1568년 이황이 선조에게 올린 상소문 〈무진육조소〉는 제왕의 길을 여섯 항목으로 제시한 것이다. 〈무진육조소〉는 같은 해에 올린 《성학십도》와 함께 제왕학의 구체적인 방법과 내용을 설명했다. 본격적인 사림정치의 시대에 군주의 위치를 제시한 것이었다. 사화의 시기를 겪으면서 사림파의 학문적 도전이 일시적으로 패배한 것처럼 보였지만, 주자성리학은 이황이 배출된 이후 조선의 정계 · 학계 · 사상계를 이끌어 가는 공고한 지도이념으로써 사회에 영향을 미치게 되었다.

이황은 69세에 이조판서에 임명되었으나 사양하고 고향에 돌아와 학문에 전념하다가 70세 되던 해 11월 종가의 시제 때 무리를 해서인지 병환이 악화되었다. 그달 8일 아침 평소 사랑하던 매화나무에 물을 주고 침상을 정돈했다. 그리고 단정하게 앉은 자세로 숨을 거두었다. 조선성리학 최고 인물의 마지막 모습이었다. 이황은 1610년(광해군 2) 김굉필, 정여창, 조광조, 이언적 등과 함께 문묘에 종사되며 국가 차원의 예우를 받았다. 사림파 학자들에게 있어

출처: 국립중앙박물관

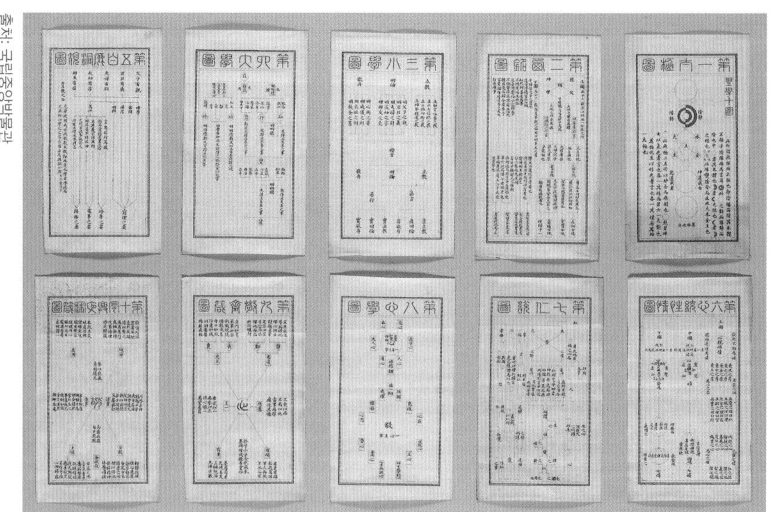

《성학십도》

이황에게 있어서 가장 중요한 원리였던 '경'의 원리를 담았다. 이황은 '이제 이 《성학십도》는 모두 경을 중심으로 한 것'이라 하였다. 성리학의 요체를 열 가지 도설로 독자적으로 재편성했다는 점과 중국에서 수입한 성리학이 조선에 본격적으로 토착화되는 기반을 조성했다는 점에서 《성학십도》는 큰 의미가 있다.

서 유학의 시조인 공자와 함께 배향되는 문묘종사는 큰 영예였다. 이황은 사후에 후학들을 지도한 안동의 도산서원을 비롯하여 나주 경현서원, 괴산 화암 서원 등 전국 40여 곳에 배향되며 전국에 명망을 떨쳤다. 주자성리학의 발상지인 중국에서보다, 조선에서 더욱 성리학이 이론적으로 체계화되고 사회적으로 정착하게 된 것도 이황의 영향이 매우 크다. 이황을 일컬어 '동방의 주자'라 칭하는 것도 이러한 까닭에서이다.

명종에게 올린 조식의 상소문, 정국을 흔들다

1555년(명종 10) 조정에 올라온 한 장의 상소문은 명종 시대의 정국을 요동치게 했다. 상소문의 주인공은 남명 조식曺植(1501~1572)으로, 퇴계 이황과 함께 영남학파의 양대 산맥으로 지칭된 인물이었다. 평생 관직을 사양하고 스스로 처사處士(벼슬을 하지 않고 초야에 묻혀 살던 선비)로 불리기를 원했던 선비학자 조식. 그는 1555년 조정에서 제안한 단성현감을 사직하였고, 이 과정에서 당시의 정치 현실을 날카롭게 비판한 상소문을 올렸다. 어떤 내용이었기에 이처럼 큰 파장을 불러일으켰을까?

남명 조식은 누구인가?

조식의 호는 남명南冥, 본관은 창녕昌寧으로, 1501년 외가인 경상도 삼가현 토동에서 조언형과 인천 이씨 사이에서 태어났다. 부친 조언형이 문과를 거쳐 판교에 오르고 숙부 조언경이 이조좌랑에 올랐지만, 사화의 여파는 강직한 선비 집안에 그림자를 드리웠다. 조언형은 친구이던 강혼이 연산군에 붙어 비열한 행동을 하자 절교하였는데,《연려실기술》에는 중종 시대의 명신 항목에는 조언형과 관련하여 "남명의 의기격양義氣激揚의 풍모가 부친에게서 나왔다"고 기록하고 있다. 1519년 기묘사화가 일어났을 때는 조언경이 조광조의 일파로 지목을 받아 죽임을 당하였다.

조식의 처가는 일찍이 전라도에서 이주한 남평 조씨로 장인 조수는 김해에 강력한 경제적 기반을 가진 부호였다. 조식은 한때 처가의 소재지인 김해의 탄동에 거주하면서 '산해정'을 짓고 학문에 힘썼는데, 그의 경제 활동에는 부유한 처가의 힘이 컸다. 당시까지만 해도 남녀 구분 없이 고르게 나누자는 균분 상속이 엄격하게 지켜지고 있던 시절이라 선비들이 일정한 생업 없이 학문에 전념해 나가는 데 부유한 외가나 처가의 경제적 도움을 많이 받았다. 조식의 경우에도 김해, 삼가를 학문의 중심지로 삼을 때에 처가와 외가 연고가 크게 작용했다. 조식의 수제자 정인홍은 스승에 대해 "처가가 부유하여 모친을 봉양할 수 있었다"고 기록하였다.

조식은 젊은 시절부터 제자백가의 여러 학문과 사상에 깊은 관심을 가졌다. 당시에는 금기시되던 노자나 장자의 문장에도 관심을 가졌다. '남명'이라는 호는《장자》의 〈소요유〉 편에서 인용된 것으로 남명이 성리학 이외에 노장 사상에도 깊이 빠졌음을 보여준다. 조식은 어린 시절 부친의 근무지를 따라 한양의 장의동 근처에서 살았다. 30세에서 48세까지는 처가인 김해, 48세에서 61세까

출처: 한국민족문화대백과사전

산청 조식 유적 덕천서원

1576년(선조 9) 조식의 학문과 덕행을 추모하기 위해 창건하여 위패를 모셨다. 1609년(광해군 1) '덕천'이라는 사액서원으로 승격되었으며, 그 뒤 최영경을 추가 배향하여 선현 배향과 지방 교육을 담당하였다. 사적 제305호.

지는 합천에서 거처한 후 만년에는 지리산 천왕봉이 보이는 곳에 산천재를 짓고 후학들을 가르쳤다. 김해, 합천, 진주로 이어지는 경상도 지역은 남명 학문의 산실이었다. 조식은 61세가 되던 해에 외가인 합천을 떠나 지리산이 보이는 산천재에 마지막 학문의 터전을 잡았다. 여기서 '산천'이란 산속에 있는 하늘의 형상을 본받아 군자가 강건하고 독실하게 스스로를 빛냄으로써 날로 그 덕을 새롭게 한다는 뜻이다.

조식은 무엇보다 학문에 있어서 수양과 실천의 중요성을 강조하였다. 경敬과 의義는 바로 조식 사상의 핵심이다. 조식은 '경'을 통한 수양을 바탕으로, 외부의 모순에 대해 과감하게 실천하는 개념인 '의'를 신념화하였다. 경의 상징으로 성성자惺惺子(항상 깨어 있음)라는 방울을, 의의 상징으로는 칼을 찼으며, 칼에는 "내명자경외단자의內明者敬外斷者義(안으로 자신을 밝히는 것은 경이요 밖으로 과감히 결단하는 것은 의다)"라고 새겨 놓았다. 방울과 칼을 찬 선비의 모습을 조식은 늘 실천해 나갔다. 조정에 문제가 있다는 판단이 들면 상소문을 통해 과감하게 문제점을 지적하고, 왜구의 침략에 대비하여 제자들에게 늘 강경한 대왜관을 심어 주었다. 임진왜란 때 조식의 문하에서 곽재우, 정인홍, 김면 등 최대의 의병장이 배출된 것은 그의 가르침이 결코 헛되지 않았음을 보여주고 있다.

조식은 생전에 10여 차례 이상 지리산을 유람했고 지리산을 노래한 시와 기행문을 남겼다. 그리고 죽음도 말년까지 후학을 길렀던 지리산 산천재에서 맞았다. 묘소는 천왕봉이 보이는 곳에 잡아두었는데, 앞으로 덕천강이 흐르고 뒤로 천왕봉을 중심으로 한 지리산 봉우리들이 솟아 있다. 그를 배향한 덕천서원도 인근에 조성되어 있다. 현재 조식의 학문적 연고지인 경남 산청에 조식의 사상을 계승하고자 2015년 설립한 '한국선비문화연구원'이 자리를 잡고 있다.

조식이 상소문을 올린 까닭?

1555년(명종 10)에 조식이 올린 상소문은 왕 명종이 정치를 잘못하여 나라의 근본이 망했고 민심이 이반되었다는 것이 핵심 내용이었다. “전하의 나라 일이 이미 잘못되어서 나라의 근본이 이미 망했고 하늘의 뜻이 가버렸으며 인심도 이미 떠났습니다. 비유하면 큰 나무가 백 년 동안 벌레가 속을 먹어 진액이 이미 말라 버렸는데 회오리바람과 사나운 비가 어느 때에 닥쳐올지 까마득하게 알지 못하는 것과 같으니 이 지경에 이른 지가 오래되었습니다. (중략) 궁궐 안의 신하는 후원하는 세력 심기를 용이 못에서 끌어들이는 듯하고 궁궐 밖의 신하는 백성 벗기기를 이리가 들판에서 날뛰는 듯합니다”라고 지적한 것에서 잘 나타나 있다.

조식은 정치가 잘못된 원인을 무엇보다 문정왕후의 수렴청정에서 찾고 있다. “자전(왕의 어머니, 문정왕후)께서는 생각이 깊으시기는 하나 깊숙한 궁중의 한 과부에 지나지 않고, 전하께서는 어리시어 다만 선왕의 외로운 후계자이실 뿐이니, 천 가지 백 가지의 천재지변과 억만 갈래의 인심을 무엇으로 감당하며 무엇으로 수습하시겠습니까?”라고 과격한 언사를 마다하지 않았다. 문정왕후는 인종 승하 후 자신의 소생인 11세의 명종이 왕위에 오르자 수렴청정을 하면서 윤원형 등 외척 세력을 대거 끌어들였다. 이에 따라 왕을 정점으로 하는 정상적인 정치가 이루어지지 못하고 권력이 소수의 외척 세력에게 집중되었다. 결국 그 피해는 고스란히 백성들이 떠안게 되는 형국이 되었다.

조식은 잘못된 정치현실에 대한 비판의 목소리를 있는 그대로 전달하는 것을 선비의 책무로 여겼다. 왕에게 불경한 표현이 될지언정 직선적인 상소문을 올린 것은 이러한 생각에서였다. 이 상소문으로 조정은 발칵 뒤집혔다. 특히 문정왕후를 과부로, 명종을 고아로 표현한 대목에 대해서는 명종이 '군상불경죄君上不敬罪'로 역정을 낼 만큼 큰 파문을 일으켰다. 문정왕후에 대한 불만이 벽서의 형태로 나타난 경우는 있었지만, 조식처럼 직언하는 상소문으로 비판하는 경우는 없었다. 조식에 대한 처벌 주장이 제기되고, 목숨까지 위태로운 상황이 발생하였다. 그러나 상당수의 대신이나 사관들이 "조식이 초야에 묻힌 선비여서 표현이 적절하지 못한 것이지 그 우국충정은 높이 살 만하다"거나, "조식에게 죄를 주면 언로가 막힌다"는 논리로 조식을 적극 변호함으로써 파문은 가라앉을 수 있었다. 조식의 상소문에 대하여 당시 조정에 포진했던 대신들이나 언관들이 조식을 적극 변호하였고, 궁극에는 명종의 불편한 심기를 완화시켜 조식이 별다른 처벌을 받지 않을 수 있도록 한 것이다.

이처럼 조식의 상소문 파동에서 주목할 점은 16세기에 언관과 사관들의 언론 보호 시스템이 작동했다는 것이었다. 조식에 대한 죄가 구체적으로 논의되었을 때 "조식에게 죄를 준다면 언로가 막힘이 더욱 심해져서 왕의 덕에 누가 된다"는 논리로 이를 적극 만류하였다. 명종은 언로를 개방하는 것이 아무리 옳다 하여도 자신의 어머니에 대하여 불경함을 범한 것은 잘못이라면서 불편한 심기를 거듭 표시하였지만, 이번에는 성균관 유생들이 조식의 지원에 나섰다. 안사준 등 성균관 유생들 오백여 명이 상소문을 올려 "조식의 상소는 강직하고도 절실한 의론으로 정녕 나라를 걱정하

조식 《남명선생문집》 목판

남명 조식의 시문집을 널리 간행하기 위해 만든 책판으로, 경상남도 유형문화재로 지정되었다. 《남명선생문집》에는 여러 가지 판본이 있는데, 역적으로 몰린 제자 정인홍과 조식의 학덕에 해가 될 만한 문자를 고치는 과정에서 나온 것으로 추정된다.

는 성심에서 나온 것이며, 시대의 상황에 적중한 말이었다"고 하면서 조식의 상소문을 지원하였다.

조정의 대신들과 언관, 성균관 유생들까지 나서며 조식을 처벌한다면 왕이 언론을 탄압하는 것이라며 비호하였고, 결국 명종은 조식을 처벌할 수가 없게 되었다. 조식의 상소문 파문은 명종 시대에 재야의 언론까지 수용하는 정치 문화가 살아 있었음을 보여준 대표적인 사건이었다. 이를 계기로 왕 앞에서 당당하게 할 말을 한 재야 선비 조식의 명성은 널리 기억되었다. 최고 권력층의 문제점을 직선적이고 날카롭게 지적한 재야 선비의 기개와 그것이 수용되는 언론문화는 지금의 현실에도 절실히 요청되고 있다.

명종 시대의 대표 지성, 조식과 이황

조식 하면 당대에 늘 비교되곤 했던 인물이 퇴계 이황이다. 대부분 이황과 가장 선명하게 비교되는 인물로 율곡 이이를 꼽지만 이이는 이황과 조식의 후배 학자이며, 이황의 가장 큰 라이벌은 조식이었다. 두 사람은 1501년 같은 해에 영남 지역에 태어나서, 당대와 후대에 영남학파의 양대 산맥으로 인식되었다. 경상도는 낙동강을 기준으로 경상좌도와 경상우도로 나뉘었는데, 이황의 근거지 안동과 예안이 경상좌도의 중심지, 조식의 근거지 김해·산청·진주는 경상우도의 중심지였다. '좌퇴계 우남명'으로 불린 것도 두 사람이 지역을 대표한 학자임을 상징적으로 보여준다.

두 학자는 기질과 학풍, 현실관 등에서 분명한 입장 차이를 드러냈다. 이황이 성리학을 이론적으로 심화 발전시켜 당시의 지적 수준을 높여갔던 유학자라면, 조식은 경과 의를 바탕으로 성리학의 실천을 중시한 학자였다. 이황이 기대승과 편지를 주고받으며 논변한 '사단칠정四端七情[23]' 논쟁이 성리학을 이론적으로 심화시켜 나갔다면, 조식은 성리학의 이론적인 저술 보다는 그것을 실천하는 행위에 중점을 두었다. 조식이 사단칠정 논쟁에 대해 이것이 "백성의 삶에 무슨 도움이 되겠는가?"라고 일갈한 것도 이러한 입장을 잘 보여준다.

---

23 '사단'은 인간의 본성에서 우러나오는 마음씨, 즉 선천적이며 도덕적인 능력을 말한다. '칠정'은 인간의 본성이 사물을 접하면서 표현되는 인간의 자연적인 감정을 지칭한다.

18세기 실학자 이익은 조식과 이황을 영남파의 양대산맥으로 인정하면서, "이황의 학문이 바다처럼 넓다면 조식의 기질은 태산처럼 높다"고 함축적으로 대비시켰다. 조식의 '의'는 상벌에 엄격한 무인의 기질에 어울리며, 그가 차고 다녔던 '칼'과 맥락을 같이한다. 칼로 상징되는 그의 이미지는 수양을 바탕으로 과감히 현실 부조리와 모순을 극복해 가는 실천적인 선비 학자의 모습 바로 그것이었다. 조식의 상소문 또한 이러한 적극적인 실천 행위의 하나로 표출되었던 것이다. 조식은 〈욕천浴川〉이라는 시에서도 "티끌 먼지가 오장에 남았거든 바로 배를 갈라 흐르는 물에 보내리라"는 과격한 표현을 썼는데, 그의 모습을 대변해 준다.

두 사람의 학풍과 현실관의 차이는 현실 인식에도 반영되었다. 이황과 조식은 사화의 시기를 겪으며 출사보다는 학문 연구와 후진 양성에 주력했다. 그러나 명종 대 이후 현실의 모순이 점차 해소되었다고 판단한 이황은 관직에 나아가 경륜을 펴는 것 또한 학자의 본분으로 여겼다. 먼저 지방 관직을 구하여 1548년(명종 3) 1월 단양군수가 되고, 이해 11월에는 풍기군수가 되었다. 풍기군수 시절에는 백운동서원의 사액을 요청하여, 편액을 하사받고 이름은 '소수서원'이라 하였다. 이후 중앙의 관직에도 진출하여 1552년 7월과 1558년 10월에는 성균관 대사성, 동지중추부사 등을 지냈다.

이황과 달리 조식은 자신이 살아갔던 시대를 모순이 절정에 이른 '구급救急(위급한 상황에서 구함)'의 시기로 파악했다. 끝까지 재야의 비판자, 곧 처사로 남을 것을 다짐하고 평생 관직에 나아가지 않았다. 왜적에 대한 입장도 서로 달랐다. 이황이 일본과의 강화 요청을 허락할 것을 청하는 상소문을 올리는 등 주로 교린 정책을 견지한 데 비해 조식은 일본에 대한 강력한 토벌 정책을 주장했다. 제자들을 가르치면서 '왜적이 설치면 목을 확 뽑아버려야 한다'는 강경한 표현을 쓰기도 했다. 이황의 성리학이 임진왜란 이후 일본에 큰 영향을 준 것과, 조식의 문하에서 많은 의병장이 배출된 것도 스승의 성향과 연결고리를 가지는 부분이다.

1501년 같은 해에 태어나 영남학파의 양대산맥으로 활약하면서 명종 시대의 정국과 학문 분야에 큰 영향을 미친 두 사람, 이황과 조식. 두 사람은 비록 왕의 측근에서 활약한 정치 관료는 아니었지만 당대는 물론이고 후대 조선에 미친 학문적, 사상적 영향으로 볼 때 이 시기를 살아간 대표 참모이자 지성이었다. 특히 조식처럼 목숨을 걸고서라도 할 말을 다하는 참모의 존재가 그리운 시점이다.

연산군의 잔인한 악행

역사상 최악의 폭군인 연산군은 두 차례나 피비린내 나는 사화를 일으킨 장본인이었다. 조선의 4대 사화 중에서 1498년의 무오사화와 1504년의 갑자사화는 연산군의 폭정이 주요 원인이었다. 연산군은 그의 독재정치에 반대하는 세력에 대해서는 사림파나 훈구파를 가리지 않고 가차 없는 탄압을 가하였다. 물론 폐출된 왕이라는 점 때문에 기록에 일부 과장은 있겠지만,《연산군일기》에 기록된 연산군의 폭정을 보노라면 '폭군'이라는 명칭에 너무나 걸맞다는 인상을 지울 수가 없다.

적장자라는 프리미엄 때문인지 연산군은 세자 시절부터 왕이 절대적인 존재가 되기를 바랐다. 호학好學 군주인 부친 성종이 신하들과 경연을 하는 것을 좋지 않게 보았다. 왕권이 신권에 휘둘리는 것이라 봤기 때문이었다. 성종이 경연을 가장 많이 한 데 비하여, 연산군은 왕이 된 후 처음에는 경연을 열었으나, 이후에는 경연을 거의 하지 않았을 뿐만 아니라 경연에 대한 부정적인 인식을 거침없이 표현하였다. 신권의 견제를 받지 않게 되자, 연산군은 그의 독재적 성향을 유감없이 발휘해 나갔다.

1504년의 갑자사화를 전후한 시기, 연산군의 독재는 극치를 이루고 있었다. 한 해의 세금도 버거워하던 백성들에게 2, 3년 치의 세금을 미리 거두어들이는가 하면 노비와 전답에도 각종 명목을 붙여 세금을 부과해 백성들의 부담을 크게 했다. 1504년 8월에는 금표禁標를 확대해 경기도 일원의 민가를 철거하라는 명을 내렸다. 금표는 본래 군사훈련이나 왕의 사냥을 위해 일시적으로 백성들의 출입을 통제하는 지역을 말한다. 연산군은 민가를 허물고 그 입구마다 금표비를 세워 백성들의 출입을 막고 자신만의 향락의 무대가 되는 사냥터를 넓혀 갔다.

궁궐에서 대규모의 잔치를 베풀어 타락한 군주의 전형을 보여주기도 했다. 자태가 고운 여자들을 전국 팔도에서 찾아내어 이들을 궁궐의 기녀로 차출하였다. 채홍사採紅使로 칭해진 사람들이 기녀들의 선발에 나섰고 이때에 뽑힌 기녀들은 운평運平, 가흥청假興淸, 흥청興淸으로 불렸다. "그때 왕은 처용 가면을 풍두라고 불러 금·은·주옥으로 장식하고, 왕이 매양 술이 취하여 발광할 때마다 스스로 풍두를 얼굴에 걸고 경복궁으로 갔는데, 흥청 수백 명에게 풍악을 치며 따르게 하여 대비 앞에서 희롱하고 춤도 추었다"는《연산군일기》의 기록에서는 이 사람이 일국의 왕인지 공연 감독이자 주연 배우인지를 헷갈리게 한다. 연산군이 흥청을 끼고 노는 것을 한탄한 백성들

출처: 문화재청

1994년 11월 경기도 고양시 덕양구 대자동에서 이상한 비석이 발견되었다. 이 비석에는 비 앞면에는 '금표내범입자논기훼제서율처참禁標內犯入者論棄毁制書律處斬'이라고 새겨져 있는데, 이 금표 안으로 들어오는 사람은 왕명을 어긴 것으로 보아 처벌한다는 내용이었다. 연산군이 자신의 유흥지에 일반인의 출입을 금하기 위해 세운 금표비 중 하나였던 것이다. 이 석비는 금천군 이변의 묘역을 보수할 때 출토되었다. 상단과 하단의 왼쪽 일부가 떨어져 있으며, 땅속에 오랫동안 묻혀있어서 황토빛이 뚜렷이 남아 있다. 높이 147㎝, 가로 55㎝, 두께 23㎝이며, 1995년 8월 7일 경기도문화재자료 제88호로 지정되었다.

은 연산군의 위세에 눌려 그 앞에서는 말을 하지는 못했지만 이를 조롱하고 비판하는 의미로 '흥청망청興淸亡淸'이라는 말을 민간에 유행시켰다. '흥청망청'이라는 말이 오늘날까지 유행하고 있는 것에서 역사의 잘못을 경계하는 의식은 수백 년을 넘어 지속되고 있음을 알 수 있다.

창덕궁 후원 역시 사치와 향락의 공간으로 전락해 갔다. 연산군은 후원에 높이와 넓이가 수십 길이 되는 '서총대'를 세우고, 그 아래 큰 못을 팠는데 해가 넘도록 공사를 마치지 못할 정도였다. 또 임진강가의 석벽 위에는 별관을 지어 유람하고 사냥하는 장소를 만들었는데, 굽이진 원院과 빙 두른 방房이 강물을 내려다보아 극히 사치스럽고 교묘하게 하였다.

연산군 시대에는 엽기적인 형벌들이 개발되기도 했다. 《연산군일기》에는 '천장'이라는 손바닥 뚫기, 몸을 지지는 '낙신', 가슴을 빠개는 '착흉', 뼈를 바르는 '과골', 손을 마디마디 자르는 '촌참'을 비롯하여, 뼈를 갈아 바람에 날리는 '쇄골표풍' 등 최악의 형벌을 자행했다는 기록이 있다.

연산군은 각종 패牌를 만들어 관리들을 통제하는 수단으로 활용했다. 궁중의 내관들에게는 '신언패愼言牌'라는 패쪽을 차고 다니게 하였다. 신언패에 새긴 내용은 "입은 화의 문이요, 혀는 몸을 베는 칼이다. 입을 닫고 혀를 깊이 간직하면 몸이 편안하여 어디서나 안전하리라"는 것으로 등골을 오싹하게 하는 문구였다. 관리들에게 왕의 허락이 있어야 쉴 수 있게 하는 허한패許閑牌를 창안한 것도 연산군이었

출처: 국립고궁박물관

대한제국 당시 창덕궁 전경을 촬영한 흑백사진이다. 창덕궁을 옆쪽에서 부감하듯 비스듬히 내려다 본 시점에서 촬영했다. 창덕궁은 동서축의 공간이 넓고 후원 영역이 발달해 왕이 거처하기에 편안했기 때문에 조선의 왕들이 가장 많이 생활한 공간이었다. 사진 속에는 정전인 인자한 정치를 펼친다는 의미의 인정전仁政殿의 모습과 그 주변에 늘어서 있는 전각들의 지붕이 보인다. 왕실의 주요행사나 왕의 권위를 나타내는 상징적 의식들이 모두 인정전에서 치러졌는데 연산군 나이 19세에 그의 즉위식도 이 인정전에서 이루어졌다. 인정전에서 연산군을 비롯해 효종, 현종, 숙종, 영조, 순조, 철종, 고종 등 8명의 왕이 즉위식을 올렸으며, 연산군과 광해군은 반정으로 왕의 자리에서 쫓겨났다.

다. 1506년에는 조정의 관리들에게 머리에 쓰는 사모紗帽 견본을 내리면서 앞쪽엔 충忠자, 뒤쪽엔 성誠자를 새기게 하였다. 사모 두 뿔은 어깨 위로 늘어지게 하여 왕이 아랫사람을 통제하는 뜻을 보이게 했다. 신하들에게 늘 충성심을 품도록 사모에까지 충성이라는 글자를 새긴 것은 연산군 스스로도 독재정치에 불안해했음을 짐작할 수 있다.

고문 기술의 개발, 신언패, 한글 탄압, 충성 사모 해프닝, 사관들에 대한 탄압 등 연산군이 개발한 창의적인(?) 악행들은 결과적으로 연산군을 쫓아내는 부메랑이 되었다. 독재에 반대하는 세력에 대해 가혹한 숙청을 하면서 자신의 비위에 맞는 말만 골라하는 장녹수 등만이 연산군 최후의 참모로 남았던 점 또한 연산군 시대의 종말이 서서히 다가왔음을 예고하고 있었다.

4장 임진왜란, 조선이 위기를 겪다

선조에게 위기 상황을 역설한 참모, 이이

조선 중기를 대표하는 학자이자 정치가 율곡 이이李珥(1536~1584). 이이는 어머니 신사임당과 함께 한국사를 대표하는 모자이다. 과거 시험을 비롯한 시험에만 무려 아홉 번이나 장원급제하며, 탁월한 수재였던 이이. 그는 안정되어 가던 사림사회가 점차 위기를 맞아가던 16세기 명종과 선조 시대를 살아가면서 안으로는 성리학 이념의 조선식 정착과 당쟁의 조정, 백성을 위한 사회경제 정책의 수립을, 밖으로는 국방 태세의 안정을 위해 전력을 다한 인물이었다. 이이는 최고의 학자이자 정치인으로도 중요한 역할을 한 모범적인 사례로 손꼽힌다.

아홉 번 장원급제한 천재

이이가 살아갔던 16세기 중반, 명종 및 선조 초반의 조선사회는 외척과 권신의 정치권력에 맞서 사림파가 본격적으로 정치의 주도 세력이 되는 시기였다. 네 차례의 사화 속에서 훈구파들에게 정치적 탄압을 받았던 사림파들은 1567년 선조의 즉위와 함께 본격적으로 중앙의 정계에 진출하였다. 사림파는 훈구파 비판이라는 공동의 목표에서는 합치했다. 그러나 중앙 정치에 진출하면서 제한된 관직을 둘러싸고 사림파 자체 내에서 분열하는 양상이 벌어졌으니 이것이 동인과 서인으로 분립된 당쟁의 시작이다. 이이는 당파 간 화합을 의미하는 조제調劑책을 내세우며 당쟁의 조정에 앞장섰지만 그의 지역적 기반인 경기 지역의 학자들이 대부분 서인이 되면서 이이는 서인의 영수로 추대되었다. 정치적, 학문적 명망이 그만큼 높았기 때문이다.

이이는 1536년 외가인 강릉 북평촌 오죽헌에서 태어났다. 이원수와 신사임당 소생의 4형제 중 셋째로, 본관은 덕수德水, 자는 숙헌叔獻, 호는 율곡栗谷 · 석담石潭 · 우재愚齋다. 외조부 신명화는 조광조와 뜻을 같이 한 기묘명현 중의 한 사람이었다. 이이를 낳던 날 어머니 신사임당의 꿈에 용이 침실로 날아올랐다 하여, 그가 태어난 방은 몽룡실, 어릴 적 이름은 현룡이라 불렀다. 6세가 되던 1541년 한양의 수진방(현재의 서울 청진동)에 있는 본가로 돌아온 이이는 이후 집안 대대로 터전을 잡았던 고향 땅 파주의 율곡栗谷(밤골)을 오가며 살았다. 8세 때 임진강 근처에 있는 화석정에 올라 시를 지었고, 10세 때는 강릉에 있는 경포대를 보며 시를 지었는데, 어린이가 썼다고 믿을 수 없을 만큼 잘 썼다는 칭찬을 받았다. 이이는 어린 시절 조광조의 문인이었던 성수침의 가르침을 받았고, 성수침의 아들 성혼과 친분을 유지했다. 훗날 두 사람은 서인의 중심인물이 되었다.

어린 시절 이이의 교육과 인격 형성에 있어 큰 영향을 미친 인물은 어머니였다. 그러나 늘 의지처가 되곤 했던 신사임당이 16세가 되던 1551년에 사망하자, 이이는 정신적으로 큰 충격을 받았다. 3년 동안 초막을 짓고 시묘살이(부모의 상중에 3년간 그 무덤 옆에서 움막을 짓고 사는 일)를 마친 후 인생에 대한 허무감을 느꼈다. 이때 그의 마음을 끌게 한 것은 불교였고, 금강산으로 향했다. 금강산 마하연에서 세상의 번뇌를 모두 벗어던지고 불교에 빠져 보기도 했지만, 사후의 세계를 생각하는 불교보다는 현실의 문제점을 중시하는 유학이 보다 우월하다는 것을 깨닫고 1555년 금강산을 내려왔다. 그리고 스스로 경계하는 의미의 〈자경문〉을 짓고 성리학에 전념했다. 22세 되던 해에는 한양에서 이웃에 살던 노경린의 딸과 혼인했으며, 고향인 파주 밤골에 살림을 차리고 '율곡'이라는 호를 사용하기 시작했다. 1558년 이이는 성주목사로 있는 장인에게 들렀다가 예안으로 향했다. 당대 최고의 학자인 이황이 예안의 도산서당에 터전을 잡고 후학들을 양성하고 있다는 소식을 들었기 때문이다. 이이는 이황에게서 성리학의 이론에 대해서 질문하고 자신의 생각을 정리하였고, 이것은 훗날 두 사람이 조선성리학의 이론에 있어서 가장 큰 개념인 리理와 기氣에 대해 독창적인 해석을 할 수 있는 바탕을 마련하였다. 이이는 도산서당을 떠난 뒤로도 이황과 편지를 주고받으며 성리학의 수준을 높여나갔다.

출처: 국립중앙박물관

신사임당의 〈초충도〉

1504년에 태어나 1551년 48세로 별세한 신사임당은 시, 그림, 글씨에 능했으며 아들 율곡 이이에게 많은 영향을 끼쳤다.

이이는 1558년(명종 14) 23세 때 별시에 장원급제하여 본격적으로 관리의 길에 들어섰다. 1564년에는 생원시와 진사시, 문과 복시와 전시에 모두 장원급제하는 등 총 아홉 번 장원급제하여 '구도장원공'으로 불렸다. 그야말로 '시험의 달인'이었다.

선조와의 만남과 탁월한 현실인식

이이가 관직에 본격적으로 들어선 지 얼마 뒤인 1567년 명종이 승하하고 새 국왕 선조가 즉위하였다. 이이는 왕의 학문을 담당하는 경연관의 직책을 맡으면서 16세의 선조를 성군의 길로 이끌기 위해 노력하였다. 이이는 군주가 학문에 힘쓰고 정치를 바로 해야 나라의 기강이 바로 잡힌다는 생각에서 열성적으로 경연관의 임무를 수행했다. 1568년 겨울에는 사가독서를 하게 되었다. 사가독서는 관리들에게 임시로 휴가를 주어 연구를 하게 하는 제도로 오늘날의 유급휴가 제도의 기원이 된다.

이이는 동호 독서당(학문 연구와 도서 열람의 기능을 수행한 장소)에서도 휴가를 보내는 대신에 꾸준히 연구에 전념하여 왕을 위한 교육지침서인 《동호문답》을 저술하여 올렸다. 정치의 득실을 논한 이 책에서 이이는 을사사화 때 공훈을 받은 권신들의 훈작을 삭제할 것과 당시 화를 입었던 사림파들의 신원을 통해 국가의 명분을 바로 세워야 함을 강조하였다. 이후에도 이이는 을사사화 때 내린 잘못된 훈작을 거두어 들여야 한다는 취지의 상소문을 거듭 올려 1577년(선조 10) 마침내 선조로부터 잘못된 공훈을 삭제하는 것을 허락받았다. 32년 만에 을사사화 때 화를 당한 사림파에 대한 신원과 복권이 이루어지면서 구세력에 대한 인적 청산은 어느 정도 성과를 거둘 수 있었다.

중앙에서 관직 생활을 주로 했던 이이는 청주목사로 발령을 받아 잠시 중앙에서 벗어날 수 있게 되었다. 청주목사 시절 이이는 자신의 학문을 현장에서 구체적으로 실천할 기회를 잡았다. 백성들을 위해 향약을 실시한 것이다. 향약은 주자의 '여씨향약'에서 비롯된 것으로 성리학 이념에 입각하여 마을 백성들의 풍속을 교화하고 향촌의 결집력을 강화시키는 제도였다. 향약은 서원과 함께 사화로 인해 지방으로 내려간 사림 세력들이 향촌에서 백성들의 지지기반을 바탕으로 재기하는 데 큰 힘을 실어 주었다. 이이가 청주에서 실시한 서원(청주의 옛 이름) 향약은 이황의 예안 향약과 함께 훗날 향약의 모범으로 자리를 잡게 된다.

1574년(선조 7) 이이는 나라에 악재가 연이어 닥치자 〈만언봉사萬言封事〉를 선조에게 올렸다. 이이는 당시 백성들의 곤궁한 생활상에 대해 "풍속의 사치와 문란함이 오늘날보다 심함이 없다. 음식은 배를 채우기 위한 것이 아니라 상 위에 가득 채워놓고 뽐내기 위한 것이고, 옷은 몸을 가리기 위한 것이 아니라 화려함과 아름다움을 다투기 위함이다. 한상을 차리는 비용은 굶주리는 사람들에게는 몇 달치의 양식이 될 만하며, 옷 한 벌의 비용은 헐벗은 자 열 명의 옷값이다. (중략) 어찌 백성들이 굶주리고 헐벗지 않을 수 있겠는가?"라고 하여 사치가 만연한 당시의 사회상을 먼저 지적한 후, 왕이 시급히 해결해야 할 일과 백성을 편안하게 하는 방법에 대해 장문의 대책을 제시했다. 선조는 이이의 상소를 수용하기는 했지만 제도 개혁에는 이르지 못했다. 여전히 국정을 낙관적으로 인식하고 개혁적인 제도 개선에는 소홀했기 때문이었다.

이이는 여러 차례 상소문을 올려 국정의 문제점을 지적했지만, 이것이 잘 수용되지 않자 1577년 해주의 석담으로 돌아갔다. 이이는 이곳에 있으면서 아동들을 위한 학습에도 신경을 썼고, 이것은 1577년 조선시대 대표적인 아동지침서인 《격몽요결》의 저술로 이어졌다. 1578년에는 해주에서 청계당 동쪽에 '은병정사隱屛精舍'를 지었다. 은병정사는 주자의 '무이구곡武夷九曲'처럼 아홉 굽이로 돌아서 바다로 들어가는 해주 석담 부근의 물굽이에 지은 학사(학문을 닦는 건물)였다. 바깥채에는 학생을 모아 가르치고 안채에는 대가족을 거느리며 생활하면서, 하루하루를 정리한 일기를 쓴 것이 《석담일기》이다.

이이는 자신이 살아가고 있던 시기를 중쇠기中衰期로 인식하였다. 조선이 건국한 후 이백 년이 지나 서서히 붕괴의 조짐이 일어나는 시기로 본 것이다. "우리 조정이 나라를 세운 지 거의 200년이 되니 이는 쇠퇴기에 접어든 것이다. 권세 있고 간사한 신하들이 혼탁하게 어지럽혀 화가 많아진 것이다"라고 한 것은 이러한 인식을 대표적으로 보여준다. 그에 의하면 조선은 "흙이 무너지고 기와가 깨지는 형세"에 처해 있었다. 그렇다고 앉아서 절망하고만 있을 수는 없었다.

이이는 개혁만이 나라를 구할 수 있는 길이라고 파악했다. 그 시기를 잃지 않아야 함을 강조하고 국가를 재건하기 위한 경장책(정치사회적으로 묵은 제도를 개혁하여 새롭게 하는 방책)을 제시하였다. 개혁만이 무너져가는 집을 수리하듯이 나라를 구할 수 있는 길이요, 개혁을 해야 할 때에 개혁하지 않음은 병이 걸렸는데 약을 포기하고 죽기를 기다리는 것과 같다고 하였다. 정치제도 분야에서는 과거제도 이외에 다른 방법으로 능력 있는 인재를 선발해 쓸 것, 서얼에게 벼슬길을 열어줄 것, 적재적소에 인재를 배치하되 그 일을 전문적으로 할 수 있도록 할 것, 중앙과 지방의 관직을 통폐합하여 '작은 정부'를 실현할 것, 폐단이 많았던 정치의 혁신을 주도하기 위한 기관으로 '경제사經濟司'를 설치할 것, 언로를 활성화시키고 공론을 진작시킬 것 등이었다.

경제 분야에서는 정부 지출의 축소와 세수의 확대를 통한 국가 재정의 확충, 진상의 감축과 공물과 방납의 폐단 시정, 수령과 서리들의 착취 근절 등으로, 모두가 백성들의 이익을 우선한 것이었다. 공물과 방납의 폐단을 시정하기 위한 방안으로는 공물 대신에 수미법을 실시할 것을 주장하였는데, 이것은 훗날 대동법의 기반이 되었다.

실록의 이이 부분에는 "이이가 죽은 후에 편당(한 당파에 치우침)이 크게 기세를 부려 한쪽을 제거시키고는 조정을 바로잡았다고들 하였는데, 그 내부에서 다시 알력이 생겨 사분오열이 되어 마침내 나라의 무궁한 화근이 되었다. 그리하여 임진왜란 때에 이르러서는 강토가 무너지고 나라가 마침내 기울어지는 결과를 빚고 말았는데, 이이가 평소에 미리 염려하여 먼저 말했던 것이 사실과 부합되지 않는 것이 없었다. 그래서 그가 건의했던 각종 편의책들이 다시 추후에 채택되었는데, 국론과 민언이 모두 '이이는 도덕과 충의의 정신으로 차 있어 흠잡을 수 없다'고 칭송하였다"고 이이를 평가

화석정

화석정이 있는 경기도 파주시 파평면 율곡3리는 이이가 살았던 곳으로 그의 호 율곡도 아버지의 고향인 이곳 지명에서 따왔다.

하고 있다.

이이의 정치적 활동에서 가장 돋보이는 장면은 성리학의 이론을 탄탄하게 구축한 바탕 위에 이것을 국부와 민생을 위해 사회적으로 실천함에 주력한 점이다. 이이는 이러한 입장을 "만약 입으로는 책을 읽되 마음으로 체득함도, 몸으로 행함도 없다면 책은 그대로 책이고 나는 그대로 나이니 무슨 유익함이 있겠는가?"라는 말로 표현하였다. 조선이라는 나라가 점차 제자리를 잡아가다가 위기에 부딪친 16세기 중, 후반의 시기를 살면서 학문과 정치에서 최고의 능력을 보인 인물. 그의 일생은 국가와 백성을 위한 경장책을 제시하고 실천하는 것으로 시작되고 끝마쳤다고 해도 과언이 아니다.

'십만양병설'의 진실 공방

이이의 행적이나 왕의 참모로서의 역할에서 그의 비범함을 강조하는 대표적인 내용이 바로 '십만양병설十萬養兵說'이다. '십만양병설'은 1583년 경연에서 주장한 것으로 기록되어 있다. 그런데 정작 율곡 자신이 쓴 글을 모은《율곡집》이나 이이 사후에 편찬된 공식 기록인《선조실록》에 '십만양병설'이 기록되지 않는 점을 들어 이것이 지니는 의미를 축소하거나, 아예 사실이 아닐 것이라고 보는 견해도 있다. '십만양병설'에 대한 최초의 기록은 이이의 문인 김장생이 쓴《율곡집》 행장 부분에 있다.

> 한 번은 경연에서, "미리 10만 명을 양성하여 급한 일이 있을 때에 대비하십시오. 그렇지 않으면 10년을 지나지 아니하여 토담이 무너지는 화가 있을 것입니다" 하니 정승 유성룡이 말하기를, "일이 없이 군대를 양성하는 것은 화근을 만드는 것입니다" 하였다. 그때에 난리가 없은 지가 오래되어 편안한 것만 좋아하여서 경연에 있던 신하들이 모두, "선생이 잘못한 것이다" 하니, 선생이 나와서 유성룡에게 말하기를, "나라 형세의 위태하기가 달걀을 쌓아 놓은 것 같은데, 시속時俗의 선비는 이때 어떻게 할 것을 모르니, 다른 사람이야 진실로 기대할 것이 없지만 그대가 또한 이러한 말을 하는가"

하였다. 임진왜란이 일어난 후에 유정승이 조정에서 누구에게 말하기를, "지금 와서 보면 문성공(이이)은 참으로 성인이다. 만약 그 말대로 하였으면 나라 일이 어찌 이렇게 되었겠는가. 또 그가 전후로 계획한 것이 어떤 사람은 잘못이라고 하였지만 지금은 모두 꼭꼭 들어맞아서 참으로 따라갈 수가 없으니, 만약 율곡이 살아 있다면 반드시 능히 오늘날을 타개할 방법이 있었을 것이다" 하였으니, 참으로 1백 년을 기다리지 않고 안다는 것이다.

김장생의 율곡 행장에서 처음 기록된 십만양병설은 김장생의 제자인 송시열의 〈율곡연보〉에서 보다 구체화되었다.

선생이 경연에서 아뢰기를, "국가의 기세가 부진한 것이 극에 달했으니 10년이 지나지 않아서 마땅히 땅이 붕괴하는 화가 있을 것입니다. 원컨대 미리 10만의 군사를 양성하여 도성에 2만, 각 도에 1만씩을 두어 군사들에게 호별세를 면해 주고 무예를 단련케 하고, 6개월에 나누어 번갈아 도성을 수비하다가 변란이 있을 때는 10만을 합하여 지키게 하는 등 완급의 대비를 삼아야 합니다. 그렇게 하지 않으면 하루아침에 사변이 일어나 백성들을 몰아내어 싸우게 함을 면치 못할 것이니 큰 일이 실패할 것입니다"라고 하니, 유성룡은 불가하다면서 "무사한 때에 군사를 기르는 것은 화를 가져올 것입니다"라고 하였다. 경연의 신하들도 모두 선생의 말을 지나친 염려라고 여겨 행하지 않았다.

송시열의 〈율곡연보〉는 김장생의 〈행장〉 기록을 거의 따르면서, 10만 양병의 구체적인 내용들을 서술한 것이 특징이다. 특히 송시열은 10만 양병을 주장한 시기를 1583년 4월이라고 기록하고 있는 것이 주목되는데, 1592년 4월 임진왜란이 일어나기 꼭 10년 전의 기록이라는 점을 강조하여, 이이의 선견지명을 매우 구체화하고 있다.

십만양병설, 동인과 서인의 당쟁으로 비화하다

그러나 정작 국가의 공식기록물인 실록의 경우 이이의 십만양병설은 광해군 시대에 북인이 주체가 되어 완성한 《선조실록》에는 기록되어 있지 않고, 인조 시대 수정 작업에 착수하여 효종 시대에 완성한 《선조수정실록》에만 기록되어 있는 것이 눈길을 끈다. 《선조수정실록》에는 송시열의 〈율곡연보〉와는 달리, 1582년(선조 15) 9월에 그 내용이 실려 있다.

> 이이가 일찍이 경연에서 "미리 10만의 군사를 양성하여 앞으로 뜻하지 않은 변란에 대비해야 한다"고 말하자, 유성룡은 "군사를 양성하는 것은 화단을 키우는 것이다"라고 하며 매우 강력히 변론하였다. 이이는 늘 탄식하기를 "유성룡은 재주와 기개가 참으로 특출하지만 우리와 더불어 일을 함께 하려고 하지 않으니 우리들이 죽은 뒤에야 반드시 그의 재주를 펼 수 있을 것이다" 하였다. 임진년 변란이 일어나자 유성룡이 국사를 담당하여 군무軍務를 요리하게

되었는데, 그는 늘 "이이는 선견지명이 있고 충근忠勤한 절의가 있었으니 그가 죽지 않았다면 반드시 오늘날에 도움이 있었을 것이다"고 하였다 한다.[1]

상식처럼 알고 있는 '십만양병설'에 대한 기록들이 복잡하게 얽혀 있는 까닭은 무엇일까? 해답은 바로 동인과 서인의 치열한 당쟁에서 찾을 수 있다. 이이가 사망할 무렵 동인과 서인의 대립은 극에 달하였다. 1575년 동인과 서인이 분당한 이래 당쟁은 점차 심화되었고 마침내 상대 당파를 원수처럼 여기는 강경한 정국이 전개되었다. 이러한 정국에서 이이는 한 시대를 구제함과 국방 강화를 정치의 급선무로 여겼다. 때문에 어느 당파에도 치우치지 않고 사류들의 보합과 중재에 힘을 기울였지만, 그의 뜻대로 정치는 운영되지 않았다. 오히려 이이는 동인들에 의해 서인의 영수로 지목받았고 그만큼 이이에 대한 동인들의 반감은 컸다.

이이 사후 선조의 뒤를 이어 광해군이 즉위하고, 선조 시대를 정리하는 《선조실록》이 편찬되었다. 실록은 전임 왕에 관한 기록이므로 후대의 왕 시절 누가 집권 세력이 되는가가 서술에 큰 변수가 된다. 광해군대의 집권 세력인 북인은 동인에서 남인과 북인으로 분립된 정파로서 동인 중에서도 서인에 대해 보다 강경한 입장을 보인 정치 세력이었다. 북인의 주도하에서 편찬한 《선조실록》은 반

1 《선조수정실록》 1582년(선조 15) 9월 1일

대당인 서인들에 대해 적대적인 입장을 취한 면모가 곳곳에서 드러나고 있다.

대표적으로 서인의 영수로 활약했던 이이와 정철에 관한 기록을 보면 북인들의 《선조실록》 편찬의 일단을 볼 수가 있다. 즉 《선조실록》에는 이이의 죽음에 대해 '李珥卒'이라는 단 세 글자로 기록하여 아무런 의미도 표현하지 않았던 것에 비하여 서인들에 의해 편찬된 《선조수정실록》에는 이이가 죽은 날 그의 인품, 학문적 성취, 교유, 사승관계 등에 대해 자세히 언급하고 있는 것이다. 대학자 이이의 죽음에 관한 기록조차 '이이졸'이라고 표현한 북인들이, 이이가 제시했던 주요한 방책들을 흔쾌히 수록했을 가능성은 적어 보인다. 물론 서인 측에서는 좀 더 과장해서 '십만양병설'을 강조했을 것이라고 짐작해볼 수 있다. 인조 원년 경연에서 서인들이 중심이 되어 《선조실록》과 광해군 대의 시정기를 수정하자고 제의했던 것은 이러한 인식의 반영이었다. 그러나 기존의 실록을 없애고 새로 실록을 쓴다는 것은 전례도 없거니와 자신들의 정치적 입장에 의한 편찬이라는 비난을 살 것이 분명했다. 이에 기존의 《선조실록》은 그대로 두고 《선조실록》의 내용을 수정, 보완한 《선조수정실록》을 만들어 두 가지 형태를 후대에 전했던 것이다.

서인들이 주도한 《선조수정실록》은 우여곡절 끝에 효종 대에 완성을 볼 수 있었다. 이즈음에는 이미 김장생의 행장에 기록된 '십만양병설'이 공공연하게 유포되고 있었고, 서인들이 집권한 때였던 만큼 《선조수정실록》에는 당연히 '십만양병설'이 기록되고 그 중요

출처: 문화재청

이옥산의 〈국화도첩〉

이이의 누이인 이옥산이 그린 국화도. 이옥산은 어머니의 재능을 이어받아 예능에 뛰어난 솜씨를 지녔다. 옥산의 국화도는 가로 25㎝, 세로 35㎝ 크기의 종이에 그린 묵화로, 국화 한줄기가 화면에 솟아오른 단순한 구도이면서도 만발한 국화를 보는 듯 담백한 여운을 풍긴다.

성이 강조되었다. 《선조수정실록》에 기록된 이이의 졸기 또한 《선조실록》의 단 석자의 기록과는 확연히 다르다. 《선조수정실록》에서 이이는 미래를 바라보는 혜안을 지녔던 학자이자 정치가로 그 모습이 선명하게 부각된다.

이이는 줄곧 국방 강화를 주장한 학자였다. 1584년 이조판서였던 이이가 병석에 누워서까지 변방에 대한 방어를 역설한 것에서도 이러한 모습이 잘 드러난다. 이이는 병조판서로 있을 때부터 생긴 병 때문에 자리에 누웠다. 선조는 의원을 보내 치료하게 하는 한편, 이때 서익이 순무어사로 관북에 가게 되자 이이를 찾아가 변방에 관한 일을 묻게 하였다. 자제들은 병이 현재 조금 차도가 있으나 몸을 수고롭게 해서는 되지 않으니 응하지 말 것을 청했지만 이이는 "나의 몸은 다만 나라를 위할 뿐이다. 만약 이 일로 인하여 병이 더 심해져도 역시 운명이다" 하고, 억지로 일어나 맞이하여 육조의 방책을 불러주었고, 서익이 이를 다 받아쓰자 호흡이 끊어졌다가 다시 소생하더니 하루를 넘기지 못하고 영원히 일어나지 못하였다고 한다. 정치가로서, 학자로서 최후까지 자신의 책무를 다하였던 이이의 마지막 모습이었다.

위의 사례들을 볼 때 이이는 평소에도 국방의 중요성을 강조하였고, 구체적인 대책까지 제시한 것으로 판단된다. 김장생은 스승의 말씀을 놓치지 않고 기록으로 남겼고, 이것이 행장에까지 수록되었다. 그리고 이 '십만양병설'은 이이의 학통을 계승한 서인, 노론 세력이 조선 후기 정치의 주도 세력이 되면서, 임진왜란을 미리 예견한 이이의 탁월한 능력을 강조하기 위해 널리 선전되었다. 그 과정에서 희생양이 필요하였고, 동인의 영수 유성룡은 이이의 탁견을 무시한 무능한 정치인으로 격하되었다. 결국 '십만양병설'은 구체적인 진실공방을 떠나, 정치 권력을 획득한 서인들이 자파 세력의 위상을 더욱 강화하는 방안으로 활용한 점은 틀림이 없다. 하지만 이이가 현실문제에 적극 대응하는 실천가, 사회개혁가로서 선조 시대 최고의 참모로서 활약했음은 부정할 수 없는 사실이다.

선조와 정철,
그 애증의 관계

조선의 14대 왕 선조(1552~1608, 재위 1567~1608)에 대한 평가는 지극히 극단적이다. 임진왜란이 일어나자마자 도성을 버리고 피난길에 급급했던 왕, 전쟁 영웅 성웅 이순신의 공을 시기하고 이순신을 죽음의 구렁텅이에 몰아넣기도 했던 비겁한 왕이라는 부정적인 평가가 있는가 하면, '목릉성세穆陵盛世(선조가 이끈 학문과 문화의 전성기)'라는 표현으로 대표되는 학문과 문화의 전성기를 이끈 왕이라는 완전히 상반된 평가도 있다. 이황, 이이, 이준경, 정철, 윤두수, 이산해, 유성룡, 이원익, 이항복, 이덕형 등과 같이 조선을 대표하는 참모형 학자들이 대거 배출된 시대가 선조 때라는 점을 고려하면 선조의 긍정적인 리더의 면모도 알 수 있다. 선조의 참모 중에서도 선조와 애증의 관계를 가졌던 대표적인 인물이 정철鄭澈(1536~1593)이다.

왕실과의 인연, 그 득과 실

정철은 부친 정유침(1493~1570)과 죽산 안씨 사이의 소생으로, 1536년(중종 31) 한양 장의동에서 태어났다. 지금 종로구 청운초등학교 앞에는 정철의 탄생을 알리는 표지석과 함께 그의 작품이 벽에 실려 있다. 정철의 자는 계함季涵, 호는 송강松江, 시호는 문청文淸이다. 정철은 맏누이가 인종의 후궁이 되고, 막내 누이는 성종의 아들인 계림군에게 출가하면서 왕실과 인연을 맺게 된다. 정철은 어린 시절 궁궐의 왕자들과 어울렸으며, 인종의 동생이자 세자였던 경원대군(후의 명종)과 친분을 맺었다. 그러나 1545년(명종 즉위년) 을사사화가 일어나, 계림군이 역모 혐의로 처형을 당하고 계림군의 장인인 부친과 처남인 맏형이 유배길에 올랐다. 1547년(명종 2)에는 '양재역 벽서사건'이 터지고 부친이 다시 경상도 영일로 유배되면서 정철은 아버지를 따라 유배지에서 생활을 했다.

1551년(명종 6) 정철이 열여섯 살이 되던 해 부친이 7년 만에 유배에서 풀려나면서, 정철의 가족은 전라도 담양 창평의 당지산 기슭으로 거처를 옮겼다. 이 시기는 정철이 본격적인 학문의 길로 들어서는 시기다. 정철은 호남 지역의 대학자 김인후와 기대승을 스승으로 삼는 기회를 얻었다. "이즈음 송강은 스스로 배워야 할 필요성을 깨닫고 드디어 하서 김인후의 문하에 들어가 학업을 청하였고, 그 후 고봉 기대승을 좇아 배웠다"고 정철 연보는 기록하고 있다. 정철은 김인후와 기대승에게서 학문뿐만 아니라 문학적 영향도 크게 받았고, 이것은 훗날 정철이 조선을 대표하는 문학가로 성장하는 데 주요한 발판이 되었다. 정철은 그와 뜻이 맞는 사람들과도 두루 사귀었는데 특히 훗날 서인의 학문적 원류가 되는 이이, 성혼과는 각별한 친분을 유지했다.

관직 생활로 들어서다

16세부터 약 10년의 수학 과정을 거친 정철은 1561년(명종 16) 스물여섯 살이 되던 해 과거에 응시하여 진사시에 1등으로 합격하고, 이듬해 문과 별시에 장원급제하여 성균관 전적에 제수되었다. 유년시절 궁중을 출입하며 쌓았던 명종과의 친분은 정철의 관료 생활을 순탄하게 하였지만 위기도 있었다. 사헌부 지평 시절 정철은 명종의 사촌형 경양군의 처남 살인 사건이 일어나자 왕의 부탁에도 불구하고 원칙적인 입장을 견지했다. 이에 명종은 정철을 요직에서 배제했고, 한동안 제대로 능력을 발휘할 기회를 얻지 못했다.

1567년 선조의 즉위는 정철의 정치 인생에 큰 돌파구가 되었다. 선조는 즉위 후 학문적 능력을 갖춘 사림 세력을 적극 등용했는데, 이러한 흐름 속에서 정철은 홍문관 수찬으로 제수되었다. 그 직후에 호당湖堂(독서당)에 선출되어 사가독서를 하게 되었다. 1568년(선조 1) 요직인 이조좌랑에 임명되었으나, 1570년(선조 3) 부친상을 당한 후 1572년(선조 5)까지 경기도 고양군 신원에서 시묘살이를 했다. 1573년에는 모친상을 당해 다시 3년간 시묘살이를 했다.

진천 정철 신도비

비는 거북받침돌 위에 비몸을 세우고 지붕돌을 얹은 모습이다. 비문은 1684년(숙종 10) 송시열이 글을 지었으며, 김수증이 글씨를 썼다.

당쟁의 소용돌이와 네 번의 낙향

1575년(선조 8) 정철은 시묘살이를 끝내고 관직에 복귀했다. 그의 나이 40세 때였다. 이 시기는 동인과 서인의 분당에 따른 당쟁이 시작된 시기였는데, 정철은 서인의 중심으로 활약하기 시작했다. 1578년(선조 11) 대사간에 제수되었으나 진도군수 이수의 뇌물수수 사건처리 문제로 동인의 탄핵을 받고 낙향했다. 정철은 낙향 후에도 여러 관직에 제수되었으나 나아가지 않고 다시 창평으로 돌아갔다. 1580년(선조 13) 선조는 동인이 득세하고 있는 중앙의 관직에는 뜻이 없음을 알고 정철을 외직인 강원도 관찰사에 제수한다.

관동 8경을 유람하면서 느낀 감회를 정리한 〈관동별곡〉은 이 시절 탄생한 그의 대표작이다. 〈관동별곡〉에서 정철은 주요 명승지와 함께 그 지역의 역사와 문화를 보았고, 선조에 대한 충성과 민생 문제 해결을 늘 다짐했다. "강원도 관찰사 정철이 도내의 병폐를 진달(관하의 공문서류를 상급 관청으로 올려 보냄)하였는데, 왕이 가상히 여겨 답하고 해당 관사에 내려 의논하여 시행하도록 하였다"는 《선조수정실록》 1580년 7월의 기록에서도 정철의 강원도행은 단순한 여행이 아니라, 백성들의 삶의 현장을 찾아 그 문제점을 해결하려 한 목적이 있었음을 확인할 수가 있다.

1581년 외직에서 돌아와 다시 내직을 맡았지만 다시 동인의 공격을 받게 된다. 그만큼 동인 측에서는 정철을 서인의 강경파로 인식했기 때문이다. 정철은 다시 창평으로 돌아갔으나 선조는 그를 같은 해 12월 전라도 관찰사로 임명했다. 이후 정철은 1585년(선조 18)까지 도승지, 함경도 관찰사, 예조판서, 대사헌 등의 직책을 지내면서 선조의 최측근 참모로 활약했다. 1584년 8월에는 선조가 총마(아끼는 말)를 하사하여 출입하게 함에 따라 '총마어사'라 불리기도 했다. 그만큼 선조의 총애가 지극했던 것이다. 그러나 동인들이 집권하면 정철은 늘 정치적 표적이 되었고, 창평으로 낙향하는 생활을 반복했다.

한편으로 낙향의 시기는 정철로 하여금 정치적 긴장에서 벗어나 정신적으로 여유 있는 시간을 갖게 만들어 주었다. 창평에서 그는 문학적 능력을 최대한 발휘할 수 있었다. 정철은 이 시기에 〈사미인곡〉, 〈속미인곡〉 등과 같은 작품을 내며, 한국문학사에 큰 족적을 남겼다.

정치인 정철의 진면목을 보이다

1589년(선조 22) 10월 "천하는 공물公物(공공의 물건)인데 어찌 일정한 주인이 있겠는가?"라고 주장한 정여립의 역모 사건이 일어나 조정이 완전히 뒤흔들렸다. 정여립은 진안의 죽도에서 자살로 생을 마감했지만, 이 사건에서 파생된 정치적 후폭풍은 만만치가 않았다. 정여립과 조금이라도 연루된 자들은 줄줄이 체포되어 처형을 당하는 '기축옥사'가 이어졌다.

기축옥사는 정치적으로 서인이 동인에 대해 정치적 반격을 가하는 사건으로 비화되었고, 이때 동인 탄압의 주역으로 활약한 인물이 정철이다. 처음 역모의 수사 책임자는 동인 정언신이 맡았다. 그러나 정언신이 정여립과 친분이 두텁다는 이유로, 정철이 이해 11월 우의정에 제수되어 위관, 즉 수사 책임자가 되었다. 정철이 위관이 된 후 정여립과 왕래한 자들에 대한 수사가 거세지면서 다수의 관리들이 뚜렷한 근거 없이 심증만으로 관련자로 지목되었고 무분별하게 죽임을 당하였다. 김우옹, 최영경, 이발, 이길, 백유양 등 동인의 핵심들이 줄줄이 유배되거나 처형을 당하였다. 조식의 수제자 최영경이 옥사하고, 서경덕의 수제자 이발이 고문 끝에 죽은 것에 더하여 그 노모와 어린 아들도 죽게 됐다. 동인들은 서인 중에서도, 특히 옥사를 주도한 '원흉' 정철에 대해 깊은 반감을 갖게 되었다.

기축옥사에 대한 강경한 진압은 정철에 대한 선조의 신임을 더욱 굳건히 했다. 이듬해 2월 정철은 좌의정으로 승진하고, 7월 역옥을 다스린 공을 인정받아 평난공신에 책봉되면서 인성부원군의 봉호를 받았다. 정여립 역모라는 체제를 뒤흔들 뻔한 사건이 일어나고 여기에 동인들에게서 다수의 연루자가 생겨나는 불안한 정치적 상황에서, 이를 강경하게 진압해 나가는 정철의 모습은 선조에게 큰 신뢰를 주었다. 기축옥사의 강경 진압은 정치인 정철 개인에 있어서는 선조의 총애를 더해주었지만, 동인에게는 정철과 서인에 대한 복수를 다짐하게 하는 사건이 되었다.

그러나 정철의 승승장구는 채 1년도 가지 못했다. 선조에게 왕의 후계자인 세자를 세울 것을 건의한 '건저建儲' 사건이 일어난 것이다. 1591년(선조 24) 2월 좌의정 정철은 당시의 영의정 이산해, 우의정 유성룡을 설득하여 선조에게 함께 세자 책봉을 건의하자고 했다. 선조가 여러 차례 양위讓位(임금의 자리를 물려줌) 파동을 일으켰기 때문이다. 당시 조정의 공론은 후궁인 공빈 김씨 소생 광해군으로 의견이 모아졌고, 정철은 광해군의 세자 책봉을 함께 건의하자고 한 것이다. 그러나 선조의 의중이 다른 왕자에게 있다는 것을 파악한 이산해와 유성룡이 자리를 피했다. 성질이 급한 정철은 경연에서 홀로 선조에게 광해군의 세자 책봉을 건의했다가 선조의 분노를 샀다. 정철은 선조의 노여움과 더불어 "평소 주색에 빠져 생활이 문란하고, 당을 꾸며 경박한 무리를 모았으며, 조정의 인사를 마음대로 휘둘렀다"는 사헌부와 사간원의 탄핵을 받아 파직되고, 진주를 거쳐 평안도 강계로 유배의 길을 떠나게 되었다. 선조의 총애를 받았지만, 후계 문제를 왕의 뜻에 맞지 않게 건의한 죄가 너무나 컸다. 이를 정철은 뒤늦게 실감했을 것이다.

정철이 유배를 떠나던 날 평생의 벗 성혼이 전송을 했다. 정철은 훗날 기호학파이자 서인의 영수가 되는 이이, 성혼과 평생의 지기로 지냈는데, 정철이 서인의 핵심 정치인으로 활약한 데는 이들과의 교분도 깊은 작용을 하였다. 세 사람은 비슷한 동년배(1535년, 1536년생)로서, 일찍부터 교류하며 서로에게 힘이 되어주었다. 정철은 이이, 성혼과 낙향생활 중 당면 문제나 정치 현안을 의논하면서 친분을 유지했다. 정철이 타협을 모르는 날카로운 언행으로 인해 정치적 곤경에 처하게 되면, 이이는 매번 앞장서서 그를 변호했다. 이이가 동인의 공격 대상이 된 데는 그의 정철에 대한 변호도 한몫을 했다.

실의에 찬 유배 생활을 지내던 정철에게 1592년(선조 25)에 일어난 임진왜란은 결과적으로 그가 선조의 참모로 다시 복귀하게 되는 계기가 되었다. 한양을 거쳐 평양으로, 다시 의주로 피난을 가던 선조에게 그래도 믿을 만한 참모는 정철이었다. 선조는 개성에서 군민들의 건의를 받는 형식으로 유배지에 있던 정철을 사면하고 다시 자신의 곁으로 불렀다. 당시 유성룡을 비롯한 대부분의 참모들이 선조가 평양성을 버리고 의주로 피난을 하는 것에 대해 반대를 하자, 선조는 자신의 피난길을 함께 할 인물로 강계에 귀양을 갔지만 '충직한' 정철을 불러들인 것이다. 선조는 정철에 대해

출처: 문화재청

송강정 전경

정송강 유적은 정철이 성산에 와 있을 때 머물렀던 곳으로, 송강정과 식영정으로 구성되어 있다. 정철은 정권다툼으로 벼슬을 그만두고 고향인 성산에 내려와 《성산별곡》, 《사미인곡》 등의 문학작품을 지었다.

'충직하고 맑으며 큰 절개를 지닌 사람'이라는 뜻으로 '충청대절'이라면서 극찬을 하였다.

정철은 선조의 부름을 받아 1592년 5월 평양에서 선조를 뵙고, 6월 11일 평양성을 떠나는 선조를 호종(임금이 탄 수레를 호위하여 따름)하여 의주까지 피난길을 함께 했다. 그해 7월 정철은 양호兩湖(호남과 호서)를 체찰體察(변란이 있을 때 왕을 대신하여 그 지역의 군무를 살피는 일)하라는 명을 받고 임무를 수행했으며, 1593년에는 사은사로 명나라에 다녀왔다. 그러나 반대 세력이 워낙 많았기 때문에 정철은 명나라에서 돌아온 직후 다시 동인이 중심이 된 사헌부와 사간원의 탄핵을 받았다. 정철은 선조에게 사면을 청한 후 강화의 송정촌으로 물러났다. 이후에는 더 이상 선조 곁을 지키지 못하고 1593년(선조 26) 12월 18일 58세의 나이로 생을 마쳤다.

《선조실록》 등에는 정철은 술을 좋아하는 성향 때문에 여러 차례 탄핵의 대상이 되었고, 술로 인해 여러 구설수에 올랐다고 한다. 완고하며 직선적인 성격이 술을 통해 더욱 명백하게 행동으로 표현되었기 때문으로 볼 수 있다. 술을 좋아하는 정철의 모습은 호탕한 성격과 문학적 표현에는 유리한 점이 있었지만, 정치인으로서는 불리한 점이 오히려 컸다고 여겨진다. 직선적인 그의 기질 또한 기축옥사나 세자 건저 문제 등 정치적 주요 사건마다 늘 그를 강경파의 중심에 서게 했다.

현재 정철에 대한 평가는 극명하게 엇갈린다. 문학 분야에서 정철은 그 자질이 뛰어나 많은 가사 문학을 창작하여 국문학이나 한문학 분야에서 최고의 인물로 손꼽힌다. 그러나 정치인으로서 정철은 크게 조명을 받지 못할 뿐만 아니라 부정적인 평가가 많다. 부정적 평가의 주요 원인은 당쟁의 시대에 서인의 핵심으로 활약하고, 1589년 기축옥사를 주도한 인물이라는 점에 있다. 이것은 역으로 해석하면 당시의 왕 선조에게 정철은 정국 돌파에 유용한 강성 참모였다는 뜻이 되기도 한다.

문신이자 유학자이자 돌격적인 의병장, 조헌

대개 조헌(1544~1592)은 임진왜란 때 순절한 의병장으로 알려져 있다. 1592년 임진왜란이 일어났을 때 옥천에 내려와 있었지만, 그는 조국이 위기에 빠진 상황을 지켜볼 수만은 없었다. 즉시 휘하의 문인들을 소집하여 파죽지세로 진격하던 왜적들과 맞섰다. 청주성을 수복하는 데 성공했고 여세를 몰아 왜적을 추적하였다. 그러나 1592년 8월 금산전투에서 칠백여 명의 의병들과 함께 전사했다. 이러한 까닭에 조헌은 의병장이라는 이름으로 우리의 기억 속에 깊이 남아 있다. 하지만 조헌은 선조 대 붕당정치가 처음 시작될 무렵 서인의 중심인물이었으며, 여러 차례의 상소문을 통해 자신의 의견을 적극 개진한 관료이자 정치가이기도 했다. 중국 명나라를 다녀온 후에 올린 상소문을 통하여 토지제도와 교육제도, 군제의 개혁, 공물 제도의 변통, 서얼 차별의 폐지 등을 구체적으로 제시한 점에서는 세상을 다스려 나갔던 '경세가'로 칭할 만하다.

출처: 문화재청

청주 조헌 전장기적비
조선시대 의병장인 조헌 선생을 기리기 위하여 세운 비로, 임진왜란 당시 그가 승리를 거뒀던 청주에 자리하고 있다. 왜란이 끝난 후 1710년(숙종 36)에 비를 세웠으며, 김진규가 비문을 짓고 이수당이 글씨를 썼다.

자수성가한 관료

조헌은 1544년(중종 39) 6월 28일 경기도 김포현 감정리에서 출생하였다. 본관은 황해도 배천이며, 자는 여식汝式, 호는 후율後栗 또는 도원陶原이라 하였다. 널리 알려진 중봉重峯이란 호는 만년에 지은 것이다. 배천 조씨의 시조는 고려 현종 때 참지정사를 지낸 조지린이며, 조선에 들어와서 5대조 조환이 숨은 선비로 세종에게 알려져 경기도사에 제수된 후 나주목사를 지냈다. 조부 조세우는 조광조의 문인으로, 통진에서 김포 감정리로 세거지를 옮겼다. 조부는 벼슬길에 나가지 않고 초가삼간에 농사를 짓고 살았다고 한다. 부친은 조응지, 어머니는 용성 차씨, 차순달의 딸이었다.

조헌은 10살 때 어머니를 여의고 계모인 김씨 밑에서 성장하여 어려운 시절을 보냈다. 18세에는 영월 신씨 신세성의 딸에게 장가를 들었는데, 처가도 별다른 명문가는 아니었다. 22세인 1565년 성균관에 진학하였는데, 이때 성균관 유생들이 보우(고려 말기의 승려)의 불교 진흥책을 비판하는 상소문을 올리자 이에 참가하였다. 이듬해 함경도 최북단인 온성의 훈도에 제수되었다가, 1567년 식년문과에 병과 9등으로 합격해 교서관 부정자에 임명되어 본격적인 관직생활을 시작하였다. 이후 정주, 파주, 홍주 등 지방의 교수직을 역임하였다. 1572년(선조 5)에 교서관 정자에 임명되면서 중앙의 관직에 진출했고, 이듬해 교서관 저작으로 승진했다.

1574년 유희춘이 석강에서 당시 교서관 중에 오직 조헌만이 《강목》을 교정할 수 있다고 말한 기록이 있는데, 이를 통해 조헌의 학문적 수준을 짐작할 수가 있다. 이때 조헌은 궁중의 향실에서 봉향하는 관행을 폐지할 것을 아뢴 〈논향축소〉를 올렸다가, 선조의 노여움을 사서 관직에서 물러났다. 조헌은 이 무렵 평생토록 가장 존경하게 되는 스승인 이지함을 만나 두류산 등지를 유람하며 의기를 투합했다. 또한 천민 출신의 학자 서기와도 만나 우의를 다졌는데, 조헌이 서기, 이지함과 함께 유람한 상황은 《동패낙송》 등의 야사에 구체적으로 기록되어 있다.

모든 것은 '상소'로 통한다

조헌의 생애에 큰 전기를 마련해 준 사건은 1574년(선조 7)에 성절사의 질정관[2]이 되어 명나라를 다녀온 것이다. 조헌은 명나라 사행의 경험을 《조천일기》라는 기록으로 남기는 한편, 귀국 직후 명나라의 문물제도 중 본받을 만한 것 8개를 든 〈질정관회환후선상팔조소質正官回還後先上八條疏〉를 올렸다. 조헌이 올린 상소문의 주요 내용은 중국에 따라 국가의 문묘제도를 개선할 것, 중앙과 지방의 관리임용제도를 개선할 것, 사치 풍조를 금하여 계층이 모두 평등하게 입게 할 것, 중국의 물자절약을 본받을 것, 관리들의 번잡한 예를 현실적이고 실용적인 예로 개선할 것, 스승과 생도가 서로 대하는 예절과 삭망朔望(음력 초하룻날과 보름날)에 참배하는 규례를 중국 제도대로 할 것, 중국처럼 마을마다 향약소를 두어 백성을 교화시킬 것, 군령을 엄하게 하여 군사가 백성의 물건을 노략질하지 못하게 하고, 중국의 장수 기르는 제도를 본받아 문무를 겸비한 장수를 길러낼 것 등 8개 분야에 걸친 것이었다.

대부분 중국의 제도를 모델로 하여 폐단을 고치자는 것으로서 지나치게 중국을 숭배하는 분위기도 엿보인다. 훗날 북학파의 학자로서 청나라 문물 숭배주의자인 박제가가 조헌을 높이 평가한 것에는 서로 공통되는 요소가 있다. 조헌은 "가정嘉靖 연간에 천년

2 명나라 북경에 가는 사신의 수행원으로 특별히 문관 1명을 차출하여, 사행에서의 의문점을 해결하도록 하였다. 처음 '조천관'이라 하였다가 '질정관'으로 바꾸었다.

동안 잘못되어 오던 것을 한번 바로잡았으나, 우리나라는 비루한 습속을 오래도록 지켜오고 있으니 아마도 의논하여 고쳐야 할 것이다"라고 말하였다. 이에 대해 선조는 "천백 리 풍속은 서로 다른 것인데, 만약 풍기와 습속이 다른 것을 헤아리지 않고 억지로 본받아 행하려고 하면 끝내 소요만 일으킬 뿐 일이 성사되지 않을 것이다"라고 하면서 조헌의 상소문에 대해 매우 부정적인 입장을 취하였다.

조헌은 〈팔조소〉와 〈십육조소〉 두 개의 상소를 준비하였는데, 조정에서 받아들여지지 않자 보다 근본적인 폐단에 관해 저술한 〈십육조소〉는 올리지 않았다. 〈십육조소〉에서는 중국의 풍습에 따라 왕릉을 간소하게 할 것, 제사 때에 물자를 아끼고 근검절약할 것, 왕이 경연 강의를 독실하게 수강할 것, 인재는 문벌을 논하지 말고 뽑고 재가를 막지 말고 서얼을 등용할 것, 하급관원의 부패를 방지하기 위하여 모든 관원은 물론 말단의 일을 맡은 사람들까지 급여를 지급할 것, 세금을 장부에 맞게 징수하고 진상을 줄여 민생 안정을 위해 노력할 것, 노비를 줄여 병사로 선발하고 20년 내에 백만의 정예병을 갖출 것, 군대의 부패를 없애고 군사훈련을 강화할 것, 군수물자를 충분히 준비할 것 등을 제시하였다.

이 중 서얼도 학장으로 삼아 급료를 주자는 것과 재가 자녀의 차별을 철폐하고 서얼을 폐지하자는 주장은 신분제에 대한 진보적인 개혁안이었다. 조헌은 스승인 성혼의 편지를 가져온 가노를 반가운 친구같이 대하고, 음식을 차려 겸상을 했다는 일화가 전해진다. 또 도망간 자신의 가노를 인간적으로 대해 그를 감동시킨 일이 있었다. 조헌은 천민 출신인 서기와도 긴밀하게 교유했는데, 그는 이지함의 제자였다. 조헌이 가장 존경한 스승 이지함이 하층민들과 격의 없이 지낸 성향이 조헌에게도 이어진 것이다.

이지함은 농업이 근본이고 수공업이나 수산업은 말업末業이지만, 근본과 말업이 서로 견제하고 보충하여 조화를 이루어야 함을 강조한 바 있다. 조헌이 상소문을 통해 올린 염철 중시론은 이지함의 사상과 일치한다. 조헌의 개혁론이 유형원 · 홍대용 · 박지원 · 박제가 등 후대의 실학자들에게 큰 영향을 주었다고 보는 이들도 많다. 특히 박제가에게는 깊은 영향을 주어서 그의 저서 《북학의》에 조헌을 존숭하고 계승하려 한 점을 언급하기도 했다.

당쟁기 서인의 핵심으로 활약하다

1574년 11월 명나라에서 귀국한 후 조헌은 교서관 박사, 호조와 예조의 좌랑, 성균관 전적, 사헌부 감찰 등의 벼슬을 역임하면서 중견 관료로 성장하였다. 그러나 언제나 현실을 비판적으로 보는 시각과 개혁적 성향 때문인지 관료 생활은 순탄치 않았다. 1577년(선조 10)에 통진 현감으로 있을 때 궁노비의 폐단을 다스리다 장살(형벌로 매를 쳐서 죽임)시킨 사건으로 대간의 탄핵을 받아 부평에 유배되었다. 1580년에 유배에서 풀려나 전라감사 때 올린 상소에서 연산군 때의 공안貢案(공물의 품목과 수량을 기록하던 문서)을 혁파할 것을 주장하였으나 받아들여지지 않았다.

1586년(선조 19) 명나라의 학제를 본받아 계수제독관이 신설되자 조헌은 공주로 부임하였다. 이때 선조가 구언교서를 내렸고 이에 응하여 조헌은 장문의 상소문을 올렸다. 상소문을 통하여 자신의 입장을 조목조목 밝히는 조헌의 '상소 본능'이 다시금 발동된 것이다. 조헌은 첫머리에서, "지금 조가朝家의 거조는 참언이 기승을 부려 형벌이 자행되고 어진 이를 추대하고 유능한 자에게 양보하는 뜻이 전혀 없으며, 관리들 사이에도 학문이 끊어지고 교양이 부족하여 효제의 정신을 흥기시켜 배반함이 없게 하는 풍속을 찾아볼 수 없습니다. 이에 삼강은 매몰되고 의리가 분명치 못하여 이설을 주장하는 무리들이 세상에 날뛰고 임금을 버리고 어버이를 뒤로 여기는 설이 기탄없이 자행되고 있습니다" 하여 당시의 위기적 상황을 지적한 후, 붕당의 시비가 끊이지 않고 민생이 고통받는 현실을 구체적으로 지적하였다.

1586년(선조 19) 10월 20일의 《선조실록》에는 이 상소문을 "공주 교수 조헌이 소를 올려 이이 · 성혼의 학술의 바름과 나라에 충성한 정성을 극력 진술하고, 시인時人(그 당시의 사람들)이 나라를 그르치고 어진 이를 방해하는 것을 배척하였는데, 내용이 몹시 길었다"는 정도로 간략히 기록하고 있다. 그러나 《선조수정실록》 권 20의 기록에는 긴 전문이 거의 그대로 수록되어 있다. 《선조수정실록》이 서인이 중심이 되어 기술된 기록물이라는 점도 있지만, 그만큼 이 상소문이 당대에 높은 평가를 받았음을 알 수 있는 대목이다.

1575년 본격적으로 동인과 서인의 분당이 시작된 후 당쟁이

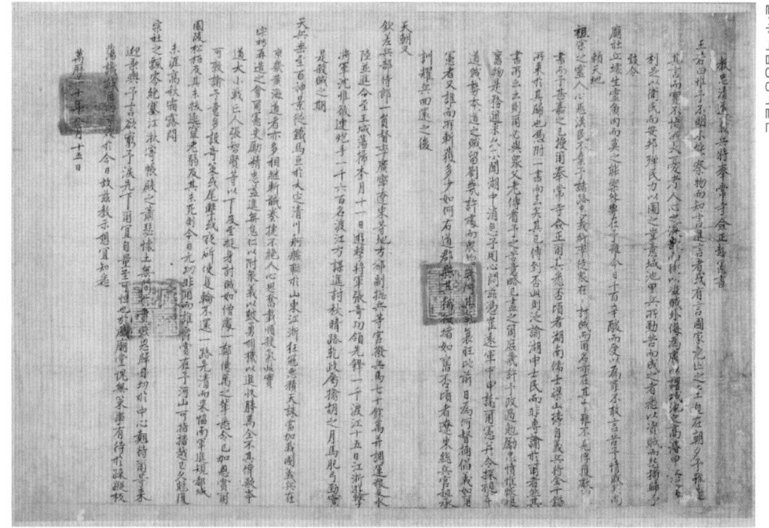

출처: 국립중앙박물관

〈조헌의병장 제수교서〉

1592년 8월 왕이 당시 충청도 의병장 봉상시 첨정이었던 조헌에게
내린 훈유교서로서 왜적을 쳐서 공을 세울 것을 당부하고 있다.

치열하게 전개되었다. 이이는 당이 나뉘어 서로 공격하는 것을 보합하기 위하여 애썼으나, 1584년 이이가 사망하면서 동인의 세력은 더욱 강해졌다. 동인이 이이와 성혼을 조정에서 비판하자 조헌은 구언 상소라는 기회를 적극 활용하여 스승을 변호하였다. 서인 당인으로서의 면모를 확실히 보여준 것이다. "공주 교수 조헌, 생원 이귀는 이이 · 성혼의 문인이니 자주 소를 올려 스승을 변호하고 억울함을 호소하였다"는 《당의통략》의 기록은 이러한 분위기를 잘 보여주고 있다.

선조와의 불편한 관계

이 무렵 일본의 도요토미 히데요시가 여러 도주를 죽이고 사신을 보내자, 조헌은 일본에 대한 강경한 대응을 요구하는 〈청절왜사소請絶倭使疏〉를 선조에게 올렸다. 그러나 거듭되는 조헌의 상소에 지친 선조는 조헌을 파직시켰다. 조헌은 이후에도 여러 차례 상소를 통하여 토지제도와 군제를 개혁하고 일본과 외교를 단절할 것을 주장하였지만, 오히려 미운털만 더 박혔다. 《당의통략》에는 "조헌이 귀향지로부터 돌아와서 호남유생 양산숙과 번갈아 상소함이 마치 정암수의 말과 같았다. 상이 원래 조헌을 미워하였으므로, '조헌이 아직도 두려움을 모르는구나. 다시 마천령을 넘고 싶은가' 하였다"라고 기록하고 있다.

서인의 돌격장 역할을 해서인지 선조나 동인은 조헌을 매우 부정적으로 평가하였다. 선조는 조헌을 간귀奸鬼라고 표현하기도 했고, 동인들은 인요人妖, 흉험凶險, 교사巧詐, 사독邪毒, 괴귀怪鬼 등 모욕적인 말로 조헌을 매도했다. "심지어 이름을 얻기 위해 죽었다" 하며 비아냥거리거나, 조 아무개는 일개 충신에 지나지 않을 뿐이며 그의 학문은 취할 바 없다고까지 하였다.[3] 조헌과 함께 서인의 입장에 있었던 이정구(1564~1635)는 비교적 객관적으로 조헌을 평가하였다.

---

3 이기용, 〈중봉 조헌의 개혁사상과 의병활동〉, 《한국사상과 문화》 15, 2002.

> 중봉 조공이 생존하였을 때에 세상에서 공을 안다고 하는 사람들은 공이 의기가 북받친 고지식한 위인에 지나지 않을 뿐이라고 말하였고, 공을 알지 못하는 사람은 광인이라고 손가락질을 하기도 했다. 생각건대 공은 평소에 남이 알아주기를 구하지 않았고 사람들이 비록 자기를 미치광이라 하여도 마음에 불안해하지 않았다. 다른 사람들에게서 의義에 부당한 사실을 보면 그를 도외시하였기 때문에 공을 아는 사람은 진정 적었고 원수같이 미워하는 사람은 더욱 많았다. 국가가 평안하고 조정의 실정이 심하지도 않았는데도 공은 홀로 궐문 앞에서 항언抗言하여 국가의 위기와 존망의 화근이 조석지간朝夕之間에 있다고 하였다.[4]

조헌의 스승인 이이는 "여식汝式(조헌의 자)이 매양 요堯 · 순舜의 정치를 당장에 회복할 수 있다고 여기나 요란함을 면치 못하니, 그는 단련되고 통달하기를 기다려야 크게 쓸 수 있다"고 하여 조헌의 성급한 기질을 지적하였다.

조헌은 당시의 현실을 위기로 인식하였고, 이를 극복하기 위해서는 개혁정책이 하루 빨리 제시되어야 한다고 주장하였다. 그리고 그 모델로 명나라의 선진적인 제도를 제시했다. 선조를 비롯한 당대의 인물들은 조헌의 주장이 학문적으로 성숙되지 못한 상태에서 나온 것으로 현실성이 떨어짐을 지적했지만, 박제가 등 후

4 조헌, 《중봉집》, 〈항의신편서〉

충청남도 금산군에 있는 칠백의총

1592년 의병장 조헌 등 칠백의사가 왜적과 싸우다 전원 순절하자
조헌의 제자들이 유해를 거두어 만든 무덤이다.

대의 실학자들에 의해서는 시대를 앞서간 인물로 평가를 받기도 한다. 조헌의 과단하고 직선적인 기질과 정치적으로 타협하지 않는 성향 등은 관료로서 성공 요인이 아니었지만, 임진왜란이라는 시대적 상황은 오히려 그의 능력을 적극 발휘하게 하였다.

선조와의 갈등으로 관직에서 물러나, 충북 옥천에서 후학을 가르치며 지내던 시절, 1592년 임진왜란이 일어났다. 조헌은 1,600여 명에 달하는 대규모 의병단을 구성하고, 왜적에 당당히 맞섰다. 6월 청주성을 수복하는 데 공을 세우고 근왕勤王(임금이나 왕실을 위하여 충성을 다함)하려던 도중, 조헌은 8월의 금산전투에서 칠백 명의 의병과 함께 전사하였다. 그는 사후 1604년(선조 37)에 이조판서로 추증(나라에 공로가 있는 벼슬아치를 죽은 뒤에 품격을 높여 주던 일)되었고, 1609년(광해군 1)에는 그의 사당에 '표충表忠'이라는 액이 하사되었다. 1754년(영조 30)에는 영의정에 추증되고 문묘 배향되었다.

어쩐지 조헌이 가진 행동하는 지식인의 성향은 타협과 절충을 중시하는 '관료'보다는, 직선적이고 돌격적인 '의병장'이 어울려 보인다. 그의 기질과 맞아서일까? 후대의 사람들은 관료 조헌보다는 의병장 조헌으로 그를 널리 기억한다.

일본군 선봉장에서 조선 장군이 된 김충선

2014년 소치동계올림픽 금메달리스트들 중 유독 눈에 띄었던 선수가 있다면 바로 쇼트트랙 선수 '빅토르 안(안현수)'이다. 한국에서 쇼트트랙 국가대표로 뽑히는 것이 어려운 현실 때문에 빅토르 안은 러시아행을 택했다. 그는 러시아에 귀화했고, 러시아의 국기를 달고 출전하게 되었다. 빅토르 안 선수와 반대로 외국에서 우리나라로 온 귀화인들도 심심치 않게 찾아볼 수 있다. 한국관광공사 사장을 지낸 이참은 원래 독일인이었지만, 한국에 귀화하여 고위직에 올랐다. 방송인으로 유명한 미국 출신 '로버트 할리'는 귀화 후 한국인 '하일'이 되었다. 농구 선수 '라틀리프'도 귀화하여 한국인 '라건아'가 되었다. 귀화인이 급증하다 보니 귀화 성도 400개 이상이다. 몽골 김씨, 태국 태씨, 독일 이씨, 대마도 윤씨, 길림 사씨, 청도 후씨 등이 등록되어 있다. 귀화인들이 한국식 성을 따르면서 자신의 출신 지역을 본本으로 남기는 경향을 보여 흥미롭다.

역사 속에서도 주목할 만한 귀화인이 있었다. 고려 광종 때 우리나라에 처음으로 과거제도를 도입한 중국 출신 귀화인 쌍기, 태조 이성계를 도와 조선의 건국에 일등공신이 된 이지란, 조선 인조시대 표류한 후 '박연'으로 이름을 바꾸고 조선의 화포 개발에 도움을 준 네덜란드 출신 귀화인 벨테브레 등이 대표적이다. 그중에서도 김충선金忠善(1571~1642)은 임진왜란 때 일본군 장수의 선봉이 되었다가, 조선에 귀화하여 일본 공격에 앞장을 선 특이한 경력을 가진 인물이다.

조선을 동경한 일본 장수 '사야가'

사야가(沙也加 또는 沙也可)는 1571년(선조 4) 1월 3일 일본에서 태어났다. 일본에서 어린 시절을 보냈던 그는 임진왜란이 일어난 1592년(선조 25)에 처음으로 조선의 땅을 밟게 되었다. 이때 사야가는 가토 기요마사 휘하의 선봉장이었으며 3,000명의 병사를 거느리고 조선에 왔다. 그런데 그는 불과 며칠 만에 조국 일본을 향해 돌진하는 조선의 장수로 변해 있었다. 그는 더 이상 일본인이 아니라, 조선에 귀화한 조선인이 되어 있었던 것이다.

이처럼 당시 왜군 중에는 조선에 투항해 왜군과 맞서 싸운 이들이 있었다. 조선에 투항한 일본인을 '항복한 왜군'이라 하여 '항왜降倭'라 칭했다. 항왜는 적의 사정을 정확히 파악하는 데 도움을 주고, 조총을 비롯한 일본의 무기 관련 기술을 전수해주는 등 여러모로 유용한 존재였다. 보통 항왜는 전황이 좋지 못해 투항한 이들이 대부분이었다. 그런데 사야가는 그들과 달랐다. 그는 조선을 동경하여 처음부터 투항을 결심하였다고 술회하고 있다.

어와 이 ᄂᆡ 평생 흉험凶險도 홀셔이고
널으고널은 천하 어이ᄒᆞ여 마다 ᄒᆞ고
남만南蠻 좌임향左衽鄕에 격셜풍鴃舌風에 생장生長ᄒᆞ여
중하中夏의 죠흔 문물 일견一見이 원願닐너디
명천明天이 잇뜻 알고 귀신이 감동ᄒᆞ여
긔 어인 청정淸正(加藤淸正)이 동벌조선東伐朝鮮 ᄒᆞ올 적에
연소무식年少無識이 ᄂᆡ 몸을 선봉장先鋒將을 ᄉᆞ여단ᄂᆡ시켰다네
비의흥사非義興師 ᄒᆞᄂᆞᆫ 쥴를 심중心中에 알것마ᄂᆞᆫ
동사東土의 예의禮義방을 ᄒᆞᆫ변 귀경求景 ᄒᆞ려 ᄒᆞ고
양약흔연諒若欣然 장검仗劍 하下에 선봉장이 되올 적에
서불부환誓不復還 ᄒᆞ량으로 의중意中에 결단ᄒᆞ고 …

김충선, 〈모하당술회가〉

위의 글은 사야가가 남긴 자전적인 가사 〈모하당술회가慕夏堂述懷歌〉의 제1단 부분이다. 사야가는 넓디넓은 천하에서 어찌하여 오랑캐의 문화(좌임향, 격셜풍)를 가진 일본에 태어났는가에 대해 탄식했으며, 그래서 아름다운 문물을 보기를 원했다. 그러던 중 가토 기요마사가 조선을 정벌하러 가게 되면서 그를 선봉장으로 임명하였다. 사야가는 이 전쟁이 의롭지 못한 것임을 알고 있었지만, 예

의지국 조선을 한번 구경하고자 선봉장이 되어 조선에 오게 되었다. 이때, 그는 맹세코 다시 일본으로 돌아오지 않을 것을 마음속으로 결단했다고 표현하고 있다. 즉, 예의의 나라 조선을 흠모하다가 가토의 선봉장이 되어 출정함에 귀화의 결단을 내리게 되었음을 말하고 있는 것이다. 후에 그가 조선의 예의와 문물을 사모하여 당호를 '모하慕夏'라고 한 것[5]도 같은 맥락에서 이해할 수 있다.

한편으로는 고국을 떠나는 사야가의 마음이 편치만은 않았던 것 같다. 그것은 "친척을 이별ᄒᆞ며 칠 형제 두 안ᄒᆡ을 일시에 다 ᄡᅥ나니 슬픈 마ᄋᆞᆷ 셜은 ᄯᅳᆺ지 업다ᄒᆞ면 빈말이라"[6]라고 한 것에서 잘 나타난다. 여러 가족들을 떠나는 아픔을 겪어야 했지만, 사야가는 조선에 귀화하고자 하는 열망을 꺾지 않았다. 그는 귀화의 이유로 크게 두 가지를 들었다. 하나는 요순삼대의 유풍을 사모하여 동방 성인의 백성이 되고자 함이며, 또 하나는 자손을 예의의 나라의 사람으로 계승하기 위해서였다.[7]

조선의 장수 '김충선'으로 다시 태어나다

사야가는 1592년(선조 25) 임진왜란 때 가토 기요마사 휘하의 선봉장으로 왔다가 경상도 병마절도사 박진에게 귀순하였다. 귀순한 후, 순찰사 김수 등을 따라서 경주 · 울산 등지에서 일본군의 침

---

5 김충선, 《모하당집》 권 1, 〈모하당기〉
6 김충선, 〈모하당술회가〉
7 김충선, 《모하당집》 권 1, 〈녹촌지〉

공을 막아내는 데 공을 세웠다. 원래 적진의 선봉장으로 활약했던 만큼 적의 동향을 누구보다도 잘 알고 있었기 때문에 가능했던 일이다. 이러한 전공을 가상히 여긴 조정으로부터 가선대부의 품계를 제수받았다.

이듬해인 1593년(선조 26)에는 사야가의 뛰어난 전공을 인정한 도원수 권율, 어사 한준겸 등의 주청으로 성명을 하사받았으며, 자헌대부에 올랐다. 사야가가 조선인 김충선으로 거듭 태어나는 역사적인 날이었다. 선조는 "바다를 건너온 모래沙를 걸러 금金을 얻었다"며 김해 김씨의 성을 내려주었다.[8] 이름은 충성스럽고 착하다는 '충선'으로 지어졌다.[9] 이처럼 임진왜란 기간 동안 조선에서는 일본 출신 귀화인들에게 벼슬을 내리기도 하고, 성씨와 이름을 부여해 조선에 정착하는 것을 적극 권했다. 이때 이름은 충선 이외에 향의(의를 향함), 귀순(순하게 돌아옴) 등으로 정해졌다.

김충선은 왕명으로 벼슬과 성명을 내려받자 그 기쁨을 〈모하당술회가〉에서 다음과 같이 말했다. "자헌계資憲階 사성명賜姓名이 일시에 특강特降ᄒᆞ니 어와 성은聖恩니야 갑기도 망극ᄒᆞ다 이 ᄂᆡ 몸 가리 된들 이 은혜 갑플소냐." 성은이 망극하여 자신의 몸이 가루가 되더라도 은혜를 갚겠다는 그의 의지가 엿보인다. 이어서 그는 죽을 힘을 다해서 적진을 파멸하고 왕에게 은혜를 갚은 후에 연회를 열

---

8 서종급, 〈사성김해김씨족보구서〉
9 이유원, 《임하필기》 권 18, 〈문헌지장편〉, 씨족

겠다고 다짐하였다.

김충선은 전쟁에서 이기려면, 무엇보다도 무기가 좋아야 한다고 주장했다. 조선의 무기를 돌아보니 정밀함도 적고 이 병기를 가지고서 적을 격파하는 것은 불가능에 가깝다고 판단했다. 그래서 그는 자신이 알고 있던 조총과 화포 등 일본의 무기 제조 기술을 널리 전수하여 전투에 활용하고자 했다. 그가 임진왜란 당시 이덕형 · 정철 · 권율 · 김성일 · 곽재우 · 이순신과 주고받은 편지에는 조총 등의 보급에 관한 내용이 실려 있다. 통제사 이순신에게 보낸 답서를 예로 살펴보자.

> 하문하신 조총과 화포에 화약을 섞는 법은, 지난번 비국備局의 관문關文에 따라 이미 각 진영에 가르쳤습니다. 이제 또 김계수를 올려 보내라는 명령이 있사오니, 어찌 감히 따르지 않겠사옵니까.
>
> 김충선, 〈통제사 이순신 공께 답하는 글〉

이순신이 조총과 화포 및 화약제조법을 물은 데 대해서 김충선이 쓴 답서다. 이후에도 김충선은 화포와 조총을 만들어 시험한 후, 각처에 보급하여 전력을 강화할 것을 청하는 상소를 올리기도 했다.[10] 조선으로의 귀화를 받아 주고 특별히 벼슬과 이름을 하사해준 데 대한 고마움의 보답이었던 것으로 보인다.

---

10 김충선, 《모하당집》 권 1, 〈상절도사서〉

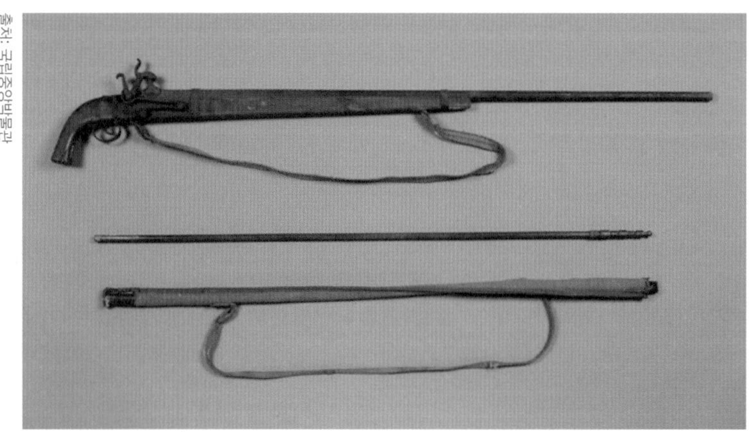

출처: 국립중앙박물관

조선시대의 조총
1589년 7월 대마도 도주가 조선의 조총을 진상했다는 기록이 《선조실록》에 나온다.

조선 장군으로 66세까지 전쟁터를 누비다

김충선은 임진왜란 이후에도 조선에 충성하는 한결같은 모습을 보였다. 전쟁 후에 그는 우록동에 터를 잡고 생활했지만, 조정에 변고가 생기면 자원하여 전쟁터로 나와 싸웠던 것이다. 정유재란과 이괄의 난 및 두 차례의 호란 등에서 활약했던 김충선의 모습을 살펴보면, 그의 충심을 가늠해볼 수 있다. 1597년(선조 30) 정유재란 시기에 김충선은 손시로 등 항복한 왜장과 함께 의령 전투에 참가하여 공을 세웠다. 당시에 왜적 만여 명은 산음에서 곧바로 의령으로 내려가 정진을 반쯤 건너고 있었다. 이때 김충선은 명나라 병사 수십 명과 합세해 왜적에게 맞섰다. 조선의 군병은 기세를 떨치며 싸웠으나, 곧 왜적의 습격에 빠져들고 말았다. 왜군이 마병으로 추격하여 포위를 하자, 조선 군병과 명나라 병사가 함께 위기 속에서 적을 무너뜨릴 수 있었던 데에는 항왜들의 힘이 컸다. 당시의 전투에서 김충선도 적의 머리를 베었던 것이 확인된다.

> 명나라 병사와 항왜 등의 참급斬級은 많게는 70여 급인데 분주하게 진퇴하는 동안에 거의 다 흩어져 없어졌으며, 명나라 병사는 두 급을 베고, (중략) 항왜 동지 요질기·항왜 첨지 사야가·항왜 염지는 각기 한 급씩을 베었다. 그리고 왜기 홍백·흑백의 크고 작은 것 3면과 창 1병, 칼 15병, 조총 2병, 소 4마리, 말 1필과 포로가 되어 갔던 우리나라 사람 1백여 명을 빼앗아 오기도 하였다.[11]

이 시기에 김충선은 김응서의 휘하에 있었는데, 그는 자신의 상관에게도 의리를 지키는 면모를 보였다. 명나라 제독 마귀는 왜적의 꾀에 넘어가 명나라 병사를 위험에 처하게 한 김응서를 엄격하게 군율로 다스리려 했다. 그러자 김충선은 자신이 전공을 세우면 김응서의 죄를 용서해 줄 것을 청하는 군령장을 보냈다.[12]

그리고 실제로 3개월 후인 1598년(선조 31) 1월 울산 증성에서 왜적을 대파하여 일을 무마시켰다. 〈모화당술회가〉에 "이달올ᄉᆞ 천조병天朝兵이 적모賊謀에 ᄲᅡ진 ᄇᆡ라 제독提督이 대노大怒ᄒᆞ여 우리 원수

11 《선조실록》 1597년(선조 30) 11월 22일
12 김충선, 《모하당집》 권 1, 〈군령장〉

元帥 베려 ᄒᆞ니 군령장軍令狀 급히 들고 복지伏地ᄒᆞ고 알왼 말솜 왜장두倭將頭 버혀 들여 원사속명元帥續命 ᄒᆞ오리다" 부분에서 이때의 일을 확인해볼 수 있다.

1624년(인조 2) 이괄의 난의 주동자 이괄은 임진왜란 때 전투 경험이 있는 항왜 출신들을 선동하였다. 당시 이괄의 부장은 항왜 서아지였는데, 54세의 김충선은 서아지를 김해에서 참수하는 전공을 세웠다. 이때, 조정에서는 공을 인정하여 사패지(나라에서 내려주는 논밭)를 하사하였다. 그러나 김충선은 이를 극구 사양하고 수어청의 둔전(변경이나 군사 요지에 주둔한 군대의 군량을 마련하기 위해 설치한 토지)으로 사용하게 하였다.[13] 1628년(인조 6) 4월 23일의 《승정원일기》에서는 다음과 같이 당시 상황을 기록하고 있다.

> 영장 김충선이라는 자는 사람됨이 용맹이 출중할 뿐만 아니라 성품 또한 매우 공손하고 조심성이 있습니다. 그래서 이괄의 난 때에 도망친 항복해 온 왜인을 추포하는 일을 그 당시 본도의 감사로 있던 자가 모두 이 사람에게 맡겨서 힘들이지 않고 해결할 수 있었으니 진실로 가상합니다.

1627년(인조 5) 정묘호란 때도 김충선은 토병 한응변 등과 함께 자원군으로 나와 전투에 임하였고, 이로 인해 상당직(품계에 알맞은

13 김충선, 《모하당집》 권 1, 〈환사패소〉

대구광역시 달성군에 있는 녹동서원
1789년(정조 13)에 조선으로 귀화한 일본장수 김충선을 기려 건립되었다. 고종 5년에 흥선대원군의 서원철폐령에 따라 철거되었다가 1885년 다시 지었고 1971년 현재의 위치로 이건하였다.

벼슬)에 제수되었다.[14] 1636년(인조 14) 병자호란 때에는 66세의 노구를 이끌고 전장에 나와 광주 쌍령에서 청나라 병사를 무찔렀다. 22세에 조선에 귀화해 온 이후부터 66세에 이르기까지 줄기차게 전쟁터에 나가 자신의 목숨을 걸고 싸웠던 것이다.

김충선은 나라에 대한 충심을 자손들에게도 강조하였다. 그는 1600년(선조 33) 인동 장씨 진주목사 장춘점의 딸과 혼인하여 여러 자식들을 두었는데, 자손에 훈계하기를 영달을 탐하지 말고 효제 · 충신 · 예의 · 염치를 가풍으로 삼아 자자손손에게 이을 것을 당부하였다.

---

14 《승정원일기》 1627년(인조 5) 3월 1일

김충선은 1642년(인조 20) 9월 30일, 72세의 나이로 경상도 달성군 가창면 우록마을에서 세상을 떠났다. 우록마을 입구를 지나면 녹동서원이 있다. 서원 뒤에 김충선의 위패를 모신 사당인 녹동사가 있는데, 해마다 3월이면 유림들이 모여 제사를 지낸다. 서원과 사당은 김충선 사후 유림에서 조정에 소를 올려 지었다. 그의 6대손 김한조는 김충선의 생애를 정리하고 유작을 모아 문집을 간행했다. 현재 서울대학교 규장각 한국학연구원 등에 소장된 《모하당집》이 그것이다.

북인의 영수이자 실용의 관료학자, 이산해

선조 시대는 당쟁이 본격적으로 전개된 시대였던 만큼 선조 대에 활약한 참모들은 대부분 당파의 영수이기도 했다. 유성룡이 남인, 정철이 서인의 영수였다면 이에 맞서는 북인의 영수로 활약한 대표적인 인물은 이산해李山海(1539~1609)다. 한산 이씨 명문가 출신으로 목은 이색의 후손, 토정 이지함의 조카, 또 북인의 영수라는 학문적, 정치적 위상을 가졌던 선조의 참모였지만, 이산해는 그동안 별다른 주목을 받지 못하였다. 관료학자에 대한 관심이 적었고, 정치적으로 패배한 당파인 북인의 영수였다는 점 또한 그에 대한 관심이 적은 한 원인이었다.

출처: 국립중앙박물관

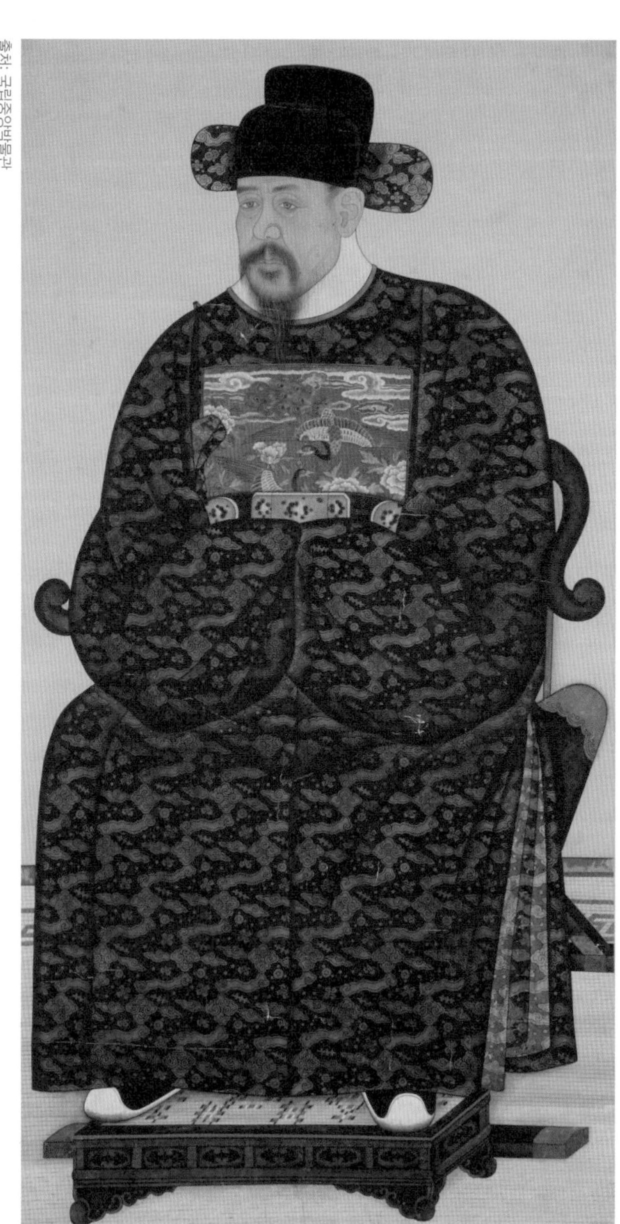

이산해 초상

한산 이씨 명문가의 후예

이산해의 본관은 한산韓山, 자는 여수汝受, 대표적인 호 아계鵝溪 이외에도 죽피옹竹皮翁, 종남수옹終南睡翁, 시촌거사柹村居士 등의 호가 있다. 1539년(중종 34) 한양 황화방에서 이지번의 아들로 태어났다. 한산 이씨 집안은 고려 말을 대표하는 성리학자인 이곡과 이색 부자를 배출하면서 조선시대에도 명문가로 자리를 잡았다. 토정 이지함은 이산해의 숙부였다. 이산해는 한양에서 태어났지만, 선대부터의 세거지인 충청도 보령을 왕래하였다.

6세에는 서소문에 사는 아이가 글씨를 잘 쓴다 하여 '서소문자西小門子 대필大筆'이라고 불리는 명성을 얻었다. 7세 되던 해인 1545년에 을사사화가 일어나 친지와 사류들이 희생당하는 것을 목격한 부친 이지번은 아들을 데리고 고향인 보령으로 돌아왔다. 11세까지 보령에서 생활하던 이산해는 1555년 17세 때 조언수의 딸과 혼인하면서 한양으로 올라와 1558년에는 사마시에, 1560년에는 알성시에 장원급제하였다. 1561년 드디어 문과에 급제한 이산해의 관직 생활은 순탄하였다. 1562년 홍문관 정자에 제수되었고, 명종의 명으로 경복궁 편액을 썼다. 1563년 사가독서를 하였으며, 그해에 홍문관 저작으로 당대의 권신인 윤원형을 탄핵하는 상소를 올렸다. 1564년 이후에는 정언, 병조정랑, 이조좌랑 등 젊은 관리가 거칠 수 있는 청요직을 두루 지냈다. 1567년 이산해를 이조좌랑으로 임명한 기록에는 "이산해는 이색의 후예로, 여섯 살에 능히 대문자大文字를 짓고 여러 차례 향시에 장원하였으므로 당시 사람들이 천선

天仙(하늘 위에 산다는 신선)처럼 바라보았으니 참으로 기이한 재주다" 라고 적고 있다.

관료 이산해가 본격적으로 활약한 시기는 정확히 선조 시대와 겹친다. 선조는 즉위 후 사림파 출신들을 정계에 적극 등용하면서 '선조 키즈'들을 키워 나갔다. 선조 시대를 대표하는 참모인 이이, 정철, 성혼, 이산해, 정인홍 등은 모두 1535년에서 1540년에 걸쳐 태어났다. 이들은 선조가 즉위한 1568년에는 20대 후반에서 30대 초반의 관료로 가장 열정적으로 일하는 연배가 되었고, 이산해도 그중의 한 명이었다. 1569년과 1570년에는 이조정랑, 동부승지, 이조참의, 대사간, 부제학 등 요직을 거치면서 선조의 측근 참모로 활약을 했다. 1571년 승지로 있을 때 부친의 병세가 악화되자 한양으로 와서 종남산(남산) 기슭에 작은 집 한 채를 짓고 요양처로 삼았다. 1575년 부친이 사망하자 보령 고만산 기슭의 할아버지 묘소 아래에서 장사를 지냈다.

당쟁의 시대에 관료로 산다는 것

선조 시대는 우리 역사에서 당쟁이 본격적으로 시작된 시기였다. 1575년(선조 8)은 이조전랑직을 둘러싼 김효원과 심의겸의 대립으로 동인과 서인의 동서분당이 시작된 해였다. 이산해는 정치권의 중진으로 있었으나, 1577년 6월 부친의 삼년상을 마칠 때까지는 관직에 참여하지 않아 당쟁에서 비껴나갈 수 있었다. 삼년상을 치른 뒤 정치권에서는 그를 찾는 요청이 계속 이어졌다. 선조의 신임도 여전하여 이산해는 대사간, 대사성, 예조참의, 도승지, 부제학에 제수되었다.

1577년 겨울에는 이덕형을 둘째 사위로 맞이하였다. 한음 이덕형은 오성 이항복과 함께 '오성과 한음'으로 유명한 인물로, 임진왜란 때 외교적 역량을 크게 발휘했다. 처음 이산해는 정철과 사이가 좋았고, 정철은 이산해에게 사위 추천을 청했다. 이산해는 오윤겸을 추천하였는데, 정철은 이에 대해 "이산해 자신은 이덕형과 같은 좋은 사위를 얻고 자신에게는 병약하고 쇠약한 오윤겸을 추천했다"면서 절교를 선언했다. 그러나 오윤겸 역시 훗날 영의정에 올랐으니 이산해의 사람을 알아보는 안목을 알 수가 있다. 이산해는 1581년 봄에 1579년에 이어 대사헌에 올랐고, 이해 여름에는 이조판서가 되었다. 1581년에는 모친상을 당하여 여묘살이를 하면서 보령에 거처하였다.

1583년에는 '계미삼찬癸未三竄'이라 하여 동인과 서인의 당쟁의 과정에서 동인의 핵심인 허봉, 박근원, 송응개 등이 이이를 탄핵하다가 함경도 등지로 유배를 가는 사건이 일어나는 등 정국이 어수선했다. 정계에 돌아온 1584년 이산해는 이조판서와 대제학에 제수되고, 1585년에도 계속해서 전형銓衡과 문형文衡의 직임을 맡았다. 당시 이산해가 오래도록 인사권을 잡고 있다는 지적이 올라오자, 선조는 "이조판서(이산해)는 순후한 덕을 가졌고 굉장한 재주를 가졌으며, 대단한 기량에다 넓은 아량도 있으며 남다른 충절도 있다"고 하여 반대파의 주장을 일축하였다. 1588년 우의정, 1589년에는 좌의정을 거쳐 마침내 최고의 위치인 영의정에 올랐다.

1589년 10월에는 정여립의 역모사건이 도화선이 되어 기축옥사가 일어났다. 기축옥사의 주모자 정여립이 동인이었던 까닭으로 동인에 속했던 이산해 또한 곤욕을 겪었다. '미반(반란을 하지 않은) 정여립'으로 불렸던 정개청에 대해, 이산해가 전형을 맡을 때 임명된 인물이라는 비난서가 올라왔다. 당시 수사 책임자 서인 정철은 정여립 역모에 연루된 자를 거론한 정암수의 상소가 올라오자, "대감은 오늘 이 자리가 불안하겠습니다"라면서 노골적으로 이산해를 압박하였다. 그러나 이때도 선조는 "유성룡과 이산해 두 사람이야 말로 국가의 주석이 되고, 사림의 영수가 될 줄을 확실히 알고 있었다. 내가 평소에 의지하고 존중하던 사람들이다"라고까지 하면서 이산해를 후원하였다. 기축옥사는 동인 내에서 남인과 북인의 분립이 일어나게 되는 계기가 되었고, 유성룡과 우성전은 남인, 이산해와 정인홍, 이발 등은 북인의 중심이 되었다.

기축옥사의 광풍이 몰아치고 난 후인 1591년에는 광해군의 세자 책봉을 건의하는 사건이 일어났다. 정철은 이산해, 유성룡과 함께 선조에게 광해군의 후계 책봉을 건의하자고 약속을 했으나, 이산해는 선조가 후궁인 인빈 김씨의 소생인 신성군을 총애함을 알고, 병을 핑계로 삼아 선조를 면담하는 자리에 나아가지 않았다. 유성룡은 선조를 만나는 자리에는 참석했으나, 정철이 먼저 말을 꺼냈다가 선조가 분노하는 것을 보고 감히 말하지 못하였다. 광해군을 세자로 책봉하자는 발언으로 말미암아 정철은 강계로 유배를 갔고, 서인의 영수 정철의 빈자리를 북인 이산해와 남인 유성룡이 채웠다.

1592년 4월 조선시대 최대의 국난인 임진왜란이 일어났다. 영의정으로 있던 이산해는 선조를 모시고 피난길에 올라 개성까지 갔다. 이때 정철의 측근 서인을 중심으로 왕이 피난을 가게 된 죄가 크다면서 이산해를 몰아붙였다. 대간의 탄핵이 더욱 격렬해지자 선조도 어쩔 수가 없었다. 이산해는 결국 영의정에서 물러나 강원도 평해군으로 유배되어, 1593년, 1594년을 유배지에서 보냈다. 평해는 부친 이지번이 김안로에게 미움을 받아 1536년 1년간 유배를 간 곳으로 부친의 흔적이 남아 있는 곳이었다.

유배지에서 이산해는 곽진사, 황응청, 황여일 등 지역의 명망가들과 격의 없이 사귀며 그들과의 친분을 유지해 갔다. 〈사동기〉, 〈해월헌기〉 등의 문학 작품은 이곳에서 지낸 경험을 바탕으로 쓴 것이다. 3년의 유배 생활 동안 이산해는 딸과 며느리, 막내아들을 잃는 큰 아픔을 겪었다. 개인적인 아픔이 커서인지 평해에서 이산해는 옥보상인, 수인, 보인, 지월 등의 승려들과도 두터운 교분을 유지했다. 1595년 유배에서 풀려난 이산해는 정개청, 유몽정 등 기축옥사에 연루된 자들의 억울함을 풀어줄 것을 호소했다. 기축옥사는 그에게 늘 정치적 아픔으로 남아 있었기 때문이다. 그해 말 휴가를 청해 고향 보령으로 돌아온 이산해는 선조의 거듭된 요청으로 조정에 돌아왔다.

실용을 중시한 관료학자

선조의 최측근 참모였던 이산해는 특히 실용을 중시하여 민생 문제 해결에 앞장을 선 관료였다. 그리고 그의 실용 사상 형성에는 조선 중기 대표적 '국부론'자인 숙부 이지함과, 이지함의 스승인 화담 서경덕이 있었다. 이산해의 저술인 《아계유고》는 840수의 시문과 상소문이 중심을 이룬다. 조선 중기 학자인데도 성리 철학이나 이론에 관한 내용은 거의 찾을 수 없는 점이 특징이다. 이산해가 이처럼 이론 문제에 깊이 매달리지 않은 까닭은 주로 국사를 운영하는 입장에 서서 현실 정치를 실용적으로 운영해 나가는 데 주안점을 두었기 때문이었다.

이산해는 시폐차時弊箚를 통해 당시 경제의 문제점을 극복하는 방안으로 둔전屯田과 자염煮鹽의 활용을 강조하였다. 즉 소금을 굽는 것을 건의한 내용을 보면 "소금을 굽는 일은 공력이 그다지 많이 들지 않으나 효과는 가장 많이 볼 수가 있습니다. 1천 이랑의 둔전이 수백 개의 염조鹽竈(소금을 만드는 솥)만 못합니다. (중략) 이것이 진실로 재물을 모으는 상책입니다. 우리나라 해변이 모두 소금 굽는 장소였는데 태평한 시절에 곡식이 남아서 썩어 나던 시절을 살아온 나머지 다시는 이런 이점이 있다는 것을 알지 못한 지가 오래 되었습니다. 지금 바닥이 나버린 나머지 조그만 이익을 추구하려고 해도 이렇다 할 대책이 없는데 유독 이 일만을 그냥 두고 거행하지 않은 채 간혹 관원을 파견하여 일을 감독하게 하나 얻는 바는 으레 사소한 정도이니, 소신이 이 점에 대하여 삼가 의혹을 갖지 않을 수 없습니다. 일반적인 사물은 가격이 비싸더라도 판매하기가 어려우면 이익이 될 수 없습니다. 그렇지만 소금은 산만큼 쌓여 있더라도 팔지 못할까 걱정할 일이 없습니다"라고 하여 해안이 풍부한 장점을 활용해 소금을 생산하여 국부를 증대할 것을 주장하고 있다.

구체적인 내용에 대한 제시도 하고 있다. "호서나 해서의 도서에 소금기가 많아서 경작하기에 적합하지 않은 곳이 비어 있고 땔감이 무성한 곳을 찾아서 곳곳에다 염정鹽井(소금을 얻기 위해 바닷물을 모아두는 웅덩이)과 염조를 설치해 두고 또 떠돌면서 빌어먹는 백성들을 모집해서 둔전을 경작하게 하고 대열을 편성해 일시에 일을 추진하게 한다면, 처음 일을 시작한 날에 식량이 그 가운데 있을 것이니, 어느 누가 기꺼이 따르면서 참여하기를 바라지 않겠습니까." 이산해는 1천 이랑의 둔전이 수백 개의 염조만 못하다고 보면서, 염업은 진실로 재물을 모으는 가장 확실한 대책이라고 파악하였다.

이산해는 또한 "소금을 굽는 일에 대해서만은 신이 바닷가에서 생장한 탓에 대충 그 요점을 압니다"라고 하여 자신이 바닷가 출신이어서, 소금의 중요성과 활용에 대한 식견이 있음을 피력하고 있다. 소금 생산을 통한 국부 증진책은 이산해의 실용적인 사상에서 기인한 것으로, 이러한 모습은 후대의 실학자들의 주장과 일맥상통하는 부분이 많다.

북인의 영수라는 이미지 속에 가려진 참모습

1599년 겨울 이산해는 다시 영의정에 복귀하였다가, 1600년에 탄핵을 받고 파직되었다. 당시 이산해는 같은 당파에 속했던 홍여순과 대립했는데, 당쟁사에서는 대북大北 세력 내의 이산해와 홍여순의 대립을 골북骨北과 육북肉北의 분당으로 파악하고 있다. 선조 시대 이산해는 정치권의 중심에 있었던 만큼 당쟁에서도 자유로울 수 없었다. 그의 이름은 늘 동인, 북인, 대북, 골북의 중심에 자리했다. 특히 1623년 인조반정으로 북인이 정치적으로 완전히 소멸한 점은 북인의 영수인 그에 대한 제대로 된 평가가 이루어지지 못하는 주요 원인이 되었다.

1600년 이산해는 남양의 구포에 우거하였다가 잠시 뒤에 신창의 시전으로 이사하였다. 이후에는 주로 보령, 남양, 신창, 노량 등지에서 만년의 삶을 즐겼다. 1607년의 연보에서, "공이 경자년(1600년)부터 7년 사이에 출세에 대한 아무런 생각이 없어서 경기 교외에 거처하기도 하고 강호에 거처하기도 하였는데, 심부름하는 아이, 말 한 필로 행색이 조촐하였다. 때로 시흥이 일어나 언어로 표현하여 〈구포록〉, 〈시전록〉, 〈노량록〉이 문집에 실려 있다"는 기록은 당시의 처세와 생활상을 보여준다. 최고의 관직인 영의정까지 지냈지만, 검소한 삶을 지향한 그의 모습은 숙부 이지함의 모습을 연상시키기도 한다. 1608년 2월 선조가 사망하자 이산해는 선조 왕릉의 글을 지어 올리는 것으로써 선조와 함께 했던 인연을 마지막까지 이어갔다. 그리고 1년 6개월 후인 1609년 8월 장통방 집에서 생을 마감했다.

위기 극복의 참모,
유성룡과 《징비록》

임진왜란을 극복한 최고 영웅이라 하면 당연히 이순신李舜臣(1545~1598) 장군을 떠올리지만, 이순신을 천거하고 임진왜란 당시 영의정으로 전쟁의 현장에서 중요한 상황들을 결정했던 유성룡柳成龍(1542~1607)의 역할도 매우 컸다. 국정의 최고 책임자로서 임진왜란을 경험한 유성룡은 1598년 11월 관직에서 물러난 후 고향인 안동으로 돌아와 《징비록懲毖錄》을 남겼다. 유성룡은 《징비록》을 통하여 1592년(선조 25)부터 1598년까지 7년에 걸쳐 전개된 임진왜란의 원인과 경과, 전황, 상황에 대한 반성 등을 자세히 기록하여 끝까지 공직자의 책무를 다하였다.

유성룡은 누구인가?

《징비록》의 저자 유성룡은 1542년(중종 37년) 외가인 경상도 의성에서 황해도 관찰사 유중영의 아들로 태어났다. 어린 시절에 서울로 올라와 남산의 묵사동, 즉 현재의 남산 한옥마을 인근에 살았던 것으로 보인다. 16세 가을에 향시에 급제했고, 19세에는 관악산에서 《맹자》를, 20세에는 고향에 돌아가 《춘추》를 읽었다고 연보에 기록되어 있다. 1562년 21세 때, 안동의 도산에서 퇴계 이황을 배알하고 그 문하로 들어가 《근사록》 등을 배웠다. 1564년 7월 생원시와 진사시에 연이어 합격하였고, 1565년 성균관에 들어갔다. 25세가 되던 1566년 문과에 급제하여 승문원 권지부정자로 관직에 진출하여 1567년 8월에는 예문관 검열이 되었다. 선조가 1567년에 왕위에 오른 점을 고려하면 유성룡은 선조와 관직 입문 동기라 불러도 좋을 만큼 그 인연이 깊었다. 1570년에는 수찬, 정언 등을 거쳐 이조좌랑에 올라 선조의 참모로 본격적으로 입문하였다.

1571년 3월 이황의 장례식에 참석했으며, 이해 가을에 호를 서애西厓라 하였다. 서애는 안동 하회마을의 서쪽 절벽을 뜻하는 말이다. 1573년 6월 다시 이조좌랑에 올랐고, 1575년 9월에는 이조정랑이 되었다. 이후 헌납, 응교, 사간을 거쳐 1581년 부제학이 되어 왕명으로 《대학연의》를 초抄(필요한 부분만을 뽑아서 적음)하여 올렸다. 1582년 봄 대사간 · 도승지 · 대사헌 등을 거쳤으며, 1583년 7월 함경도 관찰사에 특채되었으나, 어머니의 병환으로 사양하였다. 1584년 예조판서가 되었으며, 1585년에는 왕명으로 정몽주의 문집인 《포은집》을 교정하고 발문을 썼다. 1588년 형조판서 겸 홍문관과 예문관의 대제학으로 활동하였으며, 1589년 예조판서를 거쳐 이조판서가 되었다.

1589년 정여립 역모사건이 일어나고 사건의 여파로 동인 내에서 당파가 분립되었는데, 이때 이발과 정인홍, 이산해가 중심이 된 북인과 맞서는 남인의 영수가 되었다. 이후에도 정인홍과 이산해와는 정치적으로 계속 대립하게 되었다. 1590년 5월 우의정에 올랐으며, 1591년 좌의정으로서 이조판서를 겸하면서 선조의 각별한 신임을 받았다. 유성룡이 임진왜란 발발 1년 2개월 전에 정읍현감으로 있던 이순신을 전라좌수사로 천거한 것은 그야말로 '신의 한 수'로 손꼽힌다. 이때 유성룡은 권율을 의주목사로 천거하기도 했는데, 임진왜란 당시 이순신과 권율의 활약에는 인재를 알아보는 유성룡의 안목이 컸음을 알 수가 있다.

위기 극복의 주역, 유성룡

1592년 4월 임진왜란이 일어났을 때 좌의정과 병조판서, 도체찰사를 겸하면서 전시 정부의 최고 책임자가 되었다. 유성룡은 조선이 초기 전투에서 패배한 중요한 원인을 진관 체제鎭管體制(각 요충지마다 진관을 설치하여 진관을 중심으로 독자적으로 적을 방어하는 체제)를 버리고 제승방략制勝方略 체제(각 지역의 군사를 한 곳에 집결시켜 한 사람의 지휘하에 두게 하는 체제)를 고수한 것에서 찾고 있다. 유성룡은 전란 이전에 자신과 비변사 및 그 밖의 여러 사람들과 의논하여 진관의 법을 준수하도록 글을 올린 사실을 강조하고 있다. 을묘왜변 이후에 군의 편제를 고쳐 제승방략 체제로 바꿈으로써, 임진왜란 때에 군사들이 모여 지휘관을 기다리는 과정에서 적의 공격에 효율적으로 대비하지 못했음을 지적하고, 진관 제도의 정비를 건의하였다. 그러나 유성룡의 주장은 "이미 오래전부터 사용해 온 제승방략을 갑자기 바꿀 수 없다"는 반대 논리에 막혀 폐기되고 말았다.

탄금대 전투에서 패배한 신립 장군에 대한 비판도 신랄하다. "원래 신립은 날쌔고 용감한 것으로 이름이 높았으나 전투의 계책에는 부족한 인물이었다. 옛 사람이 이르기를, '장수가 군사를 쓸 줄 모르면 나라를 적에게 넘겨주는 것과 같다'고 하였는데, 이제 와서 후회한들 무슨 소용이 있겠는가. 그러나 후손들에게 경계가 될 것이라 생각해 상세히 적어둔다"라면서 신립의 무능함을 강하게 비판하였다. 선조의 피난 행렬을 보는 백성들의 불편한 시선에 대해서도 쓰고 있다. "이 무렵 연광정에서 왕께로 향하던 나는 아녀자와 어린아이까지 분노를 감추지 않고 소리를 지르는 모습을 보았다. '성을 버리고 갈 거면 왜 우리는 성안으로 들어오게 했소? 그야말로 우리를 속여 적의 손에 넘겨주려는 속셈이 아니고 무엇이란 말이오?"라는 기록을 통해 백성을 버리고 피난하는 선조에게 분노하는 백성들의 목소리를 전하였다.

임진왜란 당시 유성룡은 평양성 사수를 포기하고 피난을 하려는 선조에 대해 강하게 반발했다. 명나라에 구원병을 요청해 놓고 또 골짜기까지 들어간다면 다시는 서울을 수복할 수 없다는 논리였다. 유성룡은 말을 하면서 목이 메었으며 눈물까지 흘렸다고 한다. 그러나 6월 11일 선조는 최흥원, 정철 등과 영변을 향해 길을 떠났고, 유성룡은 순찰사 이원익 등과 함께 명나라 장수를 접대하기 위해 평양에 머물렀다. 이후 유성룡은 명나라 원군의 접대에 온 힘을 기울이면서, 명나라 제독 이여송과 평양성 탈환을 계획하였다. 1593년 1월 평양성을 탈환한 후에 이여송이 왜군과의 강화 협상에 나서자 이에 반대하고 왜군에 대한 총공세를 주장하였다. 1593년 10월 선조를 호위하며 환도한 후에는 다시 영의정에 올랐고, 직업군으로 구성된 훈련도감의 설치를 청하였다. 1594년 전쟁이 소강상태에 이르자, '전수기의십조戰守其宜十條(전쟁에서 마땅히 지켜야 할 10조목)' 등을 올리면서 전쟁에 대한 대비책을 구체적으로 제시하였다.

1597년 정유재란이 일어난 후에도 유성룡은 왕명으로 경기도와 충청도 지방을 순시하면서 전쟁의 최일선에서 활약했다. 그만큼 선조의 신뢰가 컸던 것이다. 《서애집》의 "정유년에 적이 다시 준동(불순한 세력이나 보잘것없는 무리가 법석을 부림)하여 양호가 와해되었고, 9월에는 한양 변두리를 핍박하였다. 나는 임금의 명을 띠고 한강 방면을 순찰하며 경기 우방어사 유렴에게 안성, 죽산, 양성, 용인, 양지, 진위 등의 군사를 감독 통솔하게 하여 양성의 무한산성을 지키도록 하였고, 별장 조발에게 수원, 남양, 김포, 양천, 통진, 부평 등의 군사를 거느리고 독성을 지키도록 하였다. (중략) 한강 연안 일대를 왕래하면서 얕은 여울의 경비를 각각 책임 지우고, 군령장을 주어서 조금이라도 그르침이 있으면 마땅히 군법으로 다스리도록 재삼 지시하였다"고 한 기록에서 정유재란 당시에도 유성룡이 전쟁의 중심에 있었음을 알 수 있다.

1598년 9월 명나라 조사관 정응태와 지휘관 양호 사이의 내분으로 소위 '정응태 무고 사건'이 일어났다. 이때 선조는 이를 무마시키기 위해 유성룡이 명나라에 사신으로 갈 것을 바랐으나, 유성룡은 이항복과 윤두수를 추천하였다. 여정이 먼 중국 사신 길이 부담스럽고 명나라의 내분에 휩쓸려 큰 성과를 기대하기 어렵다고 판단했기 때문이었다. 결국 이것이 빌미가 되어 진주사와 영의정에서 물러났다. 이 무렵 선조의 신임을 받은 이산해, 이이첨 등 북인들이 유성룡 탄핵에 총력을 집중하면서 11월 19일 마침내 파직되었다. 공교롭게도 1598년 11월 19일은 이순신이 노량해전에서 전사한 그날이었다. 파직 후에 유성룡은 1599년 2월 고향인 안동 하회로 돌아왔고, 형 유운룡과 옥연정사에서 뱃놀이를 하는 등 오랜만에 여유로운 생활을 하면서 《징비록》의 집필에 착수하였다. 1604년 7월에는 임진왜란 때의 공을 인정받아 호성공신 2등에 녹훈되면서 선조는 화공을 보내 그의 초상화를 그리게 했는데 이것도 거절하였다. 이후에는 주로 집필 활동에 전념하다가 1607년 5월 13일 66세의 일기로 생을 마감하였다. 남인의 영수 유성룡이 사망한 1607년은 서인의 영수 송시열이 태어난 해이기도 하다.

《선조실록》과 《선조수정실록》에는 각각 유성룡의 졸기가 기록되어 있는데, 공로와 과실이 교차하고 있다. 유성룡에 대한 긍정적인 이미지 이외에 "왕의 신임을 얻은 것이 오래였지만 직간했다는 말을 들을 수 없었고 정사를 비록 전단專斷(혼자 마음대로 결정하고 단행함)하였으나 나빠진 풍습을 구하지 못하였다"거나, "남의 잘못을 이해하고 감싸주는 힘이 부족하고 지론이 넓지 못하여 붕당에 대한

경상북도 안동에 있는 병산서원

경상북도 안동에 있는 병산서원. 서애 유성룡의 학문과 업적을 기리기 위한 곳으로, 안동에서 서남쪽으로 낙동강 상류가 굽이치는 곳에 화산을 등지고 자리하고 있다. 원래 풍산 유씨의 교육기관인 풍악서당이었는데, 유성룡이 이곳으로 옮겼다. 1863년(철종 14)에 임금으로부터 '병산'이라는 이름을 받아 서원이 되었으며, 2019년 '한국의 서원'으로 세계유산에 등재되었다.

마음을 떨쳐 버리지 못했다"는 등 부정적인 언급이 많다. 《선조실록》과 《선조수정실록》의 편찬이 유성룡에 대한 반대 세력에 의해 기록되어 있는 점도 간과할 수가 없다. 《선조실록》은 북인의 관점에서, 《선조수정실록》은 서인의 관점에서 기록되어 남인의 영수인 유성룡에 대한 평가가 상대적으로 인색한 것이다.

《징비록》을 저술한 까닭

《징비록》은 저자 유성룡이 벼슬에서 물러나 낙향해 있을 때 집필한 책이다. 제목인 '징비'는 《시경》 소비편에 나오는 문장인 '여기징이비역환予其懲而毖後患', 즉 "나는 미리 징계하여 후환을 조심한다"는 구절에서 따온 것이다. 유성룡은 스스로 쓴 서문의 첫머리에서 "《징비록》이란 무엇인가? 임진왜란이 발생한 후의 일을 기록한 것이다. 그중에서 임진왜란 전의 일을 가끔 기록한 것은 그 전란의 발단을 규명하기 위해서다"라고 하여 임진왜란의 원인과 경과를 밝히려는 목적에서 이 책을 저술했음을 밝히고 있다.

이어 쓴 서문에서 유성룡은 "나와 같이 보잘 것 없는 사람이 어지러운 시기에 나라의 중책을 맡아서 위태로운 판국을 바로 잡지 못하고 넘어지는 형세를 붙들어 일으키지도 못했으니 그 죄는 용서받을 수 없을 것이다. 그런데도 오히려 시골구석에서 목숨을 부쳐 구차하게 생명을 이어가고 있으니 이것이 어찌 왕의 너그러우신 은혜가 아니겠는가?"라 하여 임진왜란 때 중책을 맡았으면서도 전란을 제대로 극복하지 못한 자신에 대한 반성에서 《징비록》을 남겼음을 서술하고 있다. 이어서 "한가한 틈을 이용하여 내가 귀로 듣고 눈으로 본 바, 임진년부터 무술년까지 일을 대강 기술하니 이것이 얼마 가량 되었고, 또 장계, 상소, 차자, 문이와 잡록을 그 뒤에 부록했다"고 하여 《징비록》이 1592년부터 1598년까지 견문한 내용과 장계와 상소문 등을 합했음을 밝히고 있다. 서문의 마지막에는 "비록 보잘 것이 없지만 모두 그 당시의 사적이므로 버리지 않고 두어서, 이것으로 내가 시골에 살면서도 성심으로 나라에 충성하고자 하는 나의 간절한 뜻을 나타내고 또 어리석은 신하가 나라에 보답하지 못한 죄를 나타내도록 할 것이다"라고 하고 있다.

《징비록》이 처음 출간된 것은 1633년(인조 11)으로, 아들 유진이 유성룡의 문집인 《서애집》을 간행하면서 그 안에 수록을 하였다. 이후 1647년 그의 외손자인 조수익이 경상도관찰사로 재임하던 중 16권으로 구성된 《징비록》을 간행하였다. 《징비록》의 가치는 일본에도 알려져 1695년 일본 교토에서 간행된 것을 시작으로 일본에서 베스트셀러가 되었다. 근현대에 들어와서는 1936년 조선사편수회에서 저자의 필사본을 영인하여 출간한 것을 시작으로 여러 곳에서 영인본과 번역본을 출판하였다. 특히 2015년에 대하사극 〈징비록〉이 방송되면서 유성룡과 그의 기록 《징비록》에 대해서 많은 사람들이 관심을 갖는 계기가 되었다.

《임진왜란》에 관한 기록은 《징비록》 이외에도 오희문의 《쇄미록》, 정경운의 《고대일록》, 이노의 《용사일기》, 조경의 《난중잡록》 등 여러 기록이 많다. 하지만 유성룡이 전란 당시 좌의정과 병조판서, 영의정, 도체찰사 등 최고의 직책을 맡고 있었던 상황을 고려하면 《징비록》의 가치는 더욱 커진다. 전쟁의 구체적인 전개 상황, 명군의 참전과 강화 회담의 뒷이야기, 백성들의 참상 등을 누구보다 정확하게 포착할 수 있는 위치에서 저술한 기록이라는 점에서 다른 사료보다도 그 의미가 있는 것이다. 또한 유성룡이 조정의 여러 공문서들에 접근할 수 있는 권한을 가지고 있었다는 점에 비추

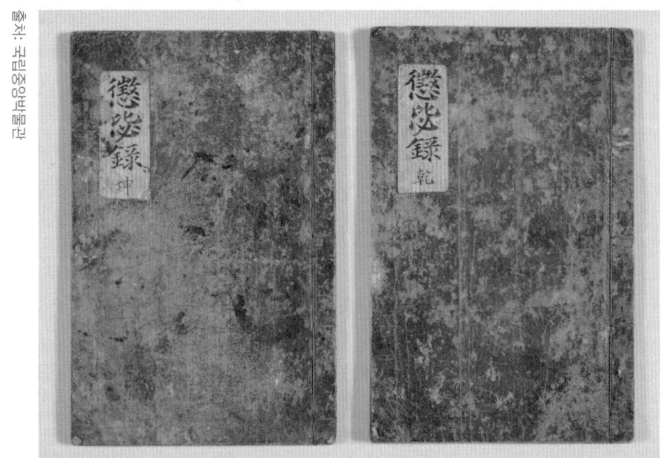

출처: 국립중앙박물관

《징비록》

유성룡이 임진왜란 동안에 경험한 사실을 기록한 책으로
1969년 국보 제132호로 지정되었다.

어 볼 때 자료의 객관성과 신뢰성이 높으며, 거시적이면서도 미시적인 기록이다.

《징비록》은 전쟁의 경위와 전황에 대한 충실한 묘사에 그치지 않고, 조선과 일본, 명나라 사이에서 급박하게 펼쳐지는 외교전을 비롯하여 전란으로 인해서 극도로 피폐해진 일반 백성들의 생활상, 이순신을 비롯하여 신립 · 원균 · 이원익 · 곽재우 등 전란 당시에 활약했던 주요 인물들의 공적과 인물평까지 포함하고 있다. 피난을 간 선조를 대신하여 전시 정부 최고의 참모로 활약한 유성룡과 그가 남긴 임진왜란에 대한 반성의 기록, 《징비록》은 위기의 시기 참모의 역할을 잘 보여주고 있다.

5장 광해군의 그늘 속 참모들

선조·광해군 시대,
외교의 최전선에서 활약한 이덕형

임진왜란을 겪은 후, 후금이 성장하면서 동북아에 극도의 긴장 상태가 조성된 선조 · 광해군 시대에도 한반도는 강대국 사이에 위치해 있었다. 예나 지금이나 국제적 긴장 상태를 풀 수 있는 중요한 해법은 외교적 역량이다. '오성과 한음'의 일화로 잘 알려져 있는 한음 이덕형李德馨(1561~1613)은 실제 조선 중기 선조, 광해군 시대를 대표하는 문신, 학자였다. 특히 임진왜란이라는 최대의 국난을 당한 선조 시대와 국제적 긴장감이 감도는 광해군 시대 외교의 최전선에서 뛰어난 외교적 역량을 보인 인물이었다. 한반도의 지정학적 운명을 걸머지고 정치, 외교 참모로 활약한 이덕형을 통해 당시의 정치 상황과 국제 관계 속으로 들어가 본다.

이덕형은 누구인가?

외교역량을 갖춘 관료 이덕형이 잘 알려지지 못한 이유는, 당쟁사의 관점으로 이 시기의 인물을 보는 경향이 강했기 때문이다. 그가 활동했던 시기에는 당쟁이 본격화되었다. 학파나 정치적 계보가 뚜렷한 인물에는 많은 관심을 둔 반면에 이덕형의 경우처럼 당색이 뚜렷하지 않고, 관료적 성향이 강한 인물에 대한 관심은 소홀해진 것이다. 이덕형은 젊은 나이에 출사하여 이른 나이에 최고위 직책에 오르면서 전형적인 관료학자의 성향을 보였다. 장인이 북인의 영수인 이산해였음에도 불구하고, 뚜렷한 당론을 형성하지 않고 서인, 남인의 관료나 학자들과 두루 교분을 형성하면서 자신에게 맡겨진 시대적 책무를 해결해 나갔다.

이덕형의 자는 명보明甫, 호는 한음漢陰, 시호는 문익文翼, 본관은 경기도 광주廣州이며, 시조 둔촌遁村 이집李集은 고려 말 이색, 정몽주 등과 교유한 학자였다. 5대조는 연산군 때 좌의정을 지냈으나, 1504년 갑자사화에 연루되어 사사된 이극균이다. 이덕형은 부친 이민성과 문화 류씨 사이의 소생으로 1561년(명종 16) 한양 숭례문과 필동 사이인 성명방에서 외아들로 태어났다. 1577년 17세 때 이지함의 주선으로 이산해의 둘째 딸과 혼인하였다. 18세 때 진사와 생원 양과에 합격하고, 20세에 별시에 을과로 급제하여 승문원에 보직되었다. 이덕형은 자신보다 3년 앞서 진사 시험에 합격한 이항복(1556~1618)과 1580년 알성문과에 함께 급제하여 성인이 되어서 다시 만나는 인연을 맺었다. 이때부터 두 사람은 요직을 서로 주고받으며 30여 년간 뜻을 함께 하였다. 오성과 한음의 일화가 전해오는 것은 어린 시절뿐만 아니라 동문급제한 후에도 오랜 우정

출처: 문화재청, 동아대학교 석당박물관

이덕형 초상 초본

조선 중기 임진왜란과 병자호란 이후에 그려진 공신초상화이다. 작품은 얼굴 방향이 왼쪽인 좌안칠분상으로 세밀하게 묘사된 얼굴, 음영 없는 얕은 담채, 낮은 검은색 관모 등이 사실적으로 표현되어 이덕형의 인품이 잘 드러난다. 얼굴은 섬세하게 그려진 반면 옷주름은 대담하게 표현되어 초본임을 알 수 있다.

을 이어왔기 때문이었다.

이덕형은 20대 초중반에 승문원과 홍문관의 주요 직책을 거치고 28세에 요직인 이조정랑에 올랐다. 이때 선위사가 되어 동래에서 왜사 현소 등과 회담했으며, 이후로 외교적 자질을 인정받아 임진왜란 전후 중요한 외교 문제를 거의 전담하게 되었다. 31세 때는 젊은 나이로 당대의 문장가가 맡는 직책인 홍문관 대제학이 되었다. 그의 전임자가 20세가 많은 유성룡이라는 것만 보아도 그의 능력이 대단했음을 알 수 있다. 선조 대인 1575년(선조 8) 동서분당을 시작으로 당쟁이 본격적으로 전개되었지만, 이덕형은 당쟁에 거리를 두었다. 관직생활 초기 유성룡, 김성일, 이산해, 이원익 등과 친분을 맺으며 동인과 가깝게 지냈고, 동인이 다시 남인과 북인으로 나뉜 이후에는 남인과 북인의 중도파였지만 시종일관 당인의 입장보다는 관료로서 그 능력을 발휘해 나갔다.

이덕형의 정치와 외교활동

이덕형은 선조에서 광해군에 이르는 시기 특히 외교 문제가 국가의 현안으로 대두되었을 때 외교관으로서 탁월한 능력을 보였다. 1592년(선조 25) 임진왜란이 발발하던 해에 이덕형은 대사헌으로 있으면서 좌의정 유성룡, 도승지 이항복과 함께 전란에 대한 대책을 세우는 데 중심 역할을 했다. 적진에서 왜적과 직접 협상을 하였고, 왜적이 대동강 지역까지 진격하자 이덕형은 현소와의 회담을 통해 선조가 피난을 할 수 있는 시간을 벌게 했다.

임진왜란 초반 상황이 악화되자 이덕형은 이항복과 함께 명나라 원군 파병 요청을 건의하였고, 청원사로 직접 명나라로 가서 원군 출병을 성사시켰다. 또 당시 명나라 지휘관 이여송의 접반사(외국 사신을 접대하던 임시직 벼슬아치)가 되어 임진왜란 동안 그와 줄곧 행동을 같이했다. 1593년 4월 한양을 수복한 후에는 한양으로 돌아와 형조판서로서 한양의 복구 활동에 전념하였다. 훈련도감 부제조로서 전쟁 중 명군에게서 습득한 화약, 화포, 독약 제조법을 전수하여 기술자를 길러내고 병기를 제조하여 경기도 일원의 진지에 배치하였다. 1597년 정유재란이 일어났을 때는 전국에서 군사를 모집하여 홍복군에 소속시켜 이를 지휘하였고 1598년 8월 도요토미 히데요시 사망 후 왜군이 물러난 후에는 호남을 안정시키는 일을 맡았다. 1598년 10월에는 좌의정에 올라 우의정 이항복과 함께 전후 복구 사업을 진두지휘하였다.

1608년 선조가 승하하고 광해군이 즉위한 후 명나라와 외교에서 가장 큰 현안은 광해군의 왕 책봉 문제였다. 선조 승하 후 광해군의 책봉을 청했으나, 명나라에서는 광해군에게 형 임해군이 있다는 것을 이유로 책봉을 미루었다. 이덕형은 명나라 사신이 임해군을 면담하는 것을 반대하고, 직접 명나라로 가서 임무를 완수하여 1608년 12월 17일 한양으로 돌아왔다. 명나라에서 돌아온 이덕형은 후금이 동북아의 새로운 강자로 부상한 상황을 광해군에게 상세히 보고하였다. 1609년 4월에는 명나라 사신 웅화 일행을 맞이했다. 이때 웅화는 이덕형을 만나 매우 감복했다고 하면서 두 수의 시를 지어 보냈고, 이덕형 역시 시로 화답하였다. 1609년 9월 영의정에 임명되자 이덕형은 사직을 청했으나, 광해군은 "내가 경에게 기대함이 강을 건널 때 필요한 배와 노 정도만이 아니다. 오늘날 국가 안위를 부탁할 만한 사람이 경이 아니면 누구이겠는가?" 하면서 받아들이지 않았다.

1610년 북인의 핵심 정인홍은 자신의 스승 남명 조식을 문묘에 추존하고자 하였다. 정인홍의 제자들은 영남에서 집단으로 상경하여 조식의 문묘종사에 반대하는 이덕형 등의 대신들을 비방하는 상소를 올리면서 농성을 하였다. 문묘종사 문제로 정인홍과 격하게 대립하던 이덕형은 이해 12월 15일 이원익, 이항복과 함께 사직하였다. 당시의 사관은 "대개 세 신하가 나랏일이 날로 글러지는 것을 보고 또 더러 소인의 배척을 받았기 때문에 병을 핑계대고 직위에서 떠남으로써 왕이 느껴 깨닫게 하고자 한 것이었는데, 따뜻하게 타이르고 허락하지 않았다"고 기록하고 있다.

이덕형이 52세가 되던 1612년 3월에는 황해도에서 봉산군수 신율이 김직재와 그 아들이 역모를 했다고 고변하는 사건이 일어났다. 이덕형은 사건을 조사한 후 조작 가능성을 제시하기도 했지만 이 사건의 파장은 컸다. 김직재의 옥사로 김직재, 김백함 부자가 처형된 것은 물론이고 김제, 유열 등 1백여 명에 달하는 집권 대북파의 반대 세력인 소북파 인사들이 대거 숙청을 당하였다. 소북파 이외에 연루된 자들도 대부분 권력에서 소외된 남인이나 서인들이었다. 특히 대북파의 중심 이이첨은 오직 대북 세력만이 광해

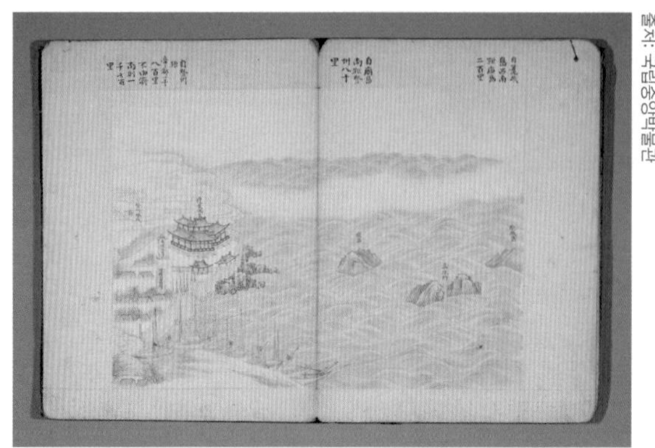

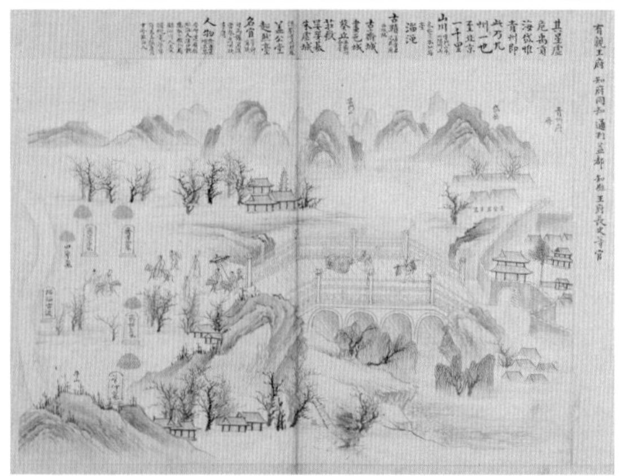

출처: 국립중앙박물관

이덕형 일행의 사행

인조 2년 명나라에 사은겸주청사로 파견된 정사 이덕형 일행이 행로로 사행한 코스를 그린 25점의 그림을 후대에 모사한 것이다.

군을 보호할 수 있다는 점을 왕에게 강하게 심어주었고, 대북 세력의 독주가 시작되는 기반을 마련하였다. 현대 정치사에서 대통령을 둘러싸고 있는 측근 세력이 권력을 농단한 상황과도 유사점이 보인다.

1612년 9월 이덕형은 이원익이 병으로 사직하자, 다시 영의정에 올랐다. 이때 우의정은 정인홍이었다. 정인홍이 광해군의 절대적인 신임을 받은 인물인 점을 고려하면 이덕형은 영의정 직책 수행에 상당한 어려움이 있었을 것으로 보인다. 그해 11월 이덕형은 김직재의 옥사를 다스린 공으로 익사, 형난 공신의 두 가지 훈록에 기록되었으나, 이를 매우 부끄러워하였음이 나타난다. 김직재의 역모사건 등으로 어수선한 정국에 또 하나 중요한 이슈로 부각된 것은 교하 천도 문제였다. 광해군은 기존의 궁궐을 중건한 창덕궁과 창경궁보다는 새로운 궁궐의 건설에 집착을 했고, 그것이 여의치 않다면 교하로의 천도까지 결심했다. 이덕형 등 여러 대신들의 반대에 부딪혀 교하 천도가 실현되지 않자 광해군은 이후에는 인경궁과 경덕궁의 신궁 건설에 총력을 기울였다. 그러나 광해군의 무리한 궁궐 조성 사업은 결과적으로 동생인 영창대군을 죽이고 왕통상의 어머니 인목대비를 폐위한 '폐모살제'와 더불어 광해군 정권을 무너뜨리는 주요 원인이 되었다.

광해군의 독주와 이덕형의 견제

1613년 4월에는 광해군 대 정국에서 가장 큰 사건인 영창대군의 옥사가 일어났다. 문경새재에서 은상 살해 사건이 발생했는데, 사건의 주범인 서양갑과 박응서의 공초에서 놀라운 진술이 나왔다. "거사자금을 확보해 김제남(영창대군의 외조부)을 중심으로 왕(광해군)과 세자를 죽이고 영창대군을 옹립하려 했다"는 것이었다.

발언의 파장은 정국을 초긴장 상태로 몰아넣었다. 이덕형은 이 사건이 이이첨의 사주로 인해 역모로 확대된 것으로 인식하고, 이항복과 함께 영창대군의 처형을 극력 반대했다. 결국 이덕형은 대북파의 집중 탄핵을 받아 9월 관직을 삭탈당하고 추방당하였다. 영창대군은 결국 강화도로 유배된 후 방에 불을 계속 때어 죽이는 증살蒸殺(뜨거운 증기로 쪄서 죽임)을 당하면서 8세의 나이로 생을 마감하게 된다. 이 무렵 이덕형은 병으로 고생을 했고 낙향한 지 한 달 만인 1613년(광해군 5) 10월 9일 세상을 떠났다.

이덕형이 사망하자 광해군은 그의 관작을 회복시키고 현직(영의정)의 예우로 장례를 치르게 하였고, 그의 영전에 사제문을 내려 애도했다. "덕형은 양근에 있는 시골집에 돌아가 있다가 병으로 졸하였다. 덕형은 일찍부터 임금을 보좌하게 되리라는 기대를 받았는데, 문학과 덕기는 이항복과 대등하였으나, 덕형이 관직에서는 가장 앞서 나이 38세에 이미 재상의 반열에 올랐다. 임진년 난리 이래 공로가 많이 드러나 중국 사람이나 왜인들도 모두 그의 성명에 복종하였다. 사람됨이 간솔하고 까다롭지 않으며 부드러우면서도 능히 곧았다. 또 당론을 좋아하지 않아, 장인 이산해가 당파 가운데서도 지론이 가장 편벽(남의 비위를 잘 맞추어 아첨함)하고 그 문하들이 모두 간악한 자들로 본받을 만하지 못하였는데, 덕형은 한 사람도 친하지 않았다. 이 때문에 자주 소인들에게 곤욕을 당하였다. 그가 졸하였다는 소리를 듣고 원근의 사람들이 모두 슬퍼하고 애석해 하였다"[1]는 기록에서는 그의 외교적 역량이 구체적으로 드러난다.

이덕형의 사망 이후 영창대군이 증살을 당하고, 폐모론이 본격적으로 전개되는 등 정국은 더욱 냉각되었다. 이항복, 이원익 등 이덕형과 함께 형제의 의를 따라야 한다는 전은설을 주장했던 정승들도 유배를 당하거나 관직에서 물러났다. 그러나 1623년 인조반정이 일어나 광해군이 폐위되고 인조가 왕위에 오르면서 정국은 급변하였다. 정인홍, 이이첨 등의 대북들이 대거 처형을 당하고 서인들이 정국을 장악하게 되었고, 1630년(인조 8) 이덕형에게는 문익공이라는 시호가 내려졌다.

이덕형을 기억하는 까닭

이덕형은 조선 중기 외침이 잦고 정치, 사회적으로 많은 사건이 일어났던 격변기에 정승직을 여러 차례 역임하면서 국정을 이끌어갔다. 특히 탁월한 외교전문가로서 그 능력을 발휘하였다. 임진왜란 때 명과 일본 진영을 오가며 사신으로서 일본 적장들과 강화를 교섭하였고, 청원사가 되어 명나라 지원군 파견을 요청하여 이를 성사시켰다. 전쟁에 필요한 군량미를 조달하고, 훈련도감에서 병기 제작을 감독하고 산성을 수축하여 왜와 여진족의 침입에 대비하기도 하였다. 정유재란 때도 대마도를 공격할 것을 주장하였으며 지방관 업무를 겸직하여 맡은 임무에 충실하였다.

1 《광해군 일기》 1613년(광해군 5) 10월 9일

이덕형은 광해군 즉위 후에도 이원익, 이항복 등과 함께 전쟁 복구와 국방 · 외교 등의 분야에서 뛰어난 실무관료로 활약했다. 광해군의 책봉을 실현시킨 것이나 조문과 책봉 사절로 온 명나라 사신의 접대에서 뛰어난 능력을 발휘한 것은 그의 외교활동의 대표적인 업적이다. 선조 · 광해군대는 당쟁이 본격적으로 전개되면서 당파 간의 대립이 치열한 시기였다. 이 무렵에는 동인, 서인의 핵심으로 활약한 당인들이 정국의 중심에 섰다. 하지만 이덕형처럼 관료적 자질을 바탕으로 국정 수행에 능력을 발휘하는 관료들도 다수 배출되었던 점은 주목할 만하다. 이덕형과 비슷한 정치관을 가졌던 이원익과 이항복이 대표적이다. 이덕형은 국내외 상황이 어려웠던 시기 균형 잡힌 정치 감각과 뛰어난 외교 역량을 보였던 참모였다.

허균과 광해군,
총애와 배신 사이

정치가가 자신의 행위에 대해 비판을 받고 공직에서 물러날 것을 요구받는 '탄핵'. 조선시대 정치가의 상당수도 이 '탄핵'에서 자유로울 수 없었다. 그중에서도 '탄핵'을 수도 없이 당했던 정치가가 허균許筠(1569~1618)이다. 생전에는 물론 사후에도 끊임없이 그에 대한 탄핵이 가해졌고, 조선시대를 통틀어 실록에 가장 부정적으로 기술되어 있는 인물이기도 하다. 《홍길동전》의 저자로 우리에게 익히 알려진 허균이 왜 이토록 기피인물이 되었던 것일까?

허균은 선조 시대에서 광해군 시대를 살아간 문장가이자, 사상가, 개혁가였다. 한국사의 수많은 인물이 역사의 무대를 장식하며 명멸해갔지만 허균처럼 극적인 삶을 살면서 그 빛과 그늘을 선명하게 남긴 인물도 흔하지는 않다. 당시 조선사회에서 허균의 사상은 불온한 것으로 취급되었고, 과격하고 직선적이며 자유분방한 그의 기질, 행동가적인 성향은 끝내 그가 처형으로 삶을 마감하게 했다. 양천 허씨 명문가의 자식으로서 문장력과 외교력을 겸비하는 등 뛰어난 자질을 타고나 장래가 탄탄하게 보장됐던 허균. 그가 이처럼 강한 개성을 보이고 끝내는 역적으로 몰려 처형을 당하게 된 까닭을 그의 삶과 사상, 정치 활동 속에서 찾아보기로 한다.

자유로운 영혼, 허균의 시대와 삶

허균은 1569년 11월 경상도관찰사를 지냈던 허엽과 강릉 김씨 사이에서 3남 2녀 중 막내아들로 외가인 강릉에서 태어났다. 부친 허엽은 호가 초당草堂이다. 초당을 호로 삼은 것은 지금도 두부로 유명세를 타고 있는 그의 처가, 강릉 초당과 관련된다. 허균이 태어난 곳은 조그마한 야산이 이무기가 기어가듯 꾸불꾸불한 모양을 이루고 있다고 해서 예로부터 교산蛟山(교는 이무기의 뜻)이라고 불려왔다. 허균이 자신의 호를 교산이라 한 것은 고향에 대한 향수에서 나온 것이었으나, 자신의 이상을 펴지 못한 채 처형된 이무기와 같은 그의 삶을 대변해주는 것처럼 보인다.

허엽은 서경덕의 문인으로 동인과 서인이 분당되었을 당시에는 동인의 영수로 지목될 만큼 명망이 높았다. 이복형 허성은 1590년 통신사의 서장관으로 일본을 다녀왔다. 동복형 허봉은 성리학과 문장으로 이름이 높았으며, 《해동야언》을 저술하였다. 5세 위의 누이 허난설헌은 조선시대 최고의 여류 시인으로 평가받는 인물이다. 명문가의 집안에서 태어난 허균은 12세에 아버지를 여의었지만, 난설헌과 함께 중형 허봉의 벗인 이달의 문하에서 수학하였다.

출처: 문화재청

《난설헌집》 목판 초간본

허난설헌이 27세에 요절한 이후 동생 허균이 집안에 흩어져 있던 것과 자신이 암기하고 있던 그녀의 시를 모아서 '난설헌집' 초고를 만들어 1608년에 간행했다.

이달은 최경창, 백광훈과 함께 조선 중기 삼당시인(시명을 떨친 세 사람의 시인)의 한 사람으로 꼽힐 만큼 시를 짓는 재능이 뛰어났지만 서자라는 이유 때문에 능력을 제대로 발휘하지 못하였다. 허균이 훗날 서자인 홍길동을 주인공으로 한 《홍길동전》을 저술한 것도 스승의 한을 풀어주기 위한 것이라는 해석이 있다. 허균은 스승의 전기에서 글재주가 뛰어나도 세상에 쓰이지 못하는 현실을 비판하였으며, 〈장생전〉에서는 "내가 젊은 시절에 협객들과 친하게 지냈다"고 술회하였다. 이러한 단편들에서 허균은 사회모순에 비판적이고 호협한 기상을 가진 인물임을 알 수 있다.

1597년 29세 때 문과에 급제하여 본격적인 관직 생활을 하게 되는데 자유분방한 기질 때문에 늘 파란만장하였다. 20여 년의 관직생활 동안 파직과 복직이 되풀이되는 삶을 살았다. 황해도 도사 시절인 1599년 기생과 무뢰배와 어울린다는 이유로 처음 파직된 이래, 부처를 섬기고 불교를 신봉한다는 탄핵을 받아 1604년(선조 37)과 1607년 수안군수와 삼척부사에서 각각 파직되었다. 삼척부사에서 파직된 직후에는 공주목사에 등용되었다. 공주목사로 있으면서 파직되기까지 8개월간은 그의 소설에 등장하는 홍길동과 같은 처지의 서자들과 긴밀한 교류가 이루어진 시기였다. 그는 이곳에서 심우영과 이재영 등 서자들을 공주 관아에 식객으로 맞이하면서, 새로운 세상을 위한 꿈을 키웠던 것으로 보인다.

허균의 관직 생활에서 빠지지 않고 등장하는 인물이 기생이다. 허균이 처음 파직된 것은 "서울에서 창기들을 불러 모아놓고 따로 관아까지 만들었다"는 것이 이유였으며, 1604년(선조 37)의 실록에는 "일찍이 강릉 땅에 갔을 때는 기생에게 혹하여 그의 어머니가 원주에서 죽었는데도 급히 돌아가지 않았다"는 기록이 있을 정도로 파격적인 행보를 보였다. 허균의 문집에는 그와 정신적인 교감을 하였다는 부안 기생 매창을 비롯하여 광산월, 낙빈, 선래, 춘방 등 다양한 기생들이 등장한다. 1601년 삼창의 조운(배로 물건을 실어 나름)을 감독한 경과와 여정을 기록한 《조관기행》에는 기생과 격의 없이 만난 사실과 더불어 잠자리에서 있었던 일까지 기록되었다. 7월 26일의 "서울 기녀인 낙빈 · 선래 · 산월이 함께 그곳에 살고 있어 모두 와서 위로해 주었다"는 기록, 7월 28일의 "광주에는 젊은 날 서울에서 정을 준 기녀 광산월이 있었는데 (중략) 평생의 즐거움을 나누며 밤을 새웠다"는 기록 등에서 기생과 자유롭게 어울렸던 허균의 모습이 드러난다.

허균의 학문과 사상

허균의 학문과 사상에서 주목할 것은 성리학뿐만 아니라 불교, 도교, 서학 등에 두루 관심이 깊었다는 것이다. 16세기 이후 조선사회에 정착된 성리학은 사회생활을 지배하는 원리로 대두되었다. 그리고 성리학에 대한 깊은 이해는 사단칠정론과 같은 이론논쟁을 수반하기도 하였다. 이론논쟁은 성리학 이론을 깊이 연구할 수 있게 하는 긍정적 요인도 있었으나, 실제적인 것보다는 공담(쓸데없거나 실행이 불가능한 헛된 이야기)을 위주로 하는 풍토를 조성하여 사회문제의 해결에는 미흡한 점이 많았다. 허균은 성리학의 이론논쟁에 빠져들지 않고 다양한 사상에 접하면서 사회현실을 극복하는 방안을 찾아 나갔다.

《광해군일기》에는 "거짓된 글짓기를 좋아하여 스스로 산수도참의 설로부터 도교, 불교 따위의 이단의 이야기들을 모두 지었다"라고 기록하였으며, 유몽인이 쓴 《어유야담》에는 "허균이 고서를 전송하는 것을 들었는데 유교, 불교, 도교 3가의 책을 닥치는 대로 시원하게 외워내니 아무도 그를 당할 수 없었다"는 기록이 보인다. 허균은 1606년에는 원접사 유근의 종사관으로, 1612년 4월에는 진주사로 명나라를 다녀왔는데, 이때 서양의 지도와 천주교의 〈게십

이장〉을 얻어오기도 했다.

허균의 박학과 개방적인 사상이 사회 개혁 의지로 구체화되었음은 그가 직접 쓴 글을 통해서 확인할 수 있다. 〈관론〉에서는 관원이 너무 많으므로 기구와 관료를 줄여 국고의 손실을 막아야 한다고 주장했는데 오늘날의 구조 조정과도 비슷하다. 〈후록론〉에서는 관리에게 의식주를 해결할 정도의 후한 녹봉을 주어야 부정과 부패를 막을 수 있다고 하였으며, 〈병론〉에서는 모든 계층에 고르게 군역의 의무를 부과할 것을 주장하기도 했다. 그의 개혁 의지가 가장 잘 피력된 글은 〈유재론〉과 〈호민론〉이다. 그는 〈유재론〉이나 〈호민론〉과 같은 글을 통해 역사 속에서 백성의 힘을 발견하고 능력이 있는 인재를 적극적으로 등용할 것을 소신껏 주장하였다. 허균은 〈유재론〉에서 서출이라 하여 능력 있는 인재를 수용하지 않는 것은 조선에만 국한된 점임을 지적하고, 서얼에 대한 차별이 많은 사람들의 불만으로 표출되어 결국은 하늘을 거스르는 행위임을 강력히 경고하였다.

〈호민론〉은 허균의 민중 지향적 사상이 대표적으로 함축된 글이다. 허균은 "천하에 두려워 할 바는 백성뿐이다"라고 전제한 후에 백성을 호민, 원민, 항민으로 나누었다. 여기에서 항민은 "무식하고 천하며, 자신의 권리나 이익을 주장할 의식이 없는 백성"을 말하며, 원민은 "정치적으로 피해를 입지만 원망만 하고 스스로 행동에 옮기지 못하는 백성"으로 현재의 나약한 지식인을 뜻한다. 이와는 달리 호민은 "자신이 받는 부당한 대우와 사회 모순에 과감하게 대응하는 백성"을 뜻하는 것으로 시대의 사명을 인식하고 현실에 적극적으로 나서는 인물이다. 호민의 주도로 원민과 항민들이 합세하여 무도한 무리들을 물리친다는 것이다. 〈호민론〉은 "왕은 백성을 위해서 존재하는 것이지, 백성의 위에 군림하지 않는다"는 사실을 무엇보다 강조하여 백성의 위대한 힘을 자각시키고 있다. 허균의 이러한 주장들은 당시 사회에서는 혁명성을 내포한 것이었다. 《홍길동전》의 홍길동이 호민이 형상화된 것이라는 평가를 받기도 한다.

허균의 최후, 총애에서 배신으로

허균은 선조 대 이후 여러 차례 관직에 올랐지만 잦은 돌출행동으로 파직과 복직을 거듭하였다. 그러던 그에게 본격적으로 정치적 위기가 닥친 것은 1613년 7명의 서얼이 주도한 사건인 '칠서사건'에서 비롯된 계축옥사였다. 이 사건 이후 서얼의 실질적인 후원자라는 혐의에서 자유로울 수 없었던 허균은 요주의 대상이 되었다. 이러한 혐의를 피하기 위해 허균은 당시 대북정권의 최고 실세이자 글방 동문이었던 권신 이이첨에게 도움을 청하였다. 이이첨의 후원 속에 허균은 집권 대북 세력에 적극 협력하면서 광해군의 든든한 후원자가 되었다. 허균은 폐모론과 같은 정국의 최대 이슈에 직면하여 인목대비의 처벌을 강경하게 주장하면서 광해군의 정치적 부담을 덜어주는 한편 자신의 입지를 강화시켰다. 광해군의 왕통 강화를 최고의 과제로 삼던 이이첨을 비롯한 대북 세력의 행동대장 역할을 허균이 수행했고 광해군의 신임은 커졌다. 허균은 호조참의, 형조참의를 거쳐 좌참찬까지 오르게 되며, 그의 장기인 외교력과 문장력을 발판 삼아 외교사절로 두 차례나 명나라를 다녀왔다.

폐모론으로 대북 중심의 강성 정국이 전개되는 과정에서 허균은 광해군의 두터운 신임을 받았지만, 내면적으로는 광해군을 몰아내려는 위험한 발상까지 하게 된다. 만주에서 강해지고 있는 후금 세력으로 말미암아 민심이 동요되기 시작하는 것을 허균은 호재로 삼았다. 거사를 위해 기존에 소외받던 수백 명의 승군과 무사, 서얼들을 비밀리에 동원하기 시작하면서 허균의 움직임이 반대 세력에게 포착되기 시작했다.

1617년 12월 기준격은 허균의 역모를 고발하는 비밀 상소문을 올렸다. 기준격은 처음에는 허균의 동료였다가 인목대비 폐출을 계기로 반대의 정치 노선을 걸었던 기자헌의 아들이었다. 허균의 제자이기도 했던 기준격의 고변 상소로 허균은 궁지에 몰리게 된다. 허균은 즉각 반박 상소를 올리며 반격하지만, 인목대비 폐출을 반대하던 각지의 유생들도 들고 일어나 허균에게 죄를 가할 것을 주장하는 등 여론도 동조하고 나섰다. 그리고 허균의 역모를 확증하는 격문이 1618년(광해군 10) 8월 10일 남대문에 붙었다. 광해군을 비방하고 민심을 선동하는 내용의 이 격문이 허균의 심복이 한 짓이라는 사실이 폭로되면서 허균은 빠져나갈 곳이 없게 되었다.

허균은 죽는 순간까지 역모 사실을 인정하지 않았지만 그를 변호하는 세력은 없었다. 경운궁에 흉서를 던졌다는 것, 남대문에 흉방을 건 것, 승도들을 모아 난을 일으키려고 모의한 것, 산에 올라가 밤새 소리쳐서 도성의 백성들을 협박하게 한 것, 유구琉球(현재의 오키나와)의 군대가 원수를 갚으러 와서 섬에 숨어 있다고 한 것 등 역모의 구체적인 증거들이 계속 제시되었다. 최후를 맞이한 허균에게 정치적 동조자나 후원자는 없었다. 1618년 8월 24일 허균은 현응민, 우경방, 하인준 등의 동지들과 함께 저잣거리에서 능지처참되면서 50세 생애의 마침표를 찍었다. 다음의 글은 당시 허균이 얼마나 기피인물로 낙인찍혔는가를 여실히 보여주고 있다.

> 그는 천지간의 한 괴물입니다. (중략) 그 몸뚱이를 수레에 매달아 찢어 죽여도 시원치 않고 그 고기를 찢어 먹어도 분이 풀리지 않을 것입니다. (중략) 그의 일생에 해온 일을 보면 악이란 악은 모두 갖추어져 있습니다. 강상을 어지럽힌 더러운 행동을 보면 다시 사람이라 할 수가 없고 요망스러운 참언을 만들어내는 것이야말로 그의 장기입니다.[2]

허균에 대한 평가는 조선시대 내내 부정적인 흐름이 주류를 이루었지만, 오늘날에는 점차 그의 진보적인 사상을 긍정적으로

---

2 《광해군일기》 1618년(광해군 10) 윤4월 29일

보는 견해가 대두하고 있다. 허균의 비극적인 생애는 무엇보다 그 스스로의 표현대로 '불여세합'하는, 즉 현실과 타협하지 못하는 강한 기질과 혁신적인 사상, 그리고 자유로운 행동가적인 면모에서 기인하였다. 세상과 타협하지 못한 허균은 그 세상을 자신에게 맞도록 바꾸려 했지만, 생각만 앞서갔던 무리한 시도는 역적이라는 부메랑으로 돌아왔다. 한때는 광해군의 큰 총애를 받았지만, 결국은 왕을 배신함으로써 처형으로 삶을 마감한 것이다. 그러나 성리학 질서만으로 지배하던 사회의 흐름을 바꾸어보려 했던 허균의 시도는 개혁의 불씨로 남아 진보적인 사상이 자리를 잡는 데 일정한 역할을 하였다. 특히 불후의 명작 《홍길동전》의 유통과 보급은 그가 지향한 새로운 세상에 대한 꿈이 어느 정도 실현된 것으로 해석할 수가 있다.

출처: 국립중앙박물관

허난설헌의 〈작약도〉

의병장이자 광해군의 남자, 정인홍

선조 대 후반에서 광해군 대에 이르는 16세기 후반에서 17세기 초 조선의 정국은 붕당정치가 전개되고 있었으며, 7년에 걸쳐 임진왜란이라는 전쟁을 치른 후 그 수습책이 요구되고 있었다. 광해군 시대 정국에 가장 큰 영향력을 끼친 인물이 북인 정인홍鄭仁弘(1535~1623)이었다. 정인홍은 1608년 광해군 즉위 시 70세가 넘은 고령의 정치인이었지만 임진왜란 대의 의병 활동, 향촌사회에서의 기반, 조식의 수제자라는 학문적 정통성에 더하여, 광해군에 대한 정치적 의리를 끝까지 지키다 선조 말년 귀양을 간 점 등의 정치이력으로 최고의 지위에 오를 수 있었다. 정인홍이 광해군 시대에 '왕의 남자'로 활약한 상황 속으로 들어가 본다.

광해군 정국의 실세로 등장하다

정인홍의 자는 덕원, 호는 내암, 본관은 서산으로 합천 출신이다. 퇴계 이황과 더불어 영남학파의 양대 산맥으로 활동했던 조식의 문하에 들어가 수제자가 되었다. 조식은 일찍이 "덕원이 있으면 내가 죽지 않을 것이다"라고 하면서 자신의 분신처럼 정인홍을 아꼈다고 한다. 정인홍이 광해군 시대의 핵심 인물로 등장하게 된 결정적인 요인은 선조 후반의 안개 정국에서 광해군에 대한 의리를 끝까지 지킨 것이었다. 임진왜란 당시 조직적인 의병을 규합하여 적극적인 항전활동에 나선 정인홍과, 왕세자로서 분조分朝(선조가 있는 대조大朝와 구분하여 왕세자 광해군이 있는 조정을 분조라 함)의 임무를 띠고 참전한 광해군은 임진왜란을 승리로 이끈 주역들이었다. 전란이 끝난 후 유성룡이 '주화오국主和誤國(화의를 주장하여 나라를 그르침)'이라는 논리로 탄핵을 받고 실각하자, 전란에서 가장 큰 공을 세웠던 북인들이 정국의 일선에 등장하였고, 정인홍은 그 중심에 서게 되었다.

임진왜란 후 북인이 세력을 잡으면서 정인홍은 1602년(선조 35) 대사헌에 올랐다. 강한 지조를 바탕으로 반대 당파에 대한 비판에 철저했던 정인홍에게 상당히 어울리는 관직이었고, 실제 상대 당에 대해 거센 공격을 가하였다. 임진왜란 때 왕세자로 책봉되어 선조의 후계자가 되었던 광해군은 1606년 선조의 계비 인목왕후가 영창대군을 출산하면서 정치적 위기를 맞게 되었다. 북인 내부에서도 영창대군을 지지하는 소북과 광해군을 지지하는 대북이 대립하였다. 현대에 대통령 후보자를 둘러싸고 정파가 갈리는 것과도 유사하다. 영창대군을 후원하는 선조의 마음을 읽은 유영경이 소북의 핵심이었고, 정인홍은 광해군을 지지하는 대북의 중심에 섰다. 정인홍은 상소문을 통하여 유영경 일파를 공격하였지만, 선조는 "인홍이 세자로 하여금 전위를 받게 하려 한다"며 진노하였다. 정인홍, 이이첨 등 대북의 핵심은 유배에 처해졌다. 그러나 1608년 선조의 갑작스러운 죽음과 광해군의 왕위 계승은 정인홍의 귀양길이 훈장으로 바뀌는 계기가 되었다. 광해군은 즉위 후 바로 정인홍을 석방하고 최측근으로 삼았다. 74세의 정인홍은 광해군 시대의 실세로 본격적인 역할을 하게 된다.

정인홍은 광해군이 즉위한 후 중앙 정계에 거의 나가지 않았다. 광해군이 거듭 정인홍에게 자신을 보좌해 줄 것을 청했지만 고령과 신병을 이유로 사직을 청하는 상소문을 올리고 고향인 합천에서 왕을 도울 것을 다짐하였다. 당시 광해군과 정인홍이 주고받은 대화는 실록과 《내암집》 등에 실려 있는데, 광해군의 각별한 신임이 나타나 있다. 실제 광해군은 여러 차례 정인홍에게 국정 현안을 자문하였고, 대부분 국정에 반영하였다. 근대의 학자 황현이 《매천야록》에서 "광해군 때 이이첨이 일을 꾸며 정인홍을 삼정승의 서열에 두고 큰일마다 서로 화합하여 유현의 논의임을 빙자하여 그들의 속마음을 실천하였다. 이로부터 당국자들이 추종하여 조정의 정국이 일변하였다. 문득 임하의 한 사람을 추대하여 영수로 삼고 비록 어짐과 간사함이 다르지만 산림에 갖다 붙이지 않음이 없었다"고 하여, 재야에서 정국의 실세로 활약하는 의미의 '산림'의 원조로 정인홍을 언급한 것에서도 광해군 시대 그의 높은 위상을 알 수 있다.

'보민'을 위하여

정인홍은 선조 대 후반부터 정국의 중심에 참여하였고 광해군 대에는 최고의 정치 실세로 활약했다. 때문에 정치가로서의 이미지가 강하게 남아 있고 학자로서의 모습은 별로 남아 있지 않다. 그러나 정인홍의 학문 수준은 상당했을 것으로 여겨진다. 각종 상소에서 유교 경전을 자유롭게 인용한 것이나, 1602년 대사헌으로 소명을 받아 상경하자 부음정으로 수백 명의 제자들이 찾아갔다는 기록, 경상우도 인근의 선비들 대부분이 그의 문하에 몰려들었다는 점 등을 보면 학자로서의 명성도 대단했음을 알 수 있다. 정인홍의 학문과 사상은 스승인 조식의 영향력, 즉 '남명학파'의 흐름 속에서 나온 것이었다. 학문에서 있어서 실천을 중시하여 경의敬義 사상을 핵심으로 하고, 성리학 이외 다양한 학문에도 깊은 관심을 보인 조식의 사상이 정인홍에게 깊은 영향을 준 것이다. 조식이 임종 때에 정인홍에게 '의'를 상징하는 '경의검'이라는 칼을 준 것이 대표적이다.

정인홍의 학문이 실천에 중점을 두었다는 것은 그의 문집에 수록된 글 중 성리학의 이론에 관해 개진한 글이 거의 없고 상소문 등 자신의 정치관과 현실관을 피력한 글들이 대부분인 것에서도 확인할 수 있다. 정인홍은 성리학의 실천적 측면을 중시하는 한편 성리학 이외에 노장, 불교, 양명학 등 다양한 사상을 흡수하였다. 민생 문제나 상공업에도 깊은 관심을 가졌다. 백성의 이익을 우선해야 한다는 입장을 견지한 정인홍의 사상은, 《주역》을 인용하여 백성을 보호하여 편안하게 한다는 '보민保民'을 강조한 다음의 상소문에 잘 피력되어 있다.

> 《주역》에서는 아랫사람의 것을 덜어 윗사람에게 더하는 것을 '손損'이라 하고, 윗사람의 것을 덜어 아랫사람에게 더하는 것을 '익益'이라 하였으니 그 뜻이 심히 명백하여 바꿀 수 없는 법입니다. 맹자가 보민하여 항산恒産해야 한다는 말을 양나라와 제나라에 한 것은 진실로 현실의 급무로서 이보다 급한 것이 없었기 때문입니다. 만약 맹자를 모르고 시무에 어두운 유자儒者라면 그만입니다만, 정치를 하는 사람이 보민을 버리고 무엇을 먼저 하겠습니까?
>
> 《내암집》

정인홍의 '보민' 사상은 조식의 〈민암부〉와도 일치점을 갖는다. 〈민암부〉는 왕을 배, 백성을 물로 비유하고, 순탄할 때는 물 위에서 배가 잘 나아가지만, 백성이 바위로 변할 때는 왕이 어려움에 처할 수 있음을 경고한 글이다. 백성에게 '대군戴君(왕을 추대함)'과 '복국覆國(나라를 뒤엎음)'의 양면성이 있음을 지적한 논리는 성리학에서 실천의 지향점이 민생에 있음을 강조한 것이다. 정인홍의 상소문에는 특히 보민, 애민, 위민, 생민, 휼민 등의 용어가 많이 나타나는데, 이것은 그의 학문이 현실에 밀착해 있으며 특권 계층 아닌 일반 백성의 삶을 지향함을 보여준 것이다. 정인홍은 실용 경제에도 일가견을 가져 은광 채취와 개시 등을 강조하였으며, 물화의 유통을 통하여 '활여민活餘民'의 방안을 찾아 나갔다.

비타협, 강성의 정치가

정인홍 사상의 중심은 군주를 정점으로 하여 백성을 보호하는 보민이었다. 그리고 이를 위해서는 강력한 왕권이 필요하다고 판단했다. 광해군 즉위 후 왕이 군자당을 중심으로 국정을 운영해 나가되 왕권에 위협이 되는 요소는 철저히 척결하여 강력한 왕권을 행사할 것을 적극 권했다. 정인홍이 서인이나 남인, 소북과 같이 반대 당파에 대해서는 시종일관 비타협적인 입장을 보인 것은 이러한 정치 성향과 관련이 깊다.

정인홍의 이러한 입장은 붕당에 대한 인식에서 잘 드러나 있다. 정인홍은 구양수의 〈붕당론〉을 인용하여 군자, 소인의 구별을 엄격히 하였다. 이것은 자신이 속한 대북이 군자당이라는 자신감에서 기인한 것이었다. 광해군 즉위 초 용인에서 광해군의 하교를 받고 올린 차자箚子(일정한 격식을 갖추지 않고 사실만을 간략히 적어 올리던 상소문)에서는 '충성스러운 이를 올려쓰고 간사한 이를 내치며, 현인을 등용하고 불초한 이를 물리치라'는 원론적인 이야기를 한 후 군자, 소인의 변별 기준으로는 권신과 간신 집권 때의 대응자세를 제시하였다. 즉 권신과 간신이 집권한 시기에 권력에 나가지 않은 사람은 비록 모두를 현인이라고 하지 못하더라도 군자 쪽에 서 있는 사람들이며, 권신들로부터 증오와 질시를 받는 사람들이라고 하였다.

광해군 대에 누차 관직에 제수되었으나 정인홍은 대부분 사직을 청하고 합천으로 내려갔다. 그러나 중앙정계에서는 그의 정치적 대리인 이이첨이 핵심으로 성장하였고 정국에 주요한 사안이 발생할 때마다 반대파에 대해서는 강력한 응징을 주장하였다. 즉위 초 임해군의 역모 혐의가 드러났을 때 이원익, 이항복 등 원로대신들이 형에게 은혜를 베풀자는 전은설을 주장한 데 비하여 정인홍은 반역이 명백한 이상 처형할 것을 청했고 결국 임해군은 귀양지에서 피살되었다. 이후 정국을 뜨겁게 달군 동방오현(동방의 매우 뛰어난 다섯 명의 현인)의 성균관 문묘종사文廟從祀(공자를 모신 성균관 문묘에 학문이 뛰어난 조선의 학자를 배향함) 논의에서 정인홍은 이언적과 이황을 문묘에서 내쫓는 대신 스승인 조식의 문묘종사를 강력히 요청하여 사류들의 반발을 샀다. 성균관 유생들이 정치적 위험을 무릅쓰고 유생들의 명부인 《청금록》에서 그의 이름을 삭제할 정도로 정인홍에 대한 주변의 반감은 컸다.

그러나 정인홍에 대한 광해군의 신임은 여전히 두터웠다. 정인홍이 산림에 있으면서도 광해군의 왕위에 위협이 될 수 있는 요소에는 추호의 양보도 없었기 때문이다. 그는 임해군의 처벌을 강력하게 주장했고, 1612년 김직재의 역모 사건 때는 이미 죽은 영의정 유영경에게 추가 형벌을 가할 것을 지휘하였다. 1613년 영창대군에 대한 처벌이 정치의 쟁점으로 떠올랐을 때 일단 정인홍은 영창대군을 구원하는 상소를 올렸다. 그러나 이것은 영창대군에 대한 보호보다는 광해군이 져야 할 정치적 부담을 먼저 고려한 것이었다. 정인홍은 이 사건을 계기로 광해군의 왕통에 도전하는 세력의 완전 척결을 주도하였다. 광해군에게 정인홍은 어떤 상황에서든 자신의 후원자가 되는 든든한 고목과 같은 존재가 된 것이다. 광해군의 왕권 안정이라는 목표만을 위해 정국에 임했기에 정인홍은 여론의 불만은 물론이고, 같은 파의 문인들이 이탈하는 상황도 방관하였다. 여기에 정인홍의 명성을 이용해 더욱 강경 국면을 조성하는 이이첨에게 정치적으로 이용당하면서 그는 무너져 갔다.

정인홍을 어떻게 기억할 것인가?

선조 후반부터 본격적으로 정국에 등장한 정인홍은 국가가 위기에 처할 때 고령에도 불구하고 의병장으로 나설 만큼 행동하고 실천하는 양심으로 존경을 받았다. 그러나 정국을 주도하는 위치에 있을 때 상대 당파에 대해 시종일관 강경하고 과격하게 대응했다. 서인 정철과 성혼의 기축옥사 때의 행적을 비판하면서, "간악한 정철을 부추겨서 고명한 선비를 죽이게 한 성혼은 고니시 유키나가와 가토 기요마사를 부추겨 조선을 침략한 도요토미 히데요시에 비유할 만하다"[3]고 언급한 것 등에서, 그의 주장이나 비유가 얼마나 극단적인지를 볼 수 있다. 광해군의 절대적인 신임이 있었기에 거칠 것이 없었다. 이미 80세가 넘은 고령의 정치인이라는 점 또한 정인홍이 쉽게 정치 노선을 바꾸지 못한 원인이 되었다. 정인홍의 정치적 불운의 또 다른 원인은 대북 정권의 공동 주축인 권신 이이첨의 존재였다. 이이첨은 정인홍의 위세와 명성을 십분 활용하여 영창대군의 살해, 폐모론 등에 이르는 주요한 정치 현안이 있을 때마다 정인홍의 상소를 대신 써서 바치고 난 뒤에 정인홍에게 그 사실을 통보하는 경우까지 있을 정도로 그의 위세를 이용했다.

1623년 인조반정이 일어났을 때 정인홍은 89세였지만 반정의 주축이었던 서인 세력은 정인홍의 목숨을 살려두지 않았다. 강성의 아이콘 정인홍에게 당한 분노와 설움이 폭발했기 때문일 것이다. 비록 정인홍은 처형으로 생을 마감했지만 국가에 대한 의리(의병), 왕(광해군)에 대한 의리, 스승(조식)에 대한 의리를 일관되게 지켜나간 인물이었다. 그의 삶에 있어서 왕 광해군과 스승 조식은 그가 존재하는 목표이자 이유였다. 정인홍이 무리수를 두면서까지 이언적과 이황에 대한 문묘출향(문묘에 배향되어 있던 위판을 축출하고 제사를 폐지하자는 의견)을 주장하고, 토역討逆(역적을 토벌함) 논리를 전개하면서 궁중에 피를 부른 것은 시종일관 스승에 대한 존경을 끝없이 표시하고 왕에 대한 의리와 충성을 지키기 위함이었다. 그러나 그것이 지니는 급진성과 과격성, 반대 세력을 조금도 용인하지 않는 비타협성은 급기야 대규모 반발을 야기했고 문인들이 이탈하

---

3 《선조실록》 1602년(선조 35) 3월 17일

는 상황으로 이어졌다.

1623년의 처형 이후, 서인 주도의 정국이 전개되면서 정인홍의 강한 기질과 개성이 지나치게 부정적으로 인식되기도 했다. 광해군이 믿고 의지한 '왕의 남자'라는 이미지는 인조반정 이후 '역적'이라는 부메랑으로 돌아왔다. 그러나 정인홍의 삶의 궤적에서는 원칙과 신념을 위해 굽힘 없이 살아간 선비의 전형적인 모습이 나타난다. 그에게서 재야의 비판 세력이 정국의 중심이 되는 산림의 원형을 확인할 수 있다. 광해군의 참모 정인홍에 대한 진전된 연구는 인조반정 이후 역사에서 사라진 북인 세력의 복원에도 중요한 단서가 될 것이다.

광해군의 참모, 김개시의 국정 농단

1623년 3월 인조반정으로 광해군이 폐위되었다. 조선 역사상 두 번의 반정이 일어났고, 반정으로 쫓겨난 두 명의 왕 연산군과 광해군은 왕으로서 인정을 받지 못하였다. 연산군이야 검증된 폭군이니 억울한 것이 없지만, 광해군의 폐위에 대해서는 현재에도 긍정과 부정이 엇갈린다. 광해군은 초반의 개혁정치와 실리외교라는 긍정적인 측면에도 불구하고, 말년에는 지나치게 독선적으로 정국을 운영해 반대파 결집의 빌미를 제공했다. 광해군 후반 정국에 등장하여 광해군을 혼군으로 이끈 여인이 있었다. 바로 상궁 김개시金介屎로 장녹수나 장희빈처럼 후궁의 지위에서 왕의 판단을 흐리게 한 여인들과 달리, 김개시는 상궁으로 국정을 좌지우지한 인물이었다.

이이첨으로 인하여 광해군에게 접근하다

광해군과 김개시의 인연은 선조 때부터 시작된다. 《광해군일기》 1613년 8월 11일의 기록에서는, "김상궁은 이름이 개시介屎로 나이가 차서도 용모가 피지 않았는데, 흉악하고 약았으며 계교가 많았다. 춘궁春宮(광해군)의 옛 시녀로서 왕비를 통하여 나아가 잠자리를 모실 수 있었는데, 이로 인해 비방秘方(공개하지 않고 비밀리에 하는 방법)으로 갑자기 사랑을 얻었다"고 하여 김상궁이 용모는 뛰어나지 않았지만 비밀스러운 방책으로 광해군의 마음을 사로잡았음을 기록하고 있다. 그리고 김개시가 광해군의 총애를 받을 수 있었던 데는 당시 최고 실세 이이첨이 있었음을 언급하고 있다. 즉 "세자빈 박씨가 들어올 때 이이첨이 조국필과 은밀히 왕에게 아뢰어 선발했다. 빈으로 들어오게 되자 박승종과 박자흥이 친정아비와 친정할아비로서 왕에게 총애를 받아 유희분과 더불어 세력을 끼고 이이첨을 견제하였는데, 이이첨이 크게 한을 품고는 두터운 예로써 상궁의 아비와 관계를 맺어 상궁과 통하였다"고 하여, 이이첨과 김개시가 은밀한 관계를 맺었다고 하고 있다. 이이첨과의 관계를 발판으로 김개시는 여러 권세가를 출입할 수 있었다.

특히 《광해군일기》에서는 김개시와 이이첨의 공통점을 크게 세 가지로 지적하고 있는 것이 주목된다.

> 그의 지기志氣와 언론言論은 이이첨과 대략 서로 비슷하였으니, 항상 의분에 북받쳐 역적 토벌을 자임한 것이 비슷한 첫째다. 그리고 상

광해군 중치막

1965년 해인사 장경판고를 수리할 때 남쪽 지붕 아래 구멍에서 발견되었다. 발견된 의복들은 광해군과 광해군의 비 유씨, 그리고 궁중의 정오품 상궁이 입었던 의복으로 담청색 직령 1점, 백삼 1점, 홍삼 1점, 자주저고리 1점 등 총 4점이다. 재봉질 못지않은 정교한 바느질 솜씨가 돋보이며 조선 중기의 의복 습관을 잘 나타내고 있어 복식 연구에 중요한 자료이다. 1965년 10월 12일 국가민속문화재로 지정되었다.

궁이 되어서도 호를 올려달라고 요구하지 않은 채 편의대로 출입하면서 밖으로 겸손을 보인 것과 이이첨이 항상 조정의 논의를 주도하면서도 전조의 장이나 영상의 자리에 거하지 아니하여 밖으로 염정廉靜을 보인 것이 비슷한 둘째다. 뜻을 굽혀 중전을 섬기면서도 내면의 실지에 있어서는 헐뜯은 것과 이이첨이 저주하고 패역한 일들을 모두 스스로 했으면서 남에게 밀어 넘겨 도리어 토벌했다는 것으로 공을 내세운 것이 비슷한 셋째다.

위의 기록에서 광해군 대의 토역 정국에 김개시가 주도적 역할을 했다는 것, 자신의 정치적 입지를 보다 쉽게 하기 위해서 상궁의 자리에 만족했다는 것, 겉으로는 중전을 섬기면서도 실지로는 헐뜯는 이중적 인격을 보였다는 것을 알 수 있다. 또한 "이때 사람들이 말하기를 '이이첨이 세 가지를 섬기는데, 세자빈을 섬기어 세자를 속이고, 정인홍의 제자를 섬기어 정인홍을 속이고, 김상궁을 섬기어 왕을 속인다'고 하였는데, 모두 진귀한 노리개와 좋은 보물을 바쳤다"는 기록은 이이첨이 광해군이나 정인홍만큼 김개시를 비중 있게 다루었고 그만큼 김개시의 위상이 대단했음을 잘 보여주고 있다.

광해군의 최고 측근이 되다

1608년 광해군이 왕으로 즉위한 이후 정인홍과 이이첨을 중심으로 하는 대북 정권이 수립되었다. 김개시는 이이첨과의 정분을 바탕으로 권세가들과 자유롭게 만나면서 자신의 힘을 과시한 것으로 보인다. 1613년 영창대군을 처형한 계축옥사 이후 광해군은 반대 세력에 대해 철저한 정치적 탄압을 가하였다. 이 과정에서 서인과 남인은 물론이고, 북인 중에서도 대북을 제외한 소북과 중북 세력도 북인의 전열에서 이탈하면서, 정인홍, 이이첨, 허균만이 광해군을 비호하는 상황이었다. 인목왕후를 시중들던 궁녀가 기록한 것으로 보이는 《계축일기》에는 김개시를 '가희'라고 표현하고 있다. 광해군이 김개시에 대해 '개똥'이라는 천한 이름 대신에 '가희'라는 예쁜 이름으로 불렀을 가능성이 크다. "왕(광해군)은 가희를 가까이 두고 중전을 점점 멀리 하면서도, 공사를 처리할 때는 도움을 청하기 일쑤였다. 중전이 화가 나서 왕에게 가지 않으면 뻔뻔스럽게도 직접 와서 데려가거나 아니면 자신이 직접 내려와서 공사를 물어 처리하였다"는 《계축일기》의 기록에서, 김개시는 광해군이 최고로 신임하는 참모로 성장했음을 보여준다.

광해군 즉위 후 적장자 영창대군의 존재는 광해군에게 커다란 정치적 위협으로 다가왔다. 결국 광해군은 1613년에 일어난 은상살해 사건의 주모자들의 진술에서 "영창대군을 옹립했다"는 내용이 나왔다면서, 이 사건을 결국 역모로 처리하였다. 《계축일기》에도 김개시가 영창대군과 인목대비를 죽이려고 시도했다는 기록이 있다. "가희는 기회를 틈타서 영창대군을 죽이려 하였으나, 대군이 침실에서 잠을 자는 바람에 뜻을 이루지 못하고 방정(비방을 적은 깃발)만 걸고 갔다. 그런데 가희가 다녀간 이후로 소주방 마루 아래에서 아이의 높은 울음소리가 나고 한숨 소리가 자주 들리는 것이었다. (중략) 가희는 행여 자신이 한 사실이 들통이 날까 하여 일절 못 들은 척 하고, 그저 '도깨비가 있구나'라고 하였다" 한다. 앞의 기록은 영창대군을 제거하는 데 광해군의 뜻이 있음을 간파한 김개시가 이를 위해 적극 노력했음을 보여주는 정황들이다.

김개시와 이이첨에 대해서는 비난 여론이 많았지만, 광해군은 역적 토벌의 핵심 세력인 이들을 깊이 신임하였다. 광해군의 후원을 입은 김개시는 거칠 것이 없었다. "위로 감사, 병사, 수사로부터 아래로 권관과 찰방에 이르기까지 천 냥, 백 냥 하는 식으로 모두 정해진 액수가 있어 값에 따라 선발하고, 낙점도 또한 이런 액수로 정하였다. 정사를 열 때마다 김상궁이 붓을 들어 마음대로 결정하고 왕도 마음대로 못하였다. 여섯 명의 숙의와 열 명의 소원들이 김상궁이 없는 틈을 타서 머리를 맞대고 왕에게 낙점해주기를 애걸하다가 김상궁이 오면 흩어졌다"는 《속잡록》의 기록이나, "김상궁은 선조 때의 궁인으로 광해군이 총애하여 말하는 것을 모두 들어줌으로써 권세를 내외에 떨쳤다. 또 이이첨의 여러 아들 및 박홍도의 무리와 결탁하여 그 집에 거리낌 없이 무상으로 출입하였다"는 《광해군일기》의 기록을 통해 인사권까지 장악하며 막강한 권력을 휘둘렀던 김개시의 모습을 확인할 수가 있다. 이정원이 김개시와 내통하여 이조참의에 오르자, 이것을 모델로 하여 서울과 지방의 무리배들이 일제히 따라붙어 벼슬길에 통하게 되었다는 기록도 전한다. 그야말로 김개시 천하였던 셈이다. 김개시가 워낙 막강한 권력을 휘둘러서인지 "김상궁과 광해군은 서로 관계한 자다"라는 루머까지 나돌았다.

광해군은 자신이 하고 싶은 정치적 행위를 대리해서 처리해주는 김개시에게는 인사권과 청탁권, 경제권까지 무한 권력을 부여했던 것이다. 이것은 광해군 정권의 말기에 두드러지게 나타났다. 무리한 궁궐 조성 사업에 적극 참여한 사람들에게 관직을 부여하여 이들을 '오행당상五行堂上(궁궐 공사에 필요한 불, 물, 나무, 쇠붙이, 흙 등을 공급하여 당상관이 된 사람)'이라 칭하기도 했고, 광해군의 입맛에 맞는 김치를 제공하여 정승에 오른 '김치 정승', 온갖 채소 공급으로 판서에 오른 '잡채 판서'가 등장하는 등 광해군 정권은 말기적 현상을 드러내고 있었다.

김개시는 서궁에 유폐되어 있던 인목왕후에 대한 저주도 서슴지 않았다. 《계축일기》에는 "광해군과 중전이 나를 보고 말하라 하신 것인데, 이번에 들어가거든 대비를 꼭 죽이셔야지, 살려두면 종들만 서러울 뿐이요, 이로울 일이 없으리라"고 하고 있다. 1613년 영창대군 살해 후 이에 가장 분노한 인목대비의 제거가 광해군의 본뜻임을 간파한 김개시는 인목대비를 가장 괴롭히는 인물로 묘사되어 있다.

효종의 사위로서 궁궐을 드나들면서 경험한 것들을 기록한 정재륜의 《공사견문록》에는 광해군 때 홍문관 서리로 있던 김충렬이라는 인물이 김개시가 권세를 멋대로 부려 인심이 울분에 차 있는 것을 보고 올린 글이 기록되어 있다. "주나라는 포사가 망하게 하였고, 우리 조선 5백년 사직은 김상궁이 망하게 하니, 신은 전하를 위하여 통곡을 합니다"라는 내용으로, 주나라를 망친 여인 포사와 김개시를 서로 대비시키고 있는 것이 주목된다.

김개시의 최후

광해군 정권 내내 국정을 농단한 그녀였으나, 정작 마지막에는 광해군의 편이 되지 못하였다. 이것은 장녹수가 끝까지 연산군과 최후를 함께 한 것과 대비되는 장면이다. 반정군 측에 포섭되어 김자점 등에게서 뇌물을 받은 김개시는 여러 차례 반정을 알리는 상소를 받은 광해군을 안심시켰던 것이다. 《속잡록》에는 출가한 이귀의 딸과 김개시가 친분을 유지하며 반정 세력에게 포섭된 정황이 기록이 되어 있는데, 이 점은 연산군을 끝까지 배신하지 않은 장녹수와 대비가 된다.

> "아버지 이귀와 시숙 자점의 충성을 불행하게도 대북大北이 질시하여 항상 모해를 받는다…" 하였다. 나날이 억울한 것을 호소하고 또 자점을 후원하여 뇌물을 쓰는 데 부족하면 김 상궁에게서 꾸어서 다른 궁인에게 주고 또 다른 궁인에게 꾸어서 상궁에게 바치니, 이렇게 돌린 것이 수천 냥이므로 모든 궁인들이 기뻐하여 모두 자점을 성지成之라 부르며 의심하지 않았다. 이렇게 되니 광해가 유상惟翔 등이 아뢰는 말을 듣고 매양 잡아 신문하고 싶어도 김개시 등이 말하기를, "성지(김자점)는 지극히 충성스러운 사람이며, 더구나 한미한 선비에 불과한데 무슨 권력이 있어서 다른 모의를 할 것입니까" 하니 광해가 웃으며 고개를 끄덕였다.

인조반정이 성공하는 데 일정 부분을 담당했지만, 인조반정 직후 김개시는 민가에 숨어 있다가 처형되었다. 1623년 3월 13일 《광해군일기》의 기록에는, "상궁 김개시를 베었다. 개시가 정업원에서 불공을 드리고 있다가 사변이 일어난 것을 듣고 민가에 숨어 있었는데, 군인이 찾아내어 베었다"고 김개시의 최후를 전하고 있다. 광해군 대 국정 농단의 핵심이었으면서도 최후에는 광해군을 배신한 김개시. 그녀는 새로운 정권에서도 제거 대상 1호로 떠올랐던 것이다.

영원한 영의정,
이원익

이원익李元翼(1547~1634)은 조선의 관료로서 최고위 직책인 영의정을 여섯 번이나 지낸 진기록을 세웠다. 그것도 선조, 광해군, 인조의 3대에 걸쳐 한 정권마다 두 번씩 그 직책을 수행했다. 이원익이 영의정을 여러 차례 지낼 수 있었던 비결로는 행정력과 실무 능력의 겸비, 도덕성과 청렴성, 현실적, 합리적 사고 등을 들 수 있다. 최근에도 총리나 장관의 인사청문회에서 여러 후보가 각종 비리에 연루되어 곤욕을 겪는 장면을 자주 볼 수 있다. 조선시대에 청문회가 있었다면, 이원익은 어떤 상황에서도 떳떳하게 소신을 밝히고 쉽게 재상 지명을 받을 수 있었을 것이다.

> 선혜청을 설치하였다. 전에 영의정 이원익이 의논하기를, "각 고을에서 진상하는 공물貢物이 각사各司의 방납인防納人들에 의해 중간에서 막혀 물건 하나의 가격이 몇 배 또는 몇십 배, 몇백 배가 되어 그 폐단이 이미 고질화되었는데, 기전畿甸의 경우는 더욱 심합니다. 그러니 지금 마땅히 별도로 하나의 청廳을 설치하여 매년 봄과 가을에 백성들에게서 쌀을 거두되, 1결당 매번 8말씩 거두어 본청에 보내면 본청에서는 당시의 물가를 보아 가격을 넉넉하게 헤아려 정해 거두어들인 쌀로 방납인에게 주어 필요한 때에 사들이도록 함으로써 간사한 꾀를 써 물가가 오르게 하는 길을 끊으셔야 합니다. 그리고 두 차례에 거두는 16말 가운데 매번 1말씩을 감하여 해당 고을에 주어 수령의 공사公私 비용으로 삼게 하고, 또한 일로一路 곁의 고을은 사객使客이 많으니 덧붙인 수를 감하고 주어 1년에 두 번 쌀을 거두는 외에는 백성들에게서 한 되라도 더 거두는 것을 허락하지 마소서" 하니, 따랐다.[4]

위의 기록은 조선시대를 통틀어 가장 개혁적인 세제 개편인 대동법이 광해군 대에 처음 실시되는 상황과 함께 그 중심에 이원익이 있었음을 알 수 있는 《광해군일기》의 내용이다. 이원익은 16세기 후

4 《광해군일기》 1608년(광해 즉위년) 5월 7일

출처: 국립중앙박물관

이원익 영정

반에서 17세기 중반의 시기를 살아가면서 뚜렷한 업적을 남긴 관료였다. 그가 주로 활동한 선조, 광해군, 인조 시대는 대내외적으로 어려웠던 시기였다. 대내적으로는 당쟁이, 대외적으로는 왜란과 호란이라는 국가적 위기가 닥쳐온 시기였다.

1547년 10월 24일 이원익은 한양 유동 천달방(오늘날 동숭동 일대)에서 태어났다. 자는 공려公勵, 호는 오리梧里, 본관은 전주로 왕실의 후손이었다. 4대조 익녕군은 태종의 11남이었으며, 증조 수천군, 조부 청기군 이표, 부친 함천군 이억재 모두 왕실의 종친이었다. 모친은 동래 정씨로 감찰 정치의 딸이었다. 조선시대는 왕실의 정치 관여를 막기 위해 종친에 대해서는 관직 진출을 불허했다. 다만 4대가 지나면 왕실과의 인연이 끝난다 하여 출사할 수 있었는데, 다행히 이원익에 이르러서는 관직 진출이 가능했다.

이원익은 1564년 생원 초시에 합격한 후, 1565년 정몽주의 7세손인 정추의 딸과 혼인했다. 1569년(선조 2) 10월 문과별시에 급제하여 본격적으로 관직 생활을 시작하였는데, 이원익이 관료의 길에 들어선 얼마 후인 1575년(선조 8)에는 사림파 내부의 자체 분열이 생겨 동인과 서인의 대립이 일어났다. 당쟁의 시작이었다. 동서분당 직전인 1574년 10월 이원익은 지방의 관직인 황해도사에 임명되어 당쟁에서는 떨어져 있었는데, 이 당시 황해도 관찰사가 율곡 이이였다. 이이는 바로 그의 재주를 알아보고 정무를 맡겼는데, 실록에는 "이원익은 젊어서 과거에 올랐는데, 조용히 자신을 지켰으므로 사람들이 그를 알지 못하였다. 성균관 직강으로 있다가 황해도사가 되었는데, 감사 이이가 그의 재주와 국량이 비범함을 살피고서 감영(관찰사가 직무를 보던 관아)의 사무를 맡기었다. 이이가 조정으로 돌아와 원익의 재주와 행실이 쓸 만하다고 말하였다"고 기록하고 있다. 이후 이원익은 사간원 정언이 되었고, 이어 지평 · 형조정랑 등 중앙의 주요 직책을 두루 거쳤다.

1584년 이원익은 부친상을 당하여 집상(예절에 따라 상제 노릇을 함)을 하였다. 당시 서울의 낙산 밑에 집이 있었는데 여가만 있으면 거문고를 연주했다고 한다. 음률에도 상당한 조예가 있었음을 보여주는 대목이다. 부친상을 마친 후인 1587년(선조 20) 4월에 평안도 안주의 목사가 되었을 때는 이 지역의 방어 제도를 개혁하여, 종래 4교대제 군역을 6교대제로 바꾸었다. 1589년 정여립 역모 사건 이후 기축옥사가 일어났다. 서인이 동인을 탄압하고 동인이 남인과 북인으로 갈리는 등 당쟁이 더욱 가속화되었으나, 이원익은 당쟁에 휩쓸리지 않고 관료로서의 소임을 다했다. 1591년 3월 대사간으로 있으면서 서인의 강경파 정철을 탄핵했으며, 그해 8월에는 이조판서에 올랐다.

임진왜란과 이원익

1592년 4월 임진왜란이 일어났을 때 이원익은 이조판서로 평안도 도체찰사를 겸직하여 선조를 수행하며 피난길에 올랐다. 선조는 4월 30일 서울을 떠나 평양으로 향했고, 선조가 평양에 있을 때 이원익은 평안도 지역의 이반된 민심 수습과 병사들의 사기 진작을 위해 군량의 조달에 힘을 기울였다. 임진강 방어선이 무너지고 일본군의 북진이 빨라지자 선조는 의주로 피난길을 서둘렀다. 당시 이원익은 영의정으로 있던 유성룡과 함께 왕이 평양성을 사수할 것을 간곡히 청했지만, 선조의 의주 피난 의지는 요지부동이었다.

결국 선조는 의주로 피난길에 올랐다. 광해군이 세자로 책봉되어 선조의 대조大朝를 대신하여 분조分朝를 구성하여 적극적인 항전에 나섰다. 이원익은 이여송이 이끄는 명나라 원병의 파견에도 중요한 역할을 했다. 특히 뛰어난 한어(중국어) 실력으로 조선의 입장을 정확히 명나라에 전하였다. 《연려실기술》에는, "이원익 · 이경석이 모두 한어를 해득(뜻을 깨쳐 앎)하였으므로, 제조가 되어 사역원 관원이 오면 반드시 한어로 수작(서로 말을 주고받음)하였다"고 기록하고 있다. 이원익은 군량 · 군수품 조달을 독려하여 제독부로 운송하도록 하였고, 성벽을 수리하거나 명으로부터 화포 등에 대한 관련 기술을 전수받았다. 또한 명나라의 전사자를 위하여 기자묘에서 제사를 지내 명나라 군대의 전사자를 위로하고 부의물을 내려 명군의 사기를 진작시키는 데도 힘을 썼다.

임진왜란 시기 이원익은 한산도에서 병력을 지휘하는 이순신을 만나 완벽한 군비태세를 보고 소를 잡아 잔치를 베풀어 병사들을 치하하였다. 이원익은 《오리선생문집》에 "이순신은 충용하고 지략이 있었는데 유성룡이 그를 나라에 추천하였다. (중략) 원균이 한산도에 와서 크게 패하니 이로부터 비로소 망해갔다. 이순신은 왕명을 받고 갔는데 적병이 또 크게 이르렀다. 이순신은 임기응변하여 신출귀몰한 비법을 쓰고 사졸들은 사력을 다하여 큰 공이 이루어지게 되었는데 갑자기 유탄을 맞았다"고 하여 이순신의 전공을 높이 평가했다.

1596년 11월 7일 《선조실록》의 기록에는 선조가 윤두수, 유성룡, 이산해 등 대신들과 함께 수군에 대한 대책을 논의한 과정이 실려 있다. 이때 이원익은 이순신을 적극 옹호하고 원균을 비판했다. 그는 원균을 변호하는 이산해와 윤두수에 맞서 "이순신은 스스로 변명하는 말이 별로 없었으나 원균은 기색이 늘 발끈하였습니다"라거나, "원균은 당초에 많이 패하였으나 이순신만은 패하지 않고 공이 있었으므로, 다투는 시초가 여기에서 일어났습니다"라고 하였다. 이순신 역시 "군사들로 하여금 목숨을 아끼지 않도록 한 것은 상국(이원익)의 힘이었다"라고 하거나, "내가 장수가 되어 밖에 있자 참소한 말들이 길을 메웠는데, 상국이 오로지 나의 계책을 써 주었으므로 오늘날 수군이 약간 완전할 수 있었으니, 이것은 나의 힘이 아니고 바로 상국의 힘이었다"라고 하여 이원익에 대해 감사의 뜻을 표시하였다. 두 사람의 각별한 인연은 후손들의 혼인으로 이어졌다. 이원익의 일곱째 서녀는 윤영에게 시집갔는데, 윤영은 윤효전과 이순신의 서녀에게서 태어난 자식이었다.

1598년 7월 좌의정으로 명나라를 다녀온 후 영의정으로 승진하면서 이원익은 그의 이력에 첫 번째 영의정을 더했다. 1599년 5월에는 영의정에서 물러나 동호에 일시 거주했으나, 9월에 다시 영의정으로 복귀했다. 선조 대 후반 북인 주도의 정국이 전개되자 이원익은 사직을 청하고 시흥 금양리(광명 소하동) 집으로 돌아왔다. 그러나 이후에도 관서 · 관북지방의 도체찰사를 맡으면서 국가의 부름에 응하였다.

광해군 즉위 후 첫 영의정

광해군의 즉위와 더불어 북인이 정국의 중심에 섰다. 북인 중에서도 정인홍 · 이이첨 등 대북이 권력의 실세였다. 그런데 광해군의 첫 조각에서 예상을 깨고 이원익이 영의정에 올랐다. 광해군 역시 임진왜란 이후 관료로서 보여준 이원익의 탁월한 능력을 높이 평가했기 때문이었다. 이원익은 조선 후기 최고의 세제 개혁으로 평가를 받는 대동법 실시의 주역으로 활동하면서, 임진왜란 이후 피폐해진 민생 안정에 최선을 다했다. 이원익은 대동법을 담당하는 관서로 선혜청을 설치하고 그에 맞는 관원을 배치한 다음, 1결당 쌀 16두를 봄과 가을로 나누어 8두씩 징수하게 하였다. 기존의 공물 부담이 가호별 부과 방식이었던 데 비하여 토지 결수를 부과 기준으로 한 대동법은 지주의 부담을 증가시키는 반면 소농의 부담은 줄어들게 하여 백성들의 열렬한 지지를 받았다.

경제 개혁에서는 합격점을 줄 수 있지만, 정치적으로 광해군 초반 정국은 임해군의 처형과 영창대군 살해에 이어 인목대비의 유폐가 이어지는 시기였다. 대북의 강경한 정치노선에 반대한 이원익은 병을 핑계 삼아 거듭 영의정에서 물러날 것을 청하였고,

1609년 8월 23번의 사직서를 올린 끝에 영의정에서 물러날 수 있었다. 그러나 1611년 9월 광해군은 이원익을 다시 영의정으로 복귀시켰다. 그의 경험과 노련한 국정 운영이 필요했기 때문이었다. 영의정으로서 광해군과의 두 번째 동거는 짧게 끝났다. 여전히 정국은 경색되었고, 이원익은 자신의 역할에 한계를 느끼고 1612년 4월 영의정에서 물러났다. 이후에는 광해군의 실정을 막아보는 여러 노력을 전개했으나 오히려 그에게 돌아온 건 유배였다. 유배는 조선시대 고위직 정치인이라면 반드시 겪어야 하는 숙명 같은 것이었다. 1615년 6월 홍천에 유배된 후 2년여를 유배지에서 보낸 이원익은 거처를 여주 여강에 있는 앙덕리로 옮겼다. 이곳에서 초가 두어 칸에서 비바람도 가리지 못한 채 거처했고, 처자들은 하루 걸러 끼니를 먹을 정도로 가난했다고 한다. 청빈한 삶은 이원익에게 일관된 것이었다.

인조반정 후 첫 영의정

1623년의 인조반정으로 광해군과 북인 정권이 무너졌다. 인조와 서인 정권은 모든 정책의 방향을 광해군 흔적 지우기로 모았지만, 영의정만은 예외였다. 광해군 때 두 번이나 영의정을 지낸 이원익이 인조 대에도 첫 번째 영의정에 올랐다. 이원익이 영의정에 임명된 날, "왕이 승지를 보내 불러오자, 그가 도성으로 들어오는 날 백성들은 모두 머리를 조아리며 맞이하였다"는 《인조실록》의 기록은 이원익이 얼마나 백성들의 신망을 받았는지 짐작하게 한다.

출처: 문화재청

경기도 광명시에 있는 관감당

1630년 오랫동안 재상을 지냈으나 여전히 가난했던 이원익을 안타깝게 여긴 인조가 새 집을 하사하였고, 관감당이라 이름을 붙였다.

정국의 안정을 위해 영의정 직을 받아들이기는 했지만, 이원익은 자신의 임무를 다했다고 판단한 시기 다시 사직을 청했고, 1625년 인조의 허락을 받았다. 그러나 6개월도 되지 않아 인조는 다시 그를 불렀다. 선조, 광해군 대에 이어 인조 대에도 두 번째 영의정에 오른 것이다. 1627년 1월 정묘호란이 일어났다. 광해군 대의 중립외교 대신에 인조 정권이 친명배금을 내세워 후금에게 행한 강경 외교 정책이 전쟁으로 이어진 것이다. 강화도로 피난을 가면서 인조는 이원익을 도체찰사로 삼았다. 고령으로 사양하는 이원익에 대해 인조는 "누워서 장수들을 통솔해도 될 것"이라며 부탁했다. 이미 80세가 넘어도 그는 여전히 국가에서 필요로 했던 재상이었다. 1634년 1월 88세를 일기로 이원익은 사망했다. 마지막까지 그의 삶은 소박했다. "금천에 돌아가 비바람도 가리지 못하는 몇 칸의 초가집에 살면서 떨어진 갓에 베옷을 입고 쓸쓸히 혼자 지냈으므로 보는 이들이 그가 재상인 줄 알지 못했다"는 기록은 최후까지 청백리의 삶을 살았던 그의 모습을 증언한다.

현재 경기도 광명시 소하동에 소재한 관감당은 1630년(인조 8) 이원익의 초가 2칸에 비가 새자 이를 안타깝게 여긴 인조가 하사한 집이다. 효종 때에는 이곳에 이원익을 배향한 충현서원이 세워졌으며, 서원이 훼철(헐어서 치워 버림)된 후 옛 집터에 새로 건물을 지어 지금에 이르고 있다. 또한 이곳에는 이원익의 영정을 비롯하여 이원익 관련 유물과 고문서 등을 보관한 충현박물관이 자리하고 있어, 이원익의 흔적들을 찾아볼 수가 있다. 정파 간 대립과 명분과 이념의 논리에서 자유로울 수 없는 오늘날의 정치 현실 때문일까? 이원익과 같이 어느 시대건 국익과 민생을 위해 자신의 역량을 펼쳤던 참모의 출현이 더욱 기다려진다.

광해군,
정상에서 벼랑까지

조선시대 기준으로 보면 연산군과 더불어 대표적인 폭군이 광해군이다. 두 왕은 반정反正으로 축출되었다는 공통점이 있지만, 광해군이 만약 자신과 연산군을 같은 반열에 놓고 비교한다면 아마도 지하에서 통곡을 할 것이다. 연산군은 시종일관 독재군주의 전형을 보여주었지만 광해군은 세자 시절 분조分朝 활동을 통해 국난 극복에 기여했고, 즉위 초에도 임진왜란의 후유증을 수습하는 데 많은 성과를 냈다. 대동법과 같은 개혁정책을 추진하였고, 허준이 쓴《동의보감》을 간행하는 등 민생 안정을 위한 노력을 기울였다. 특히 외교 분야에서의 활약은 현재도 높은 평가를 받고 있다. 명나라와 새롭게 흥기한 강국 후금과의 사이에서 중립외교 정책을 취하여 동북아 정세를 평화적 관계로 안정시켰기 때문이다. 그러나 이복동생인 영창대군의 처형, 인목대비의 유폐와 같은 정치적 강공책과 이에 반대하는 세력에 대한 가혹한 숙청, 대북 세력으로 대표되는 소수 측근에만 의존한 정치 행태는 결국 광해군을 벼랑으로 몰고 갔다. 여기에 더하여 천도遷都 추진 및 무리한 궁궐 조성 사업은 광해군에 대한 신뢰를 무너뜨렸다. 결국 광해군은 연산군에 이어 또다시 조선시대판 탄핵인 '반정'의 빌미를 제공하였다.

1592년 일본의 침략으로 시작되어 1598년 마무리가 된 7년간의 임진왜란은 조선 왕실의 후계 구도에도 변화를 가져왔다. 임진왜란 초기, 관군의 방어선이 뚫리자 선조는 한양과 평양성 사수를 포기하고 의주로 피난길을 재촉하였다. 이것은 백성들에게 큰 실망감을 안겨다 주었다. 선조는 왕실의 혈통이 끊어질 수도 있다는 위기감에서 그동안 미루어 왔던 후계자 책봉을 서두른다. 이때 왕세자로 책봉된 광해군은 18세의 나이로 분조를 이끌며 의병의 참전을 독려하는 등 위기의 시기에 큰 활약을 했다. 즉위 후 추진한 대동법은 특산물을 현물로 바치던 것을 쌀로 통일하는 한편 집집마다 동일했던 세금을 토지의 많고 적음에 따라 부과하는 법으로, 지주들이 많은 세금을 내도록 했다.

허준으로 하여금 《동의보감》을 편찬하게 한 것은 많은 백성들을 질병의 고통에서 벗어나게 하고자 한 것이었다. 이외에 전란으로 많은 책들이 소실되자, 국가적 사업으로 서적 편찬을 주도하여 문물과 제도의 정비에도 주력하였다. 또 임진왜란에 참전한 경험을 바탕으로 추진한 실리적인 중립외교를 통해 후금과의 우호적 관계를 유지하여 전쟁을 미연에 방지하였다. 광해군의 외교가 특히 돋보이는 것은 광해군 정권을 무너뜨린 인조와 서인 정권이 후금을 자극하는 '친명배금親明排金' 정책을 추진했다가 정묘호란과 병자호란의 치욕을 당한 것에서도 확인이 되고 있다.

그러나 광해군은 그 '빛'을 사라지게 하는 '어둠'도 공존하는 왕이다. 광해군은 대북 세력의 지원 속에 출범하였으나, 즉위 직후 바로 정통성 시비에 휘말리게 되었다. 이러한 상황에서 광해군은 친형인 임해군을 처형했다. 또 1613년에는 문경새재의 은상 살해 사건을 빌미로 영창대군을 역모 혐의로 강화도로 유배시킨 후 증살蒸殺이라는 잔인한 방식으로 처형하였다. 저항하는 인목대비를 현재의 덕수궁인 경운궁, 즉 서궁에 유폐시켰고, '폐모살제廢母殺弟'의 잘못됨을 지적하는 신하들은 대거 유배를 보내거나 처형하였다. 1613년의 계축옥사를 계기로 광해군은 왕통에 가장 걸림돌이 되었던 영창대군을 제거하면서 정통성 시비를 없앤 것처럼 보였지만, 이후의 정국은 급속히 냉각되었다. 광해군은 지지 세력인 대북 중에서도 이이첨에게 지나치게 의존했고, 정인홍을 정권 홍보의 중심으로 삼았다. 상궁 김개시의 국정 농단은 광해군을 더욱 파국으로 몰고 갔다.

술사術士에게 의존하면서 무리하게 천도를 계획하고 궁궐을 조성하면서 광해군은 더욱 벼랑으로 나아갔다. 1612년 9월 술사 이의신은 한양의 기운이 쇠했으므로, 명당인 교하로 천도할 것을 주장했고, 광해군도 깊은 관심을 보였다. 그러나 신료들의 강한 반대로 천도가 추진되지 않자, 궁궐 조성 사업으로 방향을 돌렸다. 결국 경덕궁(현재의 경희궁)과 인경궁의 공사에 들어갔고, 1620년 경덕궁 완공 이후로도 경복궁보다 열 배나 큰 규모의 인경궁 공사는 계속되었다.

출처: 국립고궁박물관

덕수궁 대한문 사진 엽서

덕수궁(당시 경운궁) 대한문의 대한제국 시기 모습이다. 덕수궁은 1592년 임진왜란으로 평안도 의주까지 피난을 갔던 선조가 이듬해 한양으로 돌아와 궁궐이 모두 불에 타고 없어서 임시로 월산대군의 집이었던 이곳에 거처하면서 궁궐로서의 역사가 시작되었다. 당시 정릉동에 위치해 '정릉동 행궁'이라 불렀다. 광해군은 이곳에서 즉위식을 가졌고 창덕궁과 창경궁의 중건 공사가 끝날 때까지 이곳에 거처했다. 1611년(광해군 3)에 이 행궁의 이름을 '경운궁'으로 고쳤다는 기록이 《광해군일기》에 보인다. 창덕궁 공사가 완료되자 광해군은 경운궁을 떠나 창덕궁으로 들어갔고 이후 경운궁에는 오랜 기간 왕이 살지 않았다. 경운궁은 선조의 계비이자 영창대군의 생모인 인목대비가 핍박을 받아 이곳에 거처함으로써 다시 역사적인 조명을 받았다. 인목대비를 경운궁(서궁)에 유폐한 '서궁 유폐'는 광해군을 축출했던 1623년 인조반정의 주요 명분이 됐다.

끝이 보이지 않던 공사는 1623년 인조반정으로 중지되었다.

뇌물과 매관매직도 광해군의 파국에 기름을 부었다. “광해군이 관직을 임명할 때에 은이 많고 적은 것을 보아서 벼슬 품계를 올리고 낮추며 또 인경궁, 자수궁, 경덕궁을 건축할 때 민가를 모두 헐고 담장을 넓혔으며 산에 나무를 모두 베어서 큰 뗏목 배가 강에 이어져 있고 인부들을 징발하여 중들이 성 안에 가득 찼었다. 그때 집터, 돌, 은, 나무 등을 바치고 혹은 내천을 막아 물을 가두고 혹은 숯을 태워 쇠를 다룬 자도 모두 옥관자의 반열에 올렸는데, 사람들이 오행당상五行堂上(물 · 불 · 쇠 · 나무 · 흙 다섯 가지로 얻은 당상관)이라 불렀다”는 기록이나, “이충은 잡채를 사사로이 바쳐서 호조판서에 오르고 한효순은 사삼沙蔘으로 밀병을 만들어 바쳐서 일약 정승에 올랐다”는 기록에서 광해군 정권이 서서히 저물어 감을 알 수 있다.

1613년 계축옥사 이후 전개된 대북 중심의 공안 정국은 서인과 남인, 그리고 소북 세력까지 이탈하면서 이미 붕괴의 조짐을 보이고 있었다. 광해군 스스로도 불안 증세를 보였다. “광해군은 항상 궁중의 깊숙한 곳에 몸을 숨기고, 사람을 시켜 찾게 하여 찾지 못하면 기뻐하고 찾으면 기뻐하지 않았는데, 아마도 변이 있을까 염려해서 몸 숨기기를 연습한 것으로 보인다. 또 은 수백 상자를 궁중에 쌓아 놓았는데 만약 왕위를 잃으면 중국에 뇌물을 써서 복위하기 위한 준비였다고 한다”는 기록에서 무너지는 광해군의 모습을 접할 수 있다.

연산군과 광해군은 모두 폐위된 후 교동도로 유배되었다는 공통점이 있다. 다만 연산군은 유배지에서 두 달 만에 죽었지만, 광해군

출처: 국립한글박물관

《계축일기》

조선 중기 작자 미상의 기사문으로 '서궁일록'으로도 불린다. 인목대비 폐비사건이 시작되었던 1613년(광해군 5)을 기점으로 하여 궁중의 비사를 기록한 글이다. 후궁 공빈 김씨의 소생인 광해군과 선조의 계비 인목대비의 소생인 적자 영창대군을 둘러싼 당쟁을 대비의 입장에서 수필 형식으로 기록했다. 《한중록》, 《인현왕후전》과 더불어 삼대 궁중문학으로서 소설 문학의 발달에 크게 이바지했다는 평을 받고 있다. 궁중비사를 그려 일반인과 후세 사람들에게까지 그 내막을 알게 했다는 역사적 가치 외에도 작자가 섬세한 여인인 만큼 궁중생활을 속속들이 파고들어서 조선 중기의 궁중에서 전개되는 풍속과 생활상을 순 우리말을 사용하여 사실적으로 서술하였다는 데에 의의가 있다. 그와 더불어 법도에 맞는 궁중어와 문체를 후세에 남겼다는 가치를 지닌다.

은 강화도, 교동도, 제주도로 유배지를 옮겨 다니며 18년의 유배 생활 끝에 죽었다. 두 왕이 폐위된 가장 결정적인 요인은 소수 측근에만 의존하는 권력 형태였다는 점과 장녹수와 김개시라는 국정을 농단한 여인들이 있었다는 점이었다.

6장 명분과 실리 사이, 인조반정

위기의 시기,
국방의 최일선에 섰던 장만

흔히 문치주의의 시대로 이해되는 조선시대에도 문무를 겸비한 인물이 많았다. 정조는 문무를 겸비한 대표적인 군주로 평가를 받고 있고, 조식은 평시에 칼을 차고 다니며 항시 무武와 국방의 중요성을 강조하였다. 임진왜란 당시 선무공신 1등에 책봉된 권율 역시 문신의 신분이었지만 뛰어난 전략으로 국난 극복에 기여하였다. 장만張晩(1566~1629)은 선조, 광해군, 인조 시대에 걸쳐 활약한 문신이자 장군이었다. 장만이 살았던 시대는 임진왜란에서 정묘호란에 이르는 시기로 조선이라는 국가가 최대의 위기에 직면한 시기였다. 이 시기 장만은 타고난 재능과 과감성으로 정국의 핵심인물이 되었으며, 특히 국경 방어에서 탁월한 능력을 보여주었다.

실무 관료로서 자질을 보이다

장만은 인동 장씨로 자는 호고好古, 호는 낙서洛西, 시호는 충정

출처: 경기도박물관, 문화재청

장만 영정 유복본

장만의 초상화는 관복본과 유복본 2점이 전한다. 그 중 유복본 초상은 당건에 심의를 입고 의자에 앉은 전신좌상이며, 한 손은 무릎 위에 놓고 다른 한 손에는 부채를 들었다. 안대가 없는 점으로 보아, 유복본이 처음 그려진 것은 관복본보다 더 이른 시기일 가능성이 있다.

忠定이다. 1566년(명종 21) 부 장기정과 모 백천 조씨 사이의 셋째 아들로 통진에서 태어났다. 장만의 딸은 주화파로 유명한 최명길에게 시집을 가서, 최명길은 장만의 사위가 된다. 최명길이 국방과 경제에 능했던 실무관료임을 고려하면 장인과 사위 모두가 문무겸비의 재주와 도량을 지녔다고 볼 수 있다. 1589년(선조 22) 장만은 24세의 나이로 생원과 진사 양시에 합격하였으며, 1591년 별시문과에 급제하였다. 과거 급제 후 승문원, 예문관의 여러 직책을 거쳤으며, 형조좌랑, 예조좌랑, 사간원의 정언, 지평 등 언관직을 지냈다. 1598년(선조 31) 장만은 황해도 봉산군수로 나가 임진왜란 후 아직 전쟁의 후유증이 남아 있는 서로 지역의 수습에 힘을 기울였다. 당시 왜구의 축출을 이유로 평안도 지역에는 명나라 군대가 주둔해 있었고 이들의 횡포가 심하였다. "도내의 수령들이 매를 맞고 욕을 당하지 않는 사람이 없었다"고 표현이 될 정도였다. 그러나 장만이 봉산군수로 부임한 후 명나라군과의 마찰은 사라졌고, 봉산을 잘 다스린다는 소문이 이어졌다. 장만의 외교적 역량과 정치력을 짐작할 수 있는 대목이다.

1600년의 충청도 관찰사 시절에는 공주 목사 김상준의 첩정(하급관아에서 상급관아에 올리는 문서)을 인용해 병란 이후 침체된 인재 양성을 건의하여 선조의 허락을 받았으며, 1603년 5월 16일 광해군의 세자 책봉을 알리는 주청부사로 명나라를 다녀와서 명나라 예조의 자문(공식적인 외교 문서)을 전달했다. 1604년 전라도 관찰사로 있으면서 전라도 의병장인 김천일의 포상 여부를 아뢰었고, 지역의 군량 확보와 정병 양성 등에 큰 힘을 기울였다. 1605년 6월 전라도를 방문한 어사 민여임은, "관찰사 장만이 마음을 다해 직무를 수행하여 군량을 거의 만여 석이나 마련하였고 정비된 기병 5백여 명을 선발하여 양성하고 있으며 병법에 있어서는 더욱 열심히 훈련시켜 이미 1천여 명의 군사를 길러 뒷날 유사시에 사용하려 하고 있다"는 보고를 하였다. 위의 기록에서 장만이 이미 위기에 대비하고 있었음을 볼 수가 있다.

장만은 1607년 함경도 관찰사가 되어 북방의 정세를 파악하는 데 주력하였다. 당시는 북방에서 여진족이 흥기하여 조선의 국경을 호시탐탐 노리고 있었기 때문이다. 그해 9월 3일 비변사에서는 장만의 보고를 바탕으로 국방 대책을 수립한 내용이 나타난다. 선조가 승하하기 6개월 전에 함경도관찰사로 임명된 장만은 북방의 여진족의 정세 파악과 이들의 조선 국경 침입에 최대한 관심을 기울였고, 이러한 능력을 인정받아 광해군 즉위 이후에도 계속 함경도관찰사로 재임하게 되었다. 당쟁이 치열했던 당시 정국에서도 장만은 정권과 상관없이 국방에 꼭 필요한 인재였기 때문이었다.

광해군 시대 국방 전문가

1608년 2월 선조가 승하한 후 광해군이 즉위하였고 정인홍, 이이첨 중심의 북인 정권이 수립되었다. 북인 정권의 수립은 기존에 권력을 잡았던 서인들과 남인들의 정치적 소외를 가져왔지만, 실무관료서의 능력, 특히 국방에 뛰어난 자질을 보였던 장만의 능력은 광해군 정권에서도 계속되었다. 장만은 광해군 재위 15년 동안 함경도관찰사와 체찰부사, 병조판서 등 국방 방어와 관련된 요직을 두루 맡았다. 당시 북방의 여진족이 강성하여 조선 국경에 현실적인 위협이 되고 있어서 능력을 갖춘 국방 전문가가 절대적으로 필요했기 때문이다. 광해군 시대에 북방은 일촉즉발의 긴장이 지속되는 곳이었다. 1608년 9월 21일 장만은 비변사에 북방 오랑캐가 가을에 쳐들어올 수 있으니 오랑캐의 정황을 조사하고 방비를 엄격하게 해야 함을 보고하였고, 누르하치가 명나라와 틈이 생겨 반드시 침략할 것이라고 예견하였다. 1610년 11월에는 여진족 지역의 산천을 그린 지도를 바치기도 했다. 적의 형세를 정확히 파악해야 한다고 믿었기 때문이었다. 광해군은 "이 지도를 옆에 놔두고 유념해 보도록 하겠다"면서 현장 지휘관 장만의 건의에 화답했다. 1611년 장만은 평안 병사가 되었다. 함경도, 평안도 등 국방의 요충지에서 일선 지휘관으로 계속 활동을 하였다. 1618년 6월 28일 비변사에서 명나라가 파병 요청을 한 것에 대해 아뢰자 광해군은 체찰부사 장만과 도원수 강홍립이 군대를 이끌게 하였다. 강홍립은 광해군의 측근에서 통역을 한 인물이었고, 장만은 북방 지역의 근무 경험이 풍부하며 누르하치와 가까운 곳의 지리와 형세를 지도로 작성한 적이 있었으므로 두 명을 적임자라고 판단한 것이다.

장만은 광해군 정권 내내 요직을 지냈다. 그러나 광해군이 말년에 궁궐을 조성하기 위해 토목공사를 추진하자 이를 적극 비판하였다. 광해군의 노여움을 받자 장만은 미련 없이 관직을 그만두고 고향인 통진으로 돌아갔다. 최명길이 쓴 행장에도 "중년에 조강의 상류에 집을 짓고서 스스로 '이호주인梨湖主人'이라고 하였다. 매양 관직에서 물러나면 곧 거기에 나아가 살았다. 비록 임금의 은혜로운 대우에 감격하여 감히 떨치고 돌아가지는 못했지만, 매년 춘추로 휴가를 얻으면, 언제나 배에 노래하는 기생을 싣고서 안개 낀 물결 위를 오르내리며 즐겼다"고 기록되어 있어 광해군 정권 말기 고향 인근인 조강 쪽으로 들어와 여유로운 생활을 즐겼음을 알 수 있다.

인조 시대와 말년의 장만

1623년 3월 13일 인조반정이 일어났다. 광해군은 축출되고, 그에 따라 북인 세력도 정권에서 완전히 축출되었다. 장만은 광해군 정권에서 함경도관찰사, 형조판서, 병조판서 등의 요직을 두루 거쳤지만, 주로 국경 지역에서 근무한 점, 광해군의 토목 공사를 적극 비판한 점, 사위 최명길을 비롯한 인조반정 주체 세력과의 인연 등이 고려되어 다시 관직에 나왔다. 장만은 반정공신에는 임명되지 못했지만, 반정이 성공한 10여 일 후인 3월 25일에 도원수에 임명되었다.

대개 인조반정 이후에는 광해군 정권에 참여한 정치인들 특히 북인들에 대해 대대적인 탄압이 가해진 것으로 이해하고 있다. 물론 정권의 핵심이었던 대북의 정인홍이나 이이첨 등은 처형되었지만, 실무능력을 갖춘 인물은 인조 정권에도 계속 참여하였다. 소북으로 분류되는 김신국과 남이공이 대표적인 인물로 특히 김신국은 두 정권에 거듭 평안도관찰사, 호조판서 등을 역임하면서 국방과 경제의 실무관료로서 큰 역할을 하였다. 장만 역시 정치적 색깔이 엷었던 인물이었고, 그만한 국방 전문가가 없었기 때문에 반정 이후에 오히려 도원수라는 막중한 직책을 제수받았다.

1624년 팔도도원수로 평양에 머물고 있던 장만의 정치적 인생에 커다란 전기가 된 사건이 일어났다. 인조반정을 성공으로 이끈 핵심 공신인 이괄이 영변을 거점으로 해서 반란을 일으킨 것이다. 반정에 대한 고변이 인조 초반에 줄을 잇는 상황에서 반정 세력 간의 권력 다툼이 빚은 사건이 이괄의 난이었다. 초반 이괄의 반란군에 밀렸던 정부군의 반격이 이어졌다. 장만은 정충신과 남이흥에게 명령하여 밤을 틈타 들어가 안현을 점령하도록 했다. 관군은 지리적인 이점을 활용하여 반란군을 물리쳤고, 이괄은 부하들의 손에 죽었다. 반란이 진압되자, 장만은 군사들을 풀어 농사를 짓도록 돌려보내는 한편, 공주의 피난길에서 돌아오는 인조의 수레를 기다렸다. 평양에서 군사가 충돌한 지 무릇 17일 만에 사태가 평정된 것이다. 인조는 이괄의 난을 진압하는 데 장만의 공이 절대적이었음을 인정했다. 인조는 그에게 진무공신의 호를 내리고 옥성부원군에 봉하였다. 장만은 자신의 공훈을 감하고, 부하인 이시발과 김기종에게 공훈을 줄 것을 건의하기도 했다. 장만의 부하에 대한 배려를 읽을 수 있는 부분이다.

1625년 장만은 인성군을 처벌하자는 조정의 의견에 대해 미온적인 태도를 취했다는 이유로 탄핵을 받고 파직된 후 다시 풍덕의 별장으로 들어갔다. 그러나 장만의 능력은 고향에서의 휴식을 허락하지 않았다. 1626년 장만은 병조판서에 제수되었는데, 전과 같이 체찰사의 직위를 그대로 갖고 있었다. 이 시기 장만은 호란을 예견하여 수차례 전쟁의 위협을 경고하였고 이에 대비한 국방 정책 수립을 주장하였다.

1627년(인조 5) 1월 장만이 우려하던 상황이 현실로 닥쳤다. 그해 1월 후금의 군대가 대대적으로 조선에 쳐들어오는 정묘호란이 일어난 것이다. 후금의 군대는 3만 5천여 병력으로, 순식간에 평안도 의주를 점령하고 일주일 후에는 얼음을 타고 청천강을 건너 안주로 내려왔다. 후금군은 산성 중심의 방어책을 세운 조선의 방어를 비웃기라도 하듯이 파죽지세로 진격을 했다. 결국 후금군은 조선과 형제관계를 맺고 철수했지만, 오랑캐라고 멸시했던 나라에 당한 치욕적인 패전이었다. 정묘호란 이후 장만은 패전의 책임 때문에 여러 차례 탄핵을 받았다. 장만에 대한 탄핵이 이어지자, 인조는 "장만에게는 진실로 싸울 군사가 없었는데 어찌 죄를 준단 말인가?"라고 했다. 그러나 탄핵이 계속되자 장만은 연안으로 유배된 후, 유배지를 부여로 옮겼다.

1628년(인조 6) 인조는 다시 장만을 불렀지만, 장만은 고령의 나이(63세)와 오랜 변방 생활이 가져온 질병을 이유로 거듭 관직을 사양하였다. 행장의 기록에는 "공이 변방에서 수고를 계속한 지 10여 년 만에 병을 끌어안게 되었고, 이괄의 변란 때는 병든 몸을 수레에 싣고서 밖에서 지내다가 왼쪽 눈이 실명되었다. 여러 차례 환란을 겪다 보니 병은 더욱 고질이 되었다. 유배지에서 돌아온 이후로는 항상 문을 닫고서 일에서 손을 떼고자 하여, 나오라고 하여도 조정에 나아가지 않는 등, 다시 인간 세상에 마음이 없었다"고 하여 당시의 정황을 언급하고 있다. 1629년에 장만이 손으로 직접 쓴 춘첩(입춘 날 대궐 안 기둥에 써 붙이던 글귀) 또한 스스로의 인생을 잘 표현하고 있다.

> 내 나이 예순 넷
> 포의布衣로서 최고로 영달하였네
> 전원으로 물러가는 것이 첫째 소원
> 저 세상으로 돌아가는 것이 그 다음 소원이라네
> 이 밖에 구하는 것 없나니
> 신명이 내 마음 비춰 주리라[1]

1629년 11월 15일, 선조에서 인조 대에 이르는 시기 국방의 최일선에 서서 국가의 위기를 막은 문무겸전의 관리 장만은 반송리 집에서 조용히 숨을 거두었다. 사위인 최명길은 여러 지역의 관찰사와 국경 방어에 힘을 기울인 장인의 행적을 기록하면서, "온 나라 무인들이 그의 손에서 나왔다"고 하여 장인의 공적을 높이 평가하였다.

---

1 장만, 《낙서집》 권 5, 〈장만행장〉

출처: 경기도박물관, 문화재청

장만 영정 관복본

장만의 일대기를 기록한 행장에는 이괄의 난 때 병든 몸을 수레에 싣고 야전에서 지내다 한쪽 눈을 잃었다는 기록이 전한다. 장만의 관복본 공신도상은 그의 충직하고 엄정한 관료적인 삶의 모습을, 유복본은 관직을 떠나 재야에 머물기를 바라는 은사의 모습을 상징적으로 보여준다.

장만을 기억해야 하는 까닭

왜란과 이괄의 난, 호란으로 내우외환의 위기를 겪은 선조 · 광해군 · 인조 대에 이르는 시기 장만은 지방의 관찰사와 병조판서 등의 주요 직책을 두루 거치면서 국방에 대한 탁월한 실무능력을 보였던 인물이었다. 특히 광해군 시기 15년간은 여진족이 세운 후금의 침입이 가시화되고 실제 후금과의 전투도 수행되던 시기였다. 이 시기에 장만은 광해군의 각별한 신임을 받아 국방 정책과 외교 정책을 수립하는 데 최고의 일선 실무자로 활약했다. 1623년 인조반정으로 정권이 북인에서 서인으로 바뀌었지만 장만은 도원수의 자리에 올라 국방 문제를 계속 책임졌다. 그만큼 경험이 풍부한 국방전문가는 없었기 때문이다. 또한 1624년 이괄의 난을 진압하여 진무공신에 임명되고, 인조 시대 명과 후금의 충돌이 교차하는 국경 지역의 방어에 헌신했다.

장만이 국경의 최일선에서 국가와 백성을 위해 크게 헌신했음에도 불구하고, 그의 이름을 알고 있는 사람은 많지 않다. 국사 교과서나 한국사 관련 서적에도 그에 대한 언급은 거의 없다. 조선시대 인물 및 정치사 연구가 학문적 계보 중심이나 당쟁사 중심으로 흐른 경향 때문이기도 하다. 성리학 연구에 치중하거나 당인으로 활약한 인물에 비중을 둔 나머지 실제 국방의 일선에서 활약했던 장만에 대해서는 별다른 조명이 이루어지지 않았던 것이다. 장만 이외에도 조선 중기에는 경제와 국방의 분야에서 현실적인 감각을 가지고 헌신한 관료들이 다양하게 배출되었다. 장만을 비롯하여 최명길, 김신국, 이산해, 이항복 등 조선이라는 나라에 진정으로 도움이 되었던 인물들에 대한 관심이 보다 커질 것을 기대한다.

인조반정의 공신,
'인조의 남자' 이귀

1623년 3월 광해군 정권을 타도하는 인조반정이 일어났다. 정인홍·이이첨 등 북인 세력의 핵심이 제거되고, 그 빈자리에는 이귀李貴(1557~1633)·김류·최명길 등의 서인 공신들이 들어섰다. 선조 대부터 서인 강경파로 활동하던 이귀는 광해군 정권 때 실의의 나날을 보냈으나, 인조반정으로 화려하게 정계에 복귀하였다. 이이와 성혼의 문인이라는 후광을 업고 인조반정의 최고 주역으로 활약했던 이귀. 뼛속 깊이 서인의 정치 행보를 보였던 그의 삶과 정치 활동 속으로 들어가 본다.

서인의 핵심, 연안 이씨 가문

이귀의 자는 옥여玉汝, 호는 묵재默齋이며 본관은 연안延安이다. 5대조 이석형은 문장으로 명성이 높았으며, 1471년(성종 2)에는 좌리공신에 책봉되었다. 조부 이기는 조광조의 문인으로 기묘사화 때 화를 피한 후 사간, 첨지중추부사 등을 지냈다. 아버지 이정화는 이귀가 두 살 때인 1558년에 일찍 세상을 떠났다. 어머니는 안동 권씨 권용의 딸이다. 연안 이씨 가문은 조선 전기에도 꾸준히 관리를 배출하기는 했지만 조정에 큰 영향력을 미치는 권세가문은 아니었다. 그러나 이귀가 인조반정의 최고 주역이 되고, 그의 두 아들 시백과 시방 역시 반정에 참여하여 부자가 함께 공신으로 책봉되면서 명문가로 자리를 잡게 된다. 이귀의 처가 또한 명문이었다. 부인 인동 장씨는 장민의 딸로 장민은 이괄의 난을 진압하여 일등공신에 오른 장만, 인조반정의 이등공신 장돈과 사촌이었다. 장만의 사위 최명길도 이귀와 교분을 가지며 인조반정의 1등 공신에 오른 것을 보면 이귀는 인조 정권의 서인 핵심 세력임을 알 수 있다.

이귀는 두 살 때 아버지를 여의고 어머니와 함께 충청도 쪽으로 내려갔다가 14살이 되어서야 서울에 올라왔다. 이후 이이와 성혼, 윤우신 등에게 학문을 배웠으며 이항복, 이덕형과 친분을 유지했다. 이항복은 이귀가 서울로 올라온 후 이웃으로 친해져서 '밤새워 놀다가 이별을 아쉬워 할' 정도로 절친한 사이였다고 한다. 이덕형과는 윤우신의 문하에서 같이 공부하면서 친해지게 되었다. 이항복과 이덕형은 선조 대에 이귀가 스승인 이이와 성혼을 변론하는 상소를 올렸다가 동인들의 공격을 받자 이귀를 옹호하였고, 이귀가 경제적으로 힘들 때도 녹봉을 덜어서 도와주었다고 한다.

이귀는 1582년(선조 15) 생원시를 거쳐, 1603년(선조 36) 문과에

출처: 국립중앙박물관

이귀 초상

합격하였다. 장성현감, 김제군수 및 이조와 병조의 판서를 거쳐 좌찬성에 이르렀으며 김제군수 시절에는 부안의 명기 매창(계생이라고도 함)의 연인이었다는 소문이 나돌았다. 허균의 문집에는 "매창은 이귀의 정인이었다"고 기록되어 있다.

선조, 광해군 대 서인 강경파로 활동하다

이귀는 26세에 생원에 합격한 후 47세의 나이에 이르러서야 문과에 합격할 정도로 과거 합격이 늦었다. 그러나 이귀는 이이와 성혼의 제자라는 서인 학통을 배경으로 선조 대 동인과 서인으로 분당된 후 서인 강경파의 입장에 서서 동인 공격의 선봉장이 되었다. 동서분당 이후 정치권에서 이슈가 된 인물은 1589년 정여립 역모사건의 주인공인 정여립이었다. 정여립은 원래 이이의 문하에 있었으나 동인으로 당을 옮긴 인물로 요즘으로 치면 당적을 바꾼 정치인이라는 점에서 큰 공격 대상이 되었다. 이귀는 스승을 배반한 정여립을 강력히 비판하는 상소를 올리는가 하면, 스승인 이이와 성혼을 비판하는 움직임에 대해서는 강력하게 대응하였다. 《선조수정실록》 1587년(선조 20) 3월 1일에는 이귀가 진사 조광현 등과 함께 이이와 성혼을 옹호하는 수만 개나 되는 장문의 상소문을 올린 것이 기록되어 있다. 당시 선조는 '이귀의 말이 만세의 공론'이라면서 이귀를 적극 지지하였고, 결국 동인의 핵심인 이발과 이산해는 사직을 하였다.

이귀가 강릉참봉으로 있던 시절인 1592년에는 임진왜란이 일어났다. 이귀는 이미 요직에 있었던 이덕형과 이항복 등의 주청으로 경기 · 황해 · 강원 삼도소모관에 임명되었다. 이귀는 군사를 모집하고 조정하는 활동을 하던 세자 광해군을 도와 민심 수습에 나섰다. 이듬해에는 숙천으로 가서 왕에게 명나라군의 주둔으로 인해 떨어진 물자 회복 대책을 진언하였고 선조는 삼도선유관에 임명하였다. 왜란 당시 이귀의 활약은 동인의 영수 유성룡도 인정을 하였다. 유성룡은 "성현감 이귀는 신이 그의 사람됨을 몰랐었는데 지난번 비로소 만나보니 취할 만한 사람이었습니다. 근래 살펴보건대 군사를 훈련시켜 진법을 익히게 하고 굳게 지킬 계책을 세우고 있으니 만족할 만한 것이 많습니다"[2]하면서 이귀의 전공을 인정하였다. 1593년 이후 이귀는 장성현감, 군기시 판관, 김제군수를 역임하면서 전란 수습에 힘을 썼고, 1603년 문과 급제 이후로는 형조좌랑, 안산군수, 양재도 찰방, 배천군수 등을 역임하였다.

선조가 사망하고 광해군이 즉위한 후 북인 중에서도 대북 정권이 수립되었다. 이귀와 가장 대립했던 정치인이 대북의 핵심 정인홍이었던 만큼 이귀의 수난은 예고되어 있었다. 이귀는 선조 후반 대사헌으로 있던 정인홍의 죄악 10가지를 고하는 상소를 올렸다. "자신이 한 번 정인홍의 허물을 말하자 그의 도당들이 멋대로 자신의 일족의 집을 부수고 고향에서 내쫓기까지 한 사실과 정인홍에게 잘못 보이면 곧바로 모두 과거 시험에 응시도 하지 못하게 했다"는 내용이었다.[3] 광해군 즉위 후 정인홍이 정국의 실세가 되자 이귀는 집중 공격의 대상이 되었다. 1614년(광해군 6) 9월 사간원에서는 "이귀는 괴이한 귀신으로 상소하는 일이 평생의 장기입니다. 전에 소모관이 되었을 때 정인홍을 없는 사실로 얽어서 심지어

---

2 《선조실록》 1593년(선조 26) 12월 19일

3 《선조수정실록》 1602년(선조 35) 윤2월 1일

'오랫동안 의병을 잡고 있다'는 등의 말을 상소 가운데 뚜렷이 언급하여 마치 은연히 다른 마음이 있는 것처럼 하였으니, 그의 계략이 너무나 참담합니다"라면서 이귀를 벼슬아치의 명부에서 삭제하는 것까지 주장했지만, 파직으로 마무리되었다. 또한 장녀 여순이 죽은 남편의 친구와 간통한 사건으로 인하여 딸도 제대로 돌볼 줄 모르는 형편없는 사람으로 비판을 받기도 하였다.

1616년 이귀는 해주목사 최기 역모 사건에 연루되어 이천에 유배되었다가 1619년 유배에서 풀려났다. 유배에서 돌아온 후 아들 이시백은 시국이 불안하니 아버지에게 시골로 내려가기를 청했지만 이귀는 본격적으로 광해군 정권을 무너뜨릴 수 있는 길을 도모하게 된다. 이런 상황에서 인조와 인척관계에 있었던 신경진과 구굉 등이 이서와 반정을 먼저 계획하였고, 뜻을 같이할 인물의 포섭에 나섰다. 김류와 함께 눈에 들어온 인물이 바로 이귀였다. 대북정권에서 유배를 갔던 경력과 더불어, 평산부사, 방어사 등을 역임하여 군사력을 갖추고 있었던 점이 매우 매력적으로 다가온 것이다. 반정 세력에 합류하자 이귀는 자신의 자식들을 바로 합류시켰고 평소 친분이 있던 최명길 · 김자점 · 심기원 등을 끌어들였다. 이귀의 합류로 반정 세력은 보다 조직적이고 체계적이 되었다.

인조반정의 최고 주역

1623년 3월 13일 밤 이귀, 김류, 최명길 등이 중심이 되어 광해군을 폐위시키고 능양군(후의 인조)을 추대하는 인조반정이 일어났다. 이귀는 아들인 시백과 시방, 양아들인 시담까지 모두 반정에 참여시킬 정도로 광해군 폐위에 모든 것을 걸었다. 1622년 가을에 이귀는 마침 군사력을 보유한 평산부사로 임명되었다. 반정 세력들은 신경진을 이끌어 중심 부대로 삼아 중외에서 서로 호응할 계획을 세웠다. 그러나 당시 모의 과정의 일이 누설되었고, 광해군의 대간들은 이귀를 잡아다 문초할 것을 청하였다. 절체절명의 위기의 순간이 왔으나 다행히 김자점과 심기원 등이 미리 상궁 김개시 등을 매수해 둔 덕분으로 일이 무사하게 되었다.

평산부사 이귀가 이끈 병력과 장단부사 이서가 이끈 병력은 반정군이 대세를 장악하는 데 큰 힘이 되었다. 특히 당시 평양과 송경 사이에 호랑이가 출몰하여 파발(공문을 급히 보내기 위하여 설치한 역참) 길도 끊기는 지경이어서 호랑이를 잡는다는 명목으로 평산이나 장단의 군사들은 쉽게 자신의 영역을 이탈할 수 있게 되었고, 이것은 이귀와 이서가 이끄는 반정군의 활동을 용이하게 하였다. 또한 이귀는 광해군 정권의 훈련대장 이흥립을 반정 세력 편으로 돌아서게 하는 데 결정적인 역할을 하였다. "훈련대장 이흥립은 조정에서 중한 명망이 있는 자였으므로 여러 사람이 걱정하여 그 사위 장신을 시켜 설득하게 하였더니, 흥립이 이귀도 함께 공모하였는가? 하므로 장신이 그렇다고 하니 흥립이 '그러면 이 의거는 반드시 성공할 것이다' 하고 드디어 허락하였다"는 《연려실기술》의 기록은 이귀의 위상을 잘 보여주고 있다.

반정 성공 후 광해군은 교동도로 유배되었고, 피의 숙청이 시작되었다. 광해군을 보좌한 대북 세력의 핵심들은 거의 처형되거나 유배되었다. 이위경, 한찬남 등 대북파들은 많은 사람들이 보는 시장 거리에서 처형되었고, 외척으로서 권세를 한껏 누렸던 박승종은 아들과 함께 도망하다가 스스로 목을 매고 자결했다. 광해군 정권의 정신적 영수 정인홍도 고향인 합천에서 서울로 압송되어 왔다. 이미 89세의 고령의 몸이었지만 광해군 정권의 정신적 후원자였다는 점과 반정의 주역인 이귀 등 서인과의 오랜 악연 때문에 처형을 면할 수가 없었다. 광해군과 북인 세력의 빈자리에는 인조와 서인 세력들이 들어서면서 완전한 정권 교체가 이루어졌다.

'인조의 남자'를 지향하다

인조반정 후 총 53명이 정사공신에 책봉되었는데, 일등공신에는 이귀를 비롯하여 김류, 김자점, 심기원, 신경진, 이서, 최명길, 이흥립, 구굉, 심명세 등 10명이 이름을 올렸다. 이들은 대부분 광해군 정권에서 정치적으로 소외되었던 서인들이었다. 《당의통략》에서도 "문무훈신 김류, 이귀, 신경진, 구굉, 장유, 홍서봉, 최명길, 심명세 등은 모두 옛 이이와 성혼의 문인 및 이항복이 일찍이 천거한 사람들이었다. 그들은 나아가는 데 가로막혀 금고에 처해져 유폐되었다가 중도에 일어나서 의거에 협력하여 도왔다"라고 기록하여 반정의 주체 세력들이 이이와 성혼, 이항복의 제자인 서인이었음을 언급하고 있다. 그러나 권력을 잡자 서인 내에서도 정치적 분열이 일어났다. 우선 '훈서'와 '청서'로 갈렸고, 훈서는 다시 '노서'

와 '소서'로 나뉘어졌다. 김류는 노서의 주류가 되고 이귀는 소장의 주류가 되면서 인사 문제를 둘러싸고 대립하였다. 인조 초반 인조의 숙부인 인성군의 역모 사건이 일어났을 때도 인성군의 처벌 문제로 다시 김류와 대립했다. 이귀는 인조의 왕통 안정을 위하여 인성군의 처벌을 적극 주장한 반면 김류는 온건한 입장을 취하였다. 후금에 대한 대외정책에서 이귀는 현실론적인 입장을 취하였다. 국가체제가 제대로 정비되지 않은 시기에 후금과 정면으로 맞서는 것은 무모하다고 판단했기 때문이었다. 주화론의 주창자였던 최명길과 뜻을 같이 한 것으로 서인의 주류 세력과는 대립되는 입장에 있었다.

인조 대에 이귀는 호위대장, 이조참판 겸 동지의금부사 · 우참찬 · 대사헌 · 좌찬성 등을 역임하였고, 그동안 남한산성의 수축, 호패법의 실시, 무사의 양성, 국방 강화 등을 적극 건의해 이를 실현시켰다. 이귀는 자신이 적극 참여하여 완성한 인조 정권의 안정을 위해 누구보다도 노력한 관료였다. 인조 대 정치 현안 중 가장 컸던 이슈는 인조의 아버지인 정원군의 추존 문제였다. 인조는 왕권의 강화를 위해 생부의 추존 작업에 심혈을 기울였고, 이때에 인조에게 힘을 실어 준 인물이 박지계와 이귀였다. 서인의 산림 영수 김장생을 비롯하여 다수가 전례에 어긋난다는 점을 들어 추존에 반대했지만, 박지계가 이론적으로 추존의 정당성을 설파하였고 이귀는 이조판서로 있으면서 거듭 건의하였다. 결국 정원군은 왕으로 추존되어 원종이 되었다. 이로써 인조는 종통과 적통을 잇는 왕이 되면서 왕권 강화에 유리한 위치를 점할 수가 있었다.

이귀는 자신이 옹립한 왕 인조의 정통성 확립과 정권의 안정이 자신에게도 반정의 정당성을 가져온다고 믿고 인조를 위해 자신의 모든 정치 인생을 보냈다. 인조 역시 자신만 바라보는 충신 이귀에게 최고의 예우를 했다.

> 공이 병을 얻으니, 임금이 의원을 파견하고 내약(내의원에서 제조한 약)을 보내어 문병하도록 하기를 하루에 두세 번이나 하였다. 임종하던 날에 기운을 차려 창문의 해를 향하여 부복俯伏하여 절을 하는 것처럼 하기를 세 번 하였다. 옆에 있던 사람이 "이는 임금을 영결永訣(죽은 사람과 산 사람이 서로 영원히 헤어짐)하는 뜻입니까?" 하고 물으니 그렇다고 고개를 끄덕였다. 임금의 거애擧哀하는 소리가 외정外廷에까지 들렸다. 임금이 옷과 신발, 금단錦段 등 염습할 도구를 하사하면서 이르기를, "이귀는 자기가 알고 있는 일을 말하지 않음이 없었으니 충성을 다하여 나라를 보필한 충직한 신하였다. 이제 갑자기 세상을 버려 내가 매우 슬피 애도한다" 하고, 또 이르기를, "그가 정승에 이르지 못한 것을 내가 매우 후회한다. 그에게 영의정을 추증하고, 특별히 상지인相地人을 보내 땅을 가려 장례를 지내주라" 하고는, 술을 하사하고 장례에 쓸 물자를 하사하였다. 장사하는 날에 이르러 여러 고아孤兒들의 형편을 묻고 하사한 물품이 끊어지지 않았다. 일찍이 하교하기를, "지난 밤 꿈에 선경先卿(죽은 이귀를 가리킴)을 보았는데 울고 있기에 나 역시 그의 손을 잡고 눈물

을 흘렸다. 깨어 생각하니 슬픔을 견딜 수 없었다.

《국조인물고》 이귀의 비명, 조익 씀

인조를 끝까지 지키고자 했던 이귀의 진심이 통했던 것일까? 이귀는 현재 이원익, 신흠, 김류, 신경진, 이서, 이보(능원군, 인조의 동생)와 함께 종묘의 인조 묘정에 배향되어 지금도 가까이서 인조를 바라보고 있다.

광해군·인조 시대 국방과 경제 전문가, 김신국

최근에도 장관이나 차관, 공공기관장의 인사에서는 무엇보다 전문성이 중시된다. 조선시대에도 뛰어난 실무능력을 바탕으로 정권이 바뀌는 상황에서 계속 관료의 직책을 맡는 인물들이 있었다. 특히 인조의 즉위로 북인에서 서인으로 정권 교체가 이루어진 상황에서 북인 출신임에도 인조 정권에서 몇몇은 계속 요직을 맡았다. 그중에서도 광해군과 인조 대에 연속으로 호조판서를 지낸 김신국金藎國(1572~1657)은 대표적인 인물이었다.

김신국은 누구인가?

김신국은 선조 · 광해군 · 인조 대에 활약한 학자이자 관료였다. 정파적으로는 북인에 속했으며, 북인이 대북과 소북으로 분립되자 남이공과 함께 소북의 영수로서 활약했다. 소북이 다시 유영경을 중심으로 하는 유당과 남이공을 중심으로 하는 남당으로 분립되었을 때는 유당의 중심인물로 활약했다. 김신국은 광해군 대 최대의 정국 이슈인 인목대비의 폐모론에는 적극 찬성을 하지 않았으나, 폐모를 논의하는 회의에 참여함으로써 인조반정 이후 일시 유배되기도 했다. 1619년(광해군 11) 호조판서를 제수 받아 인조반정 때까지 역임했으며, 인조반정 이후에도 실무 능력을 인정받아 평안도 관찰사, 호조판서 등을 지냈다. 정권의 성격이 전혀 다른 광해군과 인조 양 대에 걸쳐 여섯 번이나 호조판서를 맡았던 것은 그만큼 김신국이 실무에 능했던 관료라는 증거이다.

김신국의 자는 경진景進, 호는 후추後瘳, 본관은 청풍淸風이다. 조부 김사원은 곡성현감을 지냈으며, 아버지 김급 역시 현감을 지냈다. 어머니는 풍천 임씨로 판교 임보신의 딸이다. 김신국의 혼맥에는 북인계 인물과의 교분이 두드러진다. 김신국은 윤경립의 딸과 혼인하고 딸을 남이공의 아들인 두북에게 출가시킴으로써 남이공과 밀접한 관계를 유지했다. 북인의 영수였던 이산해는 김신국의 존고부였으며 그의 아들인 이경전과도 교류가 있었다. 김신국의 학문적 사승관계에 대해서는 자세히 알 수 없으나, 조부인 사원에게 수학하였다는 기록이 있고, 이산해에게도 젊었을 때 학문적 영향을 받았음이 나타난다.

김신국은 특히 병법에 능통하였다. 임진왜란 때는 충주에서 의병 1,000여 명을 모집하여 왜적과 맞섰으며, 1593년 도원수 권율의 종사관으로 있을 때 권율은 "진실로 경제의 재목이다眞經濟之材"라고 칭찬하였다. 훈련도감의 제조 이덕형은 김신국을 "재주와

경기도 광주시에 있는 남한산성의 남문 지화문

통일신라시대 산성으로 조선시대에 들어 후금의 위협을 받고 이괄의 난을 겪은 뒤 인조 2년에 지금처럼 다시 고쳐 쌓았다.

국량局量이 있고 병사兵事에 뜻이 있다"라고 하여 군색랑으로 임명하였다. 유성룡은 무신으로 재주가 있는 자를 발탁하여 병서와 진법을 가르치고자 김신국을 추천하였는데, 유성룡이 남인임을 고려하면, 김신국이 당색과 관계없이 무예에 관한 재주를 인정받았음을 알 수 있다.

광해군 · 인조 대의 국방 전문가

국방에 대한 김신국의 탁월한 능력은 광해군 대인 1613년(광해군 5) 평안도관찰사를 맡으면서 정책으로 현실화된다. 그는 후금이 필시 침략할 것을 예견하고 미리 준비하는 계책으로 진관을 설치하고置鎭管, 조련을 밝게 하고明操鍊, 군율을 엄히 하고嚴軍律, 사기를 장려하고勵士氣, 상 주기를 중시하고重賞貧, 기계를 수선하고繕器械, 전마를 공급하는給戰馬 7가지의 방안을 제시했다. 김신국은 방어의 도는 큰 것에 있지 않고 착실히 준비하는 것임을 강조하였다. "주인으로서 손님을 기다리고 편안한 것으로 수고로운 것을 기다린다以主待客 以逸待勞"는 병법을 따르는 것이라고 했다. 김신국은 광해군대에 변방의 임무에 밝은 인물이 등용되는 비변사 당상에 강홍립 등과 함께 추천되었으며, 1623년의 인조반정 이후에도 평안도관찰사에 즉각 기용되었다. 이것은 정권 교체와 상관없이 그가 국방에 대한 실무능력을 인정받았음을 의미한다. 1638년에는 판중추부사로 인조의 명을 받아 강화도의 형세에 대해 보고한 후 바로 강화유수를 제수받았다. 김신국은 강화도가 천혜의 요새임을 강조하고, 남한산성이 방어처로서 부적절함을 지적하였다. 김시양이 병자호란 후 남한산성이 조선의 보배라고 한 데 대하여 김신국은 나라가 이 지경에 이른 것은 남한산성 때문이라면서 병자호란 당시 군권을 장악했던 김류, 김자점 등의 산성 중심의 방어책을 강하게 비판하였다.

김신국은 국방 강화를 위해서는 성책의 설치와 함께 무엇보다 병농일치가 되어야 함을 주장하였다. 김신국은 "여러 도로의 병사 5, 6만을 나누어 10번으로 하고 항상 5, 6천으로 3개월마다 성에 들어가게 되면 30개월이 일주기가 됩니다. 2월부터 7월까지는 더하여 2, 3천 명으로 농경의 보조로 삼습니다. 무릇 농가 1명이 농사지으면 족히 2, 3명의 식량이 됩니다. 만약 7, 8천 명으로 비옥한 토양에서 밭갈기를 하면 2만 명의 1년 식량이 가히 판별됩니다. 봄에 밭을 갈고 한가할 때 전투를 가르치고 5, 6천 명을 장기간 주둔하게 하여 오직 무기를 연습하고 계기를 수선하는 것을 임무로 삼아 다시 번갈아 훈련하면 3년에 5, 6만 명이 모두 가히 쓸모가 있는 병사가 됩니다. (중략) 이른바 토지로 인하여 군이 승리하는 것입니다"라고 하여 병농일치에 의해 이기는 방안을 구체적으로 제시하였다.

병농일치론은 조선 초기 정도전 등에 의해 제기된 이래 부분적으로 논의되다가 인조 5년에는 한준겸, 이시발 등이 전결출병田結出兵(토지를 경작하는 사람들을 군병으로 활용함)을 주장하기도 하였다. 실학자 유형원은 병농일치의 논리를 구체화시켰다. 유형원은 "병농의 분리는 막대한 해악이다"라는 인식하에 사경일병四頃一兵(4경의 땅에 한 명의 병력을 차출함)을 원칙으로 하는 토지제도의 정비, 엄정한 보인제保人制(정군 한 명에 대하여 두 명에서 네 명씩 배당하여, 실제로 복무하는 대신에 베나 무명 등을 나라에 바치는 제도)의 부활과 정비를 주장하였는데, 김신국의 견해와 유사성을 보인다. 그러나 김신국의 병농일치론이 전시에 제승하려는 군사적 성격이 강한 데 비하여, 유형원의 그것은 당시 사회경제의 모순을 토지제도의 광범한 개혁을 통해서 극복하려는 성격을 띠었다는 점에서는 차이가 있다.

화폐 유통과 은광 개발

광해군 대에는 특히 전란을 겪은 후 이에 대비하기 위한 국방 강화와 국부 증대 방안이 국가의 주요한 현안으로 대두되었다. 이러한 상황에서 국부 증대를 위한 화폐 주조와 광산 개발, 유통경제에 대한 논의가 적극적으로 이루어졌다. 김신국은 광해군 대인 1619년부터 1623년의 인조반정까지 4년간 호조판서로 있으면서 이러한 정책의 추진의 핵심에 섰다. 김신국은 호조판서로 임명된 직후 "식화食貨는 왕정이 먼저 할 바이며 축적蓄積은 생민의 대명大命"이라는 인식하에 은광을 개발하고 돈을 주조해서 통용할 것을 건의하였다.

정권이 교체된 1625년, 김신국은 다시 호조판서에 제수되었다. 그가 다시 발탁된 데에는 광해군 후반 정치적으로는 큰 혼란이 있었지만 경제정책은 안정성을 유지했다고 판단했기 때문일 것이다. 김신국은 그해 국용을 절제하고, 전폐를 주조하여 유통시키며, 바다의 이익을 거두는 세 가지 대책을 제시하였다.[4] 김신국은 양입위출(수입을 계산하여 지출을 정한다)의 철저한 이행과 서리들의 이익추구 방지가 국가 비용을 절약할 수 있는 기본임을 인식하고 이를 바탕으로 화폐를 사용할 것을 주장하였다.[5] 임진왜란 후 시장의 발달, 대동법의 확대에 따른 조세의 금납화, 명나라의 화폐유통에 대한 직접, 간접적인 자극은 화폐 유통의 필요성을 증대시켰다. 따라서 선조 대부터는 화폐의 적극적 유통을 주장하는 이덕형, 유몽인,

---

4 《인조실록》 1625년(인조 3) 10월 27일

5 김신국, 《후추집》, 〈호조판서시상차〉

이수광 등 일군의 학자들이 나타났다.

경제의 총책임자로서 국가의 정책 차원에서 화폐의 유통을 건의하고 실현시켰다는 점에서 김신국이 차지하는 비중은 매우 크다. 김신국이 동전의 주조와 유통을 건의하게 된 직접적인 계기는 빈약한 농업생산에 경제기반을 둔 국가재정의 궁핍을 극복하려는 데 있었다. 김신국의 경제정책은 양전의 철저한 시행으로 농업경제의 기반을 튼튼히 한 바탕에서 국가의 비용을 절감하는 절제와 생산 확대를 통한 국부 증대라는 '두 마리 토끼'를 잡는 방안이었다. 이것은 화폐유통과 함께 국용을 절제하고, 어업과 염업과 같은 바다에서 생산되는 이익을 국가재정으로 적극 확보하려는 정책에서도 두드러진다.

김신국은 고려 성종 대 이래로 화폐를 사용한 역사에 대해 설명을 한 후, 외국과는 달리 우리만 쌀이나 옷감으로 유통한다면 백성이 곤궁하고 국가가 가난해진다고 파악하였다. 그는 '주식환무지법酒食換貿之法'을 제정하여 배고픈 사람들이 동전을 가지고 시장에서 쉽게 술 마시고 먹을 수 있게 하고 사람들이 그것을 즐길 때 동전 사용의 묘미를 알 것이라 하였다. 김신국의 건의는 인조에 의해서 수용되어 그해 11월에 호조의 요청으로 인경궁에 주전청을 설치하고 동전의 주조 사업에 착수하였다. 김신국은 성중에 가게를 설치하고 술과 음식을 동전으로 사고팔게 하는 등 동전 유통의 현실성까지 미리 검토하였다. 17세기 중엽에는 강화 · 교동 · 연백 등 개성을 중심으로 중국 동전이 원활히 유통되고 의주와 안주 등 중국 접경 지역에서도 동전이 유통되었다. 숙종 대에 이르러 상평통보가 전국에 널리 유통되는데, 이러한 유통의 기반에 김신국과 같은 선구적인 관료가 있었음을 기억해야 할 것이다.

화폐유통과 함께 김신국은 1627년 5월 단천 은광의 개발을 건의하였다.[6] 임진왜란 이후 은광을 개발하자는 논의는 여러 차례 제기되었다. 우선 부족한 전쟁물자의 조달을 위해 은의 개발이 필요했다. 또 중국 사신들의 광적인 요구가 있어 조선의 은에 대한 관심은 증대될 수밖에 없었다. 국제 교역의 측면에서도 중국의 비단, 조선의 면포 및 은, 일본의 구리 및 은 등이 주요 교역 물품으로 등장하면서 무역의 중요한 결제 수단이 되었다. 16세기 중반까지 조선의 은은 대부분 명으로 유출되는 상황이었으나, 임진왜란을 맞아 명에서 조선에 은을 내려주고 조선에 파견된 명군의 군량과 군수조달 비용, 군공에 대한 포상 등을 모두 은으로 충당함으로써 국내에는 중국 은화가 크게 퍼졌다. 조선은 군수물자를 현물로 구하기가 어렵게 되자 의주의 개시를 통해 요동 등지에서 구입해오는 것이 모색되었는데, 그 결제 대금으로 은이 필요하였다. 은광 개발은 당시로 보면 조선이 세계 경제의 흐름에도 발을 맞추는 것이기도 했다. 16세기 이후로 은광개발을 주장한 주요한 인물로는 김신국을 비롯하여 정인홍, 이덕형, 박홍구, 유몽인, 이수광 등을 들 수 있는데, 거의가 북인계 관료라는 것은 주목할 필요가 있다.

---

6 《인조실록》 1627년(인조 5) 5월 5일

평생을 국부 증진에 헌신하다

16세기 후반 이후 조선사회는 화폐수단이 절실히 필요한 단계에 와 있었다. 특히 전란 이후 은의 유입과 유통은 화폐의 필요성을 증대시켰고, 궁극적으로는 동전의 주조와 그 유통의 시행을 자극하였다. 김신국은 농업경제만으로는 극복할 수 없는 당시 사회의 전환기적 경제상황을 인식하고 화폐유통의 실현과 은광채굴, 호패법 실시, 어염의 이익 수취 등 현실 가능한 경제정책을 실시하였다. 김신국은 국경방어의 핵심인 평안도관찰사를 광해군과 인조 양 대에 걸쳐서 역임하였고, 중앙경제의 책임인 호조판서를 역시 양 대에 걸쳐 수행하면서 관료로서의 능력을 최대한 발휘하였다. 지방의 관직을 지내면서 백성들의 고통을 실제 체험한 바탕 위에서 정책을 추진하였기에 그의 정책은 현실성을 담보하고 있었다. 이러한 실무능력은 정치 · 사상적 변동을 수반한 인조반정 이후에도 그를 일관되게 정책 추진의 핵심에 서게 한 요인이었다.

김신국은 양란 이후 사회 재정비의 방향을 농업경제보다는 상공업 중시 방향으로 나아가 국부를 확대하는 데 초점을 맞추었다. 그의 경제 정책은 실무적 경험을 바탕으로 개혁조치를 취했다는 점에서 큰 의미가 있다. 김신국이 평생토록 역점을 둔 실용 중시와 국부 증진 정책은 국가의 전체적인 부의 창출이 시대적 과제로 대두된 현재에도 그 시사하는 바가 결코 적지 않다.

17세기 소신과 원칙, 직언의 정치인 조경

조경趙絅(1586~1669)은 붕당정치가 치열하게 전개되던 선조에서 현종 시기를 살아가면서 남인의 정치적 입장을 유지한 인물이었다. 조경이 살아간 시기는 대내적으로 붕당정치가 치열하게 전개되던 시기였고, 대외적으로는 명과 후금(후의 청)과의 사이에서 조선의 국제적인 긴장관계가 지속되던 시기였다. 이 시기 조경은 84세까지 장수하면서 주요 직책을 역임하였지만 이제까지 큰 주목을 받지 못하였다. 조선 중기 이후 정치사 사상사 연구의 경향이 강성의 정치인이나, 학파의 수장이 되는 인물을 연구의 중심으로 삼았던 점이 요인이다. 조경은 국내외적으로 어려운 시기를 살면서 자신의 정치적 소신과 원칙을 직언한 학자이자 정치가였다.

광해군 대의 은거 생활

조경의 자는 일장日章, 호는 용주龍洲, 본관은 한양이다. 1586년

조경 초상

10월 6일 한양의 숭교방에서 태어났다. 조부는 공조좌랑 조현이며, 부는 사섬시 봉사 조익남이었다. 어머니는 문화 유씨로 유개의 딸이었다. 1602년 17세 때 안동 김씨 김찬의 딸을 부인으로 맞이하여 1남 3녀를 두었다. 약관에 문장을 잘하여 이항복과 차천로가 그의 재주를 인정하였으나, 과거 진출은 늦은 편이었다.

1612년(광해군 4) 27세의 나이에 사마시에 선발되었으나, 다음해 4월에 부친이 세상을 떠나자 여묘살이를 하였다. 이 기간은 광해군 시대 이이첨이 북인으로서 정국의 핵심에 서서 공안정국을 조성했던 시대였다. 조경은 광해군이 영창대군을 죽이고 인목대비의 폐모론이 전개되자 거창에서 은거 생활을 하였다. 출사 대신에 은거의 길을 택한 것이다. 거창에서 은거할 때 조경과 친분을 맺은 인물이 허목이었다. "미수 허목이 그의 아버지를 따라 거창으로 왔으므로 그와 더불어 따르면서 몹시 친하게 지냈다"고 연보는 기록하고 있다. 또한 이때에 모계 문위에게 학문을 배웠다. 문위는 산림의 학자로서 명망이 아주 높았다. 훗날 남인의 영수가 되는 허목과의 친분은 조경이 남인으로 인식되는 데 중요한 근거가 되었다.

인조 대의 언관 활동

광해군 정권의 폭정을 피해 은거하던 조경에게 마침내 기회가 찾아온다. 1623년 인조반정이 일어나 북인 정권이 무너지고 서인 정권이 수립된 것이다. 서인이 주도하고 남인이 참여한 인조반정의 성공으로 대내외 정책에 많은 변화가 생겼다. 조경은 인조반정 이후 유일로 천거를 받아 오랜 은거 생활에서 벗어났다. 1624년에는 형조좌랑과 목천현감을 지냈다. 목천현감 재임 시에는 백성의 병폐를 물어보고 학교를 수리하니 고을 사람들로부터 잘 다스린다는 평판을 받았다. 1626년 초시와 정시에 연거푸 장원 급제를 했고 이후에는 주로 사간원과 사헌부에서 관직생활을 하였다. 1627년에 여진(후금)이 조선에 쳐들어와 연달아 평안도의 안주와 평양을 함락하는 정묘호란이 일어났다. 정묘호란 때 인조와 소현세자는 떨어져 이동하여 세자가 전주에 머물게 되었다. 조경은 세자를 따라가 전주에 머물다가 3월에 다시 강화도로 들어갔다.

1628년 조정에 돌아온 조경은 언관직을 주로 역임하면서 언론 활동을 해나갔다. 당시 조경을 가장 견제한 인물은 인조반정의 핵심인물이자 서인의 중심인 이귀였다. 이귀는 서인 학문의 원류가 되는 이이와 성혼의 업적을 강조하면서, "조경은 경망스러운 신진으로 그의 재주와 학문, 덕망이 다른 사람보다 얼마나 더 나은지는 모르겠으나 조정의 공적인 시비를 가지고 원훈과 재신들을 모욕하고 산림의 선비들을 헐뜯었으니 그가 조정을 무시하고 사림을 멸시한 것이 극심하다"면서 조경을 강하게 비판하였다. 조경이 이귀 등 훈신들을 강하게 비판했기 때문이었다.

1629년에는 독서당에 선발되었고, 이후에도 수찬, 교리, 이조좌랑, 이조정랑 등 학식과 덕망이 높은 사람이 맡는 청요직을 두루 거쳤다. 1631년 이조정랑 재임 시에는 인조의 생부인 정원군을 왕으로 추존하는 문제가 정국의 쟁점으로 떠올랐다. 인조가 반정으로 왕위에 오르는 과정에서 광해군은 왕통에서 제외되고 인조는 할아버지인 선조로부터 왕위를 계승하게 되었다. 따라서 인조를 추대한 세력들이 비정상적인 왕통을 바로잡을 방안을 모색하는 과정에서 인조의 생부인 정원군을 왕으로 추존하는 문제가 검토되었던 것이다. 당시 예론의 대가인 김장생이 정원군을 백숙부로 불러야 한다고 주장했고, 박지계는 정원군을 아버지로 인정해야 한다고 주장했다. 박지계의 주장은 기본적으로 인조가 원했던 방향이었기 때문에 왕의 측근 공신인 이귀, 최명길 등이 주로 찬성했다. 1631년 4월 인조는 대신들이 모인 자리에서 정원군 추존의 뜻을 공식적으로 표명했다. 대신들이 극히 반대하자 인조는 명나라 황제에게 청하여 허락을 받지 못하면 그때 포기하겠다고 선언했다. 그래도 반대 논의가 끊이지 않고 유생들의 반대 상소가 빗발쳤다.

조경 역시 원종 추존을 강하게 반대했다. 인조는 "조경 · 장유의 무리는 허명을 얻고자 하여 분주히 배척한다"면서 불편한 심정을 피력했지만 조경은 뜻을 굽히지 않았다. 조경은 원종 추존을 주도한 박지계를 벌레에, 이서를 쥐에 견주었다. 그리고 이귀에 대해서는 그 고기를 먹고 싶다고 했다.[7] 결국 조경은 외직인 지례현감으로 밀려났고, 1632년에는 대부분의 시간을 거창 등지에서 보냈다. 1633년 8월 이조정랑이 되면서 조경은 다시 중앙 관직에 복귀하였다.

언관으로서 조경의 강직했던 면모는 1636년 6월 사간으로 서

7 《인조실록》 1631년(인조 9) 9월 18일

구언에 응하여 올린 봉사에서, 당시 권력의 실세 좌의정 홍서봉의 뇌물 수수 사건을 강하게 비판한 것에서도 나타난다. 조경이 홍서봉의 부정과 비리를 조목조목 비판하자, 인조는 오히려 조경의 잘못을 지적하였다. 그러나 조경은 물러서지 않았다. 조경은 "신이 홍서봉에 대해서 분개하는 것은, 국가를 편안히 하고 사직을 이롭게 할 것은 생각하지 않고 오직 그 집을 부유하게 하기에만 힘쓰고 있으며, 음양을 다스리고 사시를 순하게 할 것은 생각하지 않은 채 오직 자신만 살찌우기에 힘써, 오욕스러운 말을 달갑게 받으면서 허물을 고치고 뉘우칠 줄을 알지 못하고 있다"면서 국왕인 인조에게도 당당하게 자신의 입장을 피력하였다. 재상이라면 무엇보다 사익보다 공익을 추구해야 함을 지적한 것이었다.

세자빈의 사사를 반대하다

1636년 12월 병자호란이 일어났다. 12월 14일 외적의 경보가 아주 급하다는 소식을 들은 조경은 부인과 처자식을 동생인 조후 및 사위 이유정에게 맡겼다. 그리고 종 두 명과 함께 말 한 마리를 타고 길을 떠났다. 당시에는 남한산성이 이미 청군들에게 포위되어 있어서 조경은 성 안으로 가지 못하고 과천의 관악산으로 들어갔다. 1637년 조경은 인조를 남한산성에서 모시지 못한 것에 대해 스스로 탄핵을 하고, 거창으로 들어가 머물렀다. 1638년 4월에는 사간으로 복귀하여 국제적으로 어려운 시기이지만 명과의 사대 외교를 추진해야 한다고 건의하면서 척화론의 입장을 견지했다.

1643에는 통신부사로 임명되어 일본을 다녀오면서 기행문을 남겼다. 1645년에는 소현세자가 귀국 후 두 달 만에 의문의 죽임을 당하자 세자의 사고에 통렬하게 분함을 드러냈다. 11월에는 대사간으로서 나라의 잘못된 폐단을 지적하는 상소문을 올렸다.

조경의 연보에는 "민생의 곤궁하고 초췌함 · 재이가 겹쳐 일어남 · 궁금(왕궁의 금령)이 엄하지 않음 · 시조(조정에 나아가 정사를 보는 것)를 아주 뜸하게 함 · 절약과 검소함을 먼저하고 폐단의 근원을 막을 것을 말하였으며, 심술을 바르게 하라는 것으로 본론을 삼고, 동궁을 잘 보도하라는 것으로 결론을 삼았는데, 거의 수천 마디나 되었다"고 기록하고 있다.[8] 직언하는 정치인 조경의 면모가 잘 드러난 부분이다. 1646년 2월에는 형조참판에 이어 대사헌에 올랐다. 당시 정국에서 가장 중요한 이슈는 소현세자빈 강씨의 문제였다. 조경은 강빈에게 독약을 내리는 것을 강경히 반대하였다. 하지만 결국 강빈이 죽고 그녀의 세 아들이 제주도로 유배되자 조경은 세 아들의 귀양을 풀어줄 것을 거듭 청하였다.

조경은 정치적 사안마다 인조의 처사를 비판했지만 조경에 대한 인조의 신임은 각별했다. 원칙과 소신에 입각하여 잘못된 것을 비판한 정치인이었기 때문이다. 1646년에는 양관 대제학에 이어 이조참판, 대사간, 도승지에 임명되었고, 1647년에는 62세의 나이로 예조판서, 이조판서 등을 제수받았다. 이 무렵 조경은 관노 출

8 《용주선생연보》, 1645년, 선생 60세

신으로 청나라 역관이 되어 조선에 갖은 악행을 일삼던 정명수와 이형장에 대해서도 강력한 대처를 할 것을 주장하였다. 연보에는 "정명수가 끝까지 선생을 원수처럼 보면서 헤아릴 수 없는 지경으로 몰아넣었다"고 기록하고 있다.[9]

효종 대의 정치 활동과 계속되는 직언

1649년 인조의 뒤를 이어 효종이 즉위한 후 조경은 이조판서에 올랐다. 이때 조경을 탄핵하는 이유태의 상소가 올라왔다. 조경이 일찍이 사헌부에 있을 적에 원두표가 당을 세우고 권력을 요구함에 대해 논핵했었는데, 이유태가 그것을 꼬투리 잡아 공격했던 것이다. 《당의통략》에는 "조경이 사헌부 대사헌으로 있으면서 여러 남인들과 함께 모든 당을 없으려고 하였다"[10]고 하여 당시 서인들에 대해 정치적인 견제를 했음을 언급하고 있다. 조경은 자신에 대한 탄핵 상소가 올라오자 이조판서에서 물러났다.

1650년 조경은 청나라 사신과 갈등을 일으키면서 의주의 백마산성에 갇히는 수난을 겪었다. 청나라의 칙사가 서울에 들어와 남별궁에 머물렀다. 다음날 새벽에 서청에 나와 앉아 있으면서 삼공과 육경과 승지와 양사의 관원들을 불러들여 죽 늘어앉게 하였다. 청나라 사람들이 타락죽을 여러 신하들에게 나누어 주면서 먹게

9 《용주선생연보》, 1647년, 선생 62세
10 이건창, 《당의통략》, 〈인조조 · 효종조〉

하였는데, 조경은 홀로 물리치고 받아먹지 않았다. 이후에도 청나라 칙사의 무례한 요구에 대해 조경은 당당한 입장을 보였고, 결국에는 척화를 했다는 이유로 이경석과 함께 백마산성에 안치되었다.

1651년 2월 조경은 백마산성에서 서울로 돌아온 후에는 포천으로 들어가 작은 집을 짓고 관거재라는 편액을 달았다. 관거재 시절에는 백로주 · 삼부락 · 화적연 · 백운동 등지를 주로 노닐었다. 1652년 11월에는 구언전지(나라에 재변이 생기거나 큰일이 있을 때 신하나 사림에게 솔직한 의견을 구하는 전교)에 응하여 민생의 곤궁함과 관리의 사치스러움을 언급하며 절개를 지킨 성삼문을 표창하는 붉은 문을 세우도록 했다. 또 척화론을 주장하며 강화도가 함락되자 자결을 시도했던 정온의 공덕을 칭송하며 추존할 것을 요청하였다. 사육신과 정온에 대한 포상은 절의와 척화를 지킨 인물에 대한 국가의 보상을 요청한 것으로 조경의 삶에서 일관된 것이었다. 1653년에는 부모의 봉양을 청원하여 회양부사가 되었다. 그리고 다음 해 봄에 풍악산(금강산)을 유람한 다음 이어 사은하고 돌아왔다.

1654년 10월 조경은 김홍욱의 장살(형벌로 매를 쳐서 죽임) 사건에 대하여 그 잘못을 지목하였다. 김홍욱은 강빈의 신원과 소현세자 셋째 아들의 석방을 요청하는 직언으로 효종을 격분시켰고, 결국 장살을 당한 인물이다. 김홍욱 장살 사건은 당시 정국의 뜨거운 감자였다. 조경은 "지금 인사의 잘못을 하나하나 셀 만큼 알지는 못하나 김홍욱 옥사에서부터 대신은 광보匡輔(잘못을 바로잡음)하

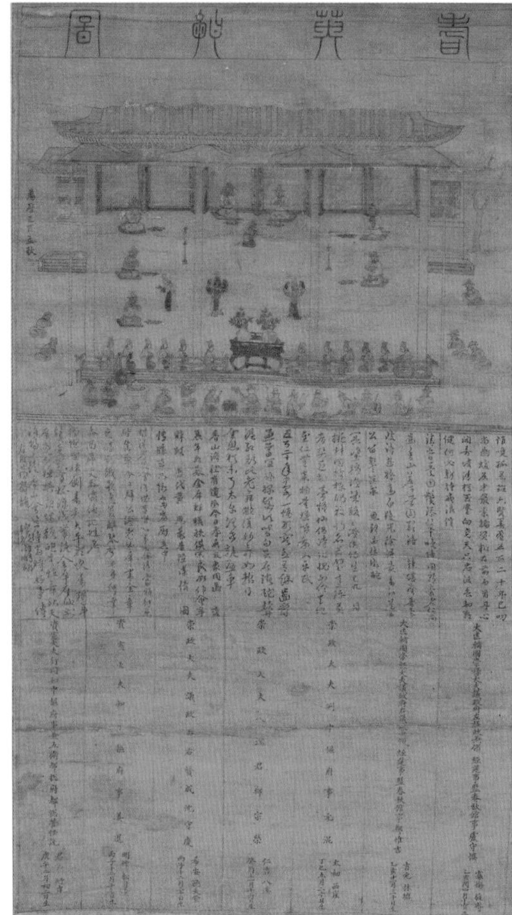
출처: 국립중앙박물관

〈기로연회도〉

기로소 친목 모임의 모습을 그린 그림이다. 왼쪽 가장자리에 '만력을유맹추'라고 적혀 있어 1585년 가을에 그려진 것임을 알 수 있다.

는 도리를 상실했고, 대간은 입을 다물고 있는 습관이 조장되었으며, 언로가 막히고 아첨하는 풍조를 이루었습니다"면서 김홍욱 장살 문제로 언로가 막힌 문제점을 강하게 직언하였다.

1655년 조경은 70세가 되었다. 효종은 쌀과 고기 및 월봉(월급)을 하사하였는데, 조경은 사양하고 받지 않았다. 1657년에는 상소하여 윤근수, 정경세의 시호에 대해 논한 일을 말하고, 심대부 · 유계의 죄를 너그럽게 용서해 줄 것을 청하였다. 김육이나 윤근수, 정경세, 유계 등을 변호하고 추존한 사례에서는 서인이나 남인의 당파에 크게 구애받지 않고 능력이 있는 인물에 대해서는 우호적인 입장을 취하였음을 볼 수 있다.

1658년 가을에는 기로소(70세가 넘는 정이품 이상의 문관들을 예우하기 위하여 설치한 기구)에 오로회五老會를 두었는데, 영의정 김육은 79세, 판중추 윤경은 92세, 해은군 윤이지는 80세, 조경은 73세, 판서 오준은 72세였다.[11] 효종 시대 조경은 국가 원로로 인정을 받았는데, 김육이나 조경과 같은 국가 원로의 존재감은 매우 컸다. 조경은 중요한 사안마다 국왕에 대해 엄격한 직언을 하였고 이 시기 언로 확보에 중요한 공헌을 한 것으로 보인다.

윤선도의 예론을 지지하다

1659년(효종 10년) 5월 효종이 승하하고 현종이 즉위하였다. 현종 즉위 때 조경은 74세로 산전수전 다 겪은 국가 원로가 되어 있었다. 1660년 나라에 큰 기근이 들자 조경은 상소문을 올려 기근을 진휼하는 일을 말하고 명나라 신하 도융이 지은 《황정고》를 올리면서 기근에 대처하는 방법들을 적극 모색할 것을 건의했다. 1661년에는 현종이 가뭄이 심해 보낸 구언전지에 응하였다. 이 무렵 조정

---

11 《용주선생연보》, 1658년, 선생 73세

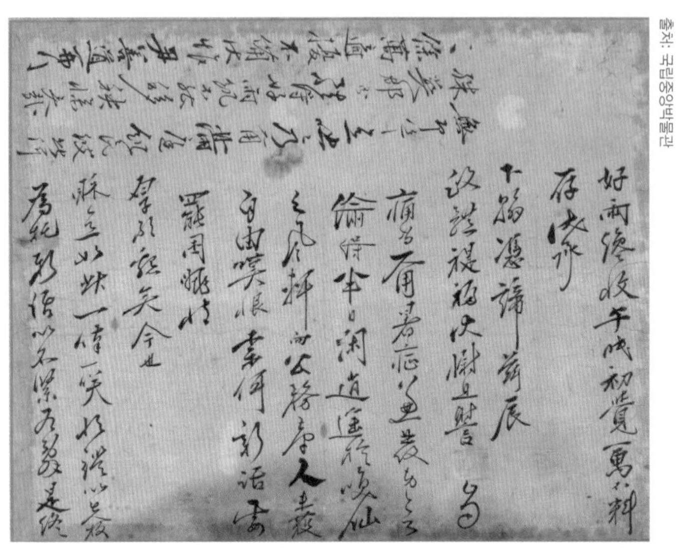

출처: 국립중앙박물관

윤선도 간찰 〈어부사시사〉를 쓴 명문장가 윤선도의 유려한 필치를 엿볼 수 있다.

에서는 인조의 계비 장렬왕후가 효종의 상에 어떤 상복을 입어야 하는가의 문제로 서인과 남인 간의 치열한 정치적 대립이 전개된 기해예송의 여파가 여전히 남아 있었다. 서인 쪽에서는 송시열, 송준길 등이 중심이 되어 1년복을 주장했고, 남인 쪽에서는 허목, 윤휴 등이 나서서 3년복을 주장하였다.[12] 상복이 서인 측 주장대로 1년복으로 정해지자 남인 윤선도는 상소를 올려 서인 송시열의 논리를 강력하게 비판하였다. 결국 윤선도는 함경도 삼수로 유배길에 올랐는데, 조경이 윤선도의 입장을 적극 지지하였다. 조경은 남인이

---

12 《현종실록》 1660년(현종 1) 4월 18일

긴 했지만 당파적 입장이 그리 강하지 않았고, 소신에 의해 윤선도를 지지하는 상소를 올린 것이다. 그러나 이 상소문은 결과적으로 조경을 확실한 남인 정치인으로 인식하게 만들었다. 《당의통략》에 "판부사 조경은 노성한 이로서 중망이 있었고 수찬 홍우원은 맑은 선비로 이름이 났었다. 그러나 이때에 와서 이들은 모두 윤선도를 구원한 까닭에 금고를 당하고 쓰이지 못하니 남인들이 더욱 불쾌히 여겼다"[13]는 기록에서는 윤선도 지지 상소를 계기로 조경이 남인 정치인들에게 동류로 인식되는 경향을 볼 수가 있다.

1665년 조경은 80세로 "벼슬을 올려 주고 월봉을 지급하라"는 현종의 명으로 숭록대부(높은 벼슬)에 올랐다. 1668년 가을 백운산에 들어갔다가 현종이 온천에 거둥한다는 말을 듣고 곧 돌아왔다. 1669년(현종 10) 2월 4일 84세의 나이로 생을 마감하였다. 조경의 부음이 알려지자 현종은 이틀간 조회를 보지 않고 골목 시장을 쉬게 하였다고 한다. 1669년 4월 선영이 있는 무덤 북쪽 10리 녹문의 동쪽 기슭 남향한 곳에 조경의 장지가 조성되었다.

조경을 기억해야 하는 까닭

조경이 활동한 시기는 선조 대에 시작된 붕당정치가 극심했다. 당파 간의 치열한 정치적 대립이 있던 시기였고, 후금의 성장

---

13 이건창, 《당의통략》, 〈인조조 · 효종조〉

으로 말미암아 조선의 전통적인 대외관계에서도 큰 혼란이 있던 시기였다. 이 시기 조경은 84세까지 장수하면서 현종 대까지 국가 원로로서 자신의 소임을 다하였다. 그가 활동한 시기는 정치적으로 격변기였다. 광해군의 즉위와 몰락, 1623년의 인조반정과 서인 정권의 수립, 1627년 정묘호란, 1636년의 병자호란과 삼전도의 굴욕, 효종의 즉위와 북벌정책, 현종 대의 예송논쟁 등 많은 사건들이 일어났던 시대였다.

조경은 당파상으로 남인에 속한다고 볼 수 있지만, 남인의 정치적 입장을 강하게 피력하기보다는 원칙과 소신에 입각하여 자신의 정치관을 피력하였다. 특히 언관직을 수행하면서는 권력의 실세에 대한 강한 비판을 멈추지 않는 강직한 정치인의 표상이 되었다. 사안에 따라서는 국왕의 처사에 대해서도 반대 의사를 분명히 하면서 권력에 굴하지 않는 면모를 보였다. 인조가 생부 정원군을 원종으로 추존하자 이에 적극 반대하였고, 소현세자빈 강씨의 사사나 소현세자 아들의 처벌에서도 반대의 입장을 분명히 했다. 강빈의 신원을 청한 김홍욱을 변호하고, 서인의 중심 송시열에 맞선 윤선도의 예론을 지지하기도 하였다. 청나라의 권력을 빙자해 조선에 오만하게 굴던 정명수의 위세에도 흔들리지 않았다. 조경은 당파적 입장이 강하지 않았기에 김육, 이경석, 정경세, 윤선도 등 서인과 남인을 막론하고 당대의 명망가들과 두루 교분을 유지하였다. 그가 교유관계를 맺은 일차적 기준은 국익을 추구하는 능력 있는 정치인이자 학자였다. 그러나 현종 대 예송논쟁으로 서인과 남인이 치열하게 대립할 때 남인 윤선도의 입장을 옹호하면서 남인 정치인으로 인식되기에 이르렀다.

84세까지 장수하면서 선조 이후 현종 대까지 격동의 역사를 살아간 정치인 조경은 한결같이 원칙과 소신에 입각한 정치 행보를 보였다. 당리당략에만 치중하고 보스들의 눈치만 보는 정치 현실 때문일까? 왕과 권력에 굴하지 않고 직언을 한 '소신의 정치인' 조경의 모습은 많은 울림을 주고 있다.

최명길,
실리론으로 나라를 구하다

1636년 12월 15일부터 1637년 1월 30일까지 47일간 인조는 남한산성에 있었다. 12만 대군을 이끌고 직접 조선에 쳐들어온 청 태종은 삼전도에 수항단을 만들어 놓고 조선의 항복만을 압박하고 있었다. 전 국토가 청나라에 유린당하고 수많은 백성들이 희생당하는 현실에서 인조를 비롯한 남한산성의 수뇌부는 여전히 척화斥和(화친하자는 논의를 배척)를 외치고 있었다. 청나라의 무력에 의한 멸망이 거의 가시화되었을 무렵 현실을 정확히 파악하고 주화主和(전쟁을 피하고 화해하자는 주장)를 주장한 관료가 있었다. 최명길崔鳴吉(1586~1647)이 바로 그였다. 병자호란의 최악의 위기 상황 속에 현실적인 타개책을 찾았던 최명길의 선택은 당시 왕 인조는 물론이고 조선을 살리는 길이기도 했다. 의리론과 명분론으로 무장한 조선 사회에서 최명길의 실리론은 비난의 대상이 되었지만, 현재의 관점에서 보면 그의 판단은 시대를 앞서간 탁월한 선택이었음이 증명되고 있다.

인조반정, 정치의 일선에 서다

최명길의 본관은 전주全州, 호는 지천遲川, 자는 자겸子謙으로 1586년(선조 19) 경기도 금천에서 최기남의 셋째 아들로 태어났다. 최기남은 광해군 대 영흥부사를 지내다가 1613년 계축옥사에 연루되어 삭직된 후 경기도 가평에서 은거하였다. 최명길은 8세가 되던 해에 "오늘은 증자가 되고 내일은 안자가 되며, 또 그 다음날엔 공자가 되리라"라고 맹세해 부모를 놀라게 했다고 한다.

최명길이 태어나던 해는 동인과 서인의 당쟁이 본격적으로 시작되던 시기이다. 최기남은 윤두수, 윤근수, 이항복, 신흠 등 서인들과 친분을 유지하였고, 최명길 역시 자연스럽게 이들에게서 학문을 배웠다. 이항복과 신흠의 문하에서 주로 수학했으며 김육, 조익, 장유, 이시백 등이 동년배로서 이들은 훗날 서인 정치 세력의 중심이 된다.

최명길은 성리학을 기본으로 하면서도 장유와 함께 양명학에 깊은 관심을 가졌다. 최기남의 외가쪽 친척인 남격은 조선 양명학의 시초인 남언경의 아들이었다. 최명길이 훗날 성리학의 의리론에 구애되지 않고 실리론적인 견해를 제시한 데는 양명학의 영향이 크다는 견해도 많다. 최명길의 손자로 영의정을 지낸 최석정도 양명학이나 수학 등 실용적 학문과 사상에 일가견이 있었다.

1605년(선조 38) 최명길은 20세의 나이로 생원시에 장원 급제한 후, 그해 문과 시험에 합격하여 관리로 진출하게 된다. 1608년 광해군이 왕위에 오르고 북인 정권이 수립되면서 서인이었던 최명길은 관직 생활에서 큰 빛을 보지 못하게 된다. 1614년(광해군 6) 병조좌랑으로 있을 때는 명나라 차관이 외부인과 접촉하지 못하게 하라는 명을 어긴 죄로 탄핵을 당해 삭탈관직되었다. 이후에는 부친상을 당하고, 광해군 후반 정국이 혼란에 빠지자 관직 생활을 단념하고 야인으로 주로 생활하였다.

1623년 3월 인조반정이 일어났다. 광해군 정권에 강한 불만을 가지고 있었던 최명길은 반정에 적극 가담하여 반정의 날짜를 직접 점을 쳐 길일을 잡기도 했다. 《연려실기술》에서는 최명길에 관한 유고집인 《지천유사》를 인용하여 다음과 같이 기록하고 있다. "거사할 모의가 이미 정하여졌으나 여러 사람이 안팎으로 흩어져 있었으므로 힘을 합하지 못하여 일이 자못 어긋났다. 최명길이 이것을 걱정하여 계해년(1623년) 봄에 서울 교외에서 성중으로 들어와서 여러 사람에게 통고함으로써 드디어 계획이 정하여졌다. 명길이 일찍이 유청전의 영기점법靈棋占法에 통달하여 점을 쳐서 좋은 날을 받아 군사를 일으킬 시기를 정하였는데, 공훈을 정할 때에 명길이 일등공신이 된 것은 이 때문이었다."

인조반정에 주도적으로 참여한 공적을 인정받아 최명길은 정사공신 일등으로 녹훈된다. 반정 직후 정육품의 이조좌랑의 직책에 있던 최명길은 11월 종이품의 이조참판으로 전격 승진하였다. 인조 정권의 핵심 관료의 길을 걷게 된 것이다. 그런데 1624년 공신 책봉 과정에서 이등공신이 된 후 평안병사로 나가 있던 이괄이 아들 이전과 함께 반란을 일으켰다. 이괄 부자에 대한 조정의 끊임없는 감시가 이괄을 자극한 것이 반란의 가장 큰 원인이었다. 최명길은 총독부사가 되어 반란의 진압에 공을 세웠다. 1625년 3월에 대사헌이 되었고, 7월에는 호패청 당상이 되어 호패법의 시행을 적극 주장하기도 하였다.

인조반정 이후 조선의 외교 정책에는 큰 변화가 일어났다. 광해군 때의 명과 후금 사이에서 중립을 지키는 실리외교 노선 대신에 전통의 우방국인 명나라에 대해 철저히 사대하고 후금을 배척하는 친명배금 정책이 수립된 것이다. 광해군의 외교 정책에 대한 심판 또한 인조반정의 주요 명분이었기에 반정 후 인조와 서인 정권은 후금에 대한 강경 노선을 고수했다. 최명길은 조정 관료 중 주화론을 주장한 거의 유일한 관료였지만, 그의 목소리는 묻혔다. 1627년 1월 후금이 대대적으로 조선을 침입해오는 정묘호란이 시작되었다. 최명길은 이때도 신속한 화의를 주장하였고, 강화도 연미정에서 후금과 조선은 형제관계의 맹약을 맺었다. 그러나 후금이 물러간 후 최명길은 탄핵을 받고 추고를 당하였다. 이후 외직을 청하여 1628년 경기도 관찰사가 된 후 그의 능력을 아낀 인조에 의해 다시 발탁되었고 1629년에는 호조와 병조참판을 거쳐 1631년 11월에는 예조판서에 올랐다. 이후 9월 현재의 서울시장에 해당하는 한성부 판윤에 올랐다.

병자호란과 위기 극복의 리더십

1636년 봄 인조의 왕비인 인열왕후의 장례식 때 청나라 사신을 제대로 예우하지 못한 일과 청 태종의 황제 즉위식 때 사신으로 간 이확과 나덕헌이 인사를 하지 않은 사건 등으로 청과 조선 간에는 팽팽한 긴장감이 감돌았다. 수시로 내리는 왕의 교서 또한 강력한 척화 의지를 표방했다. 척화가 조정의 대세임에도 불구하고 최명길은 거듭해서 척화를 반대하는 의견을 개진했다. "싸워서 지킬 계책도 결정하지 못하고 또 화를 완화시킬 책략도 하지 않고 하루아침에 오랑캐의 기병이 달려 들어오면 백성들은 어육魚肉이 되고 종묘와 사직은 파천할 뿐일 것이니 이런 지경에 이르면 누가 장차 그 허물을 책임질 것이냐"는 것이 최명길의 일관된 입장이었다. 최명길은 금나라에 대해 화친을 주장한 후 간신의 대명사가 된 진회를 자신과 엄격히 구분하기도 했다. "아아, 남송의 화친을 주장한 자(진회)는 화가 나라에 돌아가고 이익이 일신에 돌아가더니 오늘날 화친을 주장하는 자(자신을 가리킴)는 화가 일신에 돌아오고 이익이 국가로 돌아가니 이것을 가지고 본다면 사람이 어진 것과 사특한 것, 일이 옳으냐 그르냐 하는 것을 또한 알기 어렵지 않은 점이 있습니다"라며 지금의 화친은 국가에 그 이익이 돌아간다는 점을 강조했다.

그러나 조정의 분위기는 청에 대한 강경론으로 일관했고, 1636년 12월 청나라 선발대는 9년 만에 다시 압록강을 건넜다. 병자호란의 시작이었다. 12월 9일 압록강을 넘은 지 6일 만에 청군은 한양에 입성하였다. 인조는 강화도로 가는 피난길마저 끊긴 현실에 좌절했다. 최명길은 이때도 기지를 발휘했다. 이경직과 함께 청나라 선봉장을 만나 청의 도발을 나무라며 시간을 끌었고, 인조는 이 틈을 타서 제2의 피난처인 남한산성에 들어갈 수 있었다. "명길이 사현에 가서 적의 군사를 만나 마침내 말을 머물게 하고, 맹약을 어기고 군사를 발동한 까닭을 힐문하며 일부러 이야기를 끌어 해가 기울게 되니 이에 왕이 세자와 백관을 거느리고 마침내 남한산성에 들어갔다"는 《연려실기술》의 기록에서 최명길의 대담함과 지략을 엿볼 수 있다. 남한산성에서도 최명길은 시종일관 주화론을 주장하였고, 척화론의 중심 김상헌과 계속 대립했다. 2017년에 개봉된 영화 '남한산성'은 당시의 상황을 소설로 정리한 김훈의 《남한산성》을 영화화한 것이다. 당시의 영의정 김류는 최명길의 손을 잡고, "내 뜻은 그대와 다를 것이 없으나 다만 선비들의 공론은 어찌하겠는가?" 하자, 최명길은 "우리들이 비록 만고의 죄인이 될지라도 차마 임금을 반드시 망할 땅에 둘 수는 없으니 오늘의 화친은 하지 않을 수 없을 것입니다" 하면서 화친만이 왕을 살리는 길임을 거듭 확신하였다.

차가운 겨울 추위 속에 전세도 계속 불리해지자 인조는 마침내 최명길로 하여금 항복을 청하는 국서의 작성을 명했다. 최명길의 국서를 본 김상헌은 그 자리에서 이런 치욕을 당할 수 없다면서 국서를 찢어버리면서 실성통곡을 하였다. 최명길은 "대감이 찢었으니 우리들은 마땅히 주워야 한다" 하고, 오랑캐에게 보내는 답서를 주워모아 붙였다. 김상헌은 임시로 기거하고 있는 집을 물러나 비로소 먹는 것을 물리치고 스스로 반드시 죽기를 기약하고 사람을 보면 반드시 울었다고 한다. 척화와 주화라는 확신을 가진 두 사람. 남한산성에서 이들의 대조적인 모습은 국서 파동에서도 극명하게 드러났다.

1637년 1월 30일 인조가 삼전도에 마련되어 있던 수항단으로 내려가 무릎을 한 번 꿇을 때마다 머리를 세 번 조아려서 총 아홉 번 절하는 삼배구고두례라는 치욕적인 항복 의식을 한 후에, 청과 조선과의 사이에는 정축화약이 맺어졌다. 청과 조선은 군신관계를 맺고 명나라 연호 대신 청나라 연호를 사용해야 한다는 것, 두 왕자를 청나라에 인질로 보낼 것 등이 주요한 내용이었다. 최명길은 삼전도의 굴욕 후인 1637년 4월 우의정을 거쳐 8월에는 좌의정에 올랐다. 9월에는 사신으로 심양에 가서 청나라의 징병 요청을 거절하고 조선인 포로 수천 명을 속환하는 데 기여했다. 1638년 9월에는 영의정이 되었고, 다시 심양에 들어가 청나라에서 요구한 조선군의 징병 요청을 거절하였다. 1639년 인조와의 갈등으로 파직된 후에 1640년 2월에는 경기도 금천에 거했다가, 1642년 8월 다시 영의정에 올랐다. 그러나 이때 명나라와 연락을 도모한 일이 청나라에 발각되었고, 임경업과 함께 봉성으로 압송되어 심양의 북관에 억류되었다.

출처: 한국민족문화대백과사전

서울시 송파구에 있는 삼전도비

비신높이 395cm, 너비 140cm로, 병자호란 당시 남한산성에서 농성하던 인조가 삼전도(지금의 송파구 석촌동)에 마련된 수항단에서 항복한 사실을 기록하고 있다.

최명길과 김상헌의 운명적 만남

1643년 4월에는 남관으로 옮겨갔는데, 이곳에서 운명적으로 김상헌과 만나게 되었다. 최명길과 김상헌은 다만 벽 하나를 사이에 두고 한 방에 같이 있었다고 한다. 이국 만리 적국의 감옥에서 두 사람의 해후가 이루어진 것이다. 남한산성에서 주화와 척화를 놓고 그렇게 대립했던 두 사람이었지만, 이때는 시까지 주고받으며 서로를 이해하였다고 한다. 《연려실기술》의 기록을 보자.

> 명길이 처음에는 상헌이 명예를 구하는 마음이 있다고 의심하여 정승 천거에서 깎아버리기까지 하였는데, 같이 구금이 되자 죽음이

눈앞에 닥쳐도 확고하게 흔들리지 않는 것을 보고 드디어 그의 절의를 믿고 그 마음에 탄복하였다. 상헌도 처음에는 또한 명길을 남송南宋의 진회秦檜와 다름이 없다고 생각하였는데 그가 죽음을 걸고 스스로 뜻을 지키며 흔들리거나 굽히지 않는 것을 보고 또한 그의 마음이 본래 오랑캐를 위한 것이 아님을 알게 되었다. 이에 두 집이 서로 공경하고 존중하였다. 상헌이 시를 짓기를, "양대의 우정을 찾고從尋兩世好 백 년의 의심을 푼다頓釋百年疑"라고 하고, 명길이 시를 짓기를, "그대 마음 돌 같아서 끝내 돌리기 어렵고君心如石終難轉, 나의 도는 둥근 꼬리 같아 경우에 따라 돈다吾道如環信所隨"고 하였다. 또한 "성공과 실패는 천운에 달려 있으니, 모름지기 의로 돌아가야 한다"는 김상헌의 시에 대해서, 최명길은 "일이 어쩌다가 때를 따라 다를 망정, 속맘이야 어찌 정도와 어긋나겠는가"

이렇게 상황에 따라서는 목적 달성을 위한 임시방책도 중요함을 피력하였다. 1644년 명나라를 완전히 멸망시킨 청나라는 조선과 명의 연결고리가 확실히 사라지자 1645년 2월 청에 인질로 와 있던 소현세자와 봉림대군의 귀국을 허락하였다. 최명길 또한 소현세자 일행과 함께 귀국할 수 있었고, 청주로 돌아와 진천장에 머물렀다. 1646년 2월 조정은 또 한 번 파란에 휩쓸렸다. 소현세자의 부인이자 인조의 며느리인 강빈이 인조의 수라에 독이 든 전복을 올린 것을 사주했다는 이유로 사약을 받을 위기에 처한 것이다. 최명길은 강빈에게 독약을 내리는 것을 적극 반대했으나 받아들여지

출처: 문화재청

충청북도 청주에 있는 최명길의 묘소

봉분이 3기이며 가운데 있는 봉분 아래에는 둘레석을 둘렀다.
묘소 앞에는 신도비가 있는데 1702년(숙종 28)에 세운 것이다.

지 않았다. 1647년 5월 최명길은 62세를 일기로 생을 마감했는데, 실록에는 다음과 같은 기록이 전한다.

> 완성부원군 최명길이 졸하였다. 명길은 사람됨이 기민하고 권모술수가 많았는데, 자기의 재능에 대해 자부심을 가지고 일찍부터 세상일을 담당하겠다는 생각을 가졌다. 광해 때에 배척을 받아 쓰이지 않다가 반정할 때에 대계大計를 협찬하였는데 명길의 공이 많아 드디어 정사원훈靖社元勳에 녹훈되었고, 몇 년이 안 되어 차서를 뛰어넘어 경상卿相의 지위에 이르렀다. 그러나 추존追崇과 화의론을 힘써

주장함으로써 청의淸議에 버림을 받았다. 남한산성의 변란 때에는 척화를 주장한 대신을 협박하여 보냄으로써 사감私感(사사로운 감정)을 풀었고 환도한 뒤에는 그른 사람들을 등용하여 사류와 알력이 생겼는데 모두들 소인으로 지목하였다. 그러나 위급한 경우를 만나면 앞장서서 피하지 않았고 일에 임하면 칼로 쪼개듯 분명히 처리하여 미칠 사람이 없었으니, 역시 한 시대를 구제한 재상이라 하겠다. 졸하자 상이 조회에 나와 탄식하기를 "최상은 재주가 많고 진심으로 국사를 보필했는데 불행하게도 이 지경에 이르렀으니 진실로 애석하다" 하였다.

위의 기록은 다른 인물의 기록과 비교해 보면 박하다는 인상을 지울 수가 없다. '청의에 버림을 받았다'거나 '소인'이라는 표현이 대표적이다. 이것은《인조실록》을 편찬한 주체 세력들이 대부분 척화론과 의리 명분론을 중시하였기에 최명길에 대한 평가는 그만큼 인색할 수밖에 없었던 것으로 여겨진다. 특히 최명길의 라이벌이라고 할 수 있는 김상헌에 대한 기록이 매우 많은 분량을 차지할 뿐 아니라 그에 대한 찬사 일변도로 이어진 점을 고려하면 최명길의 사후 평가는 더욱 낮게 보인다. 그나마 다행스럽게도 '한 시대를 구제한 재상'이라는 평가가 있어서 최명길의 공적을 어느 정도 인정한 모습이 나타난다.

흔히들 난세에 영웅이 등장한다고 한다. 병자호란이라는 위기를 맞아 자신의 모든 것을 헌신했던 인조의 참모 최명길. 그가 오늘날에 와서 더욱 돋보이는 것은 의리나 명분보다는 국익과 민생을 위해 일관되게 자신의 원칙과 소신을 지켜 나간 점 때문은 아닐까?

7장 당쟁의 시대와 실학

실물 경제 감각으로 성과를 보인 학자 관료, 김육

김육金堉(1580~1658)은 17세기 중후반 인조 · 효종 대를 대표하는 관료학자다. 그에게 높은 평점을 줄 수 있는 근거는 관료로서 확실한 성과를 냈다는 점이다. 김육은 실물 경제 감각을 토대로, 대동법을 전국적으로 실시하고 화폐를 유통하는 성과를 냈다. 시헌력[14]이나 수차의 보급도 김육의 경제적 공헌을 언급하는 데 빠지지 않는 업적들이다.

김육은 누구인가?

김육의 본관은 청풍淸風이다. 청풍 김씨는 광산 김씨, 여흥 민씨와 더불어 조선 후기 왕비를 배출하고, 쟁쟁한 학자와 관료를 배출한 대표적인 명문 가문이었다. 김육은 1580년(선조 13) 7월 14일

14 예전의 태음력 방식에 태양력의 원리를 부합시켜 24절기의 시각과 하루의 시각을 정밀히 계산하여 만든 역법.

출처: 국립민속박물관, 한국민족문화대백과사전

무자위

김육이 보급한 수차의 일종이다. 수차는 물을 퍼올리는 농기구이다. 받침대 끝에 긴 작대기 두개를 엇비스듬히 질렀으며, 사람은 이것을 의지하고 서서 우근판(발받침)을 밟아 바퀴를 돌린다. 물과 언덕의 높이가 1m인 경우, 200여 평의 논에 물을 대는 데 약 두 시간 정도 걸린다.

부친 김흥우와 조희맹의 딸인 어머니의 소생으로, 자는 백후伯厚, 호는 잠곡潛谷 혹은 회정당晦靜堂이다. 한양 마포에 있는 외조가에서 태어났다. 김육의 집안이 중앙에 알려지게 된 것은 고조부 김식金湜(1482-1520)을 배출하면서였다. 김식은 기묘사화 때 조광조와 뜻을 같이하다 희생된 기묘명현己卯名賢의 한 사람이다. 김식이 기묘사화에 연루되면서 증조부부터 부친인 김흥우까지 중앙의 요직을 맡지는 못했지만, 김육의 집안은 기묘 사림의 학풍을 계승한 명문가로 자리를 잡게 되었다. 1658년 9월 김육이 사망한 날짜에 기록된《효종실록》의 졸기에서도 김육이 김식의 후손임을 첫머리에 내세우고 있다.

> 김육은 기묘명현인 대사성 김식의 후손이다. 젊어서부터 효행이 독실하였고 장성하자 문학에 해박하여 사류들에게 존중받았다. 광해조 때에는 세상에 뜻이 없어 산속에 묻혀 살면서 몸소 농사짓고 글을 읽으면서 일생을 마칠 것처럼 하였다. 인조반정에 이르러 제일 먼저 유일遺逸로 추천되어 특별히 현감에 제수되고 이어서 갑과에 뽑혔고 벼슬이 영의정에 이르렀다. 사람됨이 강인하고 과단성이 있으며 품행이 단정 정확하고, 나라를 위한 정성을 천성으로 타고나 일을 당하면 할 말을 다하여 기휘(나라의 금령)를 피하지 않았다. 병자년에 연경에 사신으로 갔다가 우리나라가 외국 군사의 침입을 받는다는 말을 듣고 밤낮으로 통곡하니 중국 사람들이 의롭게 여겼다. 평소에 백성을 잘 다스리는 것을 자신의 임무로 여겼는데 정승이 되자 새로 시행한 것이 많았다. 양호의 대동법은 그가 건의한 것이다. 다만 자신감이 너무 지나쳐서 처음 대동법을 의논할 때 김집과 의견이 맞지 않자 김육이 불평을 품고 여러 번 상소하여 김집을 공격하니 사람들이 단점으로 여겼다. 그가 죽자 상이 탄식하기를 '어떻게 하면 국사를 담당하여 김육과 같이 확고하여 흔들리지 않는 사람을 얻을 수 있겠는가.' 하였다. 나이는 79세였다. 그의 차남 김우명이 세자(후의 현종)의 국구로서 청풍부원군에 봉해졌다.

위의 졸기 기록에서 나타나듯 김육은 청풍 김씨 명문가의 후예로서 학자, 관료로 탁월한 업적을 보인 인물이었다. 특히 한국 전근대에서 조세제도의 공평화와 효율화를 가져온 세법인 대동법의 입안자이자 실천가였으며, 시장의 발달과 경제의 효율화에 기여한 동전 통용 정책을 추진한 관료였다. 특히 눈길을 끄는 부분은 효종이 그가 죽자 탄식하면서 "어떻게 하면 국사를 담당하여 김육과 같이 확고하여 흔들리지 않는 사람을 얻을 수 있겠는가" 한 부분이다. 그만큼 김육은 왕의 신임을 굳건히 받고 자신의 의지를 실천한 탁월한 관료였다.

실물 경제에 강한 관료

김육은 1605년(선조 38) 소과에 합격해 성균관으로 들어갔다. 1609년(광해군 1)에 동료 성균관 유생들과 함께 김굉필, 정여창, 조광조, 이언적, 이황 등 오현을 문묘에 배향할 것을 건의하는 상소를 올린 것이 화근이 되어 문과에 응시할 자격을 박탈당했다. 이후 경기도 가평 잠곡 청덕동에 은거하였는데, 그의 대표적인 호 '잠곡'은 여기에서 연유한 것이다. 1623년 인조반정 이후 관직에 진출하여 의금부 도사와 음성 현감을 지냈고, 1624년 증광 문과시험에 장원으로 급제하였다. 이후 중앙과 지방의 관직을 지냈으며, 1636년 6월 명나라 사행에 나서 12월 북경에 도착하였다. 북경에서 병자호란이 발발했다는 소식을 들었으며, 1637년 5월 평양에 도착하였다. 김육은 명나라 사행의 여정을 일기로 쓴 《조경일록》을 남겼다.

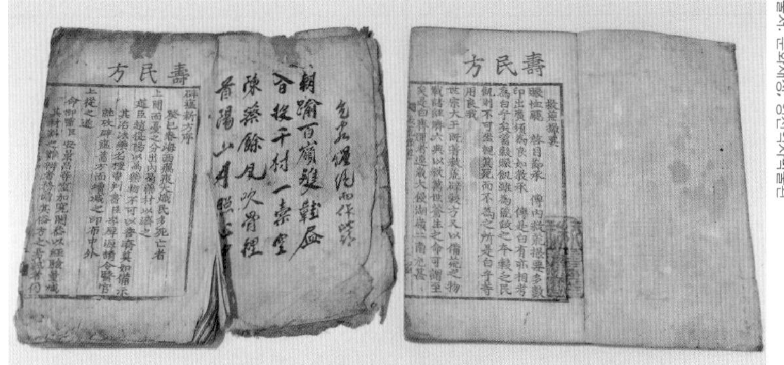

출처: 문화재청, 영천역사박물관

《수민방》

1654년(효종 5) 영천군수 이구가 《구황촬요》와 《벽온신방》을 1책 목판본으로 합하여 '수민방'이라는 서명으로 펴낸 것이다. 《벽온신방》은 《벽온방》에서 약재의 난해한 것은 빼고, 속방의 쓰기 쉬운 것을 첨가하여 언해를 붙여 간행했다. 벽온신방 권수에 '1653년(효종 4)에 질병으로 사망한 사람이 많다는 소식을 들은 왕이 약재를 내고자 하였으나 여의치 못하여, 민가에서 쓰기 쉬운 것을 편집하여 간행된 것이다'라고 기술하여 그 배경을 밝히고 있다.

1638년 6월에 충청도 관찰사에 올라, 대동법의 시행을 건의하는 한편 민생 챙기기에 적극 나섰다. 상평통보의 주조와 유통, 수차의 보급, 《구황촬요》와 《벽온방》의 편찬 등 민생을 위한 다양한 정책 시행에 앞장을 섰다.

김육의 업적 중에서 가장 돋보이는 것은 대동법의 전국적 확대였다. 대동법은 광해군 때 영의정 이원익의 건의로 1608년(광해군 즉위년) 경기도에 처음 실시하였지만, 지주들의 저항에 막혀 전국적인 확대는 이루어지지 못하였다. 1638년(인조 16년) 충청도관찰사로 부임한 김육은 이 지역의 대동법 시행을 강력하게 건의하였고, 효종의 즉위 후 우의정에 제수되면서 대동법 시행이 다시 탄력을 받게 되었다. 김육은 효종에게 충청도와 전라도에도 대동법을 실시할 것을 강력히 건의하였고, 1651년(효종 2) 마침내 충청도 지역 지역에 실시되었다. 김육은 충청도 지역을 넘어 호남으로 확대 실시를 꾀하였고, 1658년(효종 9년)에는 호남지역에도 대동법이 실시되었다. 대동법은 숙종 대에 이르러 전국적인 실시를 보게 되는데, 광해군 대에 경기도에 처음 시작된 것으로 기준을 삼으면 거의 100여년의 시간이 걸렸다. 그만큼 개혁적인 경제 정책의 실시는 기득권의 저항이 컸다. 김육과 같이 백성의 편에서 이를 적극 추진해 가는 관료의 노력이 결국에는 결실을 맺은 것이다.

김육은 관료로서 국정을 이끌어가고 주요 현안들을 실천했을 뿐만 아니라 뛰어난 학자적 자질도 겸비하였다. 조선중기까지의 주요인물을 기록한 열전 형식의 저술인 《해동명신록》의 편찬을 비롯하여, 중국의 백과사전인 《사문유취》를 참조하여 만든 백과사전인 《유원총보》를 편찬하기도 했다. 《기묘제현전》을 저술하기도 했는데, 김육의 선조가 기묘명현에 포함되는 김식이었던 만큼 기묘사화 때 화를 당한 희생자들에 대한 김육의 존숭 의식이 잘 드러나 있다.

실학자 관료로 재평가할 수 있는 인물

김육은 학자, 관료로서 큰 역할을 했음에도 그동안 평가가 적극적으로 이루어지지 못하였다. 학파나 당파 중심의 조선시대 인물 연구의 경향으로 인하여, 국부와 민생을 위해 헌신한 관료학자 김육과

출처: 한국민족문화대백과사전

1659년 세워진 평택 대동법 시행 기념비

'김육대동균역만세불망비' 또는 '호서선혜비'로도 부른다. 이 비는 1651년(효종 2)에 김육이 영의정으로 있을 때 충청도에 효종의 윤허를 얻어 대동법을 시행하게 된 것을 기념하기 위해 세운 것이다. 김육은 많은 반대에도 불구하고 대동법을 확대 시행토록 상소하였다. 경기도 유형문화재 제40호로 지정되었다.

같은 인물에 대해 적극적인 평가가 이루어지지 않았다. 조선 후기 학문의 새로운 경향으로 평가를 받는 '실학'에 대한 연구에서도 김육과 같은 관료학자의 입지가 넓혀져야 한다고 본다.

이제까지 실학에 대한 연구는 주로 정치권에서 한발 물러난 재야 학자들을 중심으로 주로 이루어졌다. 그러나 17세기에는 김육을 비롯하여 김신국, 남이공, 조익, 김세렴 등 정치에 참여하면서 사회경제적 업적을 이룬 인물이 많다는 점을 주목하여야 한다.

김신국이나 남이공 같은 관료는 북인으로서 광해군 때 국정에 참여했지만, 재국(재주와 역량)을 인정받아 인조반정 이후에도 여전히 조정의 핵심관료로 활약하였다. 그만큼 실학적 사고를 바탕으로 현실 경제를 이끌어 간 관료가 있었음을 기억할 필요가 있다. 이들과 더불어 김육에 대한 재조명은 조선 후기 실학의 범주를 넓힐 것이다. 민생과 부국을 일생의 신념으로 삼고 이를 실천한 관료학자이자, '재조(조정에서 벼슬을 살고 있음)의 실학자'라 할 수 있는 김육. 그에 대한 재평가는 이념과 실용 노선이 충돌하고 있는 현재에도 많은 시사점을 전한다.

'남인의 영수' 허목, 고학에 심취하다

허목許穆(1595~1682)은 송시열과 예학에 대해 논쟁한 남인의 핵심이다. 남인이 청남과 탁남으로 분립되었을 때는 청남의 영수로서, 조선 후기 정계와 사상계를 이끌어간 인물이었다. 학문적으로도 독특한 개성을 보였는데, 주자성리학을 중시하던 17세기 당시의 분위기와 달리 원시유학인 육경학에 관심을 두면서 고학의 경지를 개척하였다. 도가적인 성향도 깊이 드러냈으며, 불교에도 개방적인 태도를 보였다. 조선 후기 강성 정치인의 면모를 뚜렷이 갖추었으면서도 개성 있는 학문세계를 추구한 허목의 학문과 정치활동 속으로 들어가 본다.

북인과 남인의 기반 위에서 형성된 학문

허목은 1595년(선조 28) 한양 동부 창선방에서 현감 허교(1567~1632)의 삼형제 중 맏아들로 태어났다. 본관은 양천陽川이며,

출처: 국립중앙박물관

허목 초상 허목의 82세 때 초상으로 정조 때 당대 최고 화가인 이명기가 옮겨 그렸다.

태어날 때 손바닥에 문文자가 새겨져 있어서 자를 문보文甫라 하였고, 눈을 덮을 정도로 눈썹이 길어서 호를 미수眉叟라 하였다.

허목 학문의 연원에는 16세기 개성을 무대로 특징 있는 학문 성향을 보인 서경덕(1489~1546)이 있었다. 허목의 부친 허교의 묘비문에는 "공은 어려서 수암 박지화 선생에게 수업하였는데, 수암 선생은 화담 서경덕 선생의 제자다"라고 기록하여 허교의 학문에 서경덕이 있었음을 알 수가 있다. 서경덕의 학문은 성리학 이외에 다양한 학문과 사상을 절충하는 개방성과 포용성을 지닌 것이 특징인데, 이러한 성향은 허교에 이어 허목에게까지 영향을 미친 것으로 나타난다. 허목의 학문 형성에는 경상우도라는 지역적 기반도 큰 영향을 미쳤다. 허목은 젊은 시절 부친의 임지를 따라 창녕 · 의령 등 조식과 정인홍의 학문적 영향력이 남아 있는 경상우도 지역에 머무르면서, 남명학파의 학문을 수용하였다. 허목은 1610년(광해군 2)에서 1623년(인조 1)까지 13년을 경상우도에서 살았고, 병자호란이 일어나자 다시 이곳으로 내려와 1645년까지 10년의 세월을 보냈다. 허목의 학문적 기반에 북인의 모집단을 이루는 화담학파와 남명학파의 사상적 영향력이 있었음은 주목할 만하다.

허목은 도가사상에도 깊은 관심을 보였는데, 73세에 저술한 〈청사열전〉이 대표적이다. 〈청사열전〉에는 김시습, 정희량, 정렴, 정작 등 도가와 관련된 인물들이 실려 있다. 또한 허목이 삼척부사로 재임할 때 해일 피해를 막기 위해 세운 척주동해비에는 도가의 주술적인 비유들이 담겨 있어 그의 도가적인 면모가 잘 드러난다. 이외에 허목의 학문에 영향을 준 인물은 이원익과 정구였다. 허목은 1613년(광해군 5) 이원익의 손서가 되었다. 이원익과 부친인 허교

---

1 허목, 《기언》, 〈연보〉 권 1, 계축(1613년)
2 허목, 《기언》, 〈기언서〉

가 평소 절친했기 때문이었다. 이원익은 선조, 광해군, 인조 3대에 걸쳐 여섯 번이나 영의정을 역임할 만큼 뛰어난 실무관료였는데, 허목은 이원익의 관료적 성향도 이어받은 것으로 이해된다. 이원익은 "뒷날 내 자리에 앉을 자는 반드시 이 사람이다"[1]라고 하며 허목에게 특별한 기대를 보였다.

허목은 1617년(광해군 9) 거창으로 갔다가 성주에 들러 정구에게 학문을 배웠다. 정구는 영남학파의 영수인 조식과 이황의 학풍을 함께 계승한 학자로서, 성리설이나 예학뿐만 아니라 제자백가 · 역사 · 의약 · 복서 · 풍수지리 등에 두루 능통한 면모를 보였다. 정구의 박학풍博學風은 허목에게도 계승되어 허목 스스로도 '박학불무택博學不務擇(여러 학문을 하여 선택에 힘쓰지 않음)'이라 하여 박학을 인정하였다.

허목의 학문에서 가장 특징적인 것은 원시유학인 '고학古學'을 강조했다는 점이다. 허목은 《기언》의 서문 첫머리에서 "목穆은 독실하게 고서古書를 좋아하여 늙어서도 게을리하지 않았다穆篤好古書 老而不怠"[2]라 하여 고서에 대한 관심을 비췄다. 고서는 원시유학인 육경, 즉 시경 · 서경 · 역경 · 춘추 · 예경 · 악경을 말한다. 허목은 중국의 하 · 은 · 주가 융성했던 것은 육경의 다스림 때문이라고 지적하였다. 허목은 육경 가운데에서도 특히 《춘추》를 중시했는데, 《춘추》의 '존군비신尊君卑臣(임금을 받들고 신하를 낮추다)'의 이념을 강조하였다. 군주를 정점으로 위계질서를 확립하고 국가의 기강을 바로잡아야 한다는 입장은 예송논쟁에서 남인들의 이론적인 근거가 되기도 하였다. 허목은 당색으로는 남인에 속하며, 지역적으로는 서울 · 경기 지역을 무대로 활동했기 때문에 근기남인 학자라 칭한다. 근기남인의 학통에 대해서는 대체로 이황 → 정구 → 허목 → 이익으로 이어지는 계보가 일반화되어 있다. 최근에는 정구의 학문 형성에 이황과 함께 조식이 큰 영향을 주었다는 지적이 있다. 조식 → 정구 → 허목으로 계보가 연결되면 허목의 학문 형성에는 북인적인 기반도 강하다고 볼 수 있다. 이런 점을 고려하면 허목의 학문은 북인과 남인의 학문을 고루 수용한 기반 위에서 형성되었음을 알 수가 있다.

정치적 패배, 척주동해비로 달래다

1645년 근거지인 경기도 연천의 산림에 묻혀 학문에 열중하던 허목이 정치 활동을 본격적으로 시작한 것은 효종 시대부터였다. 1657년(효종 8) 효종은 산림을 정치에 참여시켜 시국을 타개하려고 하였다. 63세의 허목은 유일遺逸(유능한 사람이 잊히거나 발견되지 아니하여서 등용되지 아니함)로 천거를 받아 지평에 임명되었고, 1659년(현종 즉위)부터 시작된 예송논쟁을 계기로 정치권에서 주목받는 인물이 되었다. 인조의 계비인 조대비의 상복 문제가 발단이 된 1659년의 기해예송에서, 허목은 조대비의 3년복을 강력히 주장하였다. 1년복을 주장하는 송시열, 송준길 등 서인들에 맞서 허목이 3년복을 주장한 것은 효종의 지위 중 차남보다는 왕이라는 지위가 우선되어야 한다고 인식했기 때문이었다. 효종의 왕통을 인정하면 효종의 장례에 조대비가 3년복을 입는 것은 당연하다는 논리였다. 허목의 논리는 철저히 존군 의식에 바탕하고 있었으며, 왕의 예법은 사대부나 서민의 예법과는 다르다는 '왕자례 사서부동'을 강조하였다. 그러나 현종이 조대비의 상복을 1년복으로 결정하면서 기해예송은 서인들의 승리로 끝났다.

기해예송 후 남인들은 정치적 숙청을 당했고, 허목 역시 삼척부사로 좌천되었다. 비록 좌천되었지만 허목은 좌절하지 않았다. 지방관으로서 삼척 주민들을 위해 무엇을 할 것인가에 대해 깊이 고민하고 자신의 소임을 다했다. 삼척의 향교와 향약 제도를 정비하고 마을에서 공통적으로 지내는 제사인 이사제를 실시하였다. 삼척의 연혁과 지리 정보를 정리한 《척주지》를 편찬하기도 했다. 조류가 심하고, 비가 많이 올 때는 오십천이 바다로 흘러가지 못하고 범람하는 삼척의 해수 피해를 막아보기 위한 노력도 기울였다. 그 결실이 바로 척주동해비였다. 허목은 222자로 이루어진 동해송이라는 글을 짓고 직접 개발한 전서체를 비석에 새겨 넣었다. 강원도 삼척항이 잘 바라다 보이는 육향산 정상에 화강석 기단 위에 새겨진 높이 170센티미터, 너비 76센티미터, 두께 23센티미터의 비석과 비석 앞면에 새겨진 전서체의 글씨는 현재에도 많은 이들의 눈길을 사로잡는다. 이 비석은 조류를 물리쳤다고 해서 퇴조비라고도 한다.

허목이 척주동해비를 새긴 후로는 바닷물이 잠잠해지고 강이 범람하거나 파도가 넘치는 일도 잦아들었다고 한다. 동해송의 내

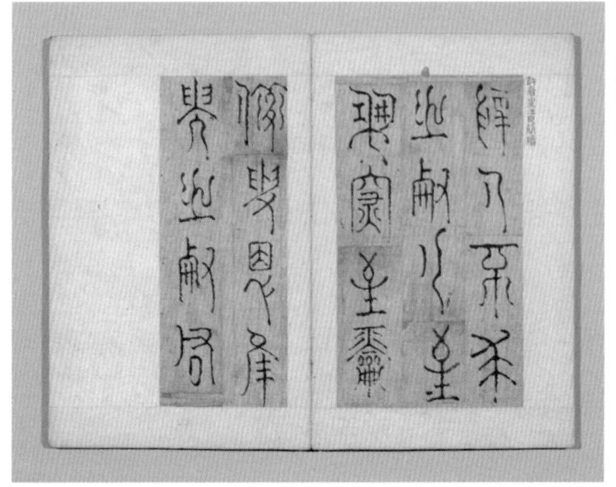
출처: 국립중앙박물관

허목이 쓴 글씨
그의 전서를 미수전이라고 한다. 당시 글씨의 기이함 때문에 그의 글씨 풍을 금하자는 논의가 있을 정도였고 그만큼 많은 인물들이 그의 글씨 풍을 추종하기도 했다.

용은 허목의 문집인 《기언》에 "척주는 옛날 실직씨의 땅으로 예허(예의 옛 땅)의 남쪽에 있어 서울과의 거리가 7백 리쯤 되는데 동으로 큰 바다에 임하고 있다"라고 기록되어 있다. '동해송'에는 동해 바다에 대한 찬양의 뜻을 전하고, 바다와 인간이 공존하는 세상을 희구하는 뜻이 담겨 있다. 동해송을 새긴 척주동해비는 원래 정라항의 만리도에 있었는데 풍랑으로 비석이 파손되어 바다에 잠기자, 1708년(숙종 34)에 다시 새겼다. 1709년에는 육향산 동쪽으로 옮겼다가, 1966년 다시 현재의 자리로 옮겼다고 한다. 척주동해비의 비문은 그 신묘한 능력과 기이한 글씨 때문에 많은 사람들이 탁본을 해서 나쁜 기운을 물리쳤다고 할 정도로 효험을 보였다. 허목은 예송논쟁이라는 당쟁으로 인해 삼척으로 좌천되었지만 결코 좌절하지 않았다. 오히려 이 시기를 전화위복의 계기로 삼았다. 삼척의 지방민들에게 깊은 애정을 갖고 자신이 배운 학문을 실천하려고 노력하였다. 주술적인 성격도 상당 부분 반영되어 있지만 척주동해비에는 허목의 위민사상과 더불어 전서체라는 독특한 서체를 개발한 그의 예인적인 자질이 잘 구현되어 있다.

정치적 재기, 청남의 영수가 되다

삼척부사로 재임하던 시절 지방민을 위해 헌신한 허목은 1662년 다시 경기도 연천으로 돌아왔다. 1674년(현종 15) 효종의 비인 인선왕후가 승하했고, 조대비의 복제 문제가 다시 한 번 정치 현안으로 떠오르면서 허목은 정치의 전면에 나섰다. 2차 예송인 갑인예송이 전개되면서 허목은 남인의 이론가로 활약했다. 집권 세력인 서인은 9개월복을, 남인은 1년복을 주장하면서 '신권 강화'와 '왕권 강화'라는 서로 대립되는 정파의 입장을 관철시키려고 하였다. 이제 어느 정도 왕권을 장악한 현종은 "임금에게 박하고 누구에게 후하게 하는가?"라고 서인들을 견제하였다. 갑인예송이 제기되던 당시 현종이 승하하고 숙종이 왕위에 올랐는데, 숙종 또한 송시열의 예론이 잘못되었음을 지적하여 남인의 승리는 예견되어 있었다. 1674년 갑인예송의 승리로 숙종 초반 서인이 실각하고 남인이 대거 등용되었다. 이때 남인의 영수는 허적이었으며, 허적은 허목과 윤휴를 후원하여 남인의 입지를 강화하였다. 허목은 대사헌, 이조판서에 이어 우의정에 임명되는 등 승승장구하였다.

허목은 허적의 천거를 받았지만, 선명한 정치 노선을 견지하지 못한 허적과 곧 대립하게 되었다. 1675년(숙종 1) 남인은 서인에 대한 처벌 문제를 둘러싸고 강경파인 청남과 온건파인 탁남으로 분열하였다.[3] 기존에 세력을 형성하고 있던 허적 · 권대운 등을 따르는 탁남과, 허목과 윤휴를 따르는 청남으로 갈린 것이다. 허목은 문인 이수경으로 하여금 허적을 탄핵하는 상소를 올리게 했으나, 숙종은 국정 경험이 있는 허적을 보다 신뢰하였다. 탁남과 청남의 대립이 격화되던 중인 1679년(숙종 5) 허목은 숙종에게 직접 허적을 탄핵하는 상소문을 올렸다. "허적이 위엄과 권세가 드세지자 척신(임금과 성이 다르나 일가인 신하)과 결탁하여 형세를 만들고 환관과 측근들을 밀객으로 삼아서 임금의 동정을 엿보아 영합을 하고 있다"라는 것이 탄핵의 주된 이유였다. 그러나 숙종은 허적이 3대에 걸쳐 조정에 재상으로 있으면서 역할을 다했다는 점을 들어 허적을 비호하였다. 자신의 요구가 좌절되자 허목은 사직을 하고 다시 연천으로 돌아왔다. 숙종은 허목에게 연천에 있는 7칸의 집을 하사하여 원로대신에 대한 예우를 다했다. 허목은 숙종의 은혜에 감사한다는 뜻으로 이 집을 '은거당'이라 했다. 또 은거당 뒤쪽의 바위를 '일월석', '용문석호'라 이름하고 그의 글씨를 새겨 두었다.

허목이 낙향의 즐거움을 누린 지 얼마 되지 않아 중앙은 다시

3 《숙종실록》 1675년(숙종 1) 6월 4일

정치적으로 요동쳤다. 1680년(숙종 6) 서인들의 정치적인 반격인 경신환국이 일어난 것이다. 허적의 권력 남용과 허적의 아들 허견의 역모 혐의가 발단이 된 경신환국으로 권력은 다시 서인이 잡았다. 환국의 여파로 허적과 윤휴 등 남인의 핵심 인사들이 사사되었다.[4] 허목이 이끌었던 청남도 정치적으로 크게 위축되었다. 중앙정계에서 남인이 권력을 잃은 아픔을 달래면서 허목은 연천의 은거당에서 조용히 말년을 보냈고, 1682년 88세를 일기로 임종을 맞았다. 그의 묘소는 은거당 뒤쪽 100여 보 떨어진 곳에 조성되었다.

육경학을 학문의 근거로 삼는 허목의 원시유학적 고학풍은 이후 이익이나 정약용과 같은 남인 실학자들의 학문 형성에도 깊은 영향을 주면서 근기남인 실학이 시대의 흐름으로 자리를 잡는 데 큰 역할을 하였다. 늦은 나이에 정계에 등장했지만 흰 수염을 휘날리며 자신의 소신과 원칙을 지킨 학자 허목. 허목을 떠올리며 연천을 찾아보는 것도 좋을 듯하다.

4 이건창, 《당의통략》, 〈숙종조〉

숙종 시대
정치 공작의 달인, 김석주

반대 세력의 정보를 빼내기 위해 정보원들을 배치하고 치열하게 두뇌 싸움을 벌이는 모습. 현대의 스파이 영화에서만 볼 수 있는 모습만은 아니다. 조선시대에도 이러한 정치 공작의 달인이 있었다. 바로 숙종 대 척신이자 관료로서 활약한 김석주金錫胄(1634~1684)다. 서인과 남인이 치열하게 대립하던 숙종 대 초반의 정국에서 최고의 정치적 변수가 되었던 인물 김석주의 정치 여정을 따라가 보기로 한다.

명문가의 후손, 숙종 초반 정국의 중심에 서다

김석주의 본관은 청풍淸風, 자는 사백斯百, 호는 식암息庵이다. 할아버지는 영의정 김육이고, 아버지는 병조판서 김좌명, 어머니는 오위도총부도총관 신익성의 딸이었다. 할아버지 김육은 효종 대 대동법의 실시에 힘쓴 인물이었으며, 아버지 김좌명은 현종의 왕비 명성왕후의 아버지인 김우명의 형이었다. 따라서 김석주는 명성왕후의 사촌이자, 청풍부원군 김우명의 조카가 된다. 숙종의 정비인 인경왕후 역시 그의 인척으로, 김익훈은 처 외숙부이고, 김만중·김만기는 그의 처 외사촌이었다. 서인의 대표적인 명문가이며, 김육의 손자이자 왕비의 사촌 오빠라는 후광은 정치적 야망이 컸던 김석주의 든든한 기반이 되었다.

김석주는 어린 시절 김육의 문하에서 수학하다가, 그 뒤 송시열의 문하에서 수학하였다. 그러나 서인이 산당과 한당으로 분립되고, 송시열의 스승이자 산당의 영수 김집이 한당의 영수인 김육의 대동법을 반대하면서, 스승인 송시열과의 관계가 소원해졌다. 이는 김석주의 기록에서 확인된다.

> 김석주의 조부 김육은 일찍이 대동법을 힘써 주장하여 김집과 의논이 화합하지 아니하였는데, 김집이 이 때문에 조정을 떠나갔고 김육도 서로 기꺼이 굽히지 아니하니, 사람들이 이로써 김육이 사류士類와 서로 좋지 않았다고 일컬었다. 김육을 장사할 때에 미쳐 김좌명 등이 참람하게 수도隧道를 파니, 대신臺臣 민유중閔維重 등이 법에 의거하여 죄주기를 청하였다. 이때 송시열이 이조판서가 되어 자못 그 논의를 도와 곧 대간의 논의와 다른 자는 내치고 같은 자는 올리니, 이 때문에 김석주의 집에서는 사류를 깊이 원망하였다.[5]

5 《숙종실록》 1684년(숙종 10) 9월 20일

김석주는 1657년(효종 8) 24세 되던 해에 진사가 되었으며, 1661년(현종 2) 왕이 직접 성균관에 거둥해 실시한 시험에서 4등을 하여 곧바로 전시에 응시할 수 있는 특전을 받았다. 이듬해 증광문과에 장원으로 급제하여 전적 벼슬을 한 뒤, 정언 · 지평 · 부교리 · 수찬 · 헌납 · 교리 · 이조좌랑 등을 역임하였다. 김석주는 당시 서인의 분파가 가속화되자 한당에 속했다. 이에 따라 집권당이던 산당과 갈등하였으며, 산당의 압력으로 요직에는 중용되지 못하였다. 이런 상황에서 1674년(현종 15) 인조의 계비인 조대비(자의대비)가 며느리인 효종 비 인선왕후의 상복을 입는 문제로 일어난 갑인예송은 김석주가 정국의 중심에 설 수 있는 발판이 되었다. 김석주는 서인임에도 남인의 온건파 허적 등과 결탁하여 송시열 · 송준길 · 김수항 등을 비판하였고, 결국 숙종이 즉위하면서 남인 정권이 수립되는 데 주요한 역할을 하였다. 14세의 숙종은 송시열의 예가 잘못되었다 지적하였고 이것은 정국 변환을 예고하는 것이었다. 1674년 갑인예송의 승리로 1623년 인조반정 이후 50여 년간 권력의 중심에서 밀려난 남인들이 허적, 허목, 윤휴 등을 중심으로 하여 세력을 얻게 되었다.

그러나 점차 남인 정권의 세력이 강화되자, 김석주는 이를 견제하며 다시 서인들과 제휴했다. "김석주는 비록 송시열에게 감정이 있어서 계략을 꾸며 무너뜨리기는 했으나 본래 서인인 까닭에 여러 남인들과 끝까지 협조하지는 않았다"는 《당의통략》의 기록은 이러한 분위기를 잘 보여주고 있다. 특히 김석주는 허적을 경계하

출처: 실학박물관

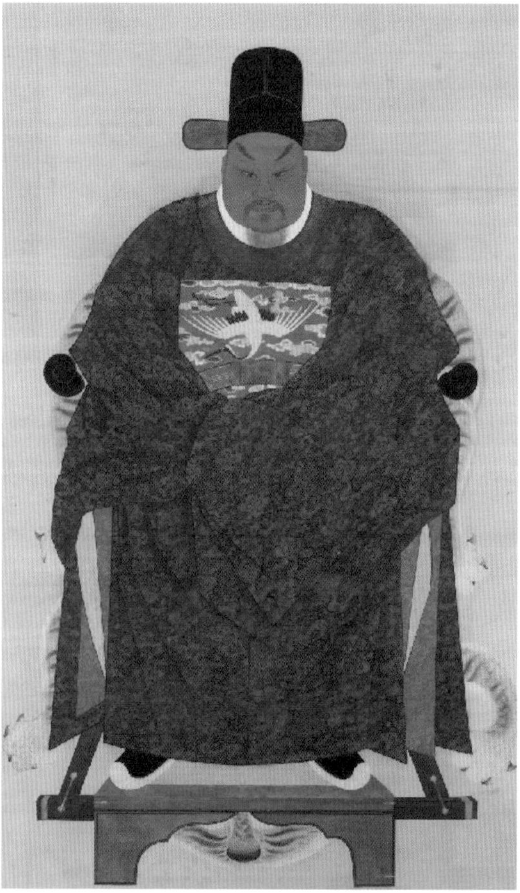

김석주 초상

였는데, 1678년 영의정 허적은 일시 혁파되었던 도체찰사부를 다시 설치해 오도도체찰사가 되어 군권을 장악하는 등 그에게 힘이 기울고 있었기 때문이었다. 숙종은 허적을 견제하기 위해 김석주를 부체찰사로 임명하기도 했다. 허적이 중심이 된 정국을 뒤집기 위해 김석주는 정보원을 곳곳에 포진시켰다. 그리고 입수한 정보를 한성 우윤인 남구만에게 건넸고, 남구만은 지체 없이 상소하였다. 그 주요 내용은 허적의 서자 허견의 비행이었다. 허견이 김우명의 첩을 때려 이가 부러지게 했으며, 서억만의 아내 이차옥도 납치하여 욕보이게 했다는 것이었다.[6]

여기에 더해 1680년(숙종 6) 3월에 허적이 할아버지 허잠의 시호를 맞이하는 잔칫날에 이른바 유악油幄(왕실이 사용하는 기름칠한 천막) 사건이 발생하였다. 비가 내려 숙종이 유악을 허적의 집에 보내고자 하였는데, 이미 허적이 허락도 없이 가져갔던 것이다. 더구나 김석주에 의해 남인들이 권력을 잡은 후 전횡을 일삼는다는 보고가 여러 차례 올라오고 있었다. 숙종은 내시를 시켜 거지 모양으로 꾸며 허적의 잔치를 염탐하게 했다. 잔치에 참여한 사람은 거의가 남인들이었고 서인은 김만기, 오도인 등 몇몇뿐이었다. 그야말로 남인들의 잔치, 오늘날로 치면 여당 실세가 주관한 잔치가 대통령이 주관한 모임과도 맞먹는 규모였다고나 할까? 크게 노한 숙종은 영의정 허적을 파면한 후 김수항으로 대체하고, 훈련대장 남인 유혁연의 병권을 빼앗고 서인 김만기로 대체하는 등 남인을 축출하고 서인을 불러들였다. 경신환국의 서막이었다.

6 《숙종실록》 1679년(숙종 5) 2월 30일

삼복의 역모를 고변하다

김석주는 여기에서 그치지 않았다. 그는 정원로 등에게 허견이 종실인 복창군 · 복선군 · 복평군과 함께 역모를 꾀한다고 고발하게 하였다. 복창군 · 복선군 · 복평군은 인조의 3남인 인평대군의 아들들로, '삼복三福'으로 지칭되었다. 일찍이 정원로의 집에서 허견과 삼복이 모인 일이 있었는데, 복평군 이남이 허견에게 "왕은 곧 돌아가실 것이오. 그대의 아비는 나를 왕으로 세우려 했는데 나는 곧 병조판서가 될 것이오. 그대와 필히 나누어 마셔 맹세하고 함께 의논하여 서인을 몰아냅시다"라고 말한 것을 김석주가 정원로로 하여금 고변(반역 행위를 고발함)하게 한 것이다. 이 사건으로 허적과 허견 그리고 삼복은 모두 죽음을 면치 못하였다. 김석주가 주도한 정치 공작은 결과적으로 남인 축출 서인 득세의 권력 교체를 가져왔다. 이러한 일련의 사건을 1680년 경신년에 일어난 환국이라 하여 '경신환국'이라 한다. 이때 공을 세운 자들을 보사공신에 책봉하였는데, 김석주는 보사공신 1등으로 청성부원군에 봉해졌다.[7] 당시 사람들은 김석주가 확실한 증거 없이 역모 사건을 조작한 것으로 이해하였다.

> 역모의 옥사는 모두 옭아매서 억지로 탐지한 데서 나왔으며, 확실한 증거가 없었다. 그 일을 주동한 자는 김석주 등 몇 명뿐이었고,

---

7 《숙종실록》 1680년(숙종 6) 5월 18일

조정 신하들도 더불어 듣지 못했다. 사람들이 마음으로 의혹했는데, 공신을 추록하라는 명령이 내려지자 사류들이 더욱 그것을 불평하였다.[8]

당시 보사공신에 김석주 · 이립신 · 정원로 등이 책봉되었는데, 뒤에 정원로가 역모에 가담했던 사실이 밝혀져 처형을 당하게 되었다. 정원로는 처형당하기 전에 신범화도 공범이라고 발설하며, "처음에 바로 고하지 아니하였던 것은 신범화의 사주를 받았기 때문입니다"[9]라고 말하였다. 그런데 신범화는 김석주의 측근이었다. 김석주는 신범화가 무고하며 오히려 공로가 있다고 변호해주었다. 처음에는 신범화를 체포했으나, 의금부가 김석주를 꺼려해서 사실을 조사하여 밝힐 수가 없었다.[10] 김석주의 권세를 엿볼 수 있는 대목이다.

김석주는 신범화를 대변하여 말하기를 "신(김석주)이 사실 신범화로 하여금 몰래 반역 상황을 살피게 했습니다. 왕수인이 기원형을 보내 신호를 엿보게 한 일과 같습니다. 지금 조정의 의론이 흉흉한 것은 바로 배반한 적들이 원수를 갚고자 해서이니 청컨대 신범화의 공功을 녹훈錄勳하여 이로써 그 원통함을 밝히소서" 하였다. 김석주는 명나라 무종 때에 황족인 신호가 반역을 음모할 때에 왕

---

8 이건창, 《당의통략》, 〈숙종조〉
9 《용주선생연보》, 1647년, 선생 62세
10 이건창, 《당의통략》, 〈인조조 · 효종조〉

수인이 기원형을 보내 정탐한 일이 있었음을 이야기하며,[11] 신범화를 옹호했고 신범화는 보사공신에 책봉되었다. 여기에서 김석주가 중국의 역사에도 해박했음을 알 수 있으며, 명나라의 정치 공작의 사례를 빗대어 자신의 행위를 합리화하는 것을 볼 수 있다.

《숙종실록》에서는 김석주의 정치 공작이 종사를 보전한 데 일정한 공이 있긴 하지만 그 '과'가 더 큼을 지적하고 있다.

> 김석주가 종사를 보전한 데 큰 공이 있었던 것이기는 하였으나, 궁위宮闈를 통하여 주고 밀고하였으니, 이는 본래 남의 신하된 자로서의 올바른 도리는 아니다. (중략) 세상에서는 진실로 공의 우두머리요 죄의 으뜸인 자로서 김석주를 치고, 후세의 군자도 만약 다시 음양陰陽 소장消長의 변화를 논하면서 갑인년 화의 뿌리를 미루어 본다면 또 반드시 그 공이 죄를 갚기에 모자란다고 할 것이다. 아! 애석하도다.[12]

남인의 일망타진을 위한 고변들

1680년 경신환국 이후 김석주는 숙종의 절대적인 신임 속에 우의정으로 호위대장을 겸직하며 세력을 잡았다. 김석주의 정치 공작 본능은 이후에도 이어진다. 서인이자 인경왕후의 숙부인 김

---

11 《명사》 권 195, 〈왕수인열전〉

12 《숙종실록보궐정오》 1680년(숙종 6) 8월 17일

익훈과 함께 남인을 완전히 제거하기 위해 다시 음모를 꾀하였다. 김환을 사주해 허새 등의 남인들이 모역한다고 고변하게 하였던 것이다. 그 과정은 다음과 같았다. 김석주는 몰래 무인 김환을 불러 "나라에 큰 변이 있는데 알아낼 방도가 없으니 네가 잘 정탐하여 고하라" 하였다. 김환이 그럴 수 없다고 사양하자, 김석주는 위협하면서 "명령을 따르지 않으면 너를 베어 죽이리라" 하였다. 김석주의 협박으로 김환은 정탐자가 되었고 김석주는 그에게 정탐하는 방책을 알려주었다.

> 지금 허새 · 허영의 집이 용산에 있으니 네가 피접避接한다고 칭탁하고 그 이웃에 머물면서 교제를 하되 매우 친숙해진 뒤에 함께 장기를 두다가 승패가 결정될 무렵에 네가 "남의 나라를 빼앗은 것도 마땅히 이러하리라"고 말하면, 그의 기색을 살펴볼 수 있을 것이다. 만약에 그가 이상한 기색이 없거든 밤에 동침하면서 은밀히 역모를 같이하자고 의논해 보면 그의 진위를 알 수 있으리라.[13]

김환은 "만일 저들이 반역할 뜻이 없으면 도리어 내가 반역하는 것이 되는 즉, 어찌하겠습니까?"하고 물었다. 김석주는 "내가 있으니 염려 말아라"하고 많은 은화를 자금으로 쓰도록 주었다.[14] 김

13 이긍익, 《연려실기술》 권 34, 〈숙종조 고사본말〉
14 이건창, 《당의통략》, 〈숙종조〉

환이 김석주의 말과 같이 장기를 두면서 그들의 마음을 떠보려 하자 허새와 허영이 과연 응하였다. 김석주의 계략이 잘 맞아떨어진 것이다.

다음으로 김석주는 김환에게 유명견을 살피도록 하였다. 유명견은 남인의 명사로 김환은 유명견에게 접근하기 위해 유명견의 문객인 전익대와 사귀었다. 이때 김석주가 사은사로 연경에 나가게 되자 김익훈에게 김환을 부탁하였다. 김익훈은 스스로 공을 세우고자 하여 김환을 급하게 재촉하였다. 이에 김환은 전익대를 자주 찾아갔고, 전익대에게 "다만 유명견이 일찍이 활을 만드는 것을 보았는데 가히 의심이 될 뿐입니다"라는 말을 듣게 되었다. 김익훈은 김환을 불러 이 사실을 급히 고변하도록 시켰다. 김환은 밤에 전익대를 가두고 고변할 것을 협박하였다. 전익대는 유명견을 차마 무고할 수 없다고 거절하였다. 그러자 김환은 김익훈에게 허락을 받아 전익대를 가두어 놓고, 먼저 허새와 허영을 모반하였다고 고하였다. 허새와 허영은 굴복하였고, 김환은 드디어 훈신이 되었다.

그러나 아직 전익대의 문제가 해결되지 않았다. 김환은 전익대가 도리어 자기의 공에 누가 될까 두려워 다시 전익대의 일을 말하지 않았다. 김익훈은 이미 가두어 놓은 전익대를 사사로이 풀어 놓을 수 없어 답답해하며 어찌할 바를 몰랐다. 이때 해결사로 나타난 게 바로 정치 공작의 달인 김석주였다. 마침 연경에서 돌아온 김석주는 장계의 초안을 잡아주고, 이를 바탕으로 김익훈에게 비밀히 계사啓辭(논죄에 관하여 임금에게 올리던 글)를 올리게 하였다. 이를 본 숙종은 곧 전익대를 잡아 신문하게 하였다. 전익대는 김환이 벼슬에 앉은 것을 보고 유명견이 반역을 모의했다고 하였다.[15]

이외에도 김중하가 민암을 고변했으나 증거가 없었는데 이 사건의 기획자 역시 김석주와 김익훈이었다. 1682년 서인이 남인을 정치적으로 몰락시키기 위해 기획한 이 사건을 모두 합해 '임술삼고변'의 옥사라고 하는데, 고변의 총감독이 김석주인 점을 고려하면 그가 얼마나 정치 공작에 능했던 인물인가를 알 수가 있다.

권모술수로 몰락한 위신

김석주는 음험한 수법으로 여러 차례 남인을 타도할 계책을 세워 같은 서인의 소장파로부터 심한 반감을 사게 되면서 정치적으로 서서히 몰락했다. 김석주의 몰락은 서인이 노론과 소론으로 분당되는 데도 일정 부분 영향을 미쳤다. 은퇴해 있던 김석주는 얼마 지나지 않아 갑작스러운 병으로 생을 마감했다. 1684년(숙종 10), 당시 그의 나이 향년 51세였다. 정국의 고비마다 탁월한 지략으로 정치 공작을 행하여 한때는 왕도 두려워할 만한 막강한 권세를 가졌던 김석주. 그도 자신의 몸을 갉아먹는 병마 앞에서는 어쩔 수가 없었다.

실록에 기록된 그의 기록은 정탐, 음유, 밀고, 교활 등의 표현

15 《숙종실록》 1682년(숙종 8) 10월 27일

에서 보이듯 정치 공작으로 살아간 그의 한평생을 잘 대변해 주고 있다.

> 청성부원군 김석주가 졸卒하였다. 김석주는 바로 명성왕후의 종부제從父弟인데, 침의沈毅하고 과감果敢하여 기국과 도량이 있었으나, 권모술수를 숭상하였다. 왕이 어린 나이에 왕위를 계승하여 대비에게 도움을 받아 이루었는데, 탁룡濯龍의 근친近親으로 청현淸顯한 자리에 있는 자는 오로지 김석주 한 사람뿐이므로, 드디어 차례를 밟지 아니하고 뛰어 올라서 조정 정사에 참여해 들었다. 김석주가 본래 사와 화목하지 못하여 갑인년의 번복飜覆에 혹은 몰래 알선한 바가 있음을 의심하였으나, 흉당凶黨(남인)의 세력이 이루어지자, 김석주가 그 사이에 끼어 이미 서로 알력의 혐의로움이 없지 아니하였고, 이남·허견 등의 역모가 처음 싹틀 때에 김석주가 또 그 정상을 정탐해 얻어서 묵묵히 심기心機를 운용하며 은밀히 정탐을 일삼다가 마침내 예단睿斷을 도와 흉얼凶孽을 소탕하니 종사宗社를 보존한 공을 사류士類가 모두 인정하였다.
>
> 그러나 역적을 토벌하고 공을 논할 즈음에 김석주가 임의로 올리고 낮춘 것이 많이 있어서 청의淸議가 진실로 이미 이를 병통으로 여겼다. 또 김석주가 처음에는 비록 흉당을 제거하는 데 급급하여 한결같이 정도로 나가지 못하였다 하나, 성공한 뒤에는 오로지 옛 자취를 일변시키고 물러가서 본분을 지켰어야 마땅한데, 도리어 자기의 공을 과대夸大하여 조정의 권한을 장악하고, 유음幽陰

(어둡고 음험함)한 길과 밀고密告하는 문을 만들어 농간을 부리는 것이 이미 익숙해졌고, 수단이 더욱 교활해져 은연중에 한편을 제거할 뜻이 있었다.[16]

김석주는 사후 1689년(숙종 15) 기사환국으로 남인이 집권하게 되자 공신의 호와 관작을 박탈당했다. 이때 아들 김도연이 자살하고, 부인 황씨는 유배당하는 비참한 일이 벌어졌다. 1694년(숙종 20) 갑술환국으로 서인이 재집권하면서 복관되었으나, 허새의 옥사가 무고로 드러나면서 남인은 그를 탄핵하고 부관참시를 기도하였으나 숙종의 완강한 반대로 부관참시는 모면하였다. 숙종의 묘정에 배향되었다가 출향되었으나, 1886년(고종 23) 다시 복권되면서 숙종 묘에 배향되었다. 변화무쌍한 정치 공작처럼 그의 사후 운명도 기구했던 것이다.

15 《숙종실록보궐정오》 1684년(숙종 10) 9월 20일

실록에 삼천 번 넘게 등장하는 인물, 송시열

2018년 6월 23일 김종필(1926~2018) 전 총리가 별세하였다. 1961년 5.16 군사 쿠테타의 기획부터 시작하여 박정희 정권의 2인자, 김영삼 정권의 당 대표, 김대중 정권의 총리 복귀까지 한국현대사의 중심에서 그의 이름이 빠지는 경우는 거의 없었다. 현대사의 김종필 전 총리와 가장 비견되는 인물은 누구일까? 필자는 조선 후기 인조부터 숙종 대에 이르기까지 늘 정치와 사상의 중심에 서 있었던 우암 송시열을 주저 없이 꼽는다. 송시열은 인조 대에 본격적으로 정계에 등장한 후 효종, 현종, 숙종 대까지 정치와 이념의 중심에 늘 이름을 올린 인물이다. 실록에 3,000건 가까이 '송시열'이 등장하는 것 또한 그의 위상을 단적으로 보여주고 있다. 당쟁이 가장 치열한 시기에 여러 왕의 참모로 활약한 송시열의 행적을 따라가 보기로 한다.

충청도를 기반으로 한 초반의 생애

송시열宋時烈(1607~1689)은 1607년(선조 40) 충청도 옥천군 구룡촌 외가에서 부친 송갑조宋甲祚(1574~1628)와 어머니 곽씨 사이에서 셋째 아들로 태어났다. 본관은 은진恩津이며, 아명은 성뢰聖賚다. 아명 성뢰는 부친 송갑조가 공자가 여러 제자들을 거느리고 집으로 오는 꿈을 꾸었기 때문에 성인이 내려준 아이라는 뜻으로 지었다고 한다. 자는 영보永甫, 호는 우암尤庵, 우재尤齋, 화양동주華陽洞主 등이다.

옥천에서 태어난 후 8세가 되던 해에 회덕 송촌의 친척인 송이창의 집에 가서 1년여를 살면서, 그의 아들인 송준길(1606~1672)과 함께 학문을 배웠다. 11세가 되던 1617년(광해군 9)에는 부친 송갑조가 사마시 합격 후 서궁에 유폐되어 있던 인목대비를 배알(지위가 높거나 존경하는 사람을 찾아가 뵘)하러 갔다가 벼슬길이 막히는 상황을 지켜보았다. 1625년(인조 3) 19세의 나이로 한산 이씨와 혼인하였으며, 24세 때 김장생(1548~1631)을 찾아가《근사록》,《소학》,《심경》등을 배웠다. 1632년 송시열은 송준길의 간곡한 요청을 받아 은진 송씨의 본향인 회덕 송촌으로 이사한 후 이곳에서 본격적으로 강학 활동을 하였다. 이듬해에 생원시에 장원 급제하였는데, 당시의 시관 최명길은 "이 글을 지은 선비는 마땅히 세상을 울리는 큰 선비가 될 것이다" 하며 송시열의 자질을 알아보았다고 한다. 1635년 봉림대군의 스승이 되었는데, 이때의 인연은 훗날 봉림대군이 효종으로 즉위하면서 '북벌'이라는 운명의 끈으로 이어지게 된다.

출처: 국립중앙박물관

송시열 초상

1636년 12월에는 30세의 나이로 최대의 국난인 병자호란을 당했다. 인조를 호위하여 남한산성에 들어간 송시열은 전쟁이 어느 정도 수습된 1638년에 충청도 황간의 냉천으로 들어가 은거하면서 후학들을 양성하였다. 이곳에는 황간, 옥천, 영동 인근의 선비들이 모여들었는데, 송시열이 후학들을 양성했던 정사를 모태로 숙종 때인 1717년 서원이 세워졌고, 영조 때 '한천'이라는 사액을 받았다. 1642년 평생의 정적 윤휴(1617~1680)와 성리학의 이론에 대한 견해를 주고받았다. 처음에는 윤휴를 인정했으나 그의 견해가 주자학을 벗어나는 것을 보고 사문난적으로 공격하였다. 1645년에는 안동 김씨 세거지인 양주 석실촌으로 김상헌을 방문하여 부친의 묘갈명을 받기도 했다.

42세가 되던 1648년(인조 26) 송시열은 공주의 진잠 성전으로 거주지를 옮겼다. 현재의 대전시 유성구 학하동 일대로, 송시열과 대전과의 깊은 인연을 보여주는 곳이다. 연보에는 "진잠 성전으로 이사하였다. 지형이 넓고 한적한 것을 사랑하여 못을 파고 서재를 마련하였다. 학문을 강론하다가 몇 해 뒤에 나왔다"고 기록되어 있다.

효종과의 '북벌', 그 허와 실

1649년 5월 인조가 승하한 후 효종이 왕위에 올랐다. 왕세자인 소현세자가 1645년 귀국 후 두 달 만에 의문의 죽음을 당한 후, 동생인 봉림대군이 왕세자로 책봉되고 결국 왕위를 계승하게 된다. 이는 청나라에 복수해줄 것을 당부한 인조의 의지가 크게 작용한 결과라는 견해가 많다. 효종은 인조의 유지를 받들어 즉위 후 청을 정벌하겠다는 북벌의 구상에 들어갔다. 효종은 자신의 북벌 구상에 가장 힘을 실어 줄 인물로 송시열을 선택했다. 1649년 6월 효종의 소명으로 입대한 송시열은 〈기축봉사〉를 올렸다. 이 장문의 상소에는 중국 것은 높고 내 것은 낮다는 의미의 존주대의尊周大義와 복수설치復讐雪恥(청나라에 당한 수치를 복수하고 설욕함)의 이념이 담겨져 효종의 북벌론을 뒷받침하였다. 그러나 다음 해 2월 김자점 일파가 청나라에 조선의 북벌 동향을 밀고하여 송시열이 속한 산당 세력 다수가 조정에서 물러났다. 1653년 충주목사, 1654년 사헌부 집의, 동부승지 등에 임명되었으나 모두 사직하였다. 이 무렵 유계, 윤선거 등 서인의 중심인물들과 부여의 고란사 등지를 답사하며 친분을 유지하였다. 절친인 윤선거에게는 윤휴와의 절교를 종용하기도 했다. 1655년(효종 6)에 모친상을 당하여 낙향하였으며, 상을 마친 후인 1657년 〈정유봉사〉를 올려 시무책을 건의하였다. 1658년 7월 세자시강원 찬선에 임명되어 관직에 나갔고, 9월 이조판서에 임명되어 다음 해 5월 효종이 승하할 때까지 북벌을 구상하던 왕의 절대적 신임을 받았다.

1659년(효종 10) 3월 11일 효종은 창덕궁 희정당으로 이조판서 송시열을 불러 모든 비서와 사관을 물러가게 한 후에 독대를 하였다. 유교 국가에서 독대는 왕이 공개적으로 정치를 하는 행위가 아니기 때문에 여간해서는 하지 않았다. 그럼에도 불구하고 효종이 송시열과 독대를 했던 것은 북벌 추진이 청나라의 감시를 뚫고 비밀리에 수행해 나가야 할 정치 이슈였기 때문이다. 《효종실록》에는 "상이 승지 이경억에게 이르기를, '오늘은 승지가 먼저 물러가라' 하고, 또 사관과 환관에게 모두 물러가라고 분부했다. 그러고 나서 송시열 혼자 입시하였는데, 외조에 있는 신하들은 송시열이 어떤

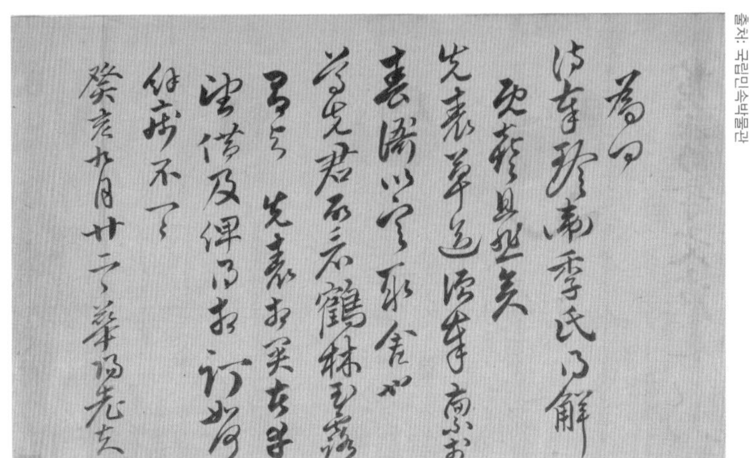

출처: 국립민속박물관

송시열의 필체를 엿볼 수 있는 송시열 간찰

일을 말씀드렸는지 몰랐다"고 하여 두 사람의 독대 내용은 전혀 언급되어 있지 않다.

그러면 이 독대에서 북벌 논의가 핵심 사안이었던 점은 어떻게 알 수 있을까? 바로 송시열의 문집인 《송자대전》의 〈악대설화〉에 이때의 상황이 구체적으로 기록되어 있다. 효종은 "저 오랑캐들은 이미 망할 형세에 있다. 10년을 기한으로 군사훈련과 군장비, 군량을 비축하여 조선과 국민들이 일치단결하고 군사 10만 명을 양성하여 틈을 타서 명과 내통하여 기습하고자 한다"면서 오랑캐가 반드시 망할 형편이라며 정예 포병 10만을 길러 공격을 시작할 작정이고, 세자는 이런 어렵고 위태로운 일을 할 수가 없으니 자신의 기력이 쇠하지 않는 한 10년을 기한으로 삼아 북벌을 추진하겠다고 하였다. 그러나 송시열의 대답은 효종의 기대를 충족시켜 주지 못하였다. 북벌을 위해서는 내수가 필요하고, 내수를 위해서는 격물치지(실제 사물의 이치를 연구하여 지식을 완전하게 함)와 성의정심(자신의 뜻을 진실되게 하여 마음을 바로 정하는 것)하여 군심과 윤리를 바로 세워야 한다는 점을 강조했던 것이다. 1659년 5월 효종의 승하로 북벌은 정책 이슈에서 사라졌다. 송시열은 북벌 추진에는 그 무모함 때문에 소극적이었지만, 청나라를 오랑캐라 인식하면서 언젠가 우리가 물리쳐야 하는 이적이라는 의식을 확고하게 해나가는 데는 핵심적인 역할을 했다. 효종 시대 이후 명나라에 대한 의리를 지켜나가야 한다는 대명의리론이나 소중화 사상이 자리를 잡는 데 주도적인 역할을 한 인물도 송시열이었다.

현종 시대 '예송논쟁'과 서인의 몸통

효종이 승하하고 적장자인 현종(1641~1674, 재위 1659~1674)이 즉위하였다. 현종 시대는 서인과 남인 간의 예송논쟁이 가장 치열하게 전개된 시대였다. '예송'이란 예를 둘러싼 소송이란 뜻으로, 왕과 왕비가 승하했을 때 대비가 상복을 얼마간 입느냐가 큰 쟁점이었다. 1659년 효종이 승하하자 첫 번째 예송인 기해예송이 일어났다. 논쟁의 초점은 인조의 계비(장렬왕후, 1624~1688)인 조대비의 상복 기간이었다. 서인의 핵심 송시열과 송준길 등은 1년복을 주장했다. 이에 맞서 허목, 윤휴, 윤선도와 같은 남인들은 효종의 왕통을 강조하며 왕의 승하 때 입는 상복인 3년복을 입어야 한다고 주장하고 나섰다. 남인측은 《고례》의 '왕자례 사서부동'에 근거하여 왕의 예법은 사대부나 서민과는 다른 점이 우선임을 주장했다. 허목 등 남인들의 논리에는 왕권 강화의 입장이, 송시열 등 서인들의 논리에는 신권 강화의 입장이 강조되면서, 예송논쟁은 당쟁의 양상을 띠게 되었다. 결국 현종은 서인의 논리를 인정하여 조대비의 상복을 1년복으로 정했고, 이 과정에서 송시열 등 서인의 정치적 입지는 탄탄해졌다. 윤선도는 삼수로 유배되고, 허목은 삼척부사로 좌천되는 등 남인들의 정치적 수난은 컸다.

1666년(현종 7) 송시열은 거처를 속리산의 화양동으로 옮겼다. 이곳은 송시열과 관련된 대표적인 유적지로 현재에도 화양동서원과 화양구곡, 만동묘가 소재하고 있다. 송시열은 화양동에 거주하는 동안 본가가 있는 충청도 회덕의 소제 등을 오가며 주로 생활하였고, 중앙에서 출사 요청이 오면 때로는 관직에 나아가 1668년 우의정, 1672년 좌의정을 지내기도 했다.

왕권이냐 신권이냐? 숙종과의 맞대결

1674년 1월 효종의 왕비인 인선왕후(1618~1674)가 승하하면서 조대비의 상복 기간이 또다시 정국의 이슈로 떠올랐다. 서인들은 기해예송 때처럼 《주자가례》를 근거로 차남의 며느리가 사망한 경우에 입는 9개월 상복을 주장한 반면, 남인들은 왕비의 국상임을 주지시키면서 1년복을 입어야 한다고 맞섰다. 이때도 서인의 이론가는 송시열이었다. 서인과 남인의 주장이 팽팽히 대립하는 가운데 현종은 남인의 손을 들어 주었다. 1674년의 이 예송을 2차 예송 또는 갑인예송이라 한다. 갑인예송을 계기로 서인은 실각하고 남인이 정권을 잡는 커다란 정국의 변화가 일어났다. 1623년 인조반정으로 서인 정권 수립 이후 50년 이상 야당으로 절치부심(몹시 분하여 이를 갈며 속을 썩임)했던 남인이 드디어 정국의 실세가 되었던 것이다. 남인 정권의 수립으로 서인의 영수 송시열의 입지는 위태로워졌다.

1674년 14세 왕 숙종의 즉위는 송시열에게 더욱 정치적 부담을 가져왔다. "내가 나이가 어려서 글을 잘 보지 못하고 또 예도 알지 못하지만 반드시 송시열이 예를 그르쳤다고 쓴 뒤에라야 선왕의 처분하신 뜻이 명백해질 것이다"라고 하며 갑인예송에서의 송시열의 잘못을 그대로 찌른 점은 어린 왕 숙종의 카리스마를 여실히 보여주었다. 적장자라는 정통성 때문이었을까? 아니면 왕권보다 앞서는 신권은 없어야 한다는 정치적 소신이었을까? 할아버지인 효종이나 아버지 현종도 어려워했던 정계 최고의 인물 송시열을 숙종은 전혀 두려워하지 않았다. 숙종은 송시열에게 사약까지 내리면서 영원한 악연을 이어가게 된다. 남인들의 거듭된 정치적 공세로 송시열은 함경도 덕원을 거쳐 경상도 장기, 거제 등지로 유배되면서 숙종 초반 그의 이력은 '유배기'로 기록되었다. 이 시기 《주자대전차의》를 완성하고, 《이정분류》를 순서에 따라 편집하는 등 송시열은 주자학 이론을 더욱 체계화하는 데 전념하였다.

1680년 6년간 집권했던 남인 정권이 무너졌다. 이 해가 경신년이어서 '경신환국'이라 하는데, 환국은 정치적 국면이 바뀌었다는 뜻이다. 숙종 즉위 초 정국의 주도권은 윤휴, 허적 등 남인이 잡고 있었다. 그러나 50여 년 집권 여당으로 있다가 남인에게 정권을 뺏긴 서인들은 정계 복귀를 위해 다양한 방면에서 남인을 공격했다. 김석주를 중심으로 한 서인의 정보 정치와 더불어 허적의 무리한 정치적 과시, 허적의 서자 허견의 역모 움직임과 윤휴의 동조 등 남인에게 악재가 이어지면서 결국 1680년 숙종은 환국을 단행했다. 훈련대장을 남인인 유혁연에서 서인인 김만기로 교체하는 것을 시작으로 남인들은 대거 유배길에 올랐다. 서인의 정치적 표적이었던 허적과 윤휴는 사사되었다.

경신환국으로 서인이 집권하게 되자 송시열은 1680년 6월 석방되어 귀향하였다. 정계에 화려하게 복귀한 송시열은 남인에 대한 강경한 처벌을 주장한 김석주, 김익훈 등을 지지하는 서인 강경파의 영수로서 입지를 굳혔다. 1683년 무렵에는 자신의 핵심 제자인 윤증이 아버지 윤선거의 묘갈명(무덤 앞에 세우는 둥그스름한 작은 비석인 '묘갈'에 새긴 글)을 부탁했지만, 윤선거를 조롱하는 표현을 써서 제자와 극심한 대립을 초래하였다. 이에 윤증을 지지하는 소장층은 송시열에 맞서 소론으로 결집하였다. 서인이 노론과 소론으로 분립되는 과정에서도 송시열은 보수적이고 강경한 정치 노선을 고수한 노론의 정신적 지도자로 자리를 잡았다. 경신환국으로 정계에 복귀한 송시열은 70대 후반의 고령이었으나, 여전히 정계와 사상계의 중심에 서서 서인에서 노론으로 이어지는 세력을 결집하는

데 중추적인 역할을 한 것이다.

1688년(숙종 14년) 숙종의 후궁 장씨(장희빈)가 아들(후의 경종)을 낳았다. 정비 인경왕후와 계비 인현왕후에게서 왕자 소식을 듣지 못했던 숙종에게 이날은 최고로 빛나는 하루였다. 그러나 송시열에게는 죽음으로 이어지는 그림자가 된다. 왕자의 출생을 희구했던 숙종은 1689년 왕자의 이름을 정하기 위해 대신들의 회의를 소집하였다. 그러나 노론 민유중의 딸인 인현왕후가 아직 출산 가능성이 있다는 이유로 노론들은 이를 반대하였다. 그럼에도 숙종은 왕자의 이름을 정할 것을 명하였고, 결국 5일 만에 원자 책봉이 이루어졌다. 송시열은 노론의 대표로 다시 한번 숙종에게 정면으로 도전하는 길을 선택하게 된다. 젊은 중전이 있는데도 후궁 소생의 왕자를 원자로 책봉하는 것은 종법 질서나 예치로 보나 잘못된 것임을 낱낱이 지적하는 상소문을 올린 것이었다. 즉위 초부터 악연이 있었던 송시열의 상소를 본 숙종은 대노했다. 바로 삭탈관작의 명을 내렸고, 기회를 잡은 남인의 송시열 탄핵이 이어졌다. 원자 정호의 문제는 결국 5년 만에 남인이 다시 정권을 잡게 되는 계기가 되는데, 이를 기사환국이라 한다.

송시열은 결국 83세의 나이로 제주로 유배를 가게 되었고, 유배지에서도 계속 숙종을 자극하는 상소문을 올린 끝에 한양 압송의 명을 받았다. 제주에서 육지로 나온 그는 광양에서 수제자 권상하 등의 영접을 받으면서 자신은 올바른 길을 가려다가 죽는 것이니 죽음이 두렵지 않다고 밝혔다. 많은 제자들이 눈물을 흘리며 그

충청북도 괴산에 있는 화양서원
송시열이 숙종 때 장희빈 소생의 세자 책봉을 반대하다가 유배를 당하는데 화양서원은 그가 은거했던 장소에 세워진 서원으로 조선 후기 노론의 집결지였다.

의 상경길을 시종하였다. 83세의 고령이지만 여전히 정치적 영향력이 컸기에 민암 등의 남인들은 숙종에게 거듭 송시열의 처형을 요청했다. 마침내 숙종은 정읍에서 송시열에게 사약을 내렸는데, 정읍에서의 마지막 유언이 전하고 있다.

> 학문은 주자를 주로 삼고 사업은 효종대왕이 하고자 한 뜻을 주로 삼아야 한다. 우리나라는 작고 힘이 약하여 뜻을 이룰 수는 없으나 항상 "인통함원 박부득이忍痛含冤 迫不得已(아픔을 참고 원통함을 함축하는 것은 어찌할 수 없어서이다)"하는 여덟 글자를 가슴속에 새겨 뜻을 같이 하는 사람끼리 전수하여야 할 것이다. 천지가 만물을 내는

것과 성인이 만사에 응하는 것은 '직直'일 뿐이므로 공자와 맹자 이후로 전수한 것이 다만 이 하나의 '직'자뿐이었고, 주자가 임종하실 때 문인들에게 말한 것도 이 '직'자에서 벗어나지 않았다.

송시열은 최후를 맞이할 때도 효종의 유업과 주자의 정신을 계승할 것을 당부했고, 그의 유지는 숙종 이후 정계와 사상계를 주도한 노론 세력의 전범으로 활용되었다. 인조 대에 처음 정계에 등장하여 효종, 현종, 숙종 시기 동안 늘 정계와 사상계의 최고 위치에 있었던 인물 송시열. 그는 병자호란 이후 청나라에 대한 복수심이 커지고 중화와 이적을 철저히 분리해야 한다는 화이론과 함께 주자를 절대로 하면서 주자성리학의 가치를 조선에 실천해야 함을 목표로 온 생을 살아갔다. 현재 관점으로 보면 송시열은 체제의 틀을 그대로 유지하기 위한 정치와 이념을 제시한 대표적인 보수정객으로 풀이된다. 그러나 당대의 영향력이라는 기준으로 보면 그를 빼고는 조선 후기 정치사, 사상사를 이해하기 어렵다는 점도 염두에 두어야 한다.

현실 가능한 정책을 제시한 소론 정치가, 최석정

조선 후기 숙종 대는 노론과 소론의 정치적, 사상적 대립이 치열하게 전개된 시기였다. 최석정(1646~1715)은 숙종 대 윤증, 남구만 등과 함께 소론의 영수로 활약하면서 정계와 사상계에서 주요한 역할을 한 인물이었다. 최석정은 숙종 후반기에 10번 이상 정승에 올랐는데, 이처럼 오랫동안 최고의 직책에 자리할 수 있었던 데에는 온건하고 타협적인 정치 노선이 큰 작용을 하였다. 그리고 이러한 정치관의 기저에는 사상적으로 주자성리학에만 매몰되지 않고 양명학, 음운학, 수학 등 다양한 학문에 관심을 가지는 개방적 입장이 있었다.

숙종이 신임한 영원한 정승

최석정의 초명은 석만錫萬, 호는 명곡明谷 또는 존와存窩, 자는 여화汝和, 본관은 전주全州다. 최후량의 아들로 태어나 응교 최후상에게 입양되었다. 병자호란 때 주화론을 주장하고 영의정까지 역임한 최명길은 그의 조부가 된다. 1666년(현종 7)에 진사가 되고 1671년 정시문과에 병과로 급제한 후 승문원에서 관직 생활을 시작하였다. 한림회천에 뽑혀 사관으로 활동하다가 홍문록에 올라 홍문관원이 되었고, 응제시에서 우수한 성적을 내어 호피를 하사받았다. 1685년(숙종 11) 부제학으로 있을 때 스승인 윤증을 변호하고 김수항을 탄핵하다가 파직되었다. 1687년 선기옥형(혼천의)을 제작하는 데 참여하였으며, 이후 이조참판 · 한성부판윤 · 이조판서 등을 두루 거쳤다.

1697년 이조판서를 거쳐 우의정에 올랐는데 당시 최대 현안은 청나라로부터 세자 책봉을 허가받는 것이었다. 청나라에서는《대명회전》을 근거로 세자 책봉에 미온적인 입장을 보였다. 최석정은《대명회전》에 기재된 것은 중국의 예식과 관계된 것이라며 외번과 종번의 법 적용의 차이점을 제시하였다. 최석정은 세자 책봉을 실현시키고 1697년 9월 6일 숙종에게 보고하였다. 1699년에는 좌의정으로 대제학을 겸임하면서《국조보감》의 속편 편찬과《여지승람》의 증보를 건의하여 이를 실현시켰다. 1701년 영의정에 임명되었으나 장희빈의 사사를 반대하다가 충청도 진천에 부처(벼슬아치에게 어느 곳을 지정하여 머물러 있게 하는 형벌을 내림)되었다. 석방 후에는 1702년 판중추부사를 거쳐 다시 영의정이 되었고, 이후에도 8번에 걸쳐 영의정을 역임하면서 숙종 시대 정국의 중심에서 활약했다.

최석정은 숙종의 절대적인 신임을 받으며 국가적 현안의 구석

구석에 자신의 손길을 미쳤다. 숙종 시대는 성리학의 이념을 실천하고 보급하는 측면에서 서원과 사당이 대거 설치되고, 조선시대판 역사 바로 세우기의 일환으로 단종에 대한 복권과 추존 작업이 완성되는 시기였다. 최석정의 문집인 《명곡집》 권 20에는 〈단종부알태묘의〉, 〈단종묘알설위의〉, 〈장릉복위설과거의〉 등 단종의 추존에 관계된 기사가 다수 수록되어 있다. 최석정은 노론과 소론, 남인이 치열하게 대립하는 당쟁의 시대를 살았지만 기본적으로 온건하고 합리적인 정치 노선을 추구하였기에 국가의 주요 정책을 입안하고 현안을 해결하는 관료로서 큰 역할을 했다.

최석정이 소론의 입지를 지킨 정치가라는 점이 가장 잘 드러나는 부분은 실록의 기록이다. 최석정의 졸기는 《숙종실록》과 《숙종실록보궐정오》 2편에 기록되어 있는데, 내용에 상당한 차이가 있다. 먼저 노론 세력이 주도하여 편찬한 《숙종실록》에서는 "최석정은 성품이 바르지 못하고 공교하며 경솔하고 천박하였으나, 젊어서부터 글을 잘하여 여러 서책을 널리 섭렵했는데, 스스로 경술에 가장 깊다고 하면서 주자가 편집한 《경서》를 취하여 변란시켜 삭제하였으니, 이로써 더욱 사론(선비들의 공론)에 죄를 짓게 되었다. 그리고 여러 번 태사에 올랐으나 일을 처리함에 있어 전도되고 망령된 일이 많았으며, 남구만을 스승으로 섬기면서 그의 언론을 조술祖述(선인이 말한 바를 근본으로 하여 서술하고 밝힘)하여 명분과 의리를 함부로 전도시켰다. 경인년에 시약侍藥(약을 준비함)을 삼가지 않았다 하여 엄한 지시를 받았는데, 임금의 총애가 갑자기 쇠미해져서 그

출처: 문화재청

최석정 초상

뒤부터는 교외에 물러가 살다가 졸하니, 나이는 70세다. 뒤에 시호를 문정文貞이라 하였다"고 하여 최석정을 매우 부정적으로 평가하고 있음을 볼 수 있다.

그러나 소론이 주도하여 《숙종실록》을 보완한 《숙종실록보궐정오》의 기록은 최석정을 매우 긍정적으로 평가하고 있다.

판중추부사 최석정이 졸했다. 최석정은 자가 여화汝和이고, 호가 명곡明谷인데, 문충공 최명길의 손자다. 성품이 청명하고 기상이 화락和樂하고 단아했으며, 총명함이 다른 사람보다 뛰어났다. 어려서 남구만과 박세채를 따라 배웠는데, 이치를 분별하여 깨달아 12세에 이미 《주역》에 통달하여 손으로 그려서 도면을 만드니, 세상에서 신동이라 일컬었다. 구경九經과 백가百家를 섭렵하여 마치 자기 말을 외듯이 하였는데, 이미 지위가 고귀해지고 늙었으나 오히려 송독誦讀을 그치지 않으니, 경술經術·문장·언론과 풍유風猷가 일대 명류의 종주가 되었다. 산수算數와 자학字學에 이르러서는 은미隱微한 것까지 모두 수고하지 않고 신묘하게 해득하여 자못 경륜가로서 스스로 기약하였다. 열 번이나 태사台司에 올라 당론을 타파하여 인재를 수습하는 데 마음을 두었으며, 《대전》을 닦고 밝히는 것을 일삼았다.

소론의 학맥을 계승하다

17세기 후반 조선사회의 사상계는 주자성리학의 원칙에 충실한 노론이 사상계를 주도해가면서 존주론과 북벌론이 대세를 이루었다. 한편으로는 재야의 남인 학자들을 중심으로 이에 대한 비판의식과 함께 원시유학 및 노장사상에 대한 재조명이 시도되고, 소론의 일부 학자들은 최명길이나 장유의 경우에서처럼 양명학 등 새로운 학문조류에 관심을 기울이는 시기였다. 학파로서의 노론과 소론의 분립에 대해서는 노론은 이이에서 김장생, 송시열로 이어지는 흐름을 계승했고, 소론은 성혼의 내외손을 포섭하면서 성혼을 앞세우는 학파로서의 성격을 드러내는 측면을 지적하는 경우가 많다. 소론의 연원이 되는 성혼 계통의 학풍은 탈주자성리학적인 학풍을 보이며 절충주의적인 경향이 강하였다.

최석정의 사상 형성에서는 성혼의 학맥이 이어지는 것을 볼 수 있는데, 이것은 가계에서도 확인할 수 있다. 증조부 최기남(1559~1619)은 성혼의 문인으로 광해군 때 이이첨 일파에 의해 축출되기도 하였으나 영의정까지 지냈다. 조부인 최명길은 양명학에도 일정한 관심을 가졌으며, 관제 개혁안 등에 자신의 적극적인 견해를 제시하면서 인조 시대 대표적인 관료로 활약했다. 아버지 최후량은 음서로 관직에 진출하여 한성부판윤을 지냈다. 최석정은 박세채 · 남구만 등 소론 학자들에게 학문을 배웠으며, 정치적인 입장에서도 이들과 행로를 같이했다. 아우인 최석항(1654~1724) 역시 영의정을 지냈으며, 경종과 영조 연간 노론과 소론의 대립이 치열하게 전개된 시기에 소론의 중심인물로 활약하였다.

아들인 최창대(1669~1720) 역시 소론의 입지를 지켰는데, 특히 최석정의 지시를 받아 노론과 소론의 차별성을 부각시키고 소론의 정당성을 강조하는 명문장을 남겼다. 최석정이 최창대를 시켜 지은 〈사창대이서중〉에는 "노론은 당을 위주로 의론하여 사류들이 싫어하는 반면에 소론은 모든 일을 당을 초월해서 논의하여 공평하게 처리한다"고 하였다. 이 글에서 최창대는 노소분립의 발단은 1680년 경신옥의 처리문제에서 비롯된다고 하였으며, 노론은 집권당으로서 국명을 얻어 그 기반이 견고하나 그 근본이 협잡으로 계

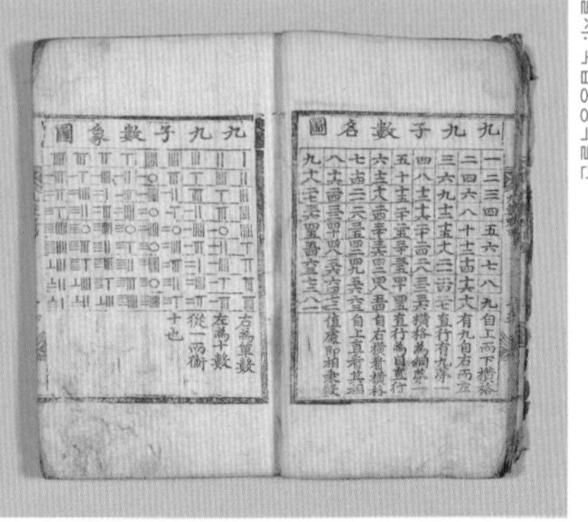

출처: 국립중앙박물관

《구수략》

최석정이 동양 고전역학을 바탕으로 당시 수학이론을 정리한 조선시대 대표 수학서이다.

략을 삼은 데 있으며 소론의 본색은 공론과 관평(해설 및 평가하는 평론)이라 하여 소론의 정당함을 내세웠다. 이 글은 아들 창대를 시켜서 지은 것이지만, 공론과 관평을 중시하는 소론의 입지에 깊은 자부심을 보인 최석정의 정치관이 피력된 것으로 볼 수 있다.

수학, 천문학, 서학 등을 다양하게 수용하다

최석정은 다양한 학문에 관심을 가졌으며, 특히 양명학에는 가학의 전통이 이어진 것이 흥미롭다. 양명학은 명나라 중기에 새로운 시대사조로 등장하여 일세를 풍미했음에도 불구하고 조선사회에서는 배척되었다. 그러나 양명학에 대한 수용과 보급은 명종대의 심성논쟁心性論爭을 통하여 그 수용기반이 형성되어 남언경이나 홍인우와 같은 양명학자가 나타났다. 임진왜란으로 조선에 들어온 명나라 군관 중에 양명학자가 포함된 것도 양명학의 수요에 일조를 했다. 선조 말에서 인조 대에는 이항복 · 신흠 · 장유 · 최명길 등이 양명학에 깊은 관심을 보인 것으로 나타난다.

최명길은 병자호란 이후 청나라에 압송당하게 되었을 때 아들인 최후량에게 왕양명의 저술을 인용하여 편지를 보내면서 왕양명을 칭송하기도 하였다. 조부의 학풍을 이어 최석정도 양명학에 상당한 조예를 보였다. 최석정에 대한 양명학 관련 기록은 양명학을 비판한 내용이 주류를 이루지만, 왕양명을 양명자라고 한 점이 주목을 끈다. 또한 최석정은 조선 후기의 대표적인 양명학자인 정제두와 꾸준히 서신을 교환하였다. 서신에는 최석정 스스로 장유로 인하여 양명학을 알았고, 그로 인하여 왕양명의 문집과 어록을 읽으면서 경탄한 내용이 포함되어 있다. 최석정은 예학에도 해박하여 《예기류편》을 저술하였다. 그러나 《예기류편》이 주자의 주석과 어긋났다고 하여 불태워진 것을 보면 그의 사상이 당시 사류들의 보편적인 흐름과는 차이가 있었음을 알 수 있다.

최석정의 학문적 특징으로 꼽을 수 있는 것은 학문의 범위가 넓다는 점이다. 《숙종실록》의 최석정 졸기에는 12세에 이미 《주역》에 통달했음과 함께 산수와 자학에 있어서도 매우 뛰어났음을 기술하고 있다. 역학과 수학에 대한 해박한 지식은 《구수략》의 저술로 이어졌다. 《구수략》은 주역의 괘에 나타난 형상과 변화를 응용하여 이수(거리를 '리' 단위로 나타낸 수)에 대한 이해를 하고자 하는 상수학적인 인식을 바탕으로 한 책으로 당시의 수학 수준을 보여주고 있다. 《구수략》은 갑 · 을 · 병 · 정(부록)의 4편으로 이루어졌다. 갑편은 주로 가감승제의 4칙에 관한 기본적인 설명, 을편은 이들 기본연산을 다룬 응용문제, 병편은 개방 · 입방 · 방정 등에 관해서, 그리고 정편은 문산 · 주산 등의 새로운 산법 및 마방진의 연구 등으로 구성되어 있다.

최석정은 천문학에도 자질을 보였는데, 《연려실기술》에는 최석정이 성력을 잘 해독하여 관상감 교수를 겸했다고 기록하고 있다. 또 서학을 일부 수용하고 있음도 나타난다. 《구수략》에 인용된 서적의 목록 중 《천학초함》은 서양 계통의 책이며, 《명곡집》의 〈우주도설〉 등에도 서학에 대한 관심이 나타나 있다.

현실 가능한 정책을 제시하다

17세기 중, 후반의 조선사회는 양란의 후유증이 어느 정도 치유된 상황에서 예론과 북벌론, 호패법, 호포법, 양역변통론, 주전론 등의 사회정책을 둘러싸고 서인과 남인 간의 정책 대립이 격화되었다. 특히 당시 가장 쟁점이 되었던 사회문제는 군제의 개편과 군역의 폐단에 대한 극복 방안이었다. 군제에 대한 최석정의 입장은 진관 체제를 기간으로 하는 조선 전기 향병 중심 방어책의 기반 위에서 자강을 유지하는 것이었다. 최석정은 군대를 늘리는 것으로 인해 파생되는 양역제도의 모순을 비판하였다.

1708년에 올린 〈진시무사조차〉에서 최석정은 양역의 폐단으로 이웃이나 친족이 군역을 지게 되는 백골징포와 인징(군정이 죽거나 도망하여 군포를 받지 못하게 되었을 경우 이를 그 이웃에 물리던 일), 족징(군포세를 내지 못하는 사람이 있는 경우에 그 일가에게 대신 물리던 일)의 폐단을 언급하고 '혁인족이제민원'할 것을 주장하였다. 최석정은 이어서 전폐를 바로 잡아 백성의 곤궁함을 해결할 것을 건의하였다. 전폐의 시행은 '부익부빈익빈'의 구도를 심화시키는 것으로 하루 빨리 혁파해야 한다고 하였다. 최석정은 군역의 방안으로 호포와 정전을 시행하는 것에도 반대의 입장에 있었다. 최석정은 호포법의 시행으로 각 호에 변칙적으로 친척들이 들어가는 것을 경계했으며, 정전법 또한 민중을 정착하게 하지 못하고 유랑하게 하여 족징의 폐단을 일으키는 점을 우려하였다. 이외에도 숙종 대 후반 적극 추진되던 산릉(국장을 하기 전에 아직 이름을 정하지 않은 새 능)의 역사에 대해 백성이 기근과 질병으로 죽어가고 있는 현실에서는 무리라고 판단하여 이를 점차 줄여갈 것을 주장했다.

최석정의 경세관에서 보이는 두드러진 경향은 현실 가능한 정책을 점진적으로 추진하려 한 점이다. 특히 그가 제시한 정책들은 이조판서와 우의정, 좌의정 등 요직을 역임하면서 추진된 것이라는 점에서 의미가 있다. 실무 행정 담당자로서 정책을 구상하고 실무적으로 이를 실천해간 것이었다. 이조판서로 있으면서 올린 시폐 10조목에는 당시의 사회경제에 대한 문제점을 제시하고 그 대책을 제시하고 있다. 주요한 내용은 직관의 효율적인 운영, 선거 제도의 개선, 전결의 총수 조사와 합리적인 부세 부과, 필요 없는 군문의 혁파 등이었다. 대체적으로 최석정의 경세관은 합리적인 선에서 점차 사회의 모순점을 해결해 나가는 데 중점을 두었음을 알 수 있다.

최석정은 당대의 주류였던 예학 · 존주대의론과 같은 명분론 · 성리철학의 이론적 심화의 측면에 관심을 가지기보다는, 성리학의 실천성의 문제에 더 비중을 두었다. 그리고 성리학을 보완할 수 있는 천문, 수학, 서학 등 다양한 학문 조류에 관심을 가지면서 점진적이고 현실 가능한 사회정책들을 수행해 나갔다. 최석정은 숙종 시대 소론의 핵심 인물로 10번 이상 정승의 위치를 지키면서 국정을 이끌어갔던 최고의 정객이었다. 그러나 아직까지 정치적 비중이나 관료로서의 역할에 비해 최석정의 이름이 별로 알려지지 않은 것 같다. 이것은 그의 정치적 기반이 소론이었고, 영조대 이후 노론 중심으로 정국이 운영된 것에도 그 원인이 있다고 여겨진다. 숙종 후반 국내외 정치 현안의 중심에 섰던 최석정에 대한 관심과 연구가 활발히 이어졌으면 한다.

이건창, 조선시대 당쟁의 역사를 정리하다

정당은 현대 민주정치에 없어서는 안 될 중요한 존재다. 그러나 현대의 정치사에서 여론의 도마 위에 항상 오르는 것은 여당과 야당 간의 치열한 정쟁이다. 국익이나 민생보다는 당리당략에 치우치는 경우가 허다하기 때문이다. 조선시대에도 1575년(선조 8)에 동인과 서인의 분당이 시작된 이래 조선 후기 내내 치열한 당쟁이 전개되었다. 당쟁은 조선시대 정치사를 특징짓는 용어이다. 당쟁에 관한 관심은 조선시대 당대에도 매우 높았으며, 특히 조선 후기에는 당쟁에 관한 입장을 정리한 여러 당론서들이 편찬되었다. 당쟁에 관한 책 중에서도 비교적 당색에 치우치지 않고 객관적으로 당쟁을 정리한 책으로 평가를 받고 있는 것이 바로 19세기의 학자 이건창李建昌(1852~1898)이 저술한 《당의통략》이다. 이건창의 생애와 《당의통략》의 세계 속으로 들어가 본다.

이건창의 가계와 생애

이건창의 자는 봉조鳳藻, 호는 영재寧齋, 당호는 명미당明美堂, 본관은 전주로 조선 2대왕인 정종의 아들인 덕천군의 후손이다. 이건창은 1852년에 태어나 1898년 사망하기까지 전통과 근대의 갈림길에 섰던 19세기 후반의 조선시대를 살아갔다.

이건창의 5대조 이광명의 백부인 이진유(1669~1730)는 경종 때 소론의 핵심인물이었다. 1721년 〈신축소〉를 올린 인물 중 한 명으로서, 김창집, 이이명, 이건명, 조태채 등 노론 4대신을 4흉凶으로 몰아 축출하였다. 이진유는 노론의 지원을 업고 영조가 즉위한 후에 신축소가 빌미가 되어 유배의 길에 올랐다. 1727년 소론이 집권한 정미환국으로 목숨을 건졌으나, 이후 1728년의 이인좌의 난에 연루되어 결국 장살되고 말았다. 이광명은 영조의 즉위 전에 소론계의 위기를 직감하고 스승인 정제두를 따라 강화도로 이주하였는데, 이때부터 이건창의 가문은 강화도에 정착해 살면서 정제두의 영향으로 양명학을 가학으로 삼게 되었다. 4대조인 이충익(1744~1816)은 정제두의 학통을 계승하였는데, 유학 이외에 노장과 선불에 해박하였고 해서와 초서를 잘 썼다. 조부인 이시원(1790~1866)은 1866년 병인양요로 강화도가 함락되자 동생 이지원과 함께 유서를 남기고 음독 자결하였다. 조정에서는 이를 기려 강화도에서 별시를 실시하였으며 여기에서 이건창이 급제하게 되었으니 조부의 후광을 입은 셈이 된다. 위에서 보듯 이건창 가문은 전형적인 소론 가문이었으며, 학문적으로는 양명학에 심취하여 강

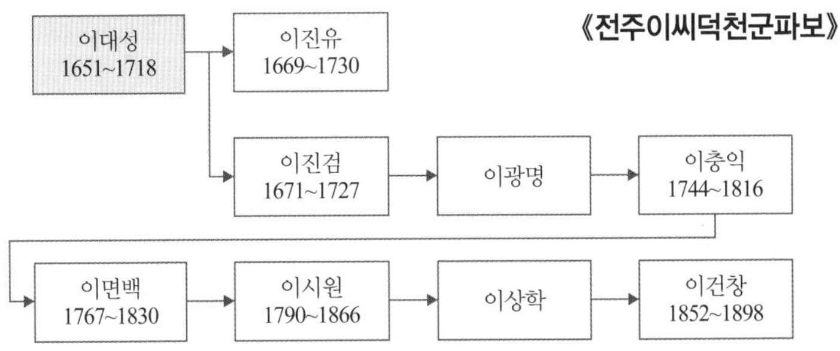

《전주이씨덕천군파보》를 참고하여 중요 인물을 선별하여 정리하였다.

화학파의 정체성을 가지게 되었다.

이건창은 1852년 조부 이시원이 개성유수로 재직할 때 개성 관아에서 태어났으나 대부분의 생애는 강화에서 보냈다. 《매천야록》에서는 이시원을 언급하면서, "그 집안이 중간에 신임당화辛壬黨禍(경종 때 노론과 소론의 극심한 정쟁으로 수많은 대신들이 죽은 사건)에 연루되어 벼슬길이 막히자 강화도 사기리로 물러가 살았다"고 하여 조부 때부터 강화도에 정착했음을 기록하고 있다. 이건창은 1866년 별시에 급제하여 관직생활에 들어갔다. 그는 두 차례 청에 다녀오기도 하였으며 특히 여러 차례 암행어사로서 지방 관리들의 비행을 논핵한 일은 그의 강직한 성품을 보여주고 있다. 그는 본래 개화파인 강위를 스승으로 삼아 개화에 관심을 가졌었지만 1866년 조부의 죽음 이후에 척양(서양을 배척함)을 지향하였으며 1894년 갑오개혁 이후에는 관직에 제수되어도 나아가지 않다가 1898년 조선의 멸망을 목전에 두고 졸하였다. 이건창은 1884년과 1888년 각각

인천광역시 강화군에 위치한 이건창 생가

이 건물이 지어진 시기는 확실치 않지만 기둥이나 보 등의 치목수법으로 볼 때 1백여 년이 된 것으로 보인다. 자연석 기단 위에 주춧돌을 놓고 삼량 가구로 몸 전체를 짠 전형적인 한옥의 구조로 되어있다. 건물 바로 옆에는 이광명, 이시원 등 선조들의 묘소가 있다.

모친상과 부친상을 당해 강화도에 내려가 상을 치렀는데 이때에 여러 저술 작업을 한 것으로 알려져 있다. 《당의통략》은 이 시기에 주로 저술하였는데, 이건창은 《당의통략》을 통해 조선시대 당쟁의 역사를 정리하는 한편 소론 가문의 입장을 표출하기도 하였다.

모친상과 부친상을 지내고 관직에 다시 돌아온 이건창은 1890년 한성부 소윤이 되었다. 소윤으로 재임할 때는 화폐를 교환하는 것을 충분한 토의 끝에 시행하도록 할 것을 청하였으며, 외국인에게 부동산을 판 사람에 대한 가중처벌을 하여 열강의 침탈이 가속화되던 시절 조선의 재산권을 지키는 데 힘을 기울였다. 1893년 함흥에 소요가 일어나자 안핵사로 파견되었다. 관찰사의 죄상을 가려내어 그를 파면시키는 등 이건창은 지방관으로서도 탁월한 능력을 보였다. 1894년의 갑오경장 이후로는 각부의 협판과 특진관 등에 임명되었으나 모두 거절하였다. 1896년 해주부 관찰사에 제수되었으나 계속 관직을 사양하는 상소문을 올리다가 고군산도로 유배되었고 2개월 후에 풀려났다. 그 뒤 고향인 강화에 내려가서 서울과는 발길을 끊고 지내다가 2년 뒤에 47세로 세상을 떠났다. 황현, 김택영 등 19세기 말의 지식인들과 두터운 교분을 유지하여 한말 3대 문장가로 꼽히기도 한다. 황현의 문집인 《매천야록》에는 이건창과 그의 집안에 관한 내용이 다수 기록되어 있다. 저서로는 《당의통략》 이외에 《명의당집》 20권과 《독역수기》 1권이 있다.

이건창의 활동과 《당의통략》

이건창의 대표작으로 꼽히는 《당의통략》은 강화도에서 탄생하였다. 이건창은 1884년부터 1890년까지 연이은 부모상으로 인해 고향인 강화도에서 몇 년간 머물고 있었는데, 마침 그의 집안에는 조부 이시원의 《국조문헌》과 같은 집안의 선조인 이긍익의 《연려실기술》 등의 기록들이 전해오고 있었다. 이건창은 조부 이시원의 건강이 악화되자 그의 가르침을 계승하고 널리 알려야 할 필요성을 느끼게 되었다. 이에 집안의 여러 기록들 중에서 당쟁에 관련된 내용을 중심으로 《당의통략》을 정리하였다.

《당의통략》의 〈자서〉에서 이건창은, "당의黨議를 먼저한 것은 이유가 있다. 우리 국조의 당폐黨弊란 역대에 보지 못하던 것이어서 목릉(선조를 칭함) 을해(1575년)로부터 원릉(영조를 칭함) 을해(1755년)에 이르기까지 180년 동안에 공사간의 문자를 기재한 것이 십에 칠, 팔은 다른 일이 아니고 모두 남의 시비, 득실, 사정邪正, 충역忠逆을 의논할 것 없이 대체로 당론에 벗어나지 않기 때문이다. 그러나 다른 날에 정사正史를 쓰는 이는 반드시 먼저 당의를 간략하게 추려 옛날 사마천의 글과 반고의 뜻을 모방하여 별도로 한 부를 만들어 놓은 뒤라야 그 다른 일이 정리되어 문란해지지 않을 것이다"라고 하여 당론에 대한 체계적인 기록이 역사서의 주요한 기반임을 서술하고 있다.

재종제 이건방은 발문에서, "선생께서 일찍이 말하기를 '우리나라의 당화黨禍는 지극히 크고 지극히 오래되고 지극히 말하기 어렵다'고 하셨으니 이것은 원론에서 자세히 말했다. (중략) 또 피차에 써놓은 글들은 각각 한쪽의 편견에서 나왔으니 양편을 두루 참작하여 공변된 마음과 공변된 눈으로 판단하지 않는다면 그 올바른 사실을 알 수 없게 된다. (중략) 공사 간에 간수해 둔 글들이 백 가지 종류가 넘으니 이런 글들을 어떻게 줄마다 찾고 글자마다 세어서 졸지에 그 사실을 알 수가 있겠는가? 이것이 바로 선생이 이 글을 저술한 뜻이다"라고 하여 이건창이 그때까지 전해지는 당론서들의 내용을 정리하여《당의통략》을 저술했음을 밝히고 있다.

이어서 "선생은 당에 관계하지 않으려는 마음이 지나치고 남들이 나에게 사사로운 마음이 있다고 의심할까 두려워했기 때문에 오히려 이편을 깎고 저편을 두둔하지 않을 수 없었을 것이다"라 하여 이건창이 최대한 객관적 입장에서 책을 저술했음을 밝히고 있다. 그러나 마지막 부분에서는 "여기서 볼 때 선생 같은 공변된 마음으로도 오히려 이러한 의심을 면하지 못하는 까닭은 무엇인가? 그것은 선생께서도 역시 당중黨中(같은 의견이나 주의, 주장, 목적을 가지고 모인 사람들의 속)의 사람인 까닭이다"라 하여 이건창이 소론이라는 당색에서 완전히 자유로울 수 없었음을 밝히고 있다.

소론의 정치 의식, 객관적 서술 지향

《당의통략》은 크게 네 부분으로 구성되어 있다. 첫 번째 부분은 〈자서〉로 이건창이 스스로 서술의 경위를 밝히는 글이다. 두 번째 부분은 본격적인 당쟁을 다룬 것으로서 1575년(선조 8)의 동서분당에서 시작하여, 1755년(영조 31)의 《천의소감》[16]의 편찬까지를 담고 있다. 당쟁의 역사는 왕대별로 소제목을 붙이는 형식으로 정리되어 있다. 〈선조조 · 부광해조〉, 〈인조조 · 효종조〉, 〈현종조〉, 〈숙종조〉, 〈경종조〉, 〈영종조〉로 분류한 다음 각 시기별 당쟁 관련 사건을 기사본말체 형식으로 서술하였다. 세 번째 부분은 〈원론〉으로서 먼저 중국 역대의 당에 대해 논한 다음 조선 당쟁의 원인을 설명하였다.

이건창이 당쟁의 원인으로 지목한 것은 도학이 너무 중함, 명의名義가 너무 준엄함, 문사가 너무 자잘함, 형옥이 너무 엄밀함, 대

16 1721년(경종 1)부터 1755년(영조 31)까지 영조의 집권의리를 천명한 책.

각臺閣이 너무 준엄함, 관직이 너무 청정함, 문벌이 너무 성대함, 승평昇平(태평시대)이 너무 오래됨의 여덟 가지였다. 이어서 본래 유학의 여덟 가지 덕목이 중용의 도를 얻지 못하고 너무 지나친 데에서 당쟁이 비롯되었다고 보았다. 마지막 네 번째 부분은 사촌 아우인 이건방의 발문으로서 이건창과 《당의통략》에 대해 간략히 소개하고 있다.

《당의통략》은 최대한 당쟁을 객관적으로 서술하려 하였지만, 소론의 핵심 가문 출신인 저자의 소론적인 시각이 곳곳에서 표출되고 있다. 서인이 노론과 소론으로 분열되는 과정을 자세히 설명하고 소론을 긍정적으로 서술하고 있는 것이 대표적이다. 이건창은 소론에 대해 "착한 선비"라든지 "맑은 의론을 주도하고 일에 대해 용감히 말했다"고 표현하여 긍정적인 시각을 드러내고 있다. 이에 반해 노론과 그 영수 송시열에 대해서는 부정적인 입장으로 서술하고 있다. 특히 "당당하던 대의가 어찌 홀로 송씨의 사사로운 물건이 되겠습니까"로 끝나는 최창대의 상소로 마무리한 부분에는 소론의 정치 의식이 잘 나타나 있다. 《당의통략》에는 소론적인 입장이 존재하고 있지만 비슷한 시기에 저술된 다른 당론서들과 비교해 볼 때 비교적 객관성을 갖추고 있다.

저술에 기본이 된 자료는 이긍익의 《연려실기술》과 이시원의 《국조문헌》으로, 《연려실기술》은 주제에 따라 원자료를 배열하는 형식으로 저자의 주관적인 해설과 의견을 배제한 '술이부작述而不作(저술한 것이지 창작한 것이 아니라는 말)'의 저술로 평가를 받는다. 이

시원이 모은 자료로 알려진 《국조문헌》 또한 이긍익이 〈자서〉에서 “부군께서 평생 고심하고 부지런히 힘쓴 것을 모두 기록한 것뿐이요, 별도의 창작은 없다”고 밝힌 것처럼 있는 사실을 토대로 기록한 것이었다. 따라서 이들 두 자료를 기본으로 하여 저술한 《당의통략》 역시 기록의 객관성을 가진다고 볼 수 있다.

또 이건창은 《당의통략》의 〈원론〉에서 “나는 한쪽 당을 위해서 말하는 것이 아니다”라고 직접 그 자신이 객관성을 토대로 저술하고 있음을 스스로 밝혔다. 실제 책의 곳곳에서는 소론을 비판한 내용들도 쉽게 찾을 수 있다. 〈숙종조〉의 박세채의 탕평론을 다룬 부분에서는 “소론 또한 화합하지 않는 이가 많았다. 그러나 특히 임금에게 건의하여 올리는 것이 사사건건 노론과 상반되자 노론도 뼈에 사무치는 원한을 품었다. 혹자가 남구만에게 일러 말하기를, ‘지금 조금 뜻을 굽히고 노론의 한두 가지 일을 따르면, 노론과 소론이 다시 합해져 국사國事에 다행함이 될 것이다’ 하였다. 남구만은 견고히 따르지 않았다”라고 하여 소론의 불통을 지적하였다.

〈경종조〉 중에서는 소론 가문의 일원인 이진유가 연관된 임인옥을 거론하면서, “전후의 피고는 다 김창집, 이이명의 집 아들과 조카, 빈객들인데 조정 의논이 ‘연명 차자’와 삼급수三級手의 음모를 연결된 것이라 하여 국문한 공초와 대론이 서로 섞인 것이 많고 공사가 서로 가까워 증거가 매우 명백하지 못했다”라고 하여 노론을 공격한 소론 측의 옥사가 정당치 못했음을 서술하였다. 이처럼 이건창은 자신의 당이라 해서 무조건 소론을 미화하고 정당화하지

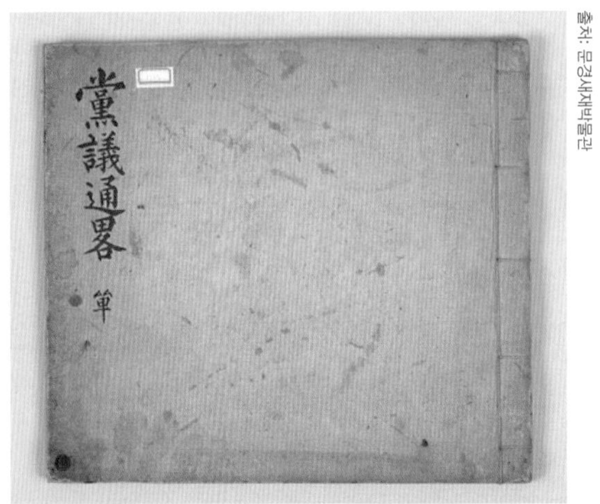

출처: 문경새재박물관

《당의통략》
이건창이 지은 객관적 시각에서의 붕당 정치사서이다. "고금의 붕당을 통틀어서 지극히 크고, 지극히 오래고, 지극히 말하기 어려운 것이다"라고 조선의 붕당을 규정하고 있다.

않았으며, 노론에게 당쟁의 모든 책임을 지우지 않는 입장을 보이기도 하였다.

《당의통략》의 객관성은 비슷한 시기의 당론서들과 비교하면 명확히 드러난다. 노론 계열인 남기제가 저술한 《아아록》은 16세기 후반 이후 정치사의 주요 흐름에서 서인과 노론의 정당성을 드러내기 위해 저술되었다. 제목부터가 '우리, 우리 편의 기록'이란 편향성이 드러나 있다. 또한 '천하의 일이란, 이것이 선하면 저것은 악하고 저것이 옳으면 이것은 그릇되지 않은 것이 없다'고 하면서 정치사를 흑백논리로 바라보고 있는데 여기서 선한 것은 즉 자당인 노론이고 악한 것은 노론 외의 당을 뜻한다. 철저히 노론을 위한, 노론에 의한 당론서임을 알 수 있다.

남인 남하정이 저술한 《동소만록》도 크게 보면 관련된 주제에 대한 원자료를 싣는 형식으로 구성되어 있지만, 사료 선택에서 철저히 남인의 입장을 강조하고 있다. 남하정은 당쟁의 기원을 서인이 남인을 공격한 기축옥사라고 규정하였으며, 1689년 기사환국 당시 남인에게 붙여진 죄인의 혐의를 변호하기 위해 많은 부분을 할애하고 있다. 특히 서인의 영수 정철을 '독철毒澈'이라고 표현하는 등 서인에 대한 반감을 여지없이 표현하였다. 위와 같이 자당의 정당성을 노골적으로 주장하고 변호하기 위해 저술했던 《아아록》이나 《동소만록》과 비교하면 《당의통략》은 소론이라는 저자의 당색을 최대한 드러내지 않은 저술임이 확인된다.

이건창은 고종 시대 지방관을 역임한 시절에도 공公을 우선시하는 집행으로 높은 평가를 받은 인물이었고, 이러한 강직성이 《당의통략》의 저술에도 이어졌다고 판단된다. '당쟁'은 조선 중기와 후기 정치사를 이해하는 데 필수적인 키워드로서, 이건창이 학자적 양심을 가지고 최대한의 사료를 참고하여 저술한 《당의통략》은 현재에도 조선시대 당쟁사 연구의 필수적인 자료가 되고 있다. 자파의 정치적 입장만 주장하는 여당과 야당 간 정치적 대립이 치열하게 전개되는 현실 때문일까? 이건창의 객관적인 기록 정신과 《당의통략》의 가치가 더욱 크게 다가온다.

정조의 참모 정약용, 관료와 실학자 두 길을 걷다

조선시대를 대표하는 실학자를 뽑는다면 누구나 다산 정약용丁若鏞(1762~1836)을 뽑을 것이다. 조선의 르네상스를 이끌던 정조 집권기에 활약하던 그는 새로운 조선을 꿈꿨고 그것은 수많은 저서를 통해 나타냈다. 정약용은 정조와 큰 인연을 맺으면서 개혁정치를 추구하던 정조의 참모로 적극적으로 활약했다. 정조 승하 후에는 1801년의 신유박해에 연루되어 18년간 유배 생활을 했다. 유배 기간 중에는 저술 활동에 전념했다. 국가 경영에 관련된 모든 제도와 법규에 대하여 준칙이 될 만한 것을 서술한 《경세유표》, 지방의 관리인 목민관이 백성을 다스리는 요령과 본받을 만한 것을 체계적으로 정리한 《목민심서》, 죄인을 처벌할 때 유의해야 할 점과 법을 적용할 때의 마음가짐 등을 제시한 《흠흠신서》 등은 그의 정치, 사회, 경제 사상을 집대성한 책이다.

정약용과 정조의 만남

정약용은 1762년(영조 38) 6월 16일 경기도 광주 초부면 마현리(현재의 남양주시 조안면 능내리)에서 아버지 정재원과 어머니 해남 윤씨 사이에서 출생했다. 정약용이 태어난 1762년은 정조(당시 11세)의 아버지 사도세자가 뒤주 속에 갇혀 비극적인 생을 마감한 해로, 마치 사도세자 사망 후 정약용이 환생한 것처럼 정약용은 정조와 출생부터 묘한 인연을 갖고 있다. 1767년 부친의 임지인 연천에서 살면서 어린 시절 부친에게서 학문을 배웠다. 1776년 풍산 홍씨 홍화보의 딸과 혼인하였으며, 부친이 호조좌랑으로 다시 출사하자 한양의 명례방으로 옮겨 왔다. 이 무렵 선배 실학자 이익의 저술을 즐겨 읽었다. 정약용은 뒷날 "나의 큰 꿈은 성호를 추모하고 배운 데서 깨였다. 천지의 큼과 일월의 밝음을 알게 된 것은 모두 선생 덕분이다"라고 말할 정도였다. 1782년 창동에 거처를 마련했으며, 1783년 22세의 나이로 진사시에 합격하여 성균관에 들어갔다.

그해 4월 회시에 합격하여 처음 정조와 운명적인 첫 만남을 가졌다. 그리고 다음 해 정조가 성균관 유생을 대상으로 《중용》에 대한 의문점에 관한 내용 중 이황과 이이 이론의 차이점을 물었고, 정약용은 대부분의 유생들과는 달리 이이 학설을 지지하는 의견을 냈다. 정조는 정약용의 답변을 가장 높게 평가하면서 첫 만남부터 좋은 인연을 가졌다. 이러한 인연은 중종이 성균관 유생들을 대상으로 한 시험에서 조광조의 답안지를 보고 감격한 것과도 유사하다. 1787년 성균관 유생들을 대상으로 하는 글짓기 시험인 반제에

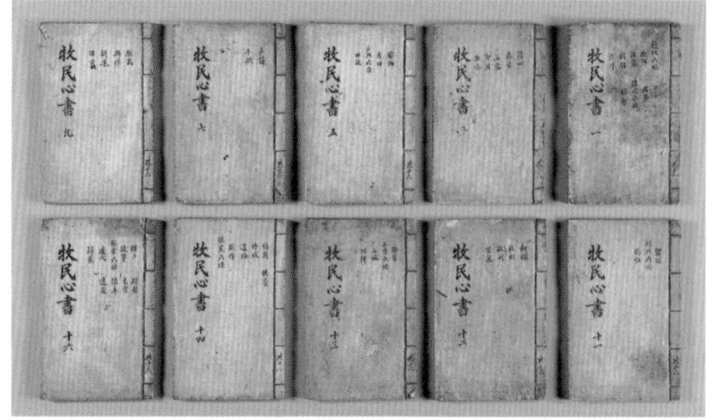

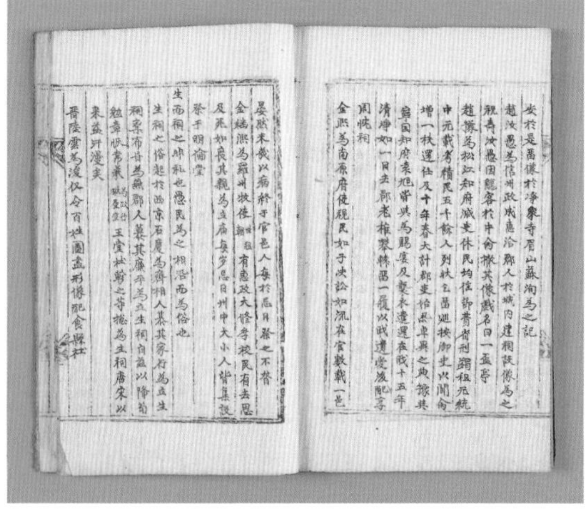

《목민심서》
정약용 사상의 핵심을 담은 책이다. '인민을 보호하지 못하면 아무리 요순의 법이라도 실시할 곳이 없을 것이다'라는 관점에서 눈앞에 병들어 죽어가는 백성들을 긴급히 구호한다는 취지로 엮었다.

직접 참여한 정조는 정약용의 문체를 특별히 칭찬하면서 《국조보감》 1질과 백면지 100장을 하사하는 파격적인 예우를 했다.

정조의 기대 속에 1789년 28세의 나이로 문과에 합격한 정약용은 바로 규장각의 초계문신으로 발탁되어 정조와 매일 학문적 의견을 주고받게 되었고 긴밀한 관계를 이어 갔다. 이 해에 한강에 배다리를 설치하는 공사에 참여하는 등 과학과 기술에 대한 자질도 발휘해 나갔다. 이후 정언, 지평 등 언관직을 지내며 정조를 보좌했으며, 1791년 《시경》의 의義 880여 조항을 바쳐 정조의 인정을 받았다. 1793년 겨울에는 화성 축조에 관한 내용과 〈기중가도설〉을 지어 올렸다. 정조가 역점 사업으로 추진한 화성 공사를 1794년에 본격적으로 시작하여 2년 만에 완공할 수 있었던 것에는 정약용이 발명한 기중기가 큰 역할을 하였다.

1794년 홍문관 교리와 수찬을 거쳐 11월에 암행어사가 되었다. 암행어사는 왕의 최측근 관리가 임명되는 자리인 만큼 정약용에 대한 정조의 깊은 신뢰가 보인다. 정약용은 경기도의 적성, 마전, 연천, 삭녕 등지를 암행하면서 백성들의 현실을 직접 목격했고, 당시 어린아이들에게도 군역이 부과되는 군역제도의 문제점을 시로 알렸다. "큰 아이 다섯 살에 기병으로 등록되고 / 세 살 난 작은 아이 군적에 올라 있어 / 두 아들 세공으로 오백 푼을 물고 나니 / 빨리 죽기 바라는데 옷이 무슨 소용인가?"라는 시 〈적성촌〉이 대표적이다.

경기 암행어사 시절 정약용은 부정부패를 저지른 경기도 관찰사 서용보(1757~1824)의 부정과 비위 사실을 직언하였는데, 이것은 서용보가 정치적 고비마다 정약용을 적대적으로 대하는 계기가 되었다. 반대파의 정약용 공격의 무기는 정약용이 서학, 즉 천주교에 경도되었다는 것이었다. 정약용은 23세 때인 1784년 큰형수(정약현의 부인)의 남동생인 이벽과 한강의 두미협에서 배를 타고 가면서 처음 서학에 대한 이야기를 듣고 《천주실의》와 같은 천주교 서적을 접했지만, 정약용 스스로도 천주교의 문제점을 인식하고 다시 성리학자로 돌아왔다. 천주교는 훗날 정약용에 대한 정치적 탄핵이나 유배에 결정적인 요소로 작용하게 된다. 서용보는 1795년 정약용의 금정 찰방으로의 좌천이나 정약용에 대한 해배(귀양을 풀어 줌) 논의가 있을 때마다 반대를 하는 등 그야말로 정약용과 깊은 악연을 이어간 대표적인 인물이었다.

1795년 1월 동부승지, 2월 병조참의로 승승장구하던 그에게 첫 번째 정치적 시련이 왔다. 7월에 청나라 주문모 신부의 입국 사건에 연루되어 충청도 금정의 찰방 즉 지금의 역장으로 좌천되었다. 정약용이 죽은 후 자신의 묘지에 담을 내용을 스스로 쓴 〈자찬묘지명〉에서는 이 시기에 "천주교를 배척하는 계까지 조직하여 천주교를 배척하도록 노력했다"고 할 정도로 천주교와 자신과의 관련성을 강하게 부인한 글이 보인다. 금정 찰방 시절 온양의 석암사에서 이익의 문집을 교정하면서 그의 학문에 더욱 심취하게 되었으며, 《퇴계집》의 편지들을 읽으면서, 그 감상을 《도산사숙록》으로 남기도 했다. 지방 좌천이라는 실의의 시기를 오히려 성호와 퇴계의 학문을 깊이 연구하는 축적의 시간으로 삼은 것이었다.

1796년 정약용에 대한 비판의 목소리가 잦아들자 정조는 다시 중앙으로 그를 불러 규장각의 책들을 교정하는 일을 맡겼다. 정약용을 가까이 둔 정조는 거듭 자문을 청했고, 그때마다 왕의 감탄을 자아내는 답변으로 정조의 신임을 더욱 높이 샀다. 정조는 꿩고기, 젓갈, 귤, 향수 등을 하사하면서 전폭적인 신뢰를 보였다. 정약용은 〈자찬묘지명〉에서 정조와 자신의 각별한 인연과 함께 정조의 참모로 그야말로 신바람이 나게 활약했던 상황을 아래와 같이 기록하고 있다.

> 내가 포의布衣(벼슬이 없는 선비)로 왕의 지우知遇를 입어, 정종대왕의 총애와 가장嘉奬이 동렬同列에서 특이하였다. 그래서 전후에 상사賞賜로 받은 서적 · 내구마內廐馬 · 문피文皮(호랑이와 표범 가죽) 및 진귀하고 기이한 물건 등은 이루 다 적을 수 없을 정도다. 기밀機密에 참여하여 소회가 있으면 필찰筆札로 조진條陳하도록 하여 모두 즉석에서 들어주셨다. 항상 규장각, 홍문관에 있으면서 서적을 교정하였는데 직무의 일로 독려하고 꾸짖지 않았다. 밤마다 진찬珍饌을 내려 배불리 먹여주고 무릇 내부(규장각)의 비장된 전적을 각감閣監을 통하여 보기를 청하면 허락해 주었으니, 모두 특이한 예우였다.

그러나 정조의 신뢰가 커질수록 반대파의 정약용 비판은 거세졌다. 이번에도 공격 무기는 천주교였다. 1797년 6월 정약용은 오늘날 청와대 비서실 수석에 해당하는 동부승지에 올랐으나, 천주교 신자라는 비방이 잇따르자 동부승지 직책을 사직하면서 3천 글자가 넘는 장문의 글인 소위 '자명소'를 올렸다. 자신이 처음 천주교에 접한 경위를 설명한 후, 패악한 윤리나 제사를 지내지 말아야 한다는 논리 때문에 완전히 천주교에서 손을 뗐음을 밝히고 있다. 정조는 정약용의 자명소를 칭찬해 주면서 "이후로 정약용은 허

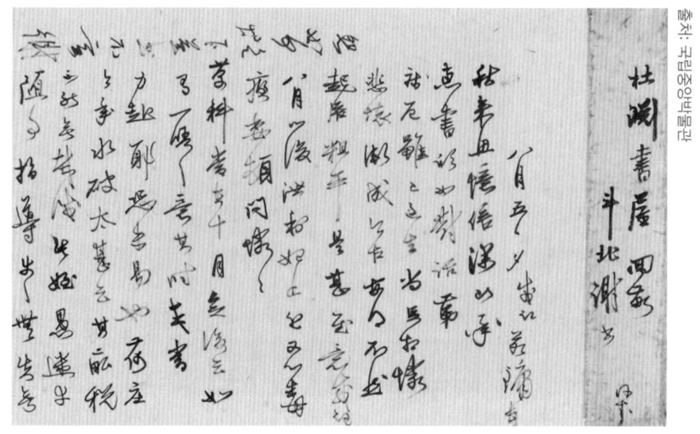

출처: 국립중앙박물관

정약용 필 서간

물이 없는 사람이 될 것이다"라고 했지만, 정조 사후에 "정약용은 천주교 신자"라는 공식은 반대파들에 의해 다시금 살아나게 된다.

'자명소'로 정조의 재신임을 받은 정약용은 곡산부사, 병조참의 등을 지냈는데, 1797년 겨울에는 홍역을 치료하는 처방을 수집하여 《마과회통》을 저술하였다. 1800년 초 천주교 문제로 사직의 뜻을 밝히고 소양인 마재로 돌아갔으나 병환이 깊어진 정조의 요청에 의해 다시 상경했다. 그리고 청천벽력 같은 소식이 날아왔다. 1800년 6월 28일 정조가 승하한 것이다. 정약용은 자신의 능력을 인정하고 지원해준 최고의 후원자를 잃는 아픔을 겪게 되었다.

정조 승하의 후폭풍, 신유박해

1800년 정조가 승하하고 순조가 11세의 나이로 즉위하였다.

영조의 계비로서 왕실 최고의 어른이었던 정순왕후가 수렴청정을 하면서 실권은 그녀의 지지 기반이었던 노론 벽파가 잡게 되었다. 벽파는 정조의 지지 세력인 시파를 숙청하기 위해 또다시 천주교를 이용했다. 시파의 다수인 남인 세력 중에 천주교에 경도된 인물이 많았기에 천주교라는 올가미를 씌워 정치적 숙청을 꾀한 것이다. 노론 벽파는 이가환, 이승훈, 정약용을 '삼흉三凶'으로 지목하고, 이들에 대한 대대적인 탄압에 나섰다. 《순조실록》의 1801년 2월 9일 기록에는 당시의 강경한 입장이 잘 나타나 있다.

> 사헌부에서 아뢰기를, "아! 통분스럽습니다. 이가환, 이승훈, 정약용의 죄를 이루 다 주벌誅罰할 수 있겠습니까? 이른바 사학邪學이란 것은 반드시 국가를 흉화凶禍의 지경에 이르게 하고야 말 것입니다. 재물과 여색으로 속여서 유혹하여 그 도당을 불러 모으고는 밥 먹듯이 형헌刑憲을 범하여 도거刀鉅를 보고도 즐거운 일로 여기고 있는데, 그 형세의 위급함이 치열하게 타오르는 불길 같아서 경향京鄕에 가득하니, 황건적黃巾賊, 녹림당綠林黨의 근심이 순간에 박두해 있습니다. 이는 오로지 이 무리가 소굴이 된 까닭으로 말미암은 것입니다. (중략) 정약용은 본래 두 추악한 무리와 마음을 서로 연결하여 한 패거리가 되었습니다. (중략) 지금 사학을 금지하는 정사는 자성慈聖께서 내리신 칙교飭教가 간곡하고 엄중하시니, 마땅히 더욱 드러나게 봉행해야 할 것입니다.

이처럼 지금 사학(천주교)을 금지하는 정사는 대비인 정순왕후의 하교에서 비롯된 것으로, 정치적 색채가 다분했다. 다행히 정약용에 대해서는 천주교 신자라는 결정적인 단서가 부족했기에 사형을 면하고 유배를 가게 된 것이다. 이때 천주교에 심취해 있던 둘째 형 약종은 사형당하고, 큰형 약전은 흑산도로 유배를 가게 되면서 정약용의 형제들은 가혹한 운명을 맞게 된다.

유배의 아픔을 학문으로 승화시키다

실학의 집대성자로 평가를 받고 있는 정약용은 물과 인연이 깊은 학자다. 고향인 마현(현재의 경기도 남양주시 능내)은 남한강과 북한강의 물길이 합류하는 두물머리 근처이고, 유배지 강진도 바닷가가 빤히 바라다 보이는 곳이다. 그러나 그의 인생은 흐르는 물처럼 순탄하지만은 않았다. 1800년에 일어난 정조의 승하는 정조의 총애를 받고 관료로서 승승장구하던 정약용의 인생에도 커다란 전환점이 되었다. 정조 사후 집권 세력이 된 노론 벽파는 남인 탄압의 수단으로 천주교를 적극 활용했다.

1801년에 일어난 신유박해로 이가환, 이승훈, 정약종, 권철신 등 300여 명의 신도와 청나라 신부가 처형되고, 정약용은 처형만을 면한 채 경상도 장기로 유배를 갔다. 그런데 이해 9월 황사영이 조선 조정의 천주교 박해 상황을 중국 북경의 주교에게 보낸 이른바 '황사영 백서 사건'이 일어나면서 정약용은 한양으로 압송되었다. 다시 유배길에 오른 정약용은 나주에서 형 정약전과 헤어져 강진으로 갔고, 정약전은 흑산도로 유배를 갔다. 1808년 강진 도암면 귤동으로 옮겨와 본격적인 연구에 몰두하게 되는데, 이때 백련사를 찾아 혜장과 초의와 같은 고승들과 교유하면서 차를 연구하기도 했다. 해남 윤씨 외가가 근처에 있는 강진에 귀양을 간 것은 정약용에게는 큰 행운이었다. 외가에서 많은 책을 얻어서 연구에 참고할 수 있었기 때문이다. 유배지인 만덕산의 얕은 야산에는 차가 많이 생산되어, '다산茶山'이라 했는데, 그의 호 '다산'은 여기에서 유래한 것이다.

정약용은 다산초당을 짓고, 인공폭포와 연못을 만들고 채소도 심으면서 새로운 인생을 살아갔다. 초당의 바위 절벽에는 정석丁石이라는 두 자를 새겨 자신의 공간임을 확인해 두었다. 관료 기간 중에는 누릴 수 없었던 많은 시간을 활용하여 학문 연구에 전념했다. 유배지에서 농민 생활의 현실을 직접 체험하면서, 개혁할 수 있는 방안들을 붓으로 정리해 나갔다. 황상 등 따르던 제자들의 도움도 컸다. 〈전론〉, 〈탕론〉, 〈원목〉 등을 저술하여 개혁적인 토지정책을 제시하였고, 1818년 고향으로 돌아와 《목민심서》, 《경세유표》, 《흠흠신서》 등의 명저를 담은 《여유당전서》 500여 권을 완성하였다. 다산이 오늘날까지 실학의 집대성자로 평가받을 수 있는 것에는 유배의 경험과 시간, 극한 환경에도 좌절하지 않는 열정이 큰 작용을 했다.

《경세유표》에서는 《주례》에 나타난 주나라 제도를 모범삼아 중앙과 지방의 정치제도를 개혁할 것을 주장하였다. 정치적 실권

전라남도 강진에 있는 다산초당
정약용이 신유사옥에 연루되어 유배 생활을 하던 중, 거처를 외가인 해남 윤씨 집안의 이 초당으로 옮겨 학문 연구에 전념했다.

을 군주에게 주고, 군주가 수령을 매개로 백성을 직접 다스리도록 하되, 백성의 자주권을 최대한 보장하여 아랫사람이 통치자를 추대하는 형식으로 권력이 형성되어야 함을 강조하였다. 오늘날에도 추구되는 '상향식 민주주의'의 입장을 밝힌 것이다. 목민관의 임무를 강조하여 수령들의 청렴을 강조하고, 수령이 탐학에 빠지지 말고 백성들을 적극 보호할 것을 주장한 《목민심서》와 형정刑政(범죄 예방 등 형사에 관한 행정)에 관한 개선책이 제시된 《흠흠신서》는 《경세유표》와 함께 그의 3대 저술로 손꼽힌다.

한강이 바라다 보이는 곳에 정약용과 부인의 무덤이 있다. 실학박물관도 바로 옆에 조성되어 조선시대 실학의 흐름을 한눈에 접할 수 있다. 생가 쪽을 조금 나오면 있는 강변가에 조성된 수변 공원 일대는 정약용이 거닐면서 사색을 하고, 배를 타면서 벗들과 교유했던 곳이다. 2018년은 정약용이 해배된 지 정확히 200주년이 되는 해였다. 정약용이 지금 시대에 재평가되고 있는 것은 그가 《목민심서》 등에서 제시한 민생 경제의 어려움과 관리들의 부정과 부패, 하향식 조직 문화 등이 여전히 해소되지 않았기 때문은 아닐까?

참모로 산다는 것 〈개정판〉

초판 1쇄 2019년 1월 15일
초판 7쇄 2019년 11월 1일
개정1판 1쇄 2023년 6월 2일
개정1판 2쇄 2023년 9월 20일

지은이 신병주
펴낸이 최경선
편집장 유승현 **편집2팀장** 정혜재

책임편집 이예슬
마케팅 김성현 한동우 구민지
경영지원 김민화 오나리
디자인 김보현 이은설

펴낸곳 매경출판㈜
등록 2003년 4월 24일(No. 2-3759)
주소 (04557) 서울시 중구 충무로 2(필동1가) 매일경제 별관 2층 매경출판㈜
홈페이지 www.mkpublish.com **스마트스토어** smartstore.naver.com/mkpublish
페이스북 @maekyungpublishing **인스타그램** @mkpublishing
전화 02)2000-2612(기획편집) 02)2000-2646(마케팅) 02)2000-2606(구입 문의)
팩스 02)2000-2609 **이메일** publish@mkpublish.co.kr
인쇄·제본 ㈜M-print 031)8071-0961
ISBN 979-11-6484-564-4(03910)

책값은 뒤표지에 있습니다.
파본은 구입하신 서점에서 교환해 드립니다.